国家"十二五"重点图书

国际共产主义运动历史文献
第49卷

主　编　王学东
副主编　戴隆斌（常务）童建挺

共产国际执行委员会第十次全会文献（1）
本卷主编　陈新明

《国际共产主义运动历史文献》顾问委员会

贾高建 俞可平 顾锦屏 高 放 张中云 殷叙彝 胡文建
宋洪训 顾家庆 洪肇龙 沈志华 杨光远 林勋建

《国际共产主义运动历史文献》编辑委员会

主　　编：王学东
副 主 编：戴隆斌（常务） 童建挺
编　　委：（以姓氏笔画为序）
　　　　　王 瑾 邢艳琦 许宝友 张文成 张文红 陈新明
　　　　　林德山 胡振良 姚 颖 彭萍萍 薛晓源

参加本卷译校工作的有
赵永穆 戴隆斌

参加本卷编辑出版工作的有
董 巍 苗永姝 薛晓源

丛书编务统筹
苗永姝 郑 锦 李媛媛 董 妍

总 序

国际共产主义运动，是由以马克思主义为指导的无产阶级政党领导的国际性的无产阶级革命运动，其宗旨是推翻资产阶级统治和一切剥削制度，建立和发展社会主义制度，进而最终实现人的彻底解放，建立共产主义社会。

国际共产主义运动迄今已有一百六十多年的历史。19世纪40年代，马克思、恩格斯在创立科学社会主义理论的同时，努力把它与当时西欧无产阶级的革命实践相结合，于1847年6月创建了第一个国际性的无产阶级政党——共产主义者同盟，亲自拟定并于1848年2月公开发表了同盟纲领《共产党宣言》。这标志着国际共产主义运动的兴起。

自从共产主义者同盟建立以来，历经第一国际（国际工人协会）、第二国际、第三国际（共产国际），国际共产主义运动由小到大、由弱到强，从西方推进到东方、从欧洲扩展到全球，终于突破资本主义链条上一个又一个薄弱环节，取得了社会主义由一国到多国的胜利。二战后社会主义阵营的建立、民族解放运动的胜利进军、社会主义国家革命与建设的重大成就，为国际共产主义运动史书写了辉煌的篇章。20世纪末，由于东欧剧变、苏联解体，国际共产主义运动遭遇了严重挫折。但是，历史并没有因此而终结。由《共产党宣言》奠基的国际共产主义运动仍在曲折中前进。各资本主义国家中的共产党、工人党仍在不断探索无产阶级取得解放的道路；中国等社会主义国家仍继续高举社会主义伟大旗帜，为完善社会主义、最终实现共产主义而不懈奋斗。

国际共产主义运动一百六十多年跌宕起伏的发展历程，积累了卷帙浩繁的文献档案，留下了丰富的历史遗产。深入发掘和充分利用这些文献档案，对于我们准确地了解和把握国际共产主义运动的发展进程及各个时期的特点，科学地研究和总结国际共产主义运动丰富且宝贵的经验教训，具有极其重要的意义。特别是无产阶级国际组织，作为国际共产主义运动的重要载体，其文献档案对于国际共产主义运动史研究更是具有特殊的重要意义。

　　早在1984年春，中国国际共产主义运动史学会就发起编辑出版《国际共产主义运动史文献》。当时由中共中央编译局、中国社会科学院马列主义毛泽东思想研究所和近代史研究所、中共中央党校和中国人民大学等单位共同组建了编辑委员会。编委会商定：这套文献主要收编共产主义者同盟、第一国际、第二国际、第三国际、共产党和工人党情报局这五个国际组织已发表的全部文献档案，包括历次代表大会、代表会议和其他重要会议的记录、决议和有关文件；收编材料力求齐全；凡外国有选编完整的版本者，根据外国版本翻译；凡文件散见于外国不同出版物者，尽力搜集完整，组织力量统一编译；文件完全按照原件翻译，译文力求准确，不作修改删节，以便读者根据完整、准确的第一手材料了解这些国际组织的历史。在当时代管全国哲学社会科学基金的中国社会科学院科研局的资助下，经过编辑委员会、编译工作者和中国人民大学出版社的共同努力，这套文献于1986年开始陆续出版，截至1997年共出版了21卷。

　　到上世纪末，文献的编辑出版工作遇到了巨大困难。首先是编委会发生了重大变故，主编林基洲、副主编王颖和校纪英相继谢世；其次是出版经费难以为继。为继续出版这套文集，中国国际共产主义运动史学会多方努力，组成以会长顾锦屏为主编的新编委会，从全国哲学社会科学规划办公室争取到一笔资助，于1999—2001年又出版了两卷。此后，因缺乏经费，编辑出版工作完全陷于停顿。

2010年，在中共中央编译局和中国国际共产主义运动史学会的鼎力支持下，中央编译出版社以这套文献申报国家出版基金项目，获得立项资助。中共中央编译局对此项目高度重视，在国家出版基金资助的基础上，给予了相应的资金支持，组建了新编委会，成立了专门机构负责文献整理和编辑工作，并将这套文献纳入"中央编译局文库"出版规划。

经新编委会研究决定，这套文献定名为《国际共产主义运动历史文献》，在其前身《国际共产主义运动史文献》的基础上重新编辑出版。通过进一步广泛搜集资料和适当改变编辑方式，新《文献》的资料更详尽、收文更齐全。例如，在原《文献》的某些卷次中，对已出版的马克思主义经典著作中译本只列目录，不收正文，而新《文献》则全部依据最新的中译本收录，以方便读者查阅。此外，《国际共产主义运动历史文献》扩大了文献资料的搜集和选材范围，采用开放式结构，规模暂定60卷，约2500万字。

中共中央编译局和中国国际共产主义运动史学会对这套文献的编辑出版工作给予了强有力的支持，中央编译出版社为这套文献的立项和出版做了大量艰苦细致的工作，文献的前两任编委会和编译工作者在十分困难的条件下为这套文献奠定了良好的基础，中国人民大学出版社为这套文献的重新编辑出版提供了帮助，在此一并表示衷心感谢。

《国际共产主义运动历史文献》
编辑委员会
2011年12月20日

编辑说明

共产国际执行委员会第十次全会于1929年7月3—19日在莫斯科举行。参加会议的有30个国家的108名代表。会议日程主要有三项：1. 库西宁和曼努伊尔斯基作《关于国际形势和共产国际的任务》的报告；2. 贝尔作《关于反对帝国主义战争的国际斗争日》的报告；3. 台尔曼和洛佐夫斯基作《关于经济斗争和共产党的任务》的报告。全会一共进行了21次会议，听取了报告人的报告，并且围绕报告内容展开讨论。全会发展并完善了共产国际第六次代表大会提出的"第三时期"理论的策略方针，认为"第三时期"新的革命高潮正在来临。要求把社会民主党尤其是"左派"作为主要打击对象。会议决定把布哈林、基特洛、塞拉、安贝尔-德罗、伊莱克、洛夫斯通、斯佩克托尔开除出共产国际执行委员会，并通过决议把8月1日定为国际反对帝国主义战争日。

共产国际执行委员会第十次全会文献，根据共产国际执行委员会第十次全会会议速记记录译出，1929年苏联国家出版社分四册出版。其中第一次会议、第二次会议、第五次会议、第六次会议、第七次会议、第八次会议、第九次会议、第十次会议、第十一次会议、第十二次会议，根据第一分册《国际形势与共产国际的任务》（X Пленум Исполкома Коминтерна，«Международное Положение И Задачи Коммунистического Интернационала», Выпуск Первый, Государственное Издательство 1929）译出编辑。第三次会议和第四次会议的内容，参阅第二分册《国际红色纪念日》（«О международном красном дне»，выпуск второй），因为第二分册外文本未找到，所以本卷缺少这两次会议的内容。第十七次会议—第二十一次会议根据第三分册《经济斗争与共产党的任务》（«Экономическая борьба и задачи»，выпуск третий）译出编辑。第四分册是《提纲、决议、决定》（«Тезисы резолюции постановления»，выпуск четвертый），俄文原书亦未找到，所以，本次全会的提纲、决议、决定部分的内容，根据《共产国际文件集：共产国际代表大会、执行委员会全会决议、提纲、号召书（1919—1932）》（党的出版社 1933 年莫斯科版）（Коммунистическим Интернационал в документах: решения, тезисы и воззвания конгрессов коминтерна и пленумов ИККИ, 1919 –1932. Партиввое Издательство , Москва , 1933）译出。

书中除译者加的译者注外，未注明的脚注为原书或者原作者加的注释，本卷主编加的注释标明为编者注。需要特别说明的是，本卷中的标题均为编者所加。本卷主编依据中共中央编译局编译马克思主义经典著作的标准重新进行了人名、地名、组织机构名、报刊名等专用名的统一，并对书中个别译文进行了重新校订。

2012 年 10 月 10 日

目　录

共产国际执委会第十次全会会议记录
（1929年7月3—19日） …………………………………… 1
第一次会议（1929年7月3日上午） …………………………… 3
　共产国际执行委员会第十次全体会议开幕式 ………………… 3
　库西宁同志作关于国际形势和共产国际的任务的报告 ……… 4
第二次会议（1929年7月3日晚） …………………………… 56
　曼努伊尔斯基作关于国际形势和共产国际的任务的报告 …… 56
第五次会议（1929年7月5日上午） ………………………… 95
　讨论库西宁和曼努伊尔斯基的报告 ………………………… 95
第六次会议（1929年7月5日晚） ………………………… 147
　继续讨论库西宁和曼努伊尔斯基的报告 ………………… 147
第七次会议（1929年7月6日上午） ……………………… 186
　继续讨论库西宁和曼努伊尔斯基的报告 ………………… 186
第八次会议（1929年7月6日下午） ……………………… 240
　继续讨论库西宁和曼努伊尔斯基的报告 ………………… 240
第九次会议（1929年7月8日上午） ……………………… 265
　继续讨论库西宁和曼努伊尔斯基的报告 ………………… 265

第十次会议（1929年7月8日晚） ·················· 316
    继续讨论库西宁和曼努伊尔斯基的报告 ·················· 316

第十一次会议（1929年7月9日上午） ·················· 358
    继续讨论库西宁和曼努伊尔斯基的报告 ·················· 358

第十二次会议（1929年7月9日晚） ·················· 406
    继续讨论库西宁和曼努伊尔斯基的报告 ·················· 406

共产国际执委会第十次全会会议记录

(1929 年 7 月 3—19 日)

第一次会议

(1929 年 7 月 3 日上午)

共产国际执行委员会第十次全体会议开幕式

库西宁（芬兰）：

共产国际执行委员会第十次全体会议现在开幕。自共产国际第六次代表大会以来，我们遭受到不少损失，在此期间，我们队伍中倒下了不少蒙难者和英雄，我们执行委员会的成员南斯拉夫的久罗·贾科维奇同志也牺牲了。请同志们起立向牺牲的同志默哀。（全体起立）

皮亚特尼茨基提议选出由下列同志组成的主席团：贝尔、哥特瓦尔德、埃尔科利、柯拉罗夫、库西宁、连斯基、曼努伊尔斯基、莫洛托夫、塞马尔、斯大林、台尔曼和瞿秋白（屈维它）。

库西宁（芬兰）：

有没有其他建议？皮亚特尼茨基同志的建议通过了。请主席团的同志就座。

下面说一下会议日程问题。共产国际执行委员会主席团建议会议日程安排如下：

1. 关于国际形势和共产国际的任务（报告人：库西宁同志和曼努伊尔斯基同志）。

2. 关于反对帝国主义战争的国际斗争日（报告人：贝尔同志）。

3. 经济斗争和共产党的任务（报告人：台尔曼同志和洛佐夫斯基同志）。

库西宁同志作关于国际形势和共产国际的任务的报告

一、关于当前时期的经济矛盾

第一项日程的报告，要由我们俩个人分担。我负责阐述与当前时期的特点有关的共同性问题，曼努伊尔斯基同志将论述各国共产党的策略和任务。我的报告不再对世界经济形势和政治形势进行分析。我们没有理由这样做，因为第六次世界代表大会决议中所作的分析，不需要改变。我的任务简单得多，也就是结合第六次世界代表大会之后发生的事件对上述分析的若干重要方面和我们的战略总路线作一些说明。

反对过高地估计资本主义的经济进步

在估计当前形势的时候，我要毫不迟疑地对一种右的错误表示反对，尽管这种错误有时候以相当"无害"的形式出现，但是依我看，它意味着一种重大的原则性倾向。我指的是过高地估计现代资本主义条件下（特别是现在这个时期）生产技术的发展。你们知道，这种过高估计的观点在德国的调和分子那里就存在（埃韦特等人的备忘录），并且在美国党中央多数派（洛夫斯通和佩珀）向最近召开的党代表大会提出的提纲草案中得到明显地反映。在这个草案中，甚至谈到了似乎美国正在发生"第二次产业革命"。这种说法 1928 年夏天，即在我们召开第六次代表大会前不久，伦敦《泰晤士报》的一篇文章中曾经使用过。这里暴露出一种倾向，即以为任何一种新的技术发明，都是沿着经济进步道路前进一步，因而忽视了一般资本主义，特别是垄断资本主义所特有的经济**极限**和阻碍生产技术进一步发展的**种种因素**。

我认为，这种倾向导致的后果，就是修正马克思主义的原理，因此，我们的同志应当很好地武装起来，同这种倾向进行斗争。

对我们来说，在评价资本主义条件下的经济进步时，普遍的、决定性的标准是什么呢？并非任何技术发明本身都具有社会经济价值。甚至有一些重大的技术发明，它们也并不是一下子就能获得特殊的经济价值，或者根本不能获得这种特殊的经济价值。对我们而言，具有决定意义的经济标准，只能是**劳动生产率的提高**。并非每一项技术大改进（尽管他们是了不起和有价值的）都符合资本积累的利益，特别是在垄断资本主义阶段。

怎么能忽视这个事实呢？要知道，自从垄断资本主义产生以来，生产上进一步发展的技术潜力同垄断资本攫取利润的目的之间，两者的矛盾是人所共知的事实。马克思早就极其透彻地强调指出了这个矛盾，以及在资本主义发展过程中使这一矛盾尖锐化的趋势。

当然，在资本主义世界中，现在也正通过从技术上改进生产手段和生产方法的途径来大规模地进一步提高劳动生产率，这是事实。但与此同时，另一种趋势，即停滞、阻碍生产力发展的趋势在起作用，这也是事实。总不能把列宁关于后一个事实、关于垄断资本主义的寄生性和腐朽性、关于停滞的趋势、关于变为食利国等的有关论述一下子统统抛置脑后吧。现在我来念一段列宁著作中有关这一问题的论述：

"在规定了（即使是暂时地）垄断价格的范围内，技术进步因而也是其他一切进步的动因，前进的动因，就在一定程度上消失了；其次在经济上也就有可能人为地阻碍技术进步。"①

关于这方面，列宁同志举了一个例子，他提到美国人欧文斯在改进制瓶业方面搞了一项发明。德国制瓶工厂主收买了这项发明，使它无法推广使用。果然，去年报刊报道说，这项发明现在才刚刚面世。列宁在同一书中写道：

"当然……用改良技术的办法可能降低生产费用和提高利润，这种可能性当然是促进着各种变化的。但是垄断所固有的停滞和腐朽的**趋势**仍旧在发生作用，而且在某些工业部门，在某些国家，在一定的时期，这种趋势还占上风。"②

难道现在这一论述已经不符合资本主义现实了么?! 只要把这个问题明确提出来，马上就一目了然，所有这一切论断如今比以往更正确。尽管当前社会生产部门在技术上确实在不断发展（有时这种发展本身是十分可观的），但现在比任何时候都更明显的是，社会生产力进一步发展的必然趋向，大大超过在资本主义生产关系范围内存在的可能性，因此资本主义的生产方式已经不能提供足够的空间使劳动生产率的增长完全适应科学技术所创造的前提和可能性。

当今只有一个"生产部门"由于采用技术发明正在做出真正显赫的成就，这个部门不是生产生产资料的部门，也不是生产消费资料的部门，而是生产毁灭性武器的部门，即军火生产部门。例如，众所周知，目前相当大一部分的化学工业之所以得到发展，就是因为它受到那些以此追逐军事目的的帝国主义政府的支持。民用航空工业在相当大程度上

---

① 《列宁选集》中文第 3 版第 2 卷第 660 页。——编者注
② 《列宁选集》中文第 3 版第 2 卷第 661 页。——编者注

也同样如此。只要看一看在资本主义世界中，以公共利益为目的的各个生产部门的技术进步，究竟是在怎样的程度上落后于迅猛发展的军事技术，这样就能了解到资本主义发展的客观情况，而且永远不会再想为现代资本主义在社会生产力的所谓无限发展过程中的作用叫好了。

关于资本主义合理化

有人以资本主义合理化为理由，作为反对上述观点的依据。资本主义合理化也确实是在一系列工业部门进行的大规模的生产改组，它在一些工业最高度发展的国家，例如，在德国和美国几乎深入到一切最重要的部门。资本主义合理化是否驳倒了我们的观点呢？

绝对没有。不过我们自己要确切地弄清楚，资本主义合理化究竟是什么。

这个问题我们还在共产国际执行委员会第七次全体会议上就已经讨论过了。但是，依我看，现在我们应当对我们原先的提法加以补充和更详细地说明。各种各样改革生产和分配的方法（只要它们能提供利润），例如：以各种办法取消商业中介活动，几乎以各种办法节约不变资本，使生产定型化、规格化、标准化，等等，资本家本人和资产阶级研究者们当然都把它们置于合理化之列。然而，所有这些都属于那些人们早已熟知的范畴，它们也早已有了另外的、更符合其实质的名称。资本主义合理化就这个词的本意而言，就是采用某种制度来改组**劳动过程**，它既定的首要目的，是加强对劳动力的剥削。合理化的主张最初是针对所谓**科学的**劳动组织（Scientific management）提出来的。但这个主张在实行**传送带装置系统**时得到了广泛的实际运用（在矿井、建筑工业和管理处等单位，有些改变）。

在第七次全会上，我们曾表示反对资本主义的假合理化。不过，在当时我们对这个问题还没有形成完全明确和一致的看法,我们能够绝对地反对资本主义合理化吗?抑或我们只应当反对资本主义合理化的"后果",而在其他方面则应当对资本主义合理化保持某种中立。德国同志正确地鉴别并预见到,资本主义的合理化预示着工人的状况将更加恶化,因此在这个问题上,他们对任何中立的观点都提出异议。不过,在当时的辩论中还有另一种观点,这个观点认为,资本主义的合理化可以同任何生产的技术发展相比。这就是所谓资本主义合理化有**两个方面**——技术方面和社会方面,这两个方面确实是彼此密切联系的。但这是很不确切的定义。问题绝不会由于我们不顾及资本主义合理化所固有的**特殊的特点**而变得更加明确起来,因此我们说:资本主义合理化是经济的进步,但它给工人带来有害的后果。在资本主义条件下,任何新机器的采用,都将暴露出有害的"社会"方面。然而在该情况下,这个"社会方面"才是事物的真正本质。

在资本主义合理化的条件下,可能实行机械改良,在大多数场合确实也进行了这种改良,但是也可能没有进行这种改良。资本主义合理化始终固有的最本质的特点,是提高**劳动强度**,为了提高劳动强度而采用传送带,甚至可能(虽说也不是经常地)相应地更新一些劳动工具等。因此,资本主义合理化就是一种管卡压**制度,它的目的是最大限度提高每个单个工人的劳动强度,它的方法是采用传送装置系统,或原则上相似的自动传送**(Antreibung)**和劳动强度监督系统来改组劳动过程。**

这个定义和以前提到的定义,从表面来看区别不大,但实际上是很大的。只要提出下面的问题——资本主义合理化的实质,是否就是提高劳动生产率?事情就清楚了。按照原来的定义,这个问题的回答是肯定的,按照现在的定义,答案应是否定的。

按照马克思的定义,提高劳动生产率就是要发挥工人"在同样的时间内以同样的劳动消耗生产出更多的东西"的能力。这主要靠改良生产工具。但是提高劳动强度意味着：在同一单位时间内增加劳动消耗，提高劳动力的紧张程度，更紧凑地填满劳动时间的空隙，也就是使劳动凝缩、压缩工作时间，或者用马克思的话说，就是"把较大量的劳动压缩于同一时间内"。

可见这是不同的两回事。对企业主来说两者的结果都是，同一个工人在一定的时间内生产的商品数量的增加。由于采用新机器而带来的劳动生产率的提高，通常会造成劳动强度的提高。但是，没有劳动生产率的增长，没有劳动工具在技术上的改良，劳动强度也可能提高。资本主义合理化包含一个本身是先进的因素，即省去工人在劳动过程中多余的动作，或者就像马克思所说，"减少劳动力的非生产性消耗"。但是与极大地提高劳动强度相比，这个因素的意义不过是微不足道的，而意义大得多的一个事实则是：在资本主义合理化中，机器（首先是工作机）的技术进步，是按照一定的**主攻**方向，向着适用于传送带系统的方面进行的，目的还是为了越来越加紧地提高劳动强度和对劳动实行自动控制。以前，提高劳动强度，常常是与技术进步同步发生的现象，而现在，提高劳动强度，已经成为对劳动工具进行技术改良的直接的、**主要目的**。

对我们来说，在这个问题上能侈谈某种中立的观点吗？当然不能。七次全会也已否定了这种观点。在什么样的条件下，我们可以对这类劳动过程的改组持某种意义上的中立观点呢？这时，至少应具备下列条件：（1）劳动力的过度损耗可以用相应地缩短工人工作日和增加实际工资来补偿；（2）此外，劳动强度的提高不能超出一定的限界，否则劳动强度便无法补偿，或者尽管缩短工作日和增加工资，但这种过度紧张对工人的健康或生命的正常延续造成非常有害的后果；（3）在劳动强度得到补偿和对劳动强度加以必要限制的情况下，特别考虑到年龄上的差别（青年工人和老年工人）。但是，上述条件在资本主义合理化的条件下是否能实现呢？在资本主义世界中，任何地方都实现不了。只有在苏联，在组织劳动时才考虑这些因素。除了上面列举的三个条件外，还有第四个条件，即由工人阶级本身掌握生产资料。这样一来，我们不仅同意，对合理化采取中立态度，而且还打算同它"调和"。不过，既然如此，这也就不是资本主义合理化了。

工人阶级生活水平的降低

下面所谈的是关于用提高工资以补偿较高的劳动强度问题。在我们的提纲草案中谈到资本主义合理化"降低工人阶级的生活水平"。瓦尔加同志在第六次代表大会之前出版的小册子《资本主义稳定后的晚期经济》中，正确地指出了在资本主义合理化的条件下提高劳动强度的因素，此外还把这个因素与提高劳动生产率区别开来，但是，在主席团的会议上他却反对我们关于工人阶级的生活水平因资本主义合理化而降低的论断。我认为，如果我们在适当的地方说资本主义合理化**使工人阶级的状况绝对恶化**，那也是正确的。（有人在座位上喊："说得对！"）但是依我看，我们的决议草案说的也对。关于工人阶级状况绝对恶化的提法即使在实际工资提高的情况下，也可以谈，马克思在《资本论》第一卷中关于这个问题的说法，指的正是那个意思，他说："不管工人的报酬高低如何，工人的状况必然随着资本的积累而恶化。"①

但是，我们也可以坚持草案中的提法，如果是正确地、即按照马克思主义的观点来理解它的话。相反，瓦尔加同志对这一提法所提的建议是不能接受的。他曾想把我们的提法改为：资本主义合理化"降低了工人在自己的产品中所占的份额（工人的份额）"。当然，资本主义合理

---

① 《马克思恩格斯文集》第 5 卷第 743 页。——编者注

化会导致这个结果,资本**总是**这样发挥作用的。问题不在这里,而在其他的方面。

第一,要知道所谓工人阶级的生活水平,也应理解为**失业工人**的生活水平。瓦尔加同志本人的文章不止一次地强调指出,美国和其他几个国家存在的大量失业现象具有非常巨大的意义。难道他现在已经忘记了这个重要事实了吗?第二,我以为可以向瓦尔加同志提出一个问题:把**工资压低到劳动价值以下**,是否意味着工人生活水平的降低?我想是的。我们从这个意义上来理解问题,并且按照这种理解阐述问题。毫无疑问这种把工资压低到劳动力价值以下的做法,一般来说正是资本主义合理化造成的结果。瓦尔加同志把生活水平同狭义上的"实际工资"简单地看成是一回事,并且到此为止。我们假定工人的"实际工资"由于资本主义合理化得到提高,而不是降低。实际上未必如此,即使果真如此,难道这能证明,在这种情况下,工资真的不会跌落到劳动力价值以下么?(有人在座位上喊:"还会跌。")按照马克思的观点,"当劳动力价格的提高不能补偿劳动力的加速的损耗时"①,工资的提高实际意味着工资跌落到劳动力价值以下。

此外,不应该忘记马克思的观点:

"劳动力的日价值是根据劳动力的正常的平均持续时间或工人的正常的寿命来计算的,并且是根据从生命物质到运动的相应的、正常的、适合人体性质的转变来计算的。"②

我们的提纲草案倒是考虑到了上述观点。但是,在资本主义的实际生活中是否考虑到了这个观点呢?没有。正是垄断资本不仅规定了商品

---

① 《马克思恩格斯文集》第 5 卷第 600 页。——编者注
② 《马克思恩格斯文集》第 5 卷第 602 页。——编者注

的垄断价格，而且规定了劳动的垄断价格（朝相反的方向规定），极力使劳动力的价格降低到劳动力价值以下。用这种方法，特别是通过资本主义合理化，通过极大地提高劳动强度，攫取超额利润。

瓦尔加同志谈到美国时说，那里的"实际工资"出现了提高的趋向，但是，对于工资是怎样提高的这样一个问题，他却撇开不谈。而对这个问题的研究恰恰向他表明了，工人的生活水平实际上**没有提高**，此外，他在上面提到的那本小册子中还作了下面这样一个非常奇怪的解释：

"由传送带引起的劳动力的消耗只有在饮食良好和工作日较短的情况下才可能实现，否则工人就会在劳动现场病倒下去。就像牲口在干重活的时候，要给它喂得好些一样，对被迫以前所未有的强度劳动像机械一样做工的人，资本会让他吃得比以往更多，让他更多的休息。"

这听起来倒不错，更何况瓦尔加同志当时在小册子的附注中还引证了马克思的话（！）。其实所有这些说法都不对，或者充其量也只说对了一半。给干重活的牲口通常喂得好些，这一点没说错。但是，一个工人的不幸恰恰在于：他在资本主义条件下没有如此"幸福"的处境；他的饮食不是按照劳动的繁重程度成比例增进的。至于摘自马克思著作的引文，则它未必能证明瓦尔加同志关于工资提高的必然性的意见是正确的，因为在这段引文中根本没有一句话谈到过工资。此外，从资本主义合理化的角度来看，这是（据我所知）马克思的著作中唯一不需要修改而是需要作若干补充的地方。

劳动强度疯狂提高和大量失业现象的增长

马克思在这里作了如下论述：

"在一种劳动不是一时的发作，而是日复一日有规律地划一地反复进行的情况下，必定会出现这样一个时刻，这时工作日的延长和劳动的强化会互相排斥，以致要延长工作日就只有降低劳动强度，或者反过来，要提高劳动强度就只有缩短工作日。"①

这段论述在今天基本上也是正确的。劳动的强化和工作日的延长互相对立或者互相排斥的交汇点，仍然是可以得到的。但是，由于资本主义合理化，这个交点将被推得更深更远。传送装置可以决定劳动强度，而劳动速度一旦被规定后，就不再以工人个人能力的大小为转移。要么工人能跟上这个速度，要么跟不上这个速度。如果他可以跟上，他就必须准确地按照规定的速度去劳动；如果他跟不上，那就滚开去；他就不再是该企业的工人，他就是一具要被新来的劳动力顶替的工人的尸体。资本主义合理化的含义就是**这样：资本的凶神以比从前快得多的速度吞噬着工人的后代子孙们。**

这个结论完全符合马克思所揭示的资本主义的总趋势。马克思所描述的"破坏劳动力本身的劳动强度"，由于资本主义合理化而已被广泛地应用于日常的实践。

瓦尔加同志本人在自己的小册子中，引用了阿诺尔德·杜林教授一段很能说明问题的话：

"在这种情况下（在开始疲劳的情况下），生产率还会保持原来那么高——工人没意识到疲劳状态。"（我们姑且说这是夸大——库西宁）"客观上也不能证实疲劳状态，因为生产率没有变……劳动中的难度逐渐增大，工人自己意识不到，因为这种增长是悄悄地发生的……任何一点小病就可能立即显出病态来；或许有朝一日工人本人会感到'有点儿不舒服'……无法断定这种不知不觉到

---

① 《马克思恩格斯文集》第5卷第471页。——编者注

来的不能补偿的过度疲劳,是极其令人可悲的事实之一,因为这使对可容许的劳动强度进行科学限定的一切尝试,都归于失败。"

总之,既然资产阶级学者面对限制"可容许的劳动强度"这一问题都束手无策,那么资本家本人就更没有理由去实行这种限制了。

过去,在相当程度上企业主为了本身的利益,没有把劳动强度按照它同工时的比例关系提高到超过一定的限度。现在,由于实现"合理化",企业主获得了更加广泛得多的可能性来拼命地压榨工人。现在,利润直接从工人的血汗榨取而来。

由此而出现了极大量的**失业现象**。事实确如马克思所说的那样:"工人阶级的一部分从事过度劳动迫使它的另一部分无事可做,反过来,它的一部分无事可做迫使它的另一部分从事过度劳动,这成了各个资本家致富的手段"①。

关于这方面,马克思在论述英国时还补充说:

"如果明天把劳动普遍限制在合理的程度,并且把工人阶级的各个阶层再按年龄和性别进行适当安排,那么,要依照现有的规模继续进行国民生产,目前的工人人口是绝对不够的。"②

由此可见,马克思所说的**真正合理化**的含义是什么。而从上述含义来说,只有在苏联,即在无产阶级专政条件下,才有可能实现合理化。

所有这一切对于我们的实际工作是极其重要的。它说明,在资本主义合理化实行之后,我们为**提高工资**,特别是为**缩短工作日**而进行的斗争,具有了更为重大的意义。很明显,我们过去提出的八小时工作制这个口号已经过时了。同时,这还提出了一项迫切重要的任务,即正确而

---

① 《马克思恩格斯文集》第 5 卷第 733 页。——编者注
② 《马克思恩格斯文集》第 5 卷第 734 页。——编者注

具体地向工人阐明，正是资本主义合理化造成了工人阶级状况的严重恶化，使工人清楚地了解这种严重恶化的情况。

瓦尔加同志的功劳是：他不仅特别强调指出了美国、英国和德国当前大量失业现象的意义，而且还指出了这一现象中的新的特点。诚然，资本主义积累的一般规律是资本的集中和积聚越是增长，产业后备军也就越多。不过光凭这一点还不能解释资本主义世界现有的大量失业人数存在的原因。瓦尔加同志试图由此得出一条工人人数绝对减少的总规律或总趋势的结论，这一点我是不同意的。但是，他提出近五年来资本主义世界中大量失业现象的增长和经常存在，一方面同资本主义合理化有着因果的依从关系，另一方面与各个资本主义国家的销售市场相对狭窄有着因果的依从关系，他的这句话无疑是对的。为了满足当前美国、英国和德国资本主义的利益，失业大军应该是庞大的。但是，由于失业大军这样庞大，同实际存在的情况一样，它超出了同这些国家资本主义利益相符合的限度。失业者成了降低工资的替罪者，而对贪婪榨取利润的资本来说却是一件好事。但是，大量失业工人，年复一年不再创造剩余价值，这就不正常了。这是资本主义危机最严重的征兆。

是否存在资本主义计划经济？

在这种情况下，金融资本会采取什么办法呢？第一，在所有最重要的资本主义国家中，生产进一步集中化、资本进一步集中化和进一步垄断化。金融资本的机制越发完善，其办法就是使银行资本和产业资本进一步融合，通过垄断更加广泛地控制其他经济部门，如运输、国内外贸易等；例如，近来美国在出口方面新出现的巨大垄断组织，具有重大的意义。其次，银行资本越来越高度集中。总而言之，金融资本一切用来组织或用来"和平组织"垄断体系的方法，都在继续得到发展。例如这种垄断体系去年秋天在苏黎世"社会政治协会"代表会议上被参加者（以赫克纳和公巴特为首）吹捧为一种了不起的、稳定的、"有计划的"、"有组织的"或"受制约的"经济体系。桑巴特本人确实是人到暮年，说起话来有点伤感，他说的不是"高昂的"资本主义，而是"晚年的资本主义"。然而，作为对"高昂的"资本主义虽然年老色衰了，但它得到了补偿，到了桑巴特的晚年资本主义却摆脱了一切危险的矛盾。实质就是桑巴特所预言的，资本主义会分为若干时期平稳地活到一百年和一百年以上（这也是老教授希望他本人所能看到的那种前景）。

赫克纳（也是我们早就认识的大人物）不像桑巴特那样忧心忡忡，他的情绪比较乐观；他在那个代表大会上用了一个悠然自得的比拟：

"所以，资本主义或许像一桶陈酿老酒，不时地往里添上一点社会主义新酒，可是得保留原来的出厂日期。"

可惜，当时卡尔·考茨基这位第二国际的权威的马克思主义者不在场。他会毫不掩饰地同意桑巴特的和平的超帝国主义，也会同意赫克纳的资本主义式的社会主义乐观主义。要知道他在自己最后一本书《唯物主义历史观》说过：

"资本主义克服了那么多危机，它能适应那么多新的、常常是非常惊人的和极可怕的要求，以致现在从纯经济的观点来看，我以为**资本主义比半个世纪以前更富有生命力。**"

请看这位"马克思主义者"堕落到怎样的地步了。

这种"有组织的"、"受制约的"资本主义究竟是什么货色？这是资本主义"计划"经济吗？这是金融资本所贪求和追逐的某种东西，但却是它无法得到的那种东西。苏联的国民经济是按照五年计划进行工作的；在资本主义世界中，难道能谈得上某种类似的东西吗？！

比如说，华尔街幻想对世界货币市场进行全面控制和调节。但是，正如我们现在所看到的，这些幻想刚一冒出来，就随着疯狂的交易所的投机活动和严重的国际信贷危机而破灭了。资本主义竞争，即使在个别国家，能否完全让位于资本主义垄断呢？不能。生产资料大量积聚以及资本集中，是促使劳动社会化的真正的重大步骤。所有这一切都是事实。但同时还有下面这样一个事实，即资本主义垄断只能在一般的资本主义环境里存在，也就是同时在商品生产和竞争的环境里存在，正如列宁在他的《帝国主义论》一书中根据马克思的学说所明确指出的那样：资本主义垄断经常同这种一般环境发生无法解决的矛盾。恩格斯在为《资本论》第三卷所作的注解中指出，资本家日益强烈地企图通过卡特尔和托拉斯调节生产，从而调节价格和利润，并说：

"不言而喻，这种试验只有在经济气候比较有利的时候才能进行。……虽然生产需要调节，但是负有这个使命的，肯定不是资本家阶级。"①

负有这个使命的是工人阶级。这对苏联经济和资本主义国家经济作了一个最概括的对比（从上述观点来看）。

社会主义计划经济

随着工业生产的高度集中，自由竞争完全退居次要地位；国家对对外贸易实行垄断制；合理的计划经济已远远超出工业和商业的范围而推行到农业。所有这一切，从组织形式的观点来看，都意味着有可能大量节省在任何一个资本主义国家都不可能节省的生产力，更不用说这种计

---

① 《马克思恩格斯文集》第7卷第136页。——编者注

划经济的社会主义性质了。我们即使是拿资本主义国家浪费国民经济资源的一个局部现象，即拿罢工运动造成的损失做例子，也不难看出：由于苏联的工人阶级自己掌握生产资料这一事实，苏联经济节约了许多的资金。此外，我们还应该注意到，即使资本主义垄断实际上能局部地控制住自由竞争，但在资本主义国家中这种垄断无益于社会生产力的发展，而是阻碍了生产力的发展。

在苏联，情况则相反：恰恰由于消灭了资本主义垄断，依靠建立起来的工人阶级的垄断，使社会生产力得到解放。即使苏联的国际经济联系由于资本主义的包围受到很大限制，苏联也可以靠解放了的生产力，靠合理调配和发展这种生产力来大力补偿这一点。

即使在苏联的社会主义计划经济特别难推行的**农业部门**，执行联共（布）现行的方针，也意味着向前迈进了一大步。这就是农业集体化方针（建立国营农场、集体农庄等）。目前在苏联，集体农庄已拥有250万—300万公顷土地，到五年计划末期将拥有2500万公顷土地，即增加十倍。这意味着在苏联广大贫农、中农群众的支持下，整个国民经济自觉地朝着社会主义方向发展。这意味着着手对农民经济进行社会主义改造，在发展同基本农民群众相结合的新的生产形式的基础上加强工人阶级领导作用的伟大开端。

执行"伟大工程"的五年计划，要求工人阶级竭尽全力来克服资本主义分子的反抗，消除农业中最落后的现象，保证坚定不移地加强城市和乡村的社会主义经济成分，排挤国民经济中的资本主义成分。

因为我在上面针对资本主义合理化谈到了资本主义国家中的无产阶级的劳动条件，所以我也该提出几件简单的、但很能说明苏联工人劳动情况的事实。在苏联，工人的工资每年都得到提高。此外，企业每年拿出10%的利润用于改善工人阶级的生活，因此工人阶级分享到的红利也随着劳动生产率的提高而按比例增加。除此之外，还享受社会保险的待遇。工人对社会保险不需要从**自己的**工资中付出一个戈比，除工资外，他们还享受社会保险的一切优先权；社会保险基金现在已增长到11亿卢布。其中也包括工人在各种文化教育等机构中享受的优惠和优先权。至于说到工作时间，现在苏联实行七小时工作日制。到今年十月份以前，有20%的工业企业将改为七小时工作日制，到五年计划末期，全国所有工业部门都应改行七小时工作日制。对从事井下作业的工人，现在已实行六小时工作日制；六小时工作日制同样适用于对健康有害的其他工种。

所有这一切使人们懂得，人类生产力一旦摆脱了自己身上的资本主义奴役的剥削锁链，就能以充满创造性热情的"竞争"建设着自己的社会主义大厦。这种热情奋发的竞赛，使苏联能够远远超过最先进的资本主义国家的发展速度。我们这些资本主义国家的共产党人，有一切理由比以往更多地去研究苏联的主要问题，包括苏联的经济发展问题，把它看作是我们自己的问题，并向千百万工人宣传苏联社会主义建设的伟大进程。我们不要去谈论资本主义世界的稳定问题，因为在那儿发生的不是稳定的过程，而是动摇稳定的过程，我们有一切理由把世界上唯一的不仅实际上稳定，而且正在建设社会主义的国家的生活情景反映出来。

世界范围的帝国主义矛盾

我再来谈一谈资本主义世界。垄断资本主义的发展，不仅在有些国家，而且在某些方面则是在国际范围内日益削弱着自由市场的调节作用，这当然是不可避免的。但是这会造成什么后果呢？自由市场是否会被任何一个新的总的调节者所取代呢？不会。例如，资本主义合理化极大地加强了德国的生产能力和竞争能力，但是在什么地方竞争、如何竞争，这个问题对德国来说还没有解决。国际康采恩能否充当资本主义普遍调节者的角色呢？无论如何也不能。例如，出现了一些规模非常大的国际原料卡特尔，但是，这些卡特尔在各个国家相应的生产部门中，引起长期的生产危机。看来，由于卡特尔的作用，危机才在更大的程度上具有世界性。

在资本主义世界中，集中不只是围绕一个中心，而是围绕**几个以不均衡速度**进一步发展的较大的帝国主义中心进行着。这个事实具有怎样突出的意义，现在已经逐渐清楚了。对资本主义世界经济进行普遍调节者的职能越是遭到破坏，金融界的各种不同的领导集团就越有可能铤而走险，试图按着自己的方式进行"调节"。但是，他们在进行调节时，不顾彼此，每个集团只顾牟取本集团的超额利润。这就意味着一场无法遏制的争斗。

例如，在这场斗争中，投资可能成了贪婪的长爪，它伸到别人的地盘去攫取掠夺物。不仅在对手的殖民地和"势力范围"，而且在别人的宗主国中，投资都是当作帝国主义的斗争工具发挥它的作用的。我们可以拿最近英国"电气总公司"做这方面的典型例子。在这家公司里，英国的资本和美国的资本彼此进行着十分残酷的斗争。结果看来是，渗入到公司的美国资本不但极力想以高利贷者的身份发挥作用，而且还企图充当破坏者的角色。渗入对手营垒进行经济破坏活动——为什么金融寡头不让自己也去干这种勾当呢？或许这样做可能比帝国主义各国高级外交家进行活动惯用的搜集情报、收买报刊和诸如此类的"竞争"方法更不体面？！为夺取销售市场、原料来源和资本输出场所而在各方面进行斗争，不仅为局部的经济利益，而且为扩大自己的经济领地、同时也正是为了排挤他人而进行斗争，以及因为世界被瓜分完毕，为争夺统治权、争夺垄断权而进行斗争——这才是名副其实的资本主义"计划经济"。

掩盖资本主义世界的这些矛盾，特别是否认这些矛盾的尖锐化，这就是桑巴特和考茨基之流的金融资本的"科学"辩护士们的使命。但是，他们的招数往往是相当狡猾的。例如，桑巴特玩弄貌似马克思主义的词句，援引许多有关劳动社会化过程的实际情况；他承认现在的资本主义具有寄生的性质，并预言资本主义不会万古长存，但是可能要在数百年的延续中逐渐消亡……

舒尔采·格弗尼茨教授是那样的惊慌失措，以致在上面提到的苏黎世代表大会上，他在回答桑巴特时曾声称：大概还可能发生革命，因为：

"由于缔结了和约，欧洲积攒下了大量黄色炸药"，而"任何时候革命都不可能像在新的战争时期那样如花盛开全面爆发"。

他甚至不仅害怕谈论欧洲革命，而且害怕谈及"那可能使英美资本主义这两大巨人甚至都要受到严重威胁的世界革命"。他说："到那时，欧洲已经成了纯考古学意义上的亚洲半岛了。"你们看，可怜的教授已惊慌到什么地步了，教授本人除了移植……基督教的信仰，即"纯考古学意义"的药方外，也没有挽救资本主义世界的其他灵丹妙剂了。

资本主义崩溃的规律

为什么我要在这里谈到这些资本主义的辩护士呢？因为正是在当前时期在我们的宣传中，最最重要的是对资本主义矛盾的尖锐化提出一个明确的概念，这也正是我们全部批判的锋芒应指向的重点。当然这不仅仅是针对桑巴特、考茨基和希法亭之流的批判。在这一点上，即使是我们的自我批评，也应当特别小心谨慎，为的是不要对那种程度不同地导致资本逐渐"消亡"前景的倾向，作任何细小的让步。在这方面，像罗莎·卢森堡同志这样一位著名的女革命家所犯的错误对我们来说是值得引以为诫的。她出于确立一种通俗的资本主义崩溃的纯经济规律的愿望，步入歧途。我觉得在瓦尔加同志提出的农民最终要转变为农场主、殖民地要实现工业化因而"工人数量出现减少趋势"的这一结论中，资本主义逐渐消亡的新论点已初露端倪，我不知道我这个看法是不是错了。尽可能更正确地、更扼要地从经济上论证资本主义必然崩溃这一意愿本身，完全反映了一种合乎规律的需要。为了使我们的宣传能符合这种需要，我劝同志们：第一，要比以前更扎实地学习我们的纲领；第二，要更多地研究马克思的著作。在马克思已经极其精辟和突出地阐述了资本主义崩溃的规律以后，为什么还要塞给我们资本主义崩溃的新规律呢？请稍等一等，我以为在这里值得重新回忆一下马克思所阐述的这个老规律。

在《政治经济学批判》序言中，马克思提出一个既适用于资本主义生产方式也适用于较老的生产方式的一般的规律：

"社会的物质生产力发展到一定阶段，便同它们一直在其中运动的现存生产关系或财产关系（这只是生产关系的法律用语）发生矛盾。于是这些关系便由生产力的发展形式变成生产力的桎梏。那时社会革命的时代就到来了。"①

《资本论》第一卷末尾有关章节，专门谈到资本主义崩溃问题。

"资本的垄断成了与这种垄断一起并在这种垄断之下繁盛起来的生产方式的桎梏。生产资料的集中和劳动的社会化，达到了同它们的资本主义外壳不能相容的地步。这个外壳就要炸毁了。资本主义私有制的丧钟就要响了。剥夺者就要被剥夺了。"②

---

① 《马克思恩格斯文集》第 2 卷第 591—592 页。——编者注
② 《马克思恩格斯文集》第 5 卷第 874 页。——编者注

马克思的这些老见解，过了 60 年之后现在与我们有什么关系呢？关系甚至大得很！这些见解很有现实意义，它们正好适用于当前所处的时期，现在也正好出现了马克思曾预言过的时代。"资本的垄断**成了**与这种垄断一起并在这种垄断之下繁盛起来的生产方式的桎梏。"生产资料的集中和劳动的社会化，"**达到了**同它们的资本主义外壳不能相容的**地步**"。社会生产力的发展**已经**与资本主义所有制关系发生了矛盾。

马克思主义的职业伪造者，如考茨基和库诺之流在这里也稍微曲解了马克思的辩证法。他们这样解释问题，似乎马克思曾断言，只有当生产力没有进一步发展余地的时候资本主义的末日才会到来。于是库诺夫由此作出结论：所以资本主义还将长期存在下去；而考茨基，他想显得聪明一些，甚至想比马克思"更社会主义化一些"，他断言：马克思错了，"资本主义的末日来得**还要早些**"（那么在资本主义**时期**就开始到来）。然而马克思本人绝对没有断定，在生产力的进一步发展过程中会出现绝对停滞。

马克思在他揭示的规律中，既没有把社会生产力、也没有把资本主义所有制关系看作是静止的量，而是从一定的、对它们二者来说是不可避免的历史发展的高度来看待它们的。马克思认为，资本主义所有制关系必然朝着资本的垄断的方向发展、朝着资本越来越集中的方向发展。这种集中意味着"少数资本家对多数资本家的剥夺"，它将导致"资本巨头数量"（瓦尔加同志，不是工人，甚至也不一定是所有的资本家）的逐渐减少，因为这些资本巨头掠夺并垄断了这个转化过程（劳动社会化和生产技术发展，等等。——库西宁）的一切优先条件。须知，这完全适合当前金融资本的时代。马克思并未就此断言，资本主义垄断的发展要完全消除资本主义竞争。不，马克思阐述得很准确："资本的垄断成了（就是说现在已经成了。——库西宁）与这种垄断一起并在这种垄断之下繁盛起来的生产方式的桎梏。"这是什么生产方式？是资本主义的生产方式。所以资本的垄断，必然成为资本主义生产方式的桎梏，这样说对不对呢？对的。这首先表现在两个主要方面：（1）资本的垄断作为自由竞争的桎梏起作用；（2）资本的垄断作为生产力自由发展的桎梏起作用。这是资本主义制度下不能解决的矛盾。

至于生产力的发展，马克思对它作了如下说明：

"随着这种集中或少数资本家对多数资本家的剥夺，规模不断扩大的劳动过程的协作形式日益发展，科学日益被自觉地应用于技术方面"（这就是说，结果不是绝对停滞，相反，是生产技术绝对发展——库西宁），"土地日益被有计划地利用，劳动资料日益转化为只能共同使用的劳动资料，一切生产资料因作为结合的、社会的劳动的生产资料使用而日益节省，各国人民日益被卷入世界市场网，从而资本主义制度日益具有国际的性质。"①

按照马克思的观点，在以这种方式发展的社会生产力和同时发展的资本垄断之间的冲突，究竟应该怎样解决？通过无产阶级的革命的阶级斗争来解决。最重要的"社会生产力"、人的劳动力（在资本主义条件下是被剥削的无产阶级），由于资本主义本身而渐渐成为资本主义的掘墓人：

"随着……贫困、压迫、奴役、退化和剥削的程度不断加深，而日益壮大的、由资本主义生产过程本身的机制所训练、联合和组织起来的工人阶级的反抗也不断增长。"②

剥夺者被这个工人阶级剥夺，资本主义私有制不复存在，经济发展和整个社会发展的资本主义外壳就要炸毁了。这就是马克思所阐明了

---

① 《马克思恩格斯文集》第 5 卷第 874 页。——编者注
② 《马克思恩格斯文集》第 5 卷第 874 页。——编者注

的，并已完全被伟大的俄国无产阶级革命所证实了的资本主义崩溃的规律。在当前所处的帝国主义时期，这条规律对整个帝国主义世界来说是很现实的。我们的任务是：进行毫不留情的思想斗争，反对一切修正马克思这一理论的企图，使工人群众完全理解和明白这个理论；不要抽象地解释这个理论和简单重复马克思的词句，要具体地阐述马克思提出的关于当前时期资本主义主要矛盾的规律。

列宁式具体化的必要性

同时，我们应以列宁对马克思学说所作的具体解释为出发点。首先并主要应当具体说明的方面，是强调在帝国主义条件下，各种不同的生产部门、城市和农村、不同的国家和世界各地发展的**不平衡性**。与此有关的是帝国主义列强之间的经济斗争和政治斗争尖锐化，以及因为帝国主义列强之间对世界的分割，帝国主义争夺殖民地、争夺世界霸权的战争的不可避免性，这是一方面；另一方面，与此有关的是农民问题和民族问题在当前时代的阶级斗争中的特殊作用，以及殖民地解放斗争所起的最重要的作用。然而，苏联作为无产阶级世界革命基地的存在和作用，乃是对马克思的理论最成功的"具体化"。

列宁主义在具体阐述马克思的学说时，对马克思学说所作出的贡献，决不意味马克思提出的规律发生了变化。相反，帝国主义以及当前时期中一切有决定意义的矛盾，其根源都可追溯到马克思揭示的规律所指出的主要矛盾。例如，英美对抗的尖锐化难道不表明资本的垄断成了资本主义生产方式的桎梏吗？现在，这两个国家的资本家、工人和失业者，都相当敏锐地感觉到这种桎梏了。只有英国的资本家觉得，美国资本的垄断已成了英国资本主义的桎梏，美国资产阶级的看法则与此相反。斗争便接踵而来。又如印度生产力的发展，难道不是受英帝国主义资本垄断的束缚吗？难道中国的发展，不是受英国和日本的垄断束缚吗？当然如此。此外资本主义的包围仍然是阻碍苏联生产力充分发展的障碍等等。

我们一刻也不应忽视列宁强调指出的论点：**"这里各种矛盾的尖锐化，是过渡历史时期"**——帝国主义时代——**"的最强大的动力。"** 伟大的马克思主义革命家就是这样地看待问题。这一点从来没有像在帝国主义当前这一时期中那样正确。

二、当前国际政治最重要的矛盾

苏联和资本主义世界

随着苏联社会主义的发展和加强，它的国际影响不断扩大，各国劳动群众给予苏联的积极援助也在加强。但是，帝国主义反苏的强盗式的侵略性更加猖獗。由于帝国主义扩大对苏联实行资本主义包围这种欲望的增长，由于资本主义各国的国内经济陷入死胡同日益强烈地渴望打开潜在的最大销售市场（为资本主义各国的国内经济找出路），因此各资本主义国家和苏联之间的矛盾，在经历了资本主义相对稳定的头几年之后又进入了一个新的尖锐化阶段。不仅肆无忌惮地对苏联实行敌对包围和财政封锁政策，而且正在进行直接的反苏战争准备。

关于这一点，以下事实可得到证实：与苏联接壤的邻国疯狂地武装起来了，波兰和罗马尼亚签订各种军事协定，法国参谋本部积极参与领导波兰—罗马尼亚军队的组织和训练，英国在阿富汗（布哈拉白匪帮侵犯苏联边境）和中国的领土上（一股警察袭击苏联驻哈尔滨领事馆，等等）玩弄反苏的鬼蜮伎俩。最近，在英法反苏同盟中，法帝国主义作为反苏战争组织者的嘴脸越来越暴露无遗。法国帝国主义企图借助在它东部的仆从国家——波兰、捷克斯洛伐克、南斯拉夫和罗马尼亚——通过这场反苏战争采取决定性的步骤使整个欧洲大陆屈从于它的直接或间接统治。

当然，各资本主义国家所推行的反苏政策，远不等于他们在所谓"俄国问题"上看法一致——这是不同的两回事。正如列宁所指出的，强盗之间不可能完全一致。

现在英国是麦克唐纳政府上台执政。这对反苏的战争政策将产生怎样的影响呢？依我看，这意味着往后退一步，再向前进两步。英国资产阶级本身，在对待苏联的政策上所持的态度原本不是完全一致的。张伯伦和鲍德温竭力加紧推行战争政策，但他们未能完全如愿。麦克唐纳的使命，是继续推行同样的政策，不过采取迂回手段罢了。

第二国际一伙对苏联的态度，一般比其他资本主义集团更富有侵略性。这和他们在工人运动中扮演的资产阶级反革命代理人的角色有直接关系。资本主义国家中，无产阶级革命化的过程，使资本主义国家在政治上的生存受到威胁，苏联的社会主义建设直接影响这个过程。例如，英国工党政府的"和平主义"政策，同德国社会民主党露骨的社会法西斯政策之间表面上有很大差别，实质上只是在阶段上有一些无关紧要的、暂时的差别。但这个问题，稍后再谈。

德国资产阶级的国际处境

德国资产阶级对外政策的总趋势，首先可能确定的是，加强反苏政策。但是如果不仅注意到这方面，而且注意到目前德国资产阶级所面临的整个对外政治局势，那么就会发现德国资产阶级的处境是非常矛盾的。这方面的迹象是德国法西斯主义甚至分裂为两个阵营：社会法西斯主义和"德国纳粹主义"，两者之间在政治上有专门的分工。最近几年,社会民主党人、中派和斯特来斯曼一直坚持与英法同盟达成的"妥协政策",其主要目的首先是为德国资本主义的内部稳定创造条件,尽管这是用承认法国在欧洲大陆的霸权为代价的。德国要求今后有权染指若干殖民地的委任统治权等,作为它忠实地履行凡尔赛和约中最重要条款和支持英法同盟反动的欧洲总政策的补偿。但是因为一开始事情就很明朗,靠协约国的恩赐取得殖民地委任统治权的希望,不过是空中楼阁,所以"履行政策"就很少能使德国资产阶级满足。德国资产阶级无意心甘情愿地把两三代以来,从德国无产阶级那里搜刮来的巨大的战争贡赋转交到协约国的腰包中去;它感兴趣的是并吞奥地利,修改东部边界,它更打算取得公开**武装**的权利。它最感兴趣的是夺取俄国的销售市场,但是,不言而喻,夺取俄国市场是为了自己,而不是为了波兰和法国。它绝不会对法国和波兰今后扩张的前景感兴趣,因为这种扩张会使德国处在锤砧之间的境地。德国新帝国主义这种矛盾处境,在最近巴黎举行的有关赔款问题的几次谈判中也已表现出来了。

赔款问题

十年前,在赫尔曼·弥勒签署凡尔赛和约的时候,赔款问题不如现在那么复杂。那时候说得很简单:"德国必须赔款,赔很多款;如果德国不赔款,我们就要像揍别人的猪猡那样揍它。"它也确实挨了揍。在德国东部建立了一条走廊,德国西部大片地区被占领,这样一来整个国家被大墙围上并受到包围。然而几年过去了,下面那句古老的俗话也没有错:"不存在这样一座驮着金银财宝的驴不能越过的高墙"(在当代,驮着金银财宝的驴已经不认为是驴了)。美元开始外流,于是德国开始用美元支付。这就是转折点。

十年前就在凡尔赛那地方,至高无上的威尔逊代表美国资本向盟国宣称："我赞成各民族自决，怎么有利就怎么干吧，但是得有一个条件：你该给我的美元，一个子儿也得付清，你们从哪儿捞钱，对我来说无所谓；如果你在捞钱的时候，不打算尊重其他民族的自决权，我可以转过脸去什么也不看……"道威斯和杨格却另有一套方法。列宁在1920年就说过：美国目前采用"独创的"方式掠夺世界，也就是采用经商的方法进行掠夺。这也表现在当前解决赔款的问题上：从德国召回政治专员并代之以银行专员，答应从莱茵区撤军，由新的国际赔款银行采用财政上的狡猾手腕代替军事占领，拨给最大限度数额的军费，取消国际汇兑限制，以及实现德国赔款债务的商业化。

四个主要伙伴在巴黎赌博台上的赌注是什么呢？**法国**政府的主张，最接近凡尔赛和约最初的观点：从德国榨取尽可能多的赔款，不给德国帝国主义的扩张活动以任何可乘之机。不过在最大限度赔款数额问题上，法国政府虽被迫做出让步，但是却心满意足：**在最近几年**内法帝国主义将得到很多钱（由于赔款商业化了），当然代价是将来放弃使德国直接殖民地化的政策。法帝国主义之所以乐于接受这种方式，是因为任何人绝对不会知道再过37年或58年之后世界的面貌将会是怎么样，而今后几年中口袋里的每一个法郎，远比对遥远的将来做出极其诱人的许诺值钱得多。可见，法帝国主义同意让步，是非常现实的打算。

德国的政治家主张签订巴黎协定，但盘算些什么呢？他们说："虽然我们并没有支付能力，这一点我们的专家也能证明我们准备付钱，甚至支付超出你们的专家估计的可能的款数，只要你们委任我们统治某些殖民地"，等等。德国的非官方代表在巴黎首先表示了这样的意见（直接或暗示）。这种试图得到法国和英国恩准而有朝一日进行殖民扩张的如意算盘，在巴黎彻底落空了。

英国政府企图在巴黎把德国和英法同盟更牢靠地捆在一起（当然财政上不能受任何损失），也许顺手的话还要离间德国和美国的关系，首先就是把德国的赔款问题同要求减少盟国之间对美国的债款额扯在一起。这个打算也在相当大的程度上落空了。

在巴黎以摩根公司为代表的**美国**帝国主义，它表示准备充当金融中介，把德国从法国的直接殖民地化政策的箝制中赎买出来，但在经济上和政治上要取得优厚的补偿报酬：今后使德国逐渐服从自己的金融监督，并利用德国作为美帝对欧洲其他各地区进行金融监督的基地，而在将来甚至可能与英帝国主义在政治上分庭抗礼。我以为由于杨格计划，美国这场赌博取胜把握大大增加。如果没有美国资本参加，谈判根本不会有什么结果。美国佬知道，这种"有利可图的事"需要资本，但是要知道，美国佬具有高超的埋财本领，就是说，他们拥有投入较少资本而获取更大金融监督权力的本领。

美国和德国

的确，在最近10年中，美帝国主义的立场发生了重大变化。美国资本输出开始发挥重大的作用。既然已经源源不断地从美国大量输出资本，那么为什么只把这种资本投在中国或者一切落后的国家呢？像德国这样高度发达的工业国，至少也同样能达到美国金融资本积累的目的；德国甚至已经作为美国控制下的仆从国而受到热烈欢迎……最近在美国财团发表的一些讲话中，就时常微微透露出这类意图。不久前，纽约花旗银行"公报"中就德国赔款问题所提出的主张，即德国应当干得更多些，吃得更少些，就非常有代表性。

根据杨格计划，德国应当支付很多赔款，但是没有为德国资本主义扩大销售的可能性做出规定。这个非常重要的问题，甚至在巴黎都没有讨论过。德国能不能支付赔款？凯恩斯在他最近写的一篇文章中认为，这是不可能的；瓦尔加同志认为，这是可能的。因此我们要谨慎以待。

37年或58年以后会发生什么事,这是一个特殊问题(关于这点我们有自己的看法)。不过我们可以有把握地预言,今后几年在执行杨格计划过程中会碰到巨大的困难。我已经说过,德国资产阶级也决不会同意年复一年地甘心充当战争赔款人这样一个小小的角色。它要执行帝国主义政策。在执行这一政策的过程中,德国在相当程度上被迫卷入现有的世界帝国主义体系。然而这个体系矛盾重重,而对于没有充分武装起来的德国资产阶级来说,要明确地确定自己对待这些矛盾的立场,绝不是一桩轻而易举的事情。在莱茵区撤军以后,它原来奉行的"妥协政策"不会再带来很多好处。这样一来怎么办呢?我认为德国资产阶级将在很大程度上越来越要面向美国。这是不是等于德国资产阶级急剧地转到反对不列颠政策或反对法兰西政策一边?不是的。德国资产阶级的处境是困难的。这使得它不能对世界政治最严重的对抗局面采取明确的立场。

在我曾经度过几年学习岁月的一座小城市里住着一个商人,按现在理解,他当然不是一个极大的财主,但不管怎样他是这个城市里最大的富翁。城里有两个党派,每次在进行市政选举之前,这位商人的顾主都要问他将投哪个党的票,他总是回答说:"我还不够富足到确定政治原则的地步。"德国资产阶级同样还没有富足到能在英国和美国之间采取确定的立场的地步。

在任何情况下,资产阶级的观念形态都要受黄金枷锁的支配,这一条规律在这里也是起作用的。债务人和债权人之间的相互关系,比买方和卖方之间的相互关系更牢固。按照杨格计划,美帝国主义将充当德国的主要债权人,并随时准备提供的债款。从德国资产阶级及其帝国主义欲望的观点来看,美国的方针所能允诺的,尽管也不多,但毕竟比原来的那种实际上向法国和波兰的扩张行为投降的政策所能给予的更多些。

斯特来斯曼最近在德国国会上的一次讲话中,指出了美帝国主义政策的殖民地化的趋向。这是确实的,这种趋向是存在的。然而只要斯特来斯曼没有看出来自占领莱茵区的法帝国主义方面的这种趋向，那么可以认为，在最近几年中，他就会认为必须赞扬德帝国主义对美国金融监督的日益依附是符合"德国国家利益"的，而另一方面，如果他不愿意这样做，德国资产阶级就只好另找外交部长了。

帝国主义矛盾的"调和"

当前解决赔款问题的尝试，是不是像瓦尔加同志在他对我们的提纲草案所作的修改中认为的那样，意味着帝国主义矛盾的"调和"呢？不是。试图调和矛盾是一回事，由此获得的结果则完全是另一回事。杨格委员会本身，在其报告书中是这样表述它的顾虑的：

"如果他们（参加国）的行为带着敌意，或者有任何一点不信任，或者只要在他们的行为中暴露出能引起或继续采取单方面经济歧视的话，那么，我们那项只要有诚意就完全可以完成的调整计划，迟早将碰到困难，所以，为恢复欧洲而进行的顽强、持久和耐心的工作将明显地拖延下去。因为没有诚意和相互信任，一切协议和保障什么也不值。"

在存在帝国主义矛盾的情况下，指望"诚意"是非常靠不住的。例如，能否想象，现有的帝国主义矛盾在国际赔款银行中不会显露出来呢？我不这样认为。在这里我不想涉及德国内部阶级矛盾尖锐化的前景，关于这一点我们以后会谈到。但是，第一，英美之间的矛盾绝不会由于赔款问题这样解决而有任何缓和的绝对把握，相反，英美的矛盾必定加剧；第二，法国和德国的关系更加紧张起来；第三，将出现这样的前景：在执行杨格计划时将出现极大的困难，因为对德国来说，销售市场的问题没有解决。到哪儿去找解决办法呢？在某些非洲殖民地中去为德国解决市场问题？讨论这样的问题实在可笑。这种解决办法到处都可以找到，不过首先是在东方，即在苏联。没有一个国家像德国那样需要苏联市场。资本主义世界对苏联的压力将加强。于是"德国应当支付赔款"这个老口号，可能逐渐转变成一个新口号，即"俄国应当付钱，俄国应当购买"。（"如果俄国不愿意，那么，整个资本主义世界就用一个封锁圈把苏联包围起来！"）这可能是麦克唐纳和胡佛之间即将举行的会议上的话题。至于那些待在国际赔款银行的大投机分子，他们大概就要对苏联执行高压政策了。如果这样，执行这种反苏政策就将是在美帝国主义的直接参加下，甚至可能是在它的支配下进行，这意味着在建立整个资本主义反苏统一战线的道路上的又一重大步骤。

英美对抗

凡尔赛和约规定的老范围，对美帝国主义的扩张活动来说渐渐变得狭窄了，这一点并不是在提出德国赔款问题才发觉的。英国、法国和日本的扩张活动，多多少少都可以轻易地通过凡尔赛协定得到发展。相反，美国在美洲大陆之外的扩张活动，目前主要只应限于取得经济利益。不仅欧洲要对美国的金融扩张活动开放，不仅要宣布一切海洋自由，而且要宣布对所有大陆门户开放，这就是美帝国主义的口号。门罗主义固然很好，但是对这个在经济上非常强大的帝国主义来说，已经不够广阔了。在美洲大陆上要关上大门，但在所有其他大陆上要敞开大门！

英国资本和美国资本之间的经济斗争规模越来越大，而且斗争的形式越来越尖锐。在南美洲，现在我们能看到这一斗争的壮观的场景。经济斗争终究不可避免地要转化为政治斗争。双方的军备竞赛都开始狂热起来。

在双方进行军事准备阶段，是否就不再进行"限制军备"、"维护和平"和"禁止战争"的谈判呢？绝对不是。和平谈判也是准备战争时的必要阶段。

这一点，我们可以从最近一次帝国主义世界大战前夕的德英法三国谈判经过中了解得很清楚。要知道，当时整个资本主义报界，天天都在大肆宣扬这些谈判取得的"成就"，因此，连一些外交家甚至也认为，战争突然、意外地爆发的那一瞬间，也正是和平协商势头好转之时。

意外、突然的因素，在帝国主义发动世界大战的情况下，具有同以前**和平谈判**的因素同样重大的意义。

这种谈判从不同的观点来看都是必要的。而为了使本国人民群众作好应付战争事件的准备，必须有和平主义的谈判和口号。特别是在经历了最近一次帝国主义世界大战之后，大家记忆犹新，帝国主义不得不在宣战前的最后时刻，大肆利用和平主义的口号。这套外交把戏，对于争取盟国以及此后对能否选择发动战争最适当的时机来说，也都是必要的。

要知道新的帝国主义世界大战，将是一件登峰造极的冒险勾当。例如就从英国资产阶级的角度来看一看这场新的帝国主义世界大战吧。要知道，这场战争将是以整个不列颠帝国的命运为赌注的一次力量的大检验。十分清楚，英国资产阶级尚未下决心直接发动这场战争，尽管它没有打算事先推迟这场战争，没有打算预先实现自己的帝国主义目的，若是没有战争，这也是可能的。美帝国主义现在仍然没有加快发动这场战争的特殊理由，因为时间对美帝国主义有利。在上述情况下，帝国主义政府之间有关维护和平的谈判，无非是争取更有利的时机去进行战争，从这个意义来说，谈判是准备战争的必要手段之一。

麦克唐纳现在甚至想直接同胡佛商谈和平**原则**！在重大客观矛盾尖锐化已成事实的时候，这将是完全无济于事的。当然，不仅可以进行这类毫无意义的对话和谈判，而且有时还可以缔结庄严的协定和公约。但是有一点**毋庸置疑**：军备竞赛将继续下去，经济斗争和政治斗争将变得越来越尖锐；大冲突即将到来。

紧张的政治气氛正在全世界围绕着世界帝国主义和苏联之间的矛盾，围绕着英美对抗而日渐增长，在英美对抗中，各种势力正在进行重大的重新组合。美帝国主义像一块巨大的吸铁石，把加拿大和澳大利亚逐渐吸引到它的势力范围。意大利应当采取明确的立场。它越来越倒向美国。日本也被迫确定自己的立场，但它有依靠英国阵营的趋势。

在不列颠帝国的一些最重要的殖民地中，已经多多少少感到了这个矛盾的影响。同时美帝国主义现在已经学会了利用客观形势给它造成的机会，暂时在某些方面利用不同于英帝国主义和日本帝国主义所采用的方法和口号，渗入别人的势力范围，例如利用"民族自决"的口号——我们一定会想起在凯洛格公约上美国对埃及所作的姿态——或者利用中国门户开放的口号。这对殖民地国家中民族资产阶级推行改良主义的方针，不会不产生一定的影响。

中国局势

美国依仗自己的经济实力，认为目前最重要的是掌握中国的经济命脉，在财政和外交上控制中央政府，从而指望以此补偿它未划分到如英国和日本在中国已占有的领土势力范围，以便在紧要关头转而采取暴力手段。中国资产阶级中有一部分人抱有幻想，以为通过利用各帝国主义列强之间的竞争，首先是依靠美国的支持，中国资产阶级就能在中国的独立发展方面取得重大的成就。实际上中国资产阶级所能得到的，只不过是在每一个重大关头都必须适应某个强国的帝国主义政策目的的那种"权利"而已。比如说，中国形式上的关税自主权意味着什么呢？你们不会忘记，托洛茨基分子是怎样夸大这个问题的意义的，他们大概把这个问题看作是中国革命中有决定意义的问题了。果然南京政府获得了关税自主权，然而现有的关税税率，不过是一种财政税率，它只能使政府的收入略有增加，却绝对不符合国内生产力发展的利益。当然，中国民族资本主义在最近或许可能有所发展，尽管这种发展是暂时的而且是十分困难的。但是与此相关的在民族独立的基础上发展生产力的内部趋势，将会经常与来自世界帝国主义对殖民地压迫的趋势发生冲突。可以十分有把握地说，在发生这些冲突的情况下，中国民族资产阶级每每都要出卖民族独立的利益。中国资产阶级的这种投降政策，一方面是由于它的直接利益同各帝国主义资本家集团的资本已结合在一起，另一方面是由于在工农运动最近一次高涨时期，即1927年大革命期间，阶级矛盾极度尖锐化，从而导致中国资产阶级最终转向反革命阵营一边。

同样，近来各帝国主义政府在背后施展阴谋诡计挑动起来的各军阀集团之间的国内冲突清楚地表明：国民党政府不能在中国建立起真正的国家统一局面。中国资产阶级民主革命的基本任务，是同**土地革命**问题以及消灭封建残余密切相关的。但是中国这个极为重大的问题，资产阶级是无法解决的。

从报刊上一些粗浅的报道了解到：中国农村是一片汪洋大海，它波涛汹涌，已经不再平静；游击战争此起彼伏几乎从未间断。中国工农革命运动新高潮的先决条件，由于农业危机尖锐化而成熟了。一切有关中国"平静的"、"凯末尔式的"发展前途的说法，都是无聊的废话。在中国，现有的主要矛盾，不是克服了，而是尖锐起来了，这就不可避免地要导致新的革命总危机，这个危机将比1926—1927年更广泛、更深刻。

印度革命的兴起

最近日益发展的印度革命运动具有越来越大的国际意义，走在运动前面的已经不是资产阶级的反对派，而是无产阶级。去年发生的声势浩大的经济罢工浪潮，今年在孟买已转变为大规模的政治罢工运动。这是孟买工人对英国当局的挑拨离间活动（唆使伊斯兰教的工人迫害印度教徒）、对枪杀罢工工人的暴行、对政府镇压工农党和左翼工会领袖等行为的革命回答。

印度民族改良主义分子（自治运动派等）所表现出来的行为特点，不仅维护企业主的利益及其对罢工工人残酷剥削的欲望，而且在民族运动中他们早已推行一条卖国、投降政策，包括同声名狼藉的西蒙委员会搞妥协，以及在最近一次国民大会上放弃印度完全独立的要求。正当英国驱散埃及议会并以此清楚地证明，它所庄严宣布的"主权"只不过是不列颠的赤裸裸的暴力制度的时候，印度民族资产阶级的政治家却在"自治领的自治权"范围内向英国祈求得到一部很成问题的宪法。这部宪法甚至一文不值，因为英国当时还在印度执政，它的军队都还待在印度。体现印度真正的民族解放运动的，不是最近召开的资产阶级的国民大会，而是**反对**这次国民大会的无产阶级的群众性示威游行活动。

无论美帝国主义援助的愿望能否使印度民族资产阶级中摇摆不定的反对派（原则上"拒绝暴力"）稍为振奋一下，但在任何情况下，印度的**群众运动**在规模和战斗性方面都将发展。这个运动发展的根源在于，印度的独立经济发展的力量同英国金融资本的垄断之间的对抗日益加剧；最近在很多本地工业部门中出现的危机，全都与这些对抗有关。面对不可避免地日益加强的，尽管是很艰难的、缓慢的、畸形的发展过程，特别是印度工业生产力的发展过程（珀西尔先生如此害怕），英帝国主义要想保住自己的垄断地位，除了执行阻挠印度工业化、加紧压制印度独立发展的政策之外，实际上不可能执行另一种殖民地政策。这一点首先就使印度的**农业危机**加剧起来，农业危机是印度革命总危机增长的基础。与土地关系中封建残余统治有密切关系的落后的农业制度的崩溃，近年来越来越具有了明显的长期农业危机的形式。这种长期的农业危机，使印度甚至要依赖**从外国输入粮食**，造成数百万被帝国主义、地主和高利贷者掠夺的农民在饥饿线上挣扎。大批陷入极端贫困的赤贫化的农民，终于觉醒并投身政治运动、集合在战斗的无产阶级队伍周围，并准备进行反对压迫者、反对封建的和半封建的地主、反对高利贷者的帝国主义政权的革命斗争。

最近罗易同志断然声称他反对上述观点——我不知道是否还能称他为同志（喊声："对，已经不是同志了！"）——据说他正在给布兰德勒叛徒的报刊写文章。

罗易指责我们不愿意执行与印度民族资产阶级结盟的政策。他曾想支持工人运动同印度民族改良主义的资产阶级政党结成的联盟。他特别怪罪我们，说我们不愿同"独立党"结盟；现在当自治运动派这帮先生们在最近一次国民大会上投票**反对**独立口号以后，他为自治运动派祝福。罗易吹捧自治运动派是反对反共立法的战士，然而，他们的"功绩"少得太可怜了。他们在立法会议上投票赞成延缓实施只涉及驱逐外国共产党人的法律。但这不影响共产主义运动在印度不受法律的保护和遭受政府极其残酷的迫害，关于这点罗易在自己的文章中却只字不提。就是这些自治运动派不久前还帮助政府在立法会议上通过了**反工会法**。难道我们应当同他们，同这些对于英国政府给予的高官是抵制还是领受都始终犹疑不决的自治运动派结成联盟吗？谢天谢地啦！

罗易还指责我们，似乎由于我们的激进主义使一些小资产阶级知识分子领袖（来自"独立同盟"）脱离了革命群众运动而同资产阶级投降主义者接近了。而他自己又同时强调指出，小资产阶级群众仍留在革命阵营中。试问，那又怎么样呢？要是我们的罪过确实就像罗易所断言的那样，使资产阶级中动摇不定的领袖人物跑到大资产阶级阵营里去了，而群众却仍坚信革命并跟我们一起前进的话，那么这绝对不是不好的结果。我们可以心安理得地承担这份责任。不过，罗易所推崇的东西都是极端的尾巴主义。在印度的小资产阶级群众当中，甚至在部分小资产阶级知识分子当中出现革命风潮，这是事实，但是只有当这些群众**摆脱**民族资产阶级、自治运动派等影响的时候，才能引导他们进行真正的反帝斗争。只有通过这条途径，他们的革命运动才能前进。

在印度，我们的革命运动的弱点，并不是罗易所说的那些东西。在这方面我们最大的弱点是，我们作为共产党，却组织得不够严密。

有一部分印度共产党人在"工农党"内工作。我们认为，在这些政党内活动的方向应当是使这些党得到改组、并使他们采取符合列宁主义原则的其他组织形式。但是最糟糕的不是这些党的双重阶级性；比较糟糕的是，直到如今在农民中实际的革命工作开展得极不得力。

印度的客观形势很快变得更加紧张起来。来自孟买的新闻报道几乎每天都谈到革命形势迫近的明显征兆。

强大的群众性政治运动的自发高涨，以及因逮捕运动的领导人而引起的声势浩大的示威和罢工，这都是迅猛发展的革命形势的真正标志。我们印度同志的所作所为，也是革命形势发展的征兆。去年我们曾不得不指出印度共产党人有不小的动摇和错误；但是，他们现在的表现发生了怎样的变化啊！从这个意义上来说，我们应当看到这些巨大的差别。而这种进步也是时代的象征。目前只有孟买形成了强大的浪潮，其他地方的运动，无法同孟买相比。但是，这并不是说孟买例外，而只是说孟买的无产阶级走在印度革命运动的**前头**。去年铁路员工举行的罢工已经表明半革命情绪相当普遍。从那时起，许多事件不过是证实了我们在第六次世界代表大会上所作的预测是正确的，当时我们就已指出印度大革命的危机必将迅速到来。

不久前，因在米鲁特审判案中受指控而被捕的印度工农党和参加罢工的孟买纺织工人的领袖们，他们是印度无产阶级和农民的优秀代表。

他们在这次审判中的坚定表现，证明自己是伟大革命群众运动的代表。他们得到了监外革命群众运动的声援。今后几年可以证明，这些被告当中的每一个人所代表的不仅是成千上万个革命者，而且是数十万甚至可能是数百万个革命者。我建议全会向米鲁特审判案的被告致以兄弟般的敬意。

（建议受到热烈的欢迎）

三、资本主义国家内部阶级矛盾的尖锐化

资产阶级统治的法西斯化

资产阶级阶级政策一贯的战略目的，当然是为了保持经济和政治的稳定，巩固资产阶级政权。但是，在当前这个时期中，出现了新的情况：由于资本主义制度的内外状况发生动荡，原先采用的稳定方法越来越不济事，必须改用新的方法。从这个意义上讲，当前资产阶级的对内政策必然要采取以下方针：第一，极力降低无产阶级的生活水平；第二，使资产阶级的阶级统治加紧法西斯化。关于进一步压榨工人阶级使其经济状况恶化方面，我在报告的第一部分已经讲过；这里不仅包括提高劳动强度、降低工资，而且也包括部分延长工作时间、使社会立法恶化、加重捐税负担，使衣食住三方面的物价更加昂贵，等等。

右倾分子否定资产阶级的阶级统治法西斯化普遍过程的存在。他们教训我们：资产阶级民主实质上也意味着资本家阶级专政。用不着他们多嘴我们也非常明白，资产阶级民主意味着阶级统治。但是经验表明，在当前时期，以前的资产阶级民主形式，越来越不能使占统治地位的资产阶级满意。在资产阶级的阶级统治内部正在出现一种动向，即由议会方式转为公开的恐怖和暴力制度的方式，转为内战的方式。确实这些过

去经常在资产阶级民主范围内采用过的方式现在已开始在资本主义国家的国家政权中,在整个资产阶级的阶级统治中开始起主导作用。

资产阶级远非处处都彻底实施了这条方针;在一些国家实行这条方针是一个长期的过程。但是,这个过程现在不仅在意大利、波兰、芬兰和巴尔干等各国,而且正在资本主义世界各地实行。自然,意大利的法西斯主义还具有一些独特的民族特点。但是意大利法西斯主义的很多极重要的特点,也越来越被其他资本主义国家所吸收。当然,硬说法西斯主义已经处处都占统治地位,硬说麦克唐纳体制是英国的法西斯主义等,那也是错误的。不,意大利一下子能完成的事情,在其他一些国家就需要较长的时间。在许多国家这个过程可能永远也不会完成,因为它受到无产阶级革命的阻挠。即使在德国也还没有形成一个羽翼丰满和形式划一的法西斯主义,英国就更不是这样。

当前,英国法西斯主义,部分表现在英国殖民地制度中,部分表现在英国国内的法西斯组织中,部分也表现为工党和麦克唐纳政府已开始走上法西斯化。毫无疑问,在今后几年中英国法西斯主义会得到非常迅速的发展,不过现在这个过程还没有完成,而且应该相信,在这个过程还没有完成之前,英国无产阶级将会把它消灭。现在法西斯化的过程,在德国正以最快的速度发展着。这意味着什么,我们可以从策吉贝尔和泽韦林的大屠杀事件中认识到这一点,现在就把考茨基谈论的《现代民主国家》同上述现实情况对照一下吧!他说在这种国家里实行"军备平等"(或者,如考茨基补充说的"非武装平等",因为十分明显,拥有坦克、装甲车等武器的资产阶级,要采取一切措施解除无产阶级的武装)。按照考茨基的说法,这样的国家可以完成"职能的变化"。他把这个变化比做从"幼虫阶段"变为"蝴蝶阶段",也就是"尽情享受爱情的嬉戏"和"从一朵花到另一朵花愉快地飞来飞去"的时刻即将到来。能否设想出比考茨基所形容的资产阶级国家向"社会主义"倒戈更丑恶的谎言么？事实上，这无非是飞向法西斯主义。

另外一个问题是：该不该把法西斯化看作是资产阶级阶级统治的强大或软弱？当埃韦特和其他同志否定资产阶级民主被法西斯主义代替的时候，也许他们认为，他们是在反对悲观主义的前景。其实国家制度的法西斯化，绝不标志资产阶级地位的加强。无疑，资产阶级阶级统治的法西斯化，向我们提出许多新的任务和策略问题；我们应当非常认真地讨论这些任务和策略，以便制订完全符合形势的革命方式，但是法西斯主义不是资产阶级的加强。

确实，现代军事技术使资产阶级掌握了强大的武器（重炮、飞机、化学武器等），来对付手无寸铁的人民群众。然而现代军事更加依赖于工业，因而也就更依赖于产业无产阶级。每个国家都在力争建立一支所谓"可靠的军队"，但是，这个问题与建立"可靠的无产阶级"的问题具有相同的意义，而后一个问题对资产阶级来说是完全无法解决的。帝国主义集团中的某些军事专家如富勒及其同流们，建议由职业兵组成一支短小精悍的、训练有素的部队，再加上法西斯后备队以取代原来的百万军队。但是，这只不过是帝国主义的空想，只不过是绝望地为陷入死胡同中的军国主义发展寻找出路。发动帝国主义战争是不可能的，因为第一，没有武装广大人民群众，没有动员全体居民；第二，战前和战时都得不到一切极重要的工业部门的极密切的协作。这正是在当前时期阶级斗争加紧集中在**企业里**的主要原因。资产阶级和共产党之间为建立"可靠企业"而不断进行斗争。正是企业决定未来战争的结局和今后国内战争的结局。（有人在座位上喊："说得对！"）

关于社会法西斯主义

除了资产阶级的阶级统治的法西斯化以外，改良主义工会官僚们和第二国际党也开始了法西斯化的过程。改良主义发展成为社会法西斯主义。有的人可能认为这种看法不过是谩骂而已。但是事实并非如此。一个政党的真正观点，应当根据它的所作所为来判断。问题不在于社会民主党人说什么，而在于他们做什么。

在第二国际第一次代表大会上，曾决定在五月一号普遍举行国际性的示威游行。而现在第二国际德国支部却制造警察对德国无产阶级的五一游行队伍的武装进攻。改良主义者到处与资产阶级的形形色色的阶级斗争组织，诸如强制仲裁机构和"经济委员会"等合作。他们投票赞成反对革命运动的非常法，他们积极参加准备战争的活动。他们既在宗主国又在殖民地担任行政职务，干着帝国主义交办的成千上万件大小刽子手勾当。难道这种行径不是法西斯行径吗？毫无疑义，是法西斯主义的行径。不过，这些社会民主党的法西斯头目是特殊的一派：他们是社会法西斯分子。这里是有区别的。有什么区别呢？

法西斯分子——这是一些民族主义分子、帝国主义分子、战争挑拨者、社会主义的敌人、民主的敌人，他们是扼杀独立工人运动和屠杀工人的凶手，等等。

社会法西斯分子通常采取的行动和法西斯分子一般无二，不过他们不是明目张胆地，而是在幕后干着法西斯勾当。社会法西斯主义的特点是：打着国际主义的旗帜，执行帝国主义政策；打着社会主义的旗帜，执行资本主义政策；打着民主的旗帜，取消劳动人民的民主权利；打着改良主义的旗帜，取消改良；打着劳工政策的旗帜，干着屠杀工人的罪恶勾当，等等。"纯粹"法西斯主义的疯狂的煽动性通过"纳粹"（或国家社会主义）口号和肆无忌惮地鼓吹帝国主义扩张表现出来。社会法西斯主义的煽动性表现在维护国家制度的口号中："我们挽救了国家——没有我们，国家已经灭亡。"社会法西斯分子同无产阶级群众运动的联系，比其他法西斯分子更密切，他们同历史上已形成的无产阶级的群众组织有联系,并竭力设法利用这些组织以损害工人阶级本身。普通法西斯分子采用简单的策略;这就是火与剑的策略。社会法西斯分子则不得不采用混杂的、更谨慎的策略,他们不得不玩弄更多的花招,使用国会制中幕后的一切鬼蜮伎俩和所有在选举上蛊惑人心的诡计,他们不得不在对外政策中操起和平主义的口号等。法西斯分子和社会法西斯分子的目的是相同的,口号上是有差别的,在手段上多多少少也有点差别。

这种情况使"纯粹"法西斯主义不需要左翼,相反,社会法西斯主义必然需要左翼。一旦这些"左翼"在政治上名誉扫地,社会法西斯主义就不得不为自己建立新的左翼。社会法西斯主义的左翼的特别任务,就是利用和平主义的、民主的和"社会主义"的口号招摇撞骗。

很清楚,社会法西斯主义越是发展下去,它就越接近"纯粹"法西斯主义。但是这种演变是一个长期的过程。可以肯定,各个国家的社会民主党正处于这个过程的不同阶段。

在我们最近举行的一次世界代表大会上,谈到了第二国际的社会法西斯主义发展的"萌芽"问题。现在这些幼芽已经破土丛生了。在社会法西斯主义进一步发展的过程中,社会法西斯主义分子将越来越难以掩盖他们在言论和行动之间引人注目的矛盾。

因此,社会法西斯主义终究要丧失他的特殊效用。揭露普通法西斯主义并不困难。普通法西斯分子公开声明自己信奉法西斯主义。但是一个社会法西斯分子当他信奉社会法西斯主义时,他就等于一个被揭露的挑拨者:他在资产阶级的眼里便失去一切价值;对他应当或者解除职务,或者调动职务。因此,对我们来说揭露社会法西斯主义是一项非常重要的任务。韦尔斯在马格德堡代表大会上发言赞成专政的口号,我以为他的行动稍欠谨慎并有点仓促。他应当事先向考茨基请教,社会法西斯口号怎么提得更好些,是专政还是民主。只要德国社会法西斯主义公开赞成资产阶级专政，公开以法西斯主义的面目出现，争取德国工人阶级的大多数站到无产阶级革命方面来，就不会再有困难。

英国和德国的资产阶级，由于不断加剧的危机，被迫吸收俯首贴耳的社会法西斯分子参加国家的管理。这两个国家的资产阶级没有改良主义者帮忙，就难以实现"工业和平"，就难以拿起和平主义的假面具为准备战争打掩护。

要说张伯伦或鲍德温会拥护"保障和平"、"殖民地的民主权利"或者拥护"劳工政策"，没有一个工人会相信。他们曾尽力设法这样做，但结果是工党获得了800万张选票。这就说明，为什么英国资产阶级被迫求助于工党。

社会民主党现在搞的活动是：第一，诱骗和瓦解那些反对帝国主义的金融资本政策的小资产阶级反对派，消除阻碍其和平主义和民主主义的障碍；第二，压服部分工人中反对资本主义合理化和反对金融资本发动其他攻势的改良主义反对派，招募无产阶级某些特权阶层中露骨地拥护国家制度法西斯化的人；第三，试图以分裂工人阵线和彻底破坏共产主义工人运动等办法阻碍广大工人群众向左转的进程。社会民主党能在多大程度上完成这项使命，这当然已经是另一个问题了。

工人阶级向左转的进程

同社会民主党法西斯化的过程相对立的，是工人阶级向左转的伟大进程。

这种向左转意味着什么？它意味着广大无产阶级群众，从改良主义反对派立场不断转向革命群众斗争。这也是代表了当前时期特点的工人阶级内部的伟大运动。

这个过程是怎么发生的呢？这个过程的发展和速度又取决于什么

呢？这是我们执行具体政策中一个极其重要的问题。为了回答这个问题，我想首先指出：无产阶级群众向左转的进程，取决于无产阶级群众在当前时期取得的新的革命化**经验**。这里首先是指：（1）意识到群众本身和资产阶级所处的客观情况正在发生的变化；（2）从社会民主党执行的社会法西斯主义政策中所吸取的教训；（3）工人群众从共产党的斗争和工作中获得的有关经验。

工人阶级经济状况绝对恶化的种种表现形式，使无产阶级群众有了新的宝贵体验，它可以加强无产阶级的阶级意识和使改良主义的幻想破灭。大量失业现象和无产阶级整个生活的不稳定（甚至在工人阶级的物质状况被认为最有保障的美国），是工人阶级状况恶化的最重要因素。甚至大部分熟练工人也越来越失去自己原有的特别优厚的待遇。

你们记得吧，甚至一些共产党员都著书立说，言道工人贵族是个非常广大的阶层；这在过去也不符合事实，而在当前时期就更不可信。帝国主义拥有收买某些工人阶层的可能性越来越小，正如马克思所说，极端贫困以及随之而来的愤懑日益加剧。

我认为，我们应当比以前还要更加注意增加工资的斗争和工作时间的问题。我们应当把7小时工作日制问题提到首位。由于改良主义分子继续执行投降主义的战略，因此"要不要斗争"的问题，对工人来说，就同要不要生存的问题是一样的。如果群众在这个问题上还动摇不定的话，那么，共产党则无论如何也不应当对改良主义分子的投降活动作任何最细小的让步。每一个最细小的让步都可能阻碍群众向左转。

我们应当促使群众作出明确的决定。群众撇开改良主义分子的领袖并在某种程度上违背他们的意愿，开始向着独立的经济性运动的道路急速前进。群众需要新的领袖；他们寻找新的领袖来组织和领导斗争。如果共产党人在开展群众性的经济斗争的问题上动摇起来，或者如果他们企图以空洞浮夸的革命辞藻加半改良主义做法的政策来代替这场斗争，那么对于革命运动来说,他们已经堕落,他们使向左转的群众运动脱离革命的轨道走向改良主义的轨道。

国家政权不断同企业主组织和托拉斯等相勾结,使工人的经济斗争具有了政治内容,在这种情况下,出现了新的斗争阶段(不一定要把这些阶段理解为在时间上衔接的阶段)。从企业本身开始的国家政权和整个资产阶级阶级统治法西斯化、公开奉行帝国主义政策和战争准备,所有这一切对于群众的和平主义幻想都是一次打击。改良主义者的社会法西斯主义行径,给群众上了必要而生动的一课。

维持"社会和平"(社会保险等)的老办法,越来越无济于事。当然,有时有人还企图玩弄一些行贿勾引的新花招。例如,法国一个有头脑的资产者曾建议在工会中——当然不是指在统一工会,而是在改良主义工会——分配工业企业股票,为的是也使工会关心红利。(有人在座位上喊:"德国也是这样干的。")

这证明资产阶级力图寻求新方法来收买部分工人阶级。但是,当前时期的特征并不在于此。

当前资产阶级阶级统治的方针可归结为,越来越多地用法西斯的恐怖手段来代替维持"社会和平"的老办法。

恐怖制度对工人阶级的政治影响,需要特别注意。

总之,必须比以前更认真地研究在法西斯主义制度下如何开展群众工作的问题,因为我们应当学会在白色恐怖的条件下运用最妥善的方式组织群众运动和保证群众运动的发展。我们应当竭力使统治制度无法扼杀这种群众运动和破坏革命领导组织。

一方面,恐怖手段这一统治方法能在群众中产生一定的消极作用。甚至一些优秀的革命工人有时也会在恐怖手段的影响下在合法组织中变得消极起来;当形势还不具有尖锐的革命性质的时候,他们不会表现出承担牺牲的决心,但在决战时刻他们必将能作出这种牺牲。但是,另一方面，恐怖手段在群众中也能激起阶级仇恨的增长。然而在这里，我们遇到了新的因素。任何反动势力，都能使群众的改良主义幻想破灭并使阶级仇恨加深。这是无产阶级革命化的必要因素。但是这不能向我们说明当前群众斗争性质中的一切新的东西。恐怖手段能使人们认识到政治斗争的必要性，但是这还不意味着就发动斗争。这一点还不能说明人们已经奋起，要求进行群众性斗争了，这种情况，在最近的一些群众运动中，甚至在经济性运动中，我们满以为是会出现的。这种对政治上阶级斗争的向往，这种轰轰烈烈地扩大斗争范围的动向，这种无产阶级群众斗争中的**进攻精神**，就是极为重要的新因素。这种因素还不是到处都有明显的表现，但是柏林、鲁尔的战斗，罗兹和孟买的罢工，最明显不过地显示了这种因素的信号。

相对均势的动摇

这种群众斗争的新性质是由怎样的客观原因决定的呢？在这方面，我想同战争时期作个对比。在战争初期，也即当所有的帝国主义国家的前线还是巩固的时候，资产阶级的阶级恐怖手段是最有效的。那个时候，士兵群众向左转的进程遇到的困难极大。但是只要人们一旦了解到前线的困难，只要士兵一旦感到局势动摇不定，前线和后方就开始出现另一种情绪。1905年和1917年的俄国革命，以及1918—1919年和1923年的德国革命事件，都说明了这一点。1919—1920年英国出现的半改良主义、半革命的群众性"工厂领班"运动，也同样明显地与英帝国主义统治制度在当时经历的危机有关。如果当时的情况确实像安贝尔-德罗和其他调和分子估计的那样，如果我们面临的是使资本主义的稳定加强的话，那么当前群众运动所具有的半革命的战斗性质，就完全成了难解之谜了。

德国调和分子的提纲宣称,"当前相对稳定的基础以及与此相联系的资产阶级政权的基础已在经济上得到加强。"(埃韦特等人的十二月备忘录)。

因此即使他们也一般地"承认"资本主义的矛盾,但是这并没有政治意义,因为他们断言,资产阶级的政权基础确实在经济上得到加强。

但是,这个论点根本不对。这个论点与第六次代表大会的路线也是完全矛盾的。我们知道,由于当前时期中主要对抗的尖锐化,资本主义世界在战后第二时期达到的相对均势,日益成为往事。依我看,"相对均势"是一个比"稳定"更符合事物本质的概念。列宁同志在第三次代表大会上只谈到相对的、不稳定的均势。"稳定"的概念是在各个国家货币稳定的时候,第一次进入到我们的政治语汇中来的。"稳定"这个词当然可以使用,如果能正确运用和正确理解它的话。

例如,如果说"稳定的矛盾",那么,这就不明确;又例如,如果说(像德国调和分子所说)"稳定中的结构变化",那么这就是某种信口开河的东西;所以我不愿谈对这种稳定的盲目崇拜的看法。

在安贝尔-德罗和埃韦特的概念中,当前时期的客观性质,已经被一些国家的资产阶级对稳定的主观企求,以及社会民主党人的良好愿望和幻想所取代。

当然资产阶级现在也仍然可以借助于实行自己的稳定政策,时而在这里,时而在那里取得某些局部成绩。然而……当前时期的特殊性正好在于,甚至连资产阶级这些"成绩",客观上都只能是助长资本主义制度基本矛盾加剧、助长把国内和国际范围内越来越强大的反对力量发动起来,从而加速暴力冲突。资本主义世界中相对的、不稳定的均势,当然还没有消失。这只能在当前时期中正在完成的过程结束时才会发生。但是当代发展的前进趋势,与我们经历过的战后第二时期的发展方向是

根本不同的。

当前群众斗争的性质

十分值得注意的是，对于资本主义世界中目前正在出现的这种均势的动摇，广大无产阶级群众对它的理解，要比某些机会主义共产党人（如调和分子）清楚得多。群众本能地感到，革命斗争现在已日渐成为可能。

这已经不是面临选择"要不要斗争"时的动摇，这已经不是意识到斗争在客观上是不可避免的，尽管也是没有希望的那种沉重的心情，这已经是一种冲向斗争，即冲向政治斗争、冲向群众性政治罢工的勇敢激情。

在资本主义稳定时期，群众斗争的重点（这也是重大区别）是一些切身的局部要求。把这些局部要求同这个时期的革命运动的战略任务结合在一起，对广大群众来说是一个极少关心或认识不到的问题。把这些切身的局部要求同这个时期的革命最终目的结合起来的做法，主要具有宣传意义。

当前群众斗争的出发点也是他们日常的切身利益。我们应当在我们的策略中经常考虑到这一点。但是现在，斗争并不光限于这些局部的切身要求，现在斗争具有明显的、超越这些要求的强大趋势。现在人们甚至是在知道不可能直接实现这些要求的情况下进行斗争的。只有斗争，作为阶级力量才不会投降；在阶级敌人面前才不会像缺乏意志力的奴隶那样卑躬屈膝。

这个时期可能发生的局部失败，再不会引起意志消沉，即使遭受沉重的失败，也比不战就降要轻松。（喊声："说得对！"）现在群众能不同程度地自觉地提出**巩固战斗阵地**的要求，准备重新检验自己同阶级敌人进行斗争的力量。

这就是无产阶级进攻的性质,这种进攻和战后第二时期中运动的防御性质不同,它已经不同程度地在一些群众斗争中有了明显的反映。斗争的直接出发点,是提高或是反对压低工资,这并不决定运动的基本性质。

运动之所以具有这种战斗性质,同苏联对资本主义国家广大无产阶级群众的革命吸引力日益增长有关。苏联是社会主义革命、是无产阶级专政成为可能的一个生动的伟大榜样。由此引起人们对苏联无产阶级进行的社会主义创造性工作的极大兴趣。

群众运动的革命化是一个过程,它刚刚开始,或者刚刚处于半途之中,然而它必须要发展下去,而且这个过程将来越是向前发展,只要共产党的策略正确,它就越能使共产党的影响扩大。

反对右倾分子与调和分子的投降活动和尾巴主义

右倾分子叫嚷好像共产国际奉行"宗派主义"政策。要知道,右倾分子过去经常拥有"争取群众"的专利权。但是他们本人已经没有群众了。弗罗萨尔、霍格伦和布兰德勒的群众在哪儿?群众把所有这些叛徒又称作什么?是的,我们知道,革命工人运动的敌人采用以下各种手段企图把我们同无产阶级群众隔绝起来:在企业中解雇工人,开除出改良主义工会,取缔共产党报刊,解散我们的组织,迫使我们的党转入地下。我们不应该放弃斗争而屈服于这一切。我们将为共产主义运动和革命组织的公开生存而进行坚决斗争。我们当然要在工会内外争取群众。但是怎样争取呢?按照右倾分子开的处方去争取吗?不行!这不会把群众争取到革命方面来,而只能把向左转的过程引向改良主义的轨道。

塔尔海默不喜欢俄国式的争取群众的方法。他重新弹起他那"西欧方法"的老调。这样做的全部奥妙,实际上是向改良主义的工会官僚制度投降——而这正是发生在这样的时刻,即当时按行业组织起来的广大工人群众业已准备反抗改良主义上层分子所维护的死气沉沉的工会合法主义。

目前,像布兰德勒分子这样的右派"共产党人"客观上所起的作用,同社会民主党左翼所起的作用没有两样。为什么社会民主党左翼只存在于社会民主党内呢?社会民主党左翼党外也可以站得很稳。莱维一伙越是站不住脚,他们在很大程度上就越要被布兰德勒和塔尔海默所取代。

当前时期的特点还显露出:不论在我们这方面,还是在改良主义分子方面,都拥有一些核心,它们像巨大的磁铁吸引着同类派别。

向左转的群众倾向于共产主义,同时,社会民主党则从我们的运动中把所有向右倾的、属于资产阶级的人拉出去。

当前时期本身对揭露社会民主党是有利的;但是右派叛徒和仍在我们队伍里的机会主义分子,都在掩护社会法西斯主义。他们使用的方法是,使群众的注意力停留在鸡毛蒜皮的事情上,以达到抹杀共产主义和改良主义之间的重大原则差别的目的。

调和分子叫嚣说,统一战线的策略实际上没有取消,而"进攻理论"却重新出台。这是一派胡言。只有以机会主义方式利用统一战线的策略,才应该取消。我们坚决摒弃一切盲动主义,并认为必须加强共产党的革命应变能力。但是,我们从来都不容许向改良主义投降。特别是当前时期,如果共产党人**落后**于日益增长的革命群众运动的发展速度,我们认为是最大的危险。调和分子引用了列宁1921年在第二次代表大会上反对"进攻理论"的发言。但是列宁说了些什么呢?我想在这里明确一下。列宁说,1921年3月在德国采用进攻理论是错误的,但他补充说,"一般地说革命的进攻理论绝对没有错。"

列宁这样说:调和分子要把列宁变成温和的半改良主义者是办不到的。

十分清楚,共产党在没有争取到工人阶级大多数的同情时,它在任何一个国家都不可能使无产阶级革命取得胜利。然而正因为如此,每个共产党都恰恰应当在革命工人运动增长的当前时期,善于走在这个运动的前头,实际实现党的领导作用。只有通过这样的途径,共产党才能把工人阶级革命化的过程推向前进并加速这一进程。

我们未必通过这种途径都能收到立竿见影的成效。英国最近一次选举就是一个例子。毫无疑问,在这次选举运动中,英国党犯了很多策略性的错误,但是第九次全会和第六届世界代表大会制定的"阶级对阶级"的路线是一条正确的路线。这个口号还不可能直接使群众退出工党。但是现在它像炸药一样在工党和工会内开始爆炸。星星火花已经飞溅,而没有这点点星火,永远也不会燃成熊熊之火。

机会主义者(稳定时期中的共产党人)自然不可能理解这个历史的辩证法。他们的尾巴主义政策,他们的动摇和消极情绪,以及经常错过时机——这都是极大的危险,必须避免。

不能让那些在这个时期中放弃共产党的领导作用的人引用列宁主义;他们和列宁主义毫无共同之处,在这个时期中他们是我们运动中的一个累赘。当德国调和分子宣布在两条战线上开展斗争时,他们便暴露出了他们是右倾分子的嘴脸。德国共产党以坚定的布尔什维克路线和布尔什维克党的钢铁般的团结同他们针锋相对。

站在运动的前头,迎接革命的高潮

在不同的国家中,无产阶级向左转的速度是不平衡的。必须分析各个国家的具体情况。当前时期的性质在不断发生变化（这也正是事物的本质所在），并朝着新的革命高潮进一步增长的方面变化。

因此，我要特别强调指出，在关于战争危险性的问题上坚持正确的观点具有重要意义。一方面，必须同一切低估战争危险的观点作斗争，因为这是非常危险的错误。但是另一方面，只想通过战争坐等革命形势的到来也是错误的。恰恰对每一个别国家无疑都必须从实际的革命斗争的观点出发，通过对资本主义的具体的、概括的**综合**，并在对其日益尖锐化的内外矛盾作出结论的情况下，才能估计无产阶级革命的客观（和主观）前提条件的成熟过程。

在这个时期，形势发生突然和意外的变化是完全可能的。谁也不知道战争会在什么时候爆发。如果出现这种情况，即在某个同苏联交界的国家里，有那么十个狂妄的将军可能突然挑起战争，并确信这种挑衅行动会得到其他许多国家的支持，在这种情况下，就不应该预言长期稳定的前景。

消除战争危险，声援苏联的斗争——这就是我们在国际方面的中心任务。但是无论在共产国际执行委员会第八次全会上，或是现在，我都想要强调指出的是，保卫苏联最好的办法，就是推翻本国的资产阶级。

对于共产党来说，取得在当前时期群众斗争中的领导地位，坚定不移地走在广大革命化的无产阶级群众的前面，这就是我们当前的总战略。

无产阶级中以前没有参加过斗争的新阶层——非党的工人和没有组织起来的工人、青年工人、妇女无产者和农业工人，都冲上了第一线。在农村，即在农民中出现了越来越明显的分化，因此，在我们争取同盟军的斗争中应当考虑到这一点。吸收并支持殖民地国家中日益觉醒的被奴役的工农群众参加斗争同样是重要的。

回顾自第六次世界代表大会以来不长的一段时间中发生的群众斗

争，我们可以说：全世界积极的阶级战士大军正在迅速成长。鲁尔和苏格兰的矿工，波兰和法国的纺织工人，柏林的街垒战士，孟买的罢工者和游行示威者，哥伦比亚种植场的工人，刚果的黑人起义者，捷克斯洛伐克和波兰举行罢工的农业工人，中国的革命工农游击队员和斗争着的摩洛哥人以及数十万其他的人们，他们组成了一支活跃的浩浩荡荡的大军。革命运动在世界不断发展！共产国际应当团结起数以百万计的一批又一批的战士和越来越广泛的无产阶级群众，去反对国际资产阶级，为世界无产阶级革命而奋斗。

（闭会）

第二次会议

(1929年7月3日晚)

曼努伊尔斯基作关于国际形势和共产国际的任务的报告

前言：政治日程上的主要问题

我想把有关各国共产党在工人运动中取得**领导地位**的问题作为我报告的中心，因为这个问题是一个涉及在欧洲工人运动形势下**争取**工人阶级**大多数**的问题，是涉及各国共产党必须解决这项任务所处的**条件**和完成该任务的**方法**问题，也是涉及在顺利完成这项任务的道路上存在的**障碍**问题。

争取工人运动领导权这个问题，是目前我们在确定共产党的一切其他任务时必须依据的最根本的原则，是共产国际各支部今后整个党内发展的关键，因为这些支部要解决第三时期条件下一个最重要的问题，即使工人阶级的大多数向它的先锋队靠拢并扩大这个先锋队，以便为争取无产阶级专政的胜利而斗争。欧洲和美洲的共产党人在解决这项任务时，所处的条件必定是不同于1917年十月革命前俄国布尔什维克。这些国家的资本主义比较强大，资产阶级组织得更严密，对上层工人贵族的收买和腐蚀不像在旧沙皇俄国那样，在欧洲和美洲的资本主义国家，工人阶级严密地被组织进形形色色的黄色组织（社会民主党、改良主义工会、基督教组织、美国劳联等）。而"在资本主义发达的国家里，无产阶级愈有组织，历史就要求我们愈加扎实地进行革命的准备，我们就应当愈加扎实地争取工人阶级的大多数。"①

我们现在还没有面临直接进行革命的形势，即无产阶级革命政党不仅必须给自己提出争取工人阶级大多数的问题，而且必须提出把自己的影响扩大到全体劳动者和被剥削者的最广大阶层中去的问题。但是，我们现在已经处于世界共产主义运动发展的这样的一个阶段，即在许多已建立了强大的共产党的国家中，我们应当把争取工人阶级大多数的任务当作**当前政治日程**上的具体任务提出来。我们现在提出这个任务与共产国际第三次世界代表大会时略有不同，因为那时曾把这项任务拖延到"稳定"时期的长久岁月中去解决。从那时以来我们经历了几次最大的阶级冲突，如英国的总罢工、中国的革命、维也纳无产阶级的七月起义和柏林的五月事件，这些冲突大大缩短了解决这一任务的历史期限，这种期限缩短的原因在于：阶级斗争尖锐化造成了阶级力量的总分野，实行资本主义合理化增加了无产阶级群众的苦难，工人阶级向左转的过程加剧，同时还在于工人阶级目前对德国和英国的社会民主党政府和"工人"政府的"考验"，日益迫近而无法避免的战争，以及殖民地革命成熟（首先是印度革命）。总之在于"有组织的"资本主义的各种矛盾激化。

但是，当我们对自己提出争取工人运动领导权的任务时，碰到了解决这一任务的极其复杂的条件。例如这个任务在德国就与在英国不同，而在小小的奥地利共产党面前提出来又完全是另外一种情形。这里既不能驾轻就熟，也不能有解决任务的千篇一律的模子。在许多国家中，我们共产党人现在还只是一股潜在的力量、未来的力量。在其他国家中，

---

① 《列宁全集》中文第 2 版第 42 卷第 41 页。——编者注

例如在拉丁美洲的一些国家中，由于政治局势变化莫测，直接革命的形势成熟极为迅速，年轻的、政治上无实战经验的共产党，对最广大非无产阶级劳动群众的影响，往往要比它对工人阶级的影响增长快得多。在像印度这样一些殖民地国家中，虽然共产党只不过刚刚诞生，但数以百万计的广大人民群众已经在用我们的阶级暴力的方法进行斗争，而并不以布尔什维克共产党人自居。解决这项任务的方法，取决于该国工人运动发展的全部经济、政治和历史条件，取决于工人运动的革命成熟程度，而首先取决于共产主义运动状况的**水平**。我们之所以要把这项任务当作日程上的迫切任务提出，是因为我们现在不是世界工人运动中的一个小派别。共产国际已经不是共产主义的幽灵在欧洲徘徊，它已经是一支有组织的训练有素的、并领导着当前许多国家的无产阶级进行阶级搏斗的现实力量。它的最主要的支部是苏联共产党。这是胜利地完成了无**产阶级革命**并在地球六分之一的土地上进行着十年社会主义建设的党。在德意志、法兰西、捷克斯洛伐克等这些国家，以及在波兰这个白色恐怖笼罩的国家，共产主义者已经形成了一个拥有广泛**群众**基础的党，拥护这些党的主张的人，不是以千和万，而是以十万和百万来计算，我们的胜利以事实为榜样从而影响和激励着共产国际中落后的支部。在工人运动的现阶段，我们将不是通过小组活动的办法、或仅仅通过宣传鼓动的方法，而是通过日益壮大和扩展的阶级搏斗的方式来解决这项任务。这种阶级搏斗，在高涨的工人运动的浪潮中逐渐成为争取工人阶级大多数的**最主要方法**。为了解决这一主要任务，我们要不断改造我们的队伍。在共产党内，我们活动中最积极并能在党内政策中反映工人阶级动向的战斗分子，正在获得优势。而与此相适应，党内不太积极的阶层逐渐退居次要地位。要从这个角度着眼来改造和更新党的领导。在党员群众中正在清除一切腐朽和消极的东西，因为它们像沉重包袱压在他们身上并阻碍党的前进。右倾分子称之为共产国际的"危机"，便是各国共产党的布尔什维克化，它是胜利完成在工人运动中取得领导地位之一任务所必须的先决条件。这是共产党抛弃一切不适用的、成效不大的和落后于共产主义运动要求的东西，向着"最高境界"的转变，如果可以这样表达的话。

先就问题的提出作了上述说明之后，现在我来谈谈问题的实质。

一、争取大多数的任务

1. 在资本主义条件下各国共产党能否在组织上包括工人阶级的大多数

取得工人运动中的领导地位意味着什么呢？这是否意味着共产党人必须争取工人阶级的大多数？在欧洲存在强大的社会民主党和改良主义工会组织的条件下，回答无疑是肯定的。但这是否意味着共产党人必须在组织上包括工人阶级的大多数呢？不，这里指的是共产党通过它的各种纽带——工会、工厂委员会、罢工委员会、在企业中组织的各种行动委员会等——对工人阶级大多数施以直接影响。如果共产党指望通过在**组织上**包括工人阶级大多数的办法来争取到工人运动中的领导地位，那么这个党便是不好的党。我们的党不仅是工人阶级大多数的党，而且是整个工人阶级的唯一的党，它全心全意地维护工人阶级的切身利益和它在无所不包的世界历史范围内的全部最终利益。目前的社会民主党不仅同战前的修正主义一样，是一个放弃了运动的最终目标的党，而且现在还是一个为资本效劳而损害无产阶级切身利益的党。人数不多的共产党如果被社会民主党的选票数字把自己吓倒了，从而放弃为争取今天工人运动领导权的斗争，那么，这就表明它不相信，**只有它才是唯一**的工人政党。在资本主义范围内，共产党人从来不会是、也不可能是工人阶级的"有组织的"多数。

"在资本主义时代,在工人群众不断遭受剥削而不能发展人的各种才能的时代,工人政党最大的特点就在于它只能包括本阶级的少数。**政党所能吸收的只是本阶级的少数**,正如在任何资本主义社会里,真正觉悟的工人都只占**全体工人的少数**一样。所以我们必须承认,只有这觉悟的少数才能领导广大工人群众,引导他们前进。"①

苏联无产阶级专政的经验表明,即使在无产阶级夺取胜利之后,共产党在组织上包括工人阶级大多数也是一项长期性的任务。其次,这是否意味着,为了领导工人运动,共产党在工人阶级内部应当拥有通过各种投票活动(如议会、市政局、工厂委员会、工会等的选举)所反映出来的形式上的大多数呢?我们最坚决地抛弃右倾机会主义分子对争取工人阶级大多数问题所采取的拜物教的态度。这些人用统计的方法,即用同衡量社会民主党的尺度(众所周知这是以资产阶级民主的经验为基础的)相差无几的尺度,来**衡量**工人运动中共产党人和社会民主党人力量的对比。例如,社会民主党在最近几次德国国会选举中获得了"大多数",因为它是一个执政党,同企业主结成了同盟,并得到他们的财政帮助,享有完全的宣传鼓动自由,还拥有一个担任国家机关职务的庞大的社会民主党官吏的指挥部。能不能认为这个大多数进一步反映了社会民主党和反对现存国家的共产党在德国工人运动中实际力量的对比呢?当企业主把德国共产党从企业中赶了出来,党的拥护者遭到策吉贝尔的枪杀,党的报刊遭到迫害和取缔的情况下,德国共产党得到的 350 万张选票,与投给社会民主党的 1000 万张选票相比,具有绝然不同的分量。只有十足的议会迷才会认为,可以像诚实无欺的小店主一样,用同一法码来衡量质量不同的两个量。我们拒绝形式上的衡量尺度,因为在政治上腐朽透顶、在从上到下都是实行欺骗和对劳动群众进行骇人听闻镇压的资本主义民

---

① 《列宁全集》中文第 2 版第 39 卷第 224 页。——编者注

主制的条件下，工人阶级永远不可能有完全自由的意志表示。我们有另外的衡量争取大多数的尺度，这就是共产党对无产阶级的**群众性斗争的领导**。共产党可能不具有形式上的大多数，但却可以领导工人阶级的一切最重大的行动。例如，我们兄弟的德国共产党在最近的工厂委员会选举中取得了十分重大的胜利，并且不顾策吉贝尔和改良主义工会的禁令在五月一号那天使二十万左右的工人走上了街头，假如兄弟的德国党也能发动同样的群众性政治罢工来回击五一枪杀事件，假如它能在某种条件下通过号召，使德国大多数工厂停止工作，那么，它尽管还不具有形式上的大多数，但它毕竟已是一个赢得了工人阶级大多数的党了。

我们还要用这样提出问题的方法，来清除在争取工人阶级大多数问题上的合法主义的观点。右倾机会主义分子只想在**合法党**的范围内，通过**和平的**、几乎是田园式的方法，依靠"工人民主"来争取工人阶级的大多数。在我们争取工人阶级大多数的斗争中，将不仅要同资产阶级，而且还要同社会民主党进行浴血奋战。现在，在我们已经发展到马上要从社会民主党那里争夺无产阶级大多数的国家里，这场斗争已经进入到一个十分激烈而尖锐的阶段。资产阶级和社会法西斯主义，企图使我们拥有广泛群众基础的党变为非法的党。这个前景把右倾机会主义者们吓住了。在他们看来，一个非法的党就意味着**脱离群众**。然而，一个拥有几千名最先进的、忠于工人阶级事业的革命者并能在极其残酷的白色恐怖环境中坚持工作的非法的小党，只要它坚定不移并善于在工人阶级革命情绪高涨的条件下深入到企业中去，它就能像活跃在公开舞台上的拥有广泛群众基础的大党一样，对群众产生影响。这样一个非法的党在极其严酷的条件下经过多年的英勇斗争，就能在群众中树立起自己的威望。这种威望年复一年就会把对党的信任变成牢固的传统。波兰共产党就是这种党的楷模。如果说在公开拥有群众基础并最接近于去做争取工人阶级大多数的所有政党当中，德国共产党的经验，对于采取公开或半公开形式进行共产主义运动的所有国家都具有重大的意义的话,那么,波兰共产党的经验,对于所有在白色恐怖条件下进行活动的非法的共产党则具有决定性的意义。只有能够把公开活动的形式同秘密工作的形式结合起来、并能够根据地下活动的条件很快改组自己队伍的政党,才可能以真正布尔什维克的方式对待争取工人阶级的大多数。只适应于合法存在条件的党,是一个可悲的党,这样的共产党在战争到来时,就会在阶级敌人面前完全解除武装。清除这些社会民主党的残余,是顺利完成争取工人阶级的大多数这一任务的先决条件。

2. 列宁在争取大多数问题上的方针

列宁在争取工人阶级大多数问题上制定的方针,决定了共产党人在争取全体劳动者和被剥削者的大多数问题上所采取的立场。

列宁写道:

> "无产阶级要是不把大多数居民争取过来,就不能取得胜利。但是,如果把这种争取工作局限于**在资产阶级统治的条件下**进行的选举中获得大多数选票,那就是愚不可及或是对工人的公然欺骗。无产阶级为了要把大多数居民争取过来,第一,应当推翻资产阶级,把国家政权夺到自己手里;第二,应当粉碎旧的国家机构,建立苏维埃政权,这样一举而摧毁资产阶级和小资产阶级妥协派在非无产阶级劳动群众中间的统治、威信和影响;第三,应当用**革命手段**、**靠剥夺剥削者**来满足**大多数**非无产阶级劳动群众的经济需要,以**彻底铲除**资产阶级和小资产阶级妥协派在**大多数**非无产阶级劳动群众中间的影响。"①

这样,我们可以把列宁为这些主要问题制定的方针归纳如下:

第一点:无产阶级革命政党为了能够推翻资产阶级,粉碎旧的国家

---

① 《列宁全集》中文第2版第38卷第15页。——编者注

机构，建立新的苏维埃政权，应当把工人阶级的大多数争取到自己方面来。

第二点：无产阶级在把大多数非无产阶级劳动群众争取到自己方面来之前，能够推翻资产阶级，因为在任何一个资本主义国家中，无产阶级的力量比他在全体居民中的所占**人数**的比例要大得多。无产阶级的力量之所以强大源自于以下事实：无产阶级在经济上控制着整个资本主义体系的中枢神经，在当代历史条件下，城市和农村不一样，城市必然要领导农村；与中间阶层的分散性、小资产阶级的个人主义相比，无产阶级的集中性、组织性和纪律则提高了自己的比重。无产阶级在经济上和政治上代表着资本主义制度下绝大多数劳动者的利益。

第三点：无产阶级在推翻资产阶级之后，应当利用国家政权，并使之成为把绝大多数非无产阶级劳动群众吸引到自己方面来的工具，成为从资产阶级和小资产阶级政党手中争夺这些群众的工具。

但是，列宁提出争取工人阶级大多数的问题，绝不意味着崇拜运动的自发性。列宁主义在群众运动问题上同罗莎·卢森堡（她不懂得党在群众运动中的组织作用）立场的区别恰恰在于反对崇拜自发性。列宁主义没有把争取工人阶级大多数推迟到直接革命形势到来的"伟大时代"。我们越是认真对待完成争取工人阶级大多数的任务，就越能更好地组织和准备革命。而这对于西欧各国的共产党具有特殊的意义，因为那里工人运动中的**革命自发性**因素，由于强大的社会民主党的存在而在相当大程度上已经不起作用了。因此欧洲型的工人运动与1917年十月革命以前俄国型的工人运动的根本区别就在这里。革命自发性的因素过去在我国比在西欧无产阶级运动中所起的作用要大得多，西欧无产阶级的上层人物，则因数十年来不断受到议会民主和改良主义工人组织自由等等的蒙骗而蜕化变质。历史要求我们在西方要比在旧俄国更扎实地准备革命，这还因为世界资产阶级已经乖巧地吸取了俄国资产阶级和地主1917年十月失败的教训。现在，世界资产阶级对付国内战争要比1917年准备得更充分，现在他们到处都拥有极其强大的法西斯部队，他们打着"裁军"的幌子，按照阶级原则，改组自己的军队以适应国内战争，他们改善了自己的全部强制机构。在现代资本主义国家中，为了保证革命取得胜利，像当年俄国那样控制两三个中心是不够的。在资本主义国家，这样的中心应当有几十个。最后，现在西方阶级力量配置的特点，也同1917年十月革命前夕我国的特点不同。阶级界限要比我国更加分明；革命和反革命营垒彼此对立具有更加鲜明的阶级性；在革命和反革命之间动摇的中间阶层，比1917年的俄国少得多。在这里无产阶级的人数更多，力量更大，但他们也更加孤立；在这里其他中间阶级当中的同路人和同情者阶层也非常弱小。农村中的阶级分化更加深刻。当前经济斗争的特点表明，无产阶级在每一次经济冲突中，都会遭遇到来自资本主义国家、企业主和改良主义官僚们组成的三方神圣同盟的反对。由于企业主组织和国家过分紧密地勾结，由于国家资本主义倾向的发展和加强，以及由于社会民主党、改良主义工会官僚们同资本主义国家、企业主组织的联合，无产阶级的每一次行动都有变为同整个资本主义社会制度发生普遍冲突的趋势。无产阶级的每一次行动都会遭到结成统一战线的一切资本主义反动势力的反抗。在当前帝国主义时代，无产阶级的斗争比1914—1918年世界大战前更为困难。在意大利、南斯拉夫这类法西斯国家中，发动一次战斗性的经济罢工，无异于发动一次"最后的决战"。在这些国家里阶级矛盾达到了前所未有的尖锐程度，但是，目前阶级矛盾只是在逐渐积累，而当资本主义制度的崩溃连同法西斯主义和社会民主党一起覆灭之时，它将会汇成使苏联国内战争也要为之逊色的波澜壮阔之势。

所有这些条件，向各国共产党提出了一项准备进行革命的任务，但组织上要比过去俄国布尔什维克做得更严密。而各国共产党在组织上更严密地做好革命准备——这意味着在投入革命决战时，要拥有比1917年布尔什维克更加广泛的组织基础。如果说我们不能给自己提出在组织上要让工人阶级的大多数加入到共产党的这种直接任务，那也决不意味着我们不能在组织上让工人阶级主要阶层的大多数去加入到那些接受党的影响的非党组织（工会、行动委员会、罢工委员会、工厂委员会等）。

列宁写道：

"在决定性时机和决定性地点拥有压倒优势，这个取得军事胜利的'规律'也是取得政治胜利的规律，特别是在残酷的、激烈的、称为革命的阶级战争中取得政治胜利的规律。"①

在工人阶级的主要阶层中建立起这样的突击力量，首先，意味着使五金工人、矿工、运输工人、化学技工、电力工业工人和军事工业工人在组织上壮大起来。其次，意味着使国内最重要的工业命脉和那些由于无产阶级的胜利而对革命成功能产生决定性影响的大中心，在组织上壮大起来。第三，意味着控制阶级敌人在最重要战略据点（邮局、电报局、电话局、造船厂、铁路枢纽等）中的最主要的阵地。

最后，企业本身首先要把那些在企业正常运转中非有他们参加生产过程不可的各类工人争取过来。

---

① 《列宁全集》中文第2版第38卷第7页。——编者注

二、争取工人阶级大多数的斗争是在什么样的条件下发展起来的

1. 无产阶级国家的存在

下面我来谈谈共产党争取工人阶级大多数斗争所处的条件问题。这里首先必须指出的是，我们是在苏联已经存在依靠**劳动者大多数**实行无产阶级专政的条件下去做争取资本主义国家工人阶级大多数工作的。这是一个决定性的因素。一个国家中的无产阶级专政，不仅是把该国非无产阶级劳动群众的大多数争取到无产阶级方面来的工具；而且是那些还受资本主义统治的国家中的共产党用来争取工人阶级大多数的强大工具。第一，苏联无产阶级专政的存在，使我们资本主义国家中有组织的共产主义"少数"在力量的对比上扩大了**好多倍**。现在常有一种貌似共产党人的庸夫俗子，他们说什么共产国际已经"分崩离析"，并为此引用诸如奥地利、瑞士等国共产党党员的数字。例如，意大利的调和分子塞拉在递交给意大利共产党中央的便函中竟荒谬到无以复加的地步，他说现在我们各国支部的情况比1919—1921年时还不如。他的结论是，德国斯巴达克联盟比它现在的德国共产党更强大。同这类庸夫俗子争论是徒劳无益的。他们用来计算革命力量的数学，不是政治家使用的数学，而是被社会民主党的"力量"吓破了胆的小资产者的数学。他们根本不懂奥地利共产党的几百名党员，不是简单的几百个人，还得加上已经组织成无产阶级国家的苏联大多数劳动者。因此，这几百个人具有与例如由欧洲几百名布兰德勒分子做靠山的几十个塞拉所**不同的意义**。谁要是在计算共产党"少数"和社会民主党"多数"之间力量对比的时候忽视这个决定性的事实，谁就是只晓得拿自己的十个指头计数的十足蠢货。第二，苏联无产阶级专政的存在大大促进了资本主义国家共产

党争取工人阶级大多数的斗争。而资产阶级的政治家，对这一点的理解比许多欧洲共产党人要明智得多，因为这些共产党人只会一味过分地强调自己在争取工人阶级大多数工作中所处的困境。最后，有组织的无产阶级国家的存在，是加剧共产党和社会民主党争夺工人运动领导权斗争的一个因素。这一斗争，不仅将以国内战争的形式，而且将以国际社会民主党挑起和支持的反苏**战争**的形式发展起来。像波兰社会党或德国社会民主党这类党，现在对苏联所抱的侵略性，大大超过了资产阶级阵营中的"实干家们"所抱的侵略性，这些政党将来在反苏战争中不仅要挽救资本主义，而且首先要挽救与保存资本主义休戚相关的自身的**存在**。

2. 社会民主党变成了社会法西斯

必须十分明确地认识到，共产党的影响越是增长，他们越是接近于争得工人阶级的大多数，社会民主党就将越加**迅速地**滑到反苏**战争中最富于侵略性**的党的一边去。苟延残喘的第二国际为保住自己在群众中的残余影响，反对第三国际（共产国际），必将在**资本主义国家**反对**无产阶级专政**国家的**战争舞台上**寻找出路。而资产阶级借助"工人"政府和社会民主党政府进行这场战争的可能性，不仅不能排除，而且在资产阶级面临的巨大困难有增无减的情况下，战争的前景是极可能出现的。如果各国共产党在争取工人阶级大多数的斗争中，将依靠世界上第一个无产阶级专政的国家，那么，第二国际不仅将成为资本主义国家的工具，而且它也会使资本主义国家变成它的斗争工具以反对共产主义在全世界的发展。社会民主党将越来越多地从资产阶级手中把镇压工人阶级的**主动权掌握起来**。它在工人群众中的影响越是败落，它就变得越加残暴，越加迅速地法西斯化。它的社会基础将发生变化，它将日益依靠那些昨天还在充当法西斯主义走卒的阶层。它把"争取到"这些阶层，宣称是自己最大的胜利，宣称是"民主社会主义"思想不可摧毁的吸引力的胜利。这样一来，社会民主主义变为社会法西斯主义这个过程，明目张胆地开始了。右倾机会主义者和调和分子，就像瞎子一样看不到这一点，继续重弹老调，说社会民主党在8月4日背叛之后还是老样子，并否认了它的法西斯化的过程。

例如，在我面前就摆着一份文件，这是德国调和分子递交给德国共产党最近一次代表大会的。在这份文件中，它的作者硬说社会民主党5月在柏林组织的枪杀工人的事件，绝不是社会民主党法西斯化过程的标志，而是资本主义国家"正常的"镇压措施。

他们写道：

"把资产阶级国家对无产阶级的一切高压手段都叫做法西斯主义，把社会民主党参与这种高压手段的一切活动都看做社会法西斯主义，这意味不是按照马克思主义的观点进行论述。"

按照这种逻辑可以得出以下结论，如果意大利法西斯分子把蓖麻油灌进一个半窒息的共产党人的咽喉里，那么这是"非正常的"高压手段，它超出了资产阶级国家一般高压手段的范围。但是，如果策吉贝尔及其一伙借资产阶级警察之手，以住有工人共产党员为唯一罪名，向工人住区开枪射击，那么，"把这种'手段'叫做社会法西斯主义，这意味着不是按马克思主义的观点进行论述"。这岂非是最卑鄙的、最庸俗的论断么？因为它不仅丝毫谈不上马克思主义，而且对法西斯主义也根本没作任何一点分析。这些人实际上在替社会民主党开脱，他们没有想到这个简单事实，即法西斯主义"不是任何高压手段"，而是使对无产**阶级群众实行暴力的国家机构达到骇人听闻地步的集中化**，并使之符合资本的集中程度和资本主义的垄断性质。在1848年巴黎无产阶级六月起义的时候，卡芬雅克枪杀了1万名工人，而策吉贝尔枪杀了几十名工人，使几百个人受了重伤，但是，反革命将军卡芬雅克是资产阶级民主的仆从，而策吉贝尔则是法西斯主义的奴仆和社会法西斯分子。与反革命将军卡芬雅克不同，策吉贝尔是社会法西斯分子，因为在卡芬雅克和策吉贝尔两人之间存在着资本主义变成垄断资本主义、变成由强大的托拉斯和财团控制阶段的资本主义的整整一个历史时期，存在着社会民主党从资产阶级民主的尾巴变成集中的托拉斯资本尾巴的整整一个历史时期。社会民主党是社会法西斯主义的党，这不仅因为它在工人起义时将残杀更多的工人而比卡芬雅克有过之无不及，而且还因为集中的托拉斯资本借助社会民主党：第一，企图废除资产阶级民主制度——议会制、多党制等；第二，取消工人阶级甚至还是在资产阶级民主时期（即设下强制仲裁的种种陷阱以扼杀罢工，借助社会民主党的帮闲以解散革命工会等）就已取得的胜利。在那些刚刚进行资产阶级民主革命的国家谈论法西斯主义简直可笑。在中国，我们看到最凶暴和最残酷的资产阶级反革命，但这不是法西斯主义。这里不排除蒋介石在扶植国民党的工会时，广泛使用了墨索里尼和策吉贝尔的做法。在这些国家中，如果世界无产阶级不设法用无产阶级革命去及时清除本国的法西斯主义，那么，在先进的资本主义国家出现法西斯化的新形势下，资产阶级反革命就会以几年等于几十年的极快速度发展为法西斯主义。国际社会民主党和工会改良主义官僚们正在抄近路变成社会法西斯主义，因为当它们同对无产阶级群众实行阶级暴力的中央集权国家结合在一起的时候，它们本身就成为这个国家机器的组成部分，并以此更进一步加紧了它对工人群众的集中镇压。

我们那些可悲的"马克思主义者"没有料到，例如当《前进报》谈到"超阶级的国家权威"时，这不仅是法西斯主义的术语，而且是社会法西斯主义使阶级暴力机构的职能进一步集中化的一整套纲领。他们也想不到,当改良主义的工会组织官僚把几十名革命工人从工会开除出去的时候,这绝不是工人运动中不同倾向斗争的一般情况的反映,也不是改良主义官僚派的"一般的高压手段",而是逐步法西斯化的资产阶级国家机器全面集中化的暴力体制的组成部分。社会民主党称之为通过民主途径"由它夺取政权"的那套东西,也就是由资产阶级吸收它参政,并且作为一个党,把它吸收到资本主义国家机构中来,这看上去是它夺得了资本主义国家机器,——实际上就是社会民主党的**社会法西斯化**,即由社会民主党在资本主义国家中承担托拉斯资产阶级的职能。

在马格德堡政党全体代表大会上,韦尔斯以"社会民主党专政"进行威胁,这表明社会民主党已经到了快要公开实行资产阶级专政的地步了,还表明它现在是一个撕下了议会的华丽外衣而赤裸裸地对无产阶级群众实行暴力的党。从加引号的民主到不加引号、不受任何限制和不需要任何粉饰的专政——这就是社会法西斯主义的道路。而这说明,各国共产党争取工人阶级大多数的斗争,不仅是在苏联存在着无产阶级专政的条件发展起来的,而且是在许多资本主义国家存在着**通过社会法西斯主义的双手**实行公开的**资产阶级专政**的情况下发展起来的。社会民主党为保全自己所表现出来的持久和顽固,将同资本反抗革命运动的程度不相上下。由此得出结论,尽管社会民主党的对抗加强了,但同时却便于共产党去揭露现代社会民主党的社会法西斯主义性质。第二国际有两个最大的党上台执政,在德国是以弥勒的联合政府、在英国是以麦克唐纳政府的形式出现的,这不仅可以对加速这两个国家的工人阶级急进化的过程,而且可以对加速整个国际无产阶级急进化的过程,都起到转折点的作用。战后时期,我们曾看到资产阶级在内外交困的时候采用了吸收社会民主党参加执政的许多类似做法,但是采取"工人"政府和社会民主党政府的做法,则是在另一种情况下出现的。那就是资本主义合理化还没有像现在这样使工人群众如此行动起来。战争还没有如此紧迫逼近。无产阶级群众的积极性还没有像目前这样**不断**提高。他们的绝望情绪不如现在严重。资产阶级和社会民主党施展权术的可能性更大。所有这一切造成了在群众中产生比今天更强烈和更持久的民主幻想的条件。现在,数百万工人从亲身体验中受到的政治教育,这是我们多年来通过口头和书面宣传鼓动工作所不能做到的。他们越来越清楚地看到,这些政府的政治使命,就是把工人阶级置于铁钳之中,在打起仗来的时候,保证资产阶级后方的安全,例如在德国,根据新的杨格赔款计划,对德国无产阶级实行双重剥削的制度;在英国实行资本主义合理化,扼杀殖民地。现在在英国,一系列重大经济冲突正迫在眉睫,通过这些冲突将暴露出麦克唐纳政府的真面目。

各国改良主义庸人一谈到英国共产党在争取工人阶级大多数中总共得了 5 万张选票时,难免要恣意窃笑一番。然而,今天那些出于对鲍德温政府——一个扼杀英国总罢工和实施苦役性工会法律草案的政府——的阶级仇恨而把自己的选票投给麦克唐纳叛徒党的无产者当中,明天将会有几万和几十万人团结在伦敦和南苏格兰这 5 万名先进的英国工人的周围。明天,这些无产者将会意识到,只有英国共产党"阶级对阶级"的政策,即那条既不曾追逐廉价效果,也不曾追逐议会席位的政策,才是唯一正确和光明磊落的政策,才是曾经帮助广大工人群众摆脱和平主义幻想和民主幻想、并为无产阶级指出通向胜利的真正正确道路的政策。面对沿袭已久的政治上营私舞弊的传统和麦克唐纳式的政治骗局而敢于"反潮流"的小小英国共产党必将领导工人运动的潮流,从而使它成为英国工人阶级群众性的党。英国同志处在世界共产主义运动责任最重大的一个岗位上,因此不应当放弃争取工人阶级的大多数,不应当把这一任务推延到将来的政治日程上去,不要任其自然发展,而应当立即使英国共产党变成无产阶级的群众性的党,要记住,像今天在英国,要解决这个任务的条件,并不总是能够具备的。

我们要对英国同志说：在你们反对工党、反对英国工人阶级中存在的幻想和偏见的斗争中，共产国际和你们在一起。共产国际，将对一切根据最近的选举结果而对英国共产党的作用流露出来的失败主义情绪给予回击。我们决不为英国共产党在十分困难的条件下在**几个选区**只得到了 5 万张选票而非难你们。我们也和你们一样清楚，同工党得到的 800 万张选票相比，这些选票具有真正布尔什维克的价值。即使我们要批评英国同志，也是为了另一件事。我们批评你们不是因为你们贯彻了"阶级对阶级"的策略，而是因为你们贯彻得不够有力，不够坚决，你们整个党在接受这一策略之前长期摇摆不定。你们之中的许多人同意这一策略，是出于服从纪律，而不是出于真心诚意，你们本身不得不迁就群众的偏见。你们在投入战斗时没有那种排除道路上重重障碍的感人热情。其次，党不善于充实和加深"阶级对阶级"这一选举策略的内容，并使之成为党在各方面工作中同广大工人群众在各条战线相互关系上的新路线。最后，那些最初力争在党内实行新路线的同志，在最近一次代表大会上从领导岗位上撤下来了，英国共产党内怎么发生了这种事啊？也许，在这件事情上我们只从本大陆的特点考虑问题是错误的，然而在共产国际中谁也无法理解英国同志这种古怪方针的特点。英国共产党既然想通过执行"阶级对阶级"的路线使党的政策活跃起来，却又在准备 8 月 1 日的行动上几乎什么也不干，该怎样进一步解释这个事实呢？全会应当严肃地批评英国共产党领导的错误，以便帮助把党变成英国工人阶级群众性的党。

3. 关于工人阶级的向左转和关于不同国家的共产主义发展水平

英国问题已经把有可能影响到提出和解决争取工人阶级大多数问题的第三个条件，即关于共产主义运动水平问题，给我们提出来了。我们没有千篇一律地提出我们的主要任务，也没有对共产国际各个支部采取一刀切的做法。我们应考虑到共产主义运动现状的不同水平，以便根据各国情况而具体落实解决这一任务的途径。但是同时，在这个水平不同，力量不同，经受的锻炼不同和影响范围不同的复杂的共产主义群体中，我们还应抓住其中基本的、决定性的东西并使我们的既定方针同它们结合起来。而在世界革命运动的现状中，这种决定性的和基本的东西就是：第一，**在中欧主要资本主义国家**如德国、法国、捷克斯洛伐克、波兰等，**共产主义有了明显发展**；第二，在一切资本主义国家，包括诸如**美国和英国**在内的这样重要的资本主义国家中，工人阶级明显表现出**急进化**过程；第三，在殖民地和半殖民地如印度、部分地在中国，以及拉丁美洲各国出现的革命进程。在这幅革命运动现状的总的轮廓中，新的情况是，殖民地革命运动的兴起，不是在革命运动处于孤立的国际环境中发生的，而是同宗主国工人运动新的革命高涨同时发生的。殖民地的革命运动与世界无产阶级日益高涨的积极性"相互交错"通过革命的方式影响殖民地的劳动群众和宗主国的无产阶级；同时这又为更有魄力地提出争取工人阶级大多数的问题创造了前提。根据世界革命运动现状的上述三个主要特征，我们也分别提出了我们的中心任务。我们把争取工人阶级大多数作为欧洲一些拥有广泛群众基础的共产党在**目前政治日程上的迫切任务**：首先，是德国共产党，因为它最接近于解决这个任务，它是最成熟的布尔什维克化的党，是资本主义各国所有其他支部中受过最深刻的马克思列宁主义的锻炼的党；它的国内战争的经验，以及诸如建立红色战士联盟这类群众性组织的经验和它在清除"右"的和"左"的机会主义分子时所经历过的多次危机，使它成了一个先进的共产党，现在共产国际中所有其他支部，在争取群众方面都要向它看齐。其次，我们要向法国共产党提出中心任务。法国共产党在最近一次代表大会上，在使自己的队伍布尔什维克化方面向前迈进了一大步。这个党在最巧妙和最出色地进行群众性宣传鼓动工作方面树立了榜样,在这些方面共产国际所有其他的支部都应该学习,但是这个党在组织上巩固这些运动取得的成果方面却十分落后;再次,我们向捷克斯洛伐克共产党提出中心任务。这个群众性的工人政党,通过自己最近经历的一次"危机",还只是在提高党的战斗力和消除压在它身上的社会民主党残余的沉重包袱方面迈出了第一步。最后,我们向波兰共产党提出了中心任务。这个党的巧妙的秘密工作,应当被认为是一切非法的党的榜样,但是党内派别斗争的过火行为(都有外人插手),成为这个党在争取波兰工人阶级绝大多数的道路上最主要的障碍之一。

对于第二类国家,即对于欧洲的所有其他部分和美国,我们把建立**广泛的群众性政党**作为目前首要的任务。这首先适用于英国共产党和美国共产党。在这两个国家中建立工人阶级广泛的群众性政党,是共产国际的重要任务。这两个国家弱小的共产党,与这两个国家,特别是与美国在世界政治中所起的巨大作用很不相称。因此,多年来在共产国际的历次代表大会上和共产国际执行委员会的全体会议上,都提出要彻底解决美国问题,而且在共产国际执行委员会和美国共产党的最近一次代表大会上已经加以解决,这决不是偶然的。无原则的派别斗争把美国交易所经纪人的习气带到了党内,导致粗暴地无原则地利用苏联共产党内的分歧;你指责我右倾,我非难你极左,从而把斗争变成了一场踢皮球的游戏,这种斗争实际上是最拙劣的机会主义宗派活动的表现;它同向左转的美国工人群众运动的需要如此抵触,以至于共产国际必须采取果断措施来结束美国党内业已形成的不能容忍的状况。消除这种状况,是把美国共产党变成美国工人阶级的广泛的群众性政党的先决条件。我们应当抛弃佩珀的"例外"论,因为它反映了门罗主义的影响和美国资产阶级的帝国主义哲学,实际上是为党在争取群众斗争中表现的消极状态作辩护。我们已经把党的注意力从派别斗争转向美国方兴未艾的群众性罢工，转向不可阻挡地即将来临的工业危机，这场危机必将扩大为建立美国群众性政党所需要的客观前提。在美国，这个群众性的党，将是改良主义经济基础缩小的结果，是美国资产阶级被迫疯狂争夺市场而必然使工人生活水平降低的结果。最后，我们使党转向了新的工会，这些工会必将起到美国这个群众性政党的骨干作用，同时在为建立革命工会而斗争的工作中，必将丰富欧洲共产主义运动在工会方面的经验。

当然各主要资本主义国家的共产党，在革命运动中具有决定性的意义。世界革命进程中的最后决定权，将不属于奥地利、瑞士或丹麦。但是我们最坚决地驳斥奥托·鲍威尔对问题的那种提法，即由于整个世界资本对这些小国的压迫，排斥了它们独立进行革命的主动性；这些国家将只是"响应"主要资本主义国家胜利进行的革命。绝不能排除革命有可能在资本主义国家链条中最薄弱的环节上首先爆发。因此，建立群众性政党的方针，在这些小国中也是完全有效的，尤其是现在，共产主义**在主要资本主义国家**的胜利必将促进这一方针的实现。对其中的某一个小党，必须略为详细地谈谈。我指的是奥地利共产党，目的是以它为例，更好地揭露我们的、而并非单单是一个奥地利共产党所固有的患疾。但是，必须同时防止对我们弱小的奥地利共产党采取轻率的态度。不要使奥地利同志得出这种印象：共产国际执行委员会在批评它的各个支部时，是朝着阻力最小的方向开刀。我们以奥地利共产党作为下面一类共产党的典型：尽管它具备比较有利的条件去争取社会民主党的群众，但是却止步不前。奥地利共产党也像德国共产党一样，是在革命的烈火中诞生的；党内改良主义经济基础的范围，要比德国更为狭小，或者更确切地说是不存在的；奥托·鲍威尔的改良主义，是国际教堂门前台阶上行乞者们的改良主义；奥地利工人阶级的物质状况令人绝望；尽管社会民主党很强大，但法西斯主义还是发动了全面进攻。即使在这样的条件下，当维也纳工人不顾并违背社会民主党的意愿于1927年7月15日举行起义之后，我们的党仍然不能沿着转变为群众性政党的道路而坚定地向前迈进一步。这种现象产生的原因何在？我们不想列举奥地利同志反复说得使我们厌烦的各种客观原因。在奥地利要发展群众性的政党，勿容争辩困难是很大的，但是问题不仅在于这些客观困难，而在于某些其他方面。首先我们认为，奥地利的实例充分地证明了共产国际的以下论点：左翼社会民主党是社会法西斯主义在工人运动内部最坏和最危险的变种。如果奥地利无产阶级目前是赤手空拳面对法西斯主义，如果他们逐渐丧失了1918年取得的各项革命成果，如果他们在1929年还没有一个能够率领他们进行阶级搏斗的群众性的革命党，那么毫无疑问，在这方面都少不了那个奥地利马克思主义的功劳，它用左的词句，使奥地利无产者得出一种印象：他们的社会民主党与德国的诺斯克—谢德曼的社会民主党有本质区别。共产国际各个支部都应当牢牢记住同奥地利"左翼"社会民主党打交道的这个教训。

但是，如果奥地利共产党在7月15日以后仍然没有能在广大群众面前揭露奥托·鲍威尔党的叛徒嘴脸，如果它没有能使那些不顾社会民主党的指示而与工人共产党员并肩反对法西斯主义的社会民主党工人确信这一点，那么，可见这已经不是奥托·鲍威尔的罪责，而是奥地利共产党的过错了。很难设想，那些曾经在格拉茨和施泰尔地区采用**我们的阶级暴力方法**留在社会民主党内进行斗争的社会民主党工人，会如此疏远共产党和完全不能接受共产党的宣传鼓动。在这里，共产国际提出的反对机会主义的第二个论点也得到了证实：为了消除社会民主党的影响，必须对它**转入最猛烈的进攻**，然而我们兄弟的奥地利共产党却长时间地坚持防御策略。它也和其他弱小的支部一样，不相信自己的力量，它按照社会民主党估计奥地利对资本主义大国所起的作用那样去估计自己对社会民主党所起的作用。"奥地利马克思主义"在我们自己的队伍中得到反映。在许多奥地利同志中，占统治地位的信念仍然是，突破社会民主党的阵线是不可能的；我们党目前所能起的作用，仍然是进行单纯的宣传鼓动工作；党由于自己力量薄弱，不可能对广大群众及其战斗产生任何积极的影响。我们不克服这种与真正布尔什维克的积极性格格不入的情绪，那就永远不能在奥地利建设起一个群众性的党。在这里，我们最需要的是进攻型的布尔什维克，他们善于克服种种障碍，对各种传统不屑一顾，并能认真"到人民中去"。我们应当重新检查我们的全部工作方法，并使之革命化，扫除依然根深蒂固存在的社会民主党习气。

"世界上所以要有共产党人，第三国际在各国的拥护者，正是要在各个系统，在生活的各个领域里，把旧的、社会党的、工联主义的、工团主义的议会工作，**改造成新的**、共产主义的议会工作。……西欧和美国的共产主义者必须学会创造一种新的、不寻常的、非机会主义的、不贪图禄位的议会活动，使共产党能够提出自己的口号，使真正的无产者能在没有组织的、备受压抑的贫民的帮助下传送和散发传单，走访工人住所，走访农村无产者和穷乡僻壤（好在欧洲大陆的穷乡僻壤比俄国要少得多，英国就更少）农民的茅舍，走进最下层的平民酒馆，进入真正的平民会社、团体，参加他们的临时集会，不用学者口吻（也不要太带议会腔）跟人民说话，丝毫也不追求议会的'肥缺'，而到处启发思想，发动群众……"①

最伟大的革命家就是这样地教导各国共产党（首先是像奥地利共产党那样的党）进行工作，使之能成为工人阶级群众性的党。

最后，至于谈到第三类国家，即殖民地和半殖民地国家，首先，是

---

① 《列宁选集》中文第 3 版第 4 卷第 206 页。——编者注

印度和拉丁美洲国家,在这里必须指出如下一个特点:在这些国家中,直接革命形势的**成熟比共产党的形成**和它在工人阶级中的巩固要快得多。第二,在许多这类国家中,在阶级关系上差别不大的群众革命运动,具有建立"两个阶级的"政党的趋势,甚至一些共产党人也往往抱有民粹派的幻想。第三,由于这些国家**不存在社会民主党**的任何**影响**,因而这为年轻的共产党创造了不仅直接**领导**工人阶级的运动,而且直接领导全体劳动者和被剥削者的一般民族革命运动的最广阔的前景。在这些国家,革命自发性因素起着巨大的作用;在这里,人数不多的共产党,对最广大群众所产生的影响,甚至可以超过欧洲群众性的共产党。因此,在这些国家解决我们中心任务的途径,首先应当**是建立坚定的布尔什维克式的共产党**,并在思想上和组织上建立牢固的防线以对付"国民党"和"半国民党"分子,同时**大力加强已成立的共产党**。我们应当分别对这类重要国家具体说明**这个任务**。具体到**印度**,我们现在应当把共产国际一半的注意力放在这个国家身上,它的任务就是建立独立自主的共产党,一个唯一的工人阶级的党,这个党要能够在资产阶级民族民主革命过程中坚持维护无产阶级的利益,而当这一革命不可避免地转变为社会主义革命并在获得国际无产阶级的支持的条件下,能够引导印度劳动者建立无产阶级专政。**拉丁美洲**各国的任务是:年轻的共产党应当处处都能同有时披着"极左的"无政府主义外衣的小资产阶级急进主义的思想和传统作最彻底的决裂,清除党内一切自由派分子和半自由派分子,建立以工人阶级作为社会基础的共产党,通过党影响下的各种组织教育和吸引农民群众;根据马克思列宁主义的原理、运用苏联共产党和欧洲各国共产党的丰富经验,从思想上加强共产党。只有久经锻炼的布尔什维克的党,才能使这些国家劳动者的革命运动取得成果,而不致使它变成墨西哥式的第一百零一次的"大革命"。

三、关于争取大多数的方法

1. 领导阶级搏斗

我们应当考察的第三个问题，这就是争取工人阶级大多数的方法问题。我们几乎到处都已争取到无产阶级的先锋队，并在资本主义各国建立了共产党。这是在争取工人阶级大多数的道路上迈出的第一步。如果不从思想上争取这个先锋队，我们就不能郑重其事地谈论争取广大群众的问题。过去，一些共产主义小组着手争取先锋队的时候，他们运用的主要武器是宣传和鼓动。现在，当我们成为一支强大力量的时候，这些手段就不够了。群众应当从共产党所组织和领导的阶级搏斗中通过政治上经历的亲身体验而受到教育。

"以前的问题是（而现在在很大程度上也是）把无产阶级先锋队争取到共产主义运动方面来，因而**宣传工作就提到了**第一位；这时候甚至那些带有小组习气种种弱点的小组，也是有益的，也能做出成绩来。但是现在是群众实际行动的时候了，是部署（即使可以这样说的话）百万大军，配置当今社会的一切阶级力量，进行**最后的斗争**的时候了，这时候单凭宣传的本领，单靠重复'纯粹'共产主义的真理，是无济于事的。这时候已不能像还没有领导过群众的小组的宣传员实际上所做的那样，以**千来计算群众；这时候要以百万、千万来计算了**。这时候我们不仅要问自己，我们是不是已经把革命阶级的先锋队说服了，而且要问，当今社会一切阶级（必须是一切阶级，一无例外）的起历史作用的力量是不是已经部署就绪，以至决战时机已经完全成熟……"①

---

① 《列宁选集》中文第 3 版第 4 卷第 201—202 页。编者注

在世界工人运动的现阶段，共产党人还不能以千万来计算群众，因为他们还没有直接临近最后决战，但是他们今天就应该根据即将来临的阶级搏斗的特点和规模去学会以百万进行计算。以百万进行计算，不是立刻就能实现的。共产党也是从搏斗的严酷教训中理解到这一点的；它们学了计算，但目前还没有学会。弱小的英国共产党从总罢工的教训中学习，德国共产党在鲁尔并从工厂委员会的选举中学习，波兰共产党从罗兹总罢工的教训中学习，所有的共产党则从今年全世界无数次著名的罢工运动中学习。其次，这种以百万进行计算的办法，要求共产党善于越过改良主义工会和社会民主党的头头，去影响欧洲资本主义国家中占整个无产阶级人数三分之二以上的数百万没有组织的工人。这种计算也需要更加深入工会，需要在企业建立广泛的组织网（罢工委员会、行动委员会等），使之成为共产党的势力据点。这种计算要求共产党把党的整个战线转到自下而上地争取企业方面去，甚至在企业主对工厂支部实行恐怖政策的情况下要求按照非法党的原则改组形式上的"合法的"党。

如果共产党人在群众中不能树立起只有他们才能领导群众进行阶级搏斗这种深刻的信念，他们就永远也学不会以百万进行计算。只有当他们处在最危险地方的时候，当他们将遭受第一次打击的时候，当他们不顾警察和企业主的恐怖手段和改良主义分子的高压手段，第一个投入阶级搏斗以自己的榜样感染动摇分子，并把没有组织的群众吸引到自己方面来的时候，他们才能达到以百万来计算。在捷克斯洛伐克纺织工人的罢工中，第一批以复工破坏罢工的海斯类型的共产党人和充当工贼的共产党人，抵消了党的作用，因此应当用铁扫帚把他们从共产主义运动的队伍中扫除出去。如果让那些在法国多次罢工中跟在没有组织的工人后面跑的人去代表共产党出来讲话，群众就绝不会相信共产党。例如，瑞典斯德哥尔摩组织的某些领导人，借口天气恶劣取消了五一节的示威游行，群众能完全信得过他们吗？应当让工人群众真正确信，共产党不是积累威信的保险箱，不是在"最后决战"前用以保存工人群众革命力量的存折。如果工人群众现在厌恶一个在战后多年中拥有工人阶级大多数的社会民主党，那正是因为他们已经认识到，这个托拉斯式的党不断使他们变得**软弱无力**，使他们现在在经历了出卖中欧革命和十年"民主"体验之后而切齿痛恨。共产党越是能体现出群众的力量，越是能迫使资产阶级考虑到它对工人群众的影响，工人群众就会越加迅速地向左转。**共产党只有投入波澜壮阔的阶级搏斗，才能争取工人阶级的大多数。**这些搏斗现在和将来都是要在十分困难的环境中进行的。每一场严重的搏斗都会使资本主义反动势力的整个阵线去反对无产阶级；突破这条阵线，也许意味着一系列国家革命危机的开始。由于无产阶级还没有到直接夺取政权的时候，由于还不具备直接进行革命的形势，因此这些搏斗表面上往往打成了平局。这将使最不坚定的分子乘机攻击，说这些阶级搏斗无济于事，并指责共产党犯了"罢工狂热症"，如同挥霍无度的老板，把无产阶级积攒下来的信任基金全都花光了。现在一切颓废和悲观失望分子正围绕国际无产阶级八月一日的反战行动，进行一场无耻的运动，同时宣称这一行动是"盲动"。我们通过捷克斯洛伐克纺织工人罢工的实例，已经看到了这种取消派的情绪，从对待柏林五月事件的态度上，我们更加清楚地看到了这种情绪的表现。

柏林无产阶级英勇的五月行动，是1923年以来最重大的一次行动，它被那些政治阉人仅仅看作是策吉贝尔挑拨离间的结果，是一次导致"党脱离群众"的行动。当提到叛徒对近年来柏林无产阶级最出色的一次行动所进行的这种诬蔑时，不能不令人深恶痛绝。正是柏林无产阶级的行动出色地证实了，阶级搏斗在争取工人大多数的工作中具有怎样的意义。谁在柏林事件中损失最大？是策吉贝尔的党。这个警察头子及其强盗匪帮的行为，引起了几乎不仅是德国居民中工人群众的普遍愤怒。

唯独布兰德勒这群笨蛋才会看不出，为什么社会民主党过去而且将来还要回避在柏林发生的流血五一节。不仅德国社会法西斯主义避而不谈，而且整个第二国际也避而不谈。柏林事件在很大程度上决定了法国同志在市政选举中的胜利。作为一个党，谁在影响群众方面赢得了胜利？谁加强了群众对党领导的信任？谁提高了自己的威望？无疑是德国共产党。柏林事件的国际意义在于，它标志着不仅在德国，而且在国际范围内对资本及其代理人、社会民主党的反击。如果执行托拉斯资本意志的德国社会民主党，在这场冲突中成为胜利者；如果它取缔了德国无产阶级五一节的活动；如果德国共产党在策吉贝尔和改良主义官僚禁止公开游行的命令面前让步，并听从右派叛徒的劝告只举行工会集会，那么毫无疑问，德国资产阶级的这一胜利，也会像当时镇压总罢工的鲍德温政府的"胜利"一样，成为国际资产阶级向工人阶级发起全线进攻的信号。柏林事件的结局，既没有成立工人代表苏维埃，也没有推翻弥勒政府，但是，柏林事件击退了国际资本豢养的走狗——德国社会民主党的进攻，并迫使它在上街游行的问题上向数十万德国工人缴械投降。就这个意义来说，柏林事件是工人阶级的胜利。柏林事件不仅在德国，而且在其他国家，增强了工人阶级对自己的信心。能否认为，德国共产党围绕禁止红色战士联盟而进行的斗争，在同样面临资产阶级蓄意扼杀公开的或半公开的工人组织（只要它们还被保存下来）的其他国家工人的意识中，没有留下任何痕迹？现在，其他国家的工人，一面根据德国的经验做好准备迎接八月一日行动，一面正在学习应该怎样动员无产阶级的队伍并捍卫夺得的每一块阵地。谁在这种条件下硬要一口咬定"无产阶级遭到失败"，谁只要为策吉贝尔党的困境解围，谁要想挽救由于在5月进行血腥镇压而声名狼藉的社会民主党，他就会因此而散发出机会主义的腐烂臭气。

像捷克斯洛伐克纺织工人罢工、鲁尔斗争，首先是柏林事件等这些局部性搏斗的意义就在于，它们使一切机会主义的沉渣泛起，认真检验了各个集团和党派，有助于广大的无产阶级明辨和区别真正的革命者和政治上的投降主义分子及取消派分子。

2. 群众性政治罢工

柏林事件把群众性政治罢工的问题作为现阶段工人运动中无产阶级最重要的斗争手段提上了日程。经济和政治现在比过去任何时候都更紧密地互相交错在一起。工人阶级在每一次比较重大的经济冲突中，都感受到了这一点。改良主义者无论怎样企图说服工人必须把经济冲突**局限**在一定范围，并把革命"政策"轰出大门。可是革命"政策"还是飞进了窗户里。工人通过亲身的体验，认清了改良主义者的无耻叛卖"政策"同资本的政策没有两样。在共产党人和充当企业主走狗的社会民主党之间争取企业群众的殊死斗争日趋激烈。资本家想成为"自己的"企业中为所欲为的统治者。他们在资产阶级的阶级国家范围内，从它们的基本组织，即从企业层层起建立阶级**专政**。同时，社会民主党也从企业起实行"经济民主"制度。每一次经济冲突之后（往往也是在没有发生经济冲突的情况下），由于改良主义奸细的告密，革命工人受到企业的清洗。柏林五月事件之后，有将近 7000 名工人被开除出企业。资产阶级和改良主义者，企图**截断**共产党与企业的联系，**把共产党变成失业工人的党**。革命工人不能让自己像小鸡一样任人宰杀。在这种情况下，不可避免地要发生**同情性罢工**，它的作用将随着企业的阶级斗争的加剧而不断扩大。同情性罢工是敞开大门迎接革命政策的行动。

目前，群众性政治罢工的作用之所以不断增大，还因为在直接进行革命的形势尚未出现的条件下，无产阶级应当拥有能使目前的经济罢工转为更高斗争形式的手段。如果说起义是阶级斗争的最高形式，那么，群众性政治罢工则是起义的前夜。群众性政治罢工，作为阶级斗争的一种手段适合于这样一种情况，在这种情况下共产党人开始学习以百万计算群众，但还不能以千万计算群众；运动已经具有超过经济斗争形式的趋势，但还没有达到武装起义的程度。在这里，陷入纯粹的公式主义当然是危险的；阶级斗争活的辩证法，要比一切理论公式更加复杂。在当前第三时期，我们将在国际阵线的各个方面，看到各种斗争形式（既有经济罢工，又有示威游行和群众性政治罢工以及劳动群众起义）的结合。柏林事件就其预示经济斗争转变为政治斗争这点而言，它是一个**转折点**，但是它也没有排除今后无产阶级进行阶级斗争的多种多样的形式。多种多样的斗争形式可以适应无产阶级各个阶层的阶级觉悟水平。今后共产党的任务是，在争取工人阶级大多数的工作中，要利用阶级斗争的一切形式，不要盲目崇拜其中某一种形式，但要坚持不渝地努力把每一个运动推向它的更高阶段。

与此相联系，**局部要求**的意义也在扩大。这是我们在争取工人阶级大多数的工作中应当从此"跃过"的起点。当然，这并不是因为我们抱过某种幻想，以为在目前情况下，具有比过去更加广泛的基础来实现这些局部要求。相反，资产阶级现在竭力反对他们过去从不反对的一切比较重要的局部要求。在鲁尔地区，资产阶级在同盟歇业中一星期内所损失的总金额，足以双倍满足工人一年内要求提高工资所需要的金额。资产阶级这种疯狂的顽抗，从客观上使无产阶级的局部要求革命化。现在，工人阶级在局部要求基础上所取得的胜利，是对资本主义阵线的突破，是资本主义制度整个体系的缺口。这就大大有助于实现我们的任务：把群众的局部要求引导到阶级斗争的根本问题，即无产阶级专政的问题上去。

3. 统一战线的策略

工人统一战线的策略具有非常重要的意义。只有在统一战线策略的基础上，才能以局部要求为中心动员群众。但是统一战线的策略，既不是在上面同社会民主党结成联盟，也不是在下面同它的官员实行妥协政策。这是共产党**直接面向**工人群众，面向社会民主党的工人党员和非党工人，面向有组织和没有组织的工人。如果把实行工人统一战线的策略，只限于共产党和企业中其他基层组织为采取共同行动而达成比较"友好的"协议，那么，这是一件非常容易办的事。贯彻统一战线的策略，是一场争取企业群众反对改良主义组织和社会民主党组织最不能调和的斗争。我们不美化企业中社会民主党的下层官员（所谓"特派员"和工厂委员会委员等）。如果这些人在知道诺斯克—策吉贝尔的全部罪恶经历和他们的党多年来的勾结之后，在了解到社会民主党的军事纲领等等之后，仍然不下决心同这个背叛工人阶级的党决裂，那么就很难把他们同充当资本代理人并实行有利于资本政策的社会民主党权贵总部实际区分开来。共产党的任务是，迫使这些分子在企业工人群众面前走投无路，不让他们散布幻想，说什么他们是与基层的工人群众结合在一起的，同他们的上层是有本质区别的；说什么他们能真诚地为工人的需要而奋斗，等等。我们应当孤立他们，并根据我们发挥影响的程度，以全体工人群众的名义要求社会民主党的工人退出社会民主党。因此，根据统一战线策略，每一次采取行动之后，我们都应当在企业中开展征集党员的运动。同时我们应当特别注意无产阶级的妇女群众，因为她们在资本主义合理化过程中已越来越多地被吸收到生产中来，而且在许多行动中常常表现出比男性无产者更大的战斗积极性。对于青年工人也应当如此，在许多国家中，他们在罢工运动、示威游行、与警察发生街头武装冲突中，都发挥了先锋作用。

我们应当在**组织上巩固**根据统一战线策略进行每一次行动所取得的成果。不能由于工人的某一次**自发**行动取得了胜利，也不能因为我们党在这次行动中对广大工人群众产生了影响而**自我安慰**，更不能认为已经争取到了一些企业或一批企业。我们不是那种仅仅在阶级搏斗的伟大日子里偶而施加自己影响的"威武一时的骑士"；我们是不断努力做到对群众施加影响和加强影响的工人阶级的党。我们应当根据每一个国家的具体条件摸索出适合的组织形式，使共产党人能通过这些形式掌握群众、不使群众在新的行动到来之前势单力薄。根据我们过去所犯错误的教训，我们在运用统一战线策略时要牢记三则基本戒条：（1）在实行统一战线策略时，不要缩小共产党的作用，力争在每一次群众性行动中实现党的领导；（2）在与广大被剥削劳动群众，特别是农民结成统一战线时，不要轻视和放弃无产阶级的领导权；（3）任何时候都不要放弃对同盟者的动摇不定进行批评，要记住，只有通过这种批评的办法，今后你才能推动他们走上更坚定的斗争道路，并使你自己的党的队伍受到革命的锻炼。

现在，我们在正确运用统一战线策略方面，已经积累了一定的经验：在德国，我们有在鲁尔斗争时期企业自下而上建立罢工委员会的经验，而后还有吸收没有组织的群众与共产党的工人结成统一战线参加工厂委员会选举的经验；在法国，召集了企业工人代表会议筹备五一节活动，结果，巴黎有80%的五金工人和100%的木器工人在五一节举行了罢工。与右翼取消派分子的种种喧嚣鼓噪相反，统一战线策略这个经验证明，在按照布尔什维克的方式正确运用它的情况下，在争取群众的工作中它是一种多么强大的手段。掌握这一经验，扩大并加强运用统一战线策略的这些形式，是共产国际各支部最迫切的义务。

各国共产党在准备争取工人阶级的大多数时，应当提出自己的干部问题。我们现在需要的干部,在主动性、所受的锻炼和能力方面,都要符合争取工人阶级大多数这个任务。我们现在有的干部,还是我们党处于少数时培养出来的。这批干部,特别是在许多共产党势力比较弱小的国家中,总是离不开他们所处的少数派状态。他们把一切想克服自己工作中消极懈怠状况的人,都看作是狂妄分子。在一些地方年复一年地聚集着同样的一些人,在争取群众的工作方面记载着同样一些可怜的成绩。他们往往像一个实行关门主义的帮会,耐心地等待着群众来找党的吉日良辰。关于这一点,在西班牙甚至还存在一整套"理论",根据这套理论,共产党最好不要让自己的秘密工作干部,为参加工人阶级的日常斗争而"脱离秘密活动",因为这些秘密工作干部的真正使命是革命。另一方面,我们的一些干部还背着社会民主党的残余包袱。这些干部在通过反对机会主义的决议时,往往投票一致赞成,但同时又在实际工作中犯重大的机会主义错误。为了充实和更新我们的干部队伍,我们将从哪里吸取力量呢?高涨的工人运动将给我们输送这些干部力量。在阶级搏斗的过程中,正在涌现并将继续涌现出新生力量,同时阶级搏斗也将检验我们的干部是否合格,并有助于选拔出能肩负起新任务的布尔什维克人才。

四、反对机会主义

1. 右倾分子为社会民主党效劳

除了客观困难,还有什么东西妨碍我们去争取群众呢?那就是脱离布尔什维克路线的倾向。这种倾向势必使我们的先锋队**脱离**工人阶级的大多数,或者使先锋队变成群众运动的尾巴。我们可以拿中国共产党作为明显的例子。这两种偏向在它的发展过程中都出现过。过去,我们在中国看到过所谓"先锋主义",它超越革命运动发展的各个阶段,造成我们脱离中国无产阶级广大群众的危险,从而把我们的党变成没有无产阶级大军的先锋队。现在,我们在中国又看到了另一种危险——取消主义的危险。在一些党员中间出现了一种想脱离非法党的情绪,因为参加非法党要作出非常巨大的牺牲;党内这伙人只想在公开的组织中,首先是在黄色工会中进行党的工作;他们企图改变党的政策,使它成为国民党的某种附属品;在土地问题方面,他们要求党实行面向包括富农在内的全体农民群众的方针。为了不搞垮争取群众的工作,中国共产党领导对这种倾向进行了最有力的斗争。

不久以前,对于国际共产主义运动来说,盲动主义倾向还是一种严重的危险。而现在,当德国的祖尔组织成了托洛茨基主义的堡垒、又不需要经过任何训练当了叛徒而直接转到社会民主党以后,当托洛茨基已经成为欧洲资产阶级养老金领取者并成为它们在苏联问题上的主要情报员以后,以及当"极左派"诺伊拉特分子同海斯一个鼻孔出气以后,托洛茨基主义便彻底暴露无遗,连工人也认为它们身败名裂,从而现在也不必认真地对待它了。过去托洛茨基队伍中的工人,他们是革命的,只是由于一时犯了革命的急躁情绪,在托洛茨基主义的泥潭鬼火中迷失了方向,现在他们全都回到了共产党领导的队伍中来了。现在的主要危险不是以"左"的词句伪装的公开的机会主义。机会主义是妨碍工人寻找共产党的烟幕。机会主义阻碍共产党争取工人阶级的大多数,他们所采用的办法如下:首先,它极力**削弱**共产党对社会民主党的批判,而后者是共产党在争取群众道路上的主要障碍。在我们的运动中,没有一个基本问题,机会主义者是赞同共产党的意见的;在所有这些问题上,他们更接近于社会民主党,而不是共产党。在战争这个中心问题上,法国的克罗兹一伙,伙同社会民主党,掩盖必然导致战争的资本主义矛盾,为国际金融资本利益的结合叫好,吹捧它是阻止战争和造成资本主义利益"和谐一致"的因素。这种观点更接近于希法亭的"有组织的资本主义"的论调,而不符合共产党的观点。散布这种论调,就会使工人看不到战争的危险性,使工人丧失警惕性,而有利于资产阶级和主战的社会民主党。社会民主党正在散布和平主义的幻想。正如不久前向议会提交了"裁军"方案的瑞典党的做法所表明的那样,和平主义的幻想甚至在一些党内(更不用说非党的工人群众)仍然可以找到十分适宜的土壤。在资本主义稳定的问题上,机会主义(安贝尔-德罗和埃韦特)对资本主义的评价很像社会民主党,他们极力缩小资本主义在"稳定"基础上不断增长的矛盾,大肆夸大资本主义的技术成就和生产成就。就这样,机会主义为了资产阶级和社会民主党的利益,竭力拿资本主义实力吓唬工人,给工人造成资本主义不能摧毁的印象,从而把工人从反对资本主义的革命斗争中拉走。在苏联问题上,机会主义极力夸大社会主义建设中的困难,帮助社会民主党诋毁这一建设事业,以此推延工人转向共产主义和革命阵营的过程。在直接进行革命的形势尚不具备的条件下,机会主义提出的"监督生产"的口号,只不过是社会民主党"经济民主"这一口号的翻版。机会主义用这种方法,把共产党和社会民主党之间观点上有共同性的地方联系起来,进而把共产党反对社会民主党背叛工人阶级而进行的不可调和的斗争全部抹杀掉。

在对待没有组织的群众的态度上,机会主义更接近考茨基。考茨基面对群众的行动而胆战心惊,很像《路标》文集中出现的俄国自由派。还有1911年,在与罗莎·卢森堡进行的论战中,他就写过:"如果这些群众行动起来,他们必须会暴露出愚昧无知和不自觉的行为","群众的行动(«Die Aktion der Masse»)并不总是起进步作用的",没有组织的群众"只会破坏"。机会主义者对待没有组织的群众抱着一种工人贵族的傲慢态度,他们支持社会民主党的偏见,认为**改良主义的**有组织的群众,在阶级觉悟的水平上比被卷入阶级斗争运动的没有组织的群众要高，而这种看法还在于企图削弱革命工人反对改良主义官僚的斗争。因此，机会主义者在罢工战略方面，鼓吹归顺改良主义官僚派；在自下而上地组织罢工委员会的工作中，他们明目张胆地进行抵制；在对付我们的罢工战略方面，他们帮助改良主义，对罢工暗中进行破坏；在我们的队伍中搜集情报为改良主义效劳；向改良主义提供反对共产党人的材料等等。机会主义者要揭露的不是社会民主党，他们企图要"揭露"的却是不久前他们还混迹其中的那个党。他们在臭名昭著的维托夫事件中的卑鄙作用，在残酷镇压运动时泄露共产党秘密的行径，将永远是布兰德勒分子在共产党和社会民主党斗争最尖锐的时刻，千方百计效力社会民主党的典型例证。

但是，机会主义的作用，在任何地方也没有像在社会民主党转变为社会法西斯这个问题上表现得那样明显。现在，在五月枪杀事件之后，就连幼稚无知的人都明白，社会民主党要向哪里发展。而在社会民主党转变为社会法西斯这一点上，是社会民主党最怕戳到的痛处。在这里它碰得头破血流。在这个问题上，过去支持过它的工人要抛弃它。而正是在这种情况下机会主义却跑来替他帮忙，让这些打算离开社会民主党的工人们确信，"社会民主党转变为社会法西斯，是'极左派'的无稽之谈。"

2. 调和主义的祖师爷——塞拉

调和主义在机会主义观点体系中占有什么地位呢？它同右翼取消主义有无原则区别？没有，调和主义和右翼取消主义的根源是相同的。调和主义总是与取消主义更近，而与共产国际的路线更远。在机会主义体系中，调和主义所起的作用，与"左翼"社会民主党在右翼社会民主党中所起的作用一样。它掩护取消主义，它一直认为取消主义是党内合法的派别，它竭力阻挠党同取消主义进行斗争。把取消派分子开除出党之后，调和主义起的实际作用发生了变化。它本身就成了吸引一切仍留在党内的右倾分子的中心，成了机会主义情绪的传播者，而这种情绪蔓延的范围要比机会主义政治派分布的范围更广。因此，它再向前迈一步，就走到取消主义一边去了。参加全会的全体委员除收到其他材料外，大概也已收到由我摘录的塞拉同志的声明。我下面只引用其中几段，用以说明调和主义在变成不折不扣的取消主义这一点上已走得多么远。例如，关于鲁尔斗争问题，塞拉写道：

"共产国际执行委员会主席团致德国共产党中央委员会的信断言，在鲁尔，德国共产党在反对社会民主党和天主教党的斗争中，取得了巨大的胜利。很少通过自我批评抛弃这种轻率的诊断……"在鲁尔"工人还未卷入斗争就遭到杀害"。

关于没有组织的工人群众的问题，他写道：

"一般地说，参加了工会的有组织的群众（参加未分裂的改良主义工会的群众也一样）更先进一些。参加工会是提高阶级觉悟的第一步。一切围绕'没有组织的工人群众'这个问题而提出的蛊惑人心的不切实际的想法，都会促使我们作出非左非右的幼稚行为，干脆作出没有倾向的幼稚行为。"

关于在改良主义工会中的工作方法，他写道：

"共产国际执行委员会致德国共产党的信中有一种反工会的情绪，因为它提出'对没有组织的工人群众要单独进行动员'，并断言'在资本主义条件下，不可能把工人阶级的大多数都组织到工会中去'。"

关于工人阶级向左转的问题。他写道：

"英国矿工罢工、维也纳起义、巴黎为萨柯和万泽蒂遇难而举行的示威游行,并未取得预期的结果。工人阶级对已经延续数年的资本进攻,开始作出了更积极的反应。但是,这些说明阶级斗争更加尖锐的表现形式,还不具有工人阶级向左转(急进化)的性质。几乎到处正在开始的经济斗争,**主要是防御性质的**(此处黑体是作者加的)……力量对比不如1921年对我们更有利。"

关于监督生产的口号,他写道:

"今后,我们和社会民主党之间的斗争,将以在经济民主基础上进行阶级合作的思想和实践同监督生产的阶级革命的思想和实践这两者之间的斗争为主发展下去……'工厂委员会'和'监督生产'这两个口号是不能分开的。……把监督生产的防线丢给社会资产阶级的经济民主大军,恐怕是个大错误。"

关于苏联共产党的政策,他写道:

"在1923年开始的危机之后……党制定的所有文件都有一个基调,就是**必须在农村扩大实行新经济政策的范围**(此处黑体是作者加的)。这种扩大新经济政策的必要性,表现在两个基本结论上:(1)必须普遍发展农业,(2)必须不用行政措施,而采取经济手段同富农作斗争。依我看,苏联共产党贯彻执行这一政策不够坚决。……根据第十五次党代表大会的规定,主要任务不是战胜农村的极端贫困和消灭'资本主义分子'……这是错误的。我认为,第十五次代表大会过早地放弃了第十四次代表大会的决定。"

关于富农的危险性,他写道:

"对富农还没有下一个严格的科学定义。……考虑到卢布的实际价值,必须肯定,俄国大多数富农的收入没有超过我国中农的收入。……必须让富农有从事生产的条件。……当谷物总产量达到足以满足消费需要的时候,我们就可以消灭富农。……为了提高谷物产量,既不需要拖拉机,也不需要化肥……首先需要的是按谷物的价格支付给农民,但它不要过分低于谷物的价值。"

调和主义的祖师爷塞拉就是这么说的。用不着证明，塞拉的一整套观点，乃是德国"反潮流"派处心积虑提出来的十足的机会主义观点，塞拉说出了他的俄国同伙没有敢说出的话。我们毫不怀疑，意大利的同志，特别是埃尔科利同志，将同全会一起认为，公开为这种观点辩护是同作为共产国际一员的身份格格不入的，意大利共产党一定会在这一场反对瓦解工人斗志和反对使工人在社会民主党面前束手就擒的最坚决最彻底的斗争中，使自己的队伍在政治上受到比以往更好的锻炼。同时，共产国际执行委员会全会也很想了解瑞士的维泽尔同志对待这种观点的态度。遗憾的是，维泽尔同志没有来参加这次全会。他在寄给共产国际的一个文件中，对上述这一套机会主义的观点即使不是整个地、那也是对其中某些论点进行了辩护。在共产国际执行委员会全体会议上同维泽尔进行公开辩论，可能会有助于我们再揭露一种机会主义，一种也许是影响最深的机会主义——它比较喜欢在"不可侵犯的避难所"躲避风头，装聋作哑。这种机会主义可以"服服帖帖地"投票赞成一切决议，在"正常的"时候，它不会同党发生争论，不会提出特殊的路线同党分庭抗礼，能迁就党内一切占统治地位的方针，但不会"坚持到底"，只有在阶级冲突尖锐化的时候才会把自己亮出来。这是最危险的机会主义变种之一，因为这种机会主义巧于规避，它像一条弯曲盘踞的蛇，当人们想捕获它的时候，它却从你手中滑跑了。多年来，捷克斯洛伐克以伊莱克集团为代表的这种机会主义在我们这里影响极深，它的真正本质只是在以第六次世界代表大会为标志的转折关头才揭露出来。我们应当清楚地认识到，争取工人阶级的大多数的时机越是迫近我们，这种机会主义的危险性也就越大。党内常常跟着大多数一起跑的"泥潭"派，人数往往很多，不过当共产党在要接近于争取到工人阶级大多数的时候，"泥潭"派的人数还会多一些。因此，同各种机会主义作最不调和的斗争，是解决争取工人阶级大多数这一任务的起码条件。"要是无产阶级的革命部分没有在各方面极认真地作好驱逐和压倒机会主义的准备，那么连建立无产阶级专政的想法也是荒唐的。"（列宁：《立宪会议选举》）①如果我们不消除社会民主党在我们自己队伍的影响，我们就不能在普遍工人群众中铲除社会民主党的根子。

不驱除社会民主党在工人运动中的代理人，就不能顺利地打倒资产阶级和社会民主党。不战胜那些坚持要在政治纲领中反映工人运动中消极情绪的派别，就不能克服消极因素。清除最近一年中我们在德国和捷克斯洛伐克遇到的小集团，不仅意味从共产国际队伍中清洗机会主义的腐败分子，而且证明这两个最大的党的成熟性。这两个党的发展，已经使这类分子无法在有组织的共产主义运动的队伍中继续藏身。我们丢掉小资产阶级渣滓，为的是得到工人阶级内部大量尚未开采的无产阶级金子般的财富。共产国际执行委员会第十次全体会议坚持共产国际关于争取工人阶级中更广阔阶层这一方针，使之成为目前工人运动高涨所决定的和能胜任的任务，并将向各个支部提出这一基本目标。各支部的工作，就是具体落实这一战斗任务并贯彻执行。

（闭会）

---

① 《列宁全集》中文第 2 版第 38 卷第 7 页。——编者注

第五次会议[①]

(1929年7月5日上午)

讨论库西宁和曼努伊尔斯基的报告

瓦尔加(苏联):

提纲和库西宁同志报告的主要缺点,是对国际形势特别是对经济形势的分析一般化。无论是库西宁同志的报告或是提纲,对当前形势的具体特点都没给予应有的考虑。

工人运动的高涨,无疑是最近一年中的主要因素。

我们在提纲中应当肯定和确定的首要问题是,**工人运动的高涨是在世界经济形势普遍好转的情况下发生的**。如果在估计经济形势时,以产量为基础,那么,1928年的情况表明,世界经济形势非常景气。在国际联盟的文件[②]中,载有食品和原料的世界产量的指数(由于成品的质量不同,因此很难罗列成品的产量;但是一般可以认为,成品的产量与原料的产量同时增长)。这个指数表明发展情况如下:

[①] 第三次和第四次会议参阅共产国际执行委员会第十次全会速记记录第二册《国际红色纪念日》(第二册外文本未找到)。——编者注

[②] 1913年和1923—1927年产品与贸易备忘录,第8辑。

1923…………106——107

1924…………108——110

1925…………116——119

1926…………117——120

1927…………121——124

1928…………125

（以上均为预算）

于是，我们看到的是，产品总量持续不断的增长。一般来说，产量等于消费量。除个别情况外——指某些商品——不会发生储备积累，整的说来，生产和消费是协调发展的。

在这里我想稍许离题谈一下。根据国际联盟的资料统计，1926年苏联的产品增长量同1913年相比，高于欧洲其他资本主义国家的产品增长量；听到这个情况，同志们大概不会不感兴趣。无须怀疑，在1928—1929这两年里，苏联经济发展的速度不仅赶上了整个资本主义世界的发展速度，而且赶上了占据领头地位的帝国主义国家——北美合众国的发展速度。

我这里有一本关于最近七年美国经济发展问题的大部头新著作[①]。这部著作是美国资本主义中各大权威代表参加组成的15人委员会编写的。胡佛担任该委员会主席，该委员会成员中有赔款问题专家委员会主席杨格，通用汽车公司的头头拉斯科布，当然还有美国劳联的领导人格林。

这个委员会提供了最近6年（1922—1927）产量增长的如下数字：

---

① 美国近期经济变化。总统失业咨询委员会关于近期经济变化的报告。赫伯特·胡佛主席。

工业 ················· 每年 4%
运输业··············· 每年 4%
初级产品的生产 ··· 每年 2.5%
其中大田作物 ······ 每年 1%

很明显，苏联现在的发展速度大大超过上述速度。而且这种现象不是暂时的，今后几年速度将进一步加快。同志们，为什么会发生这种情况呢？**这是因为资本主义和苏联现在的经济之间存在着根本区别。**

对这个根本区别可以这样认识：

在资本主义条件下，由于分配中的对抗情况，生产同社会消费能力的限度发生冲突。在苏联，消费的界限是由生产能力决定的。

正如列宁在他的著作《帝国主义是资本主义的最高阶段》中坚持强调的那样，在资本主义条件下，由于竞争（即使在垄断资本主义条件下也从未停止过），资本家被迫越来越多地增设生产机构，同时减少工人在产品中应得的份额。因此产生了资本主义社会消费能力与生产力之间的不平衡。以前这种情况只是以周期性的危机反复出现；现在在资本主义晚期，这种不平衡似乎已成一种经常的现象。与生产条件（生产能力）相比，市场过于狭窄了。

在苏联，根本不存在这样的问题。为什么？假设我们达到了消费品过剩这样一种生产水平，我们可以立刻通过提高工资来扩大市场、增加消费能力以适应生产能力的增长。这对我们来说不会引起任何困难。我们现在本应该有更高的消费水平，但还不能满足这种愿望，因为我们没有十分先进的生产设备来更广泛地满足现有的全部需要。我认为，把这两种根本区别对工人进行宣传，是非常重要的。

我们应当指出，现在苏联所遭受的困难，不是像社会民主党诽谤者所说的那样，是发生在社会主义经济成分中，而是发生在目前个体经济还很强大的农业中。困难不是因为存在社会主义经济成分，而是因为这种经济成分对农业发挥的影响还不够。

现在我来谈谈1929年的经济趋势。我们可以肯定，总的发展趋势是上升的。在占据领头地位的资本主义国家——美国，最近几个月出现了最好的经济形势。花旗银行的最近一份月报告（五月份的）开头是这样写的：

"四月份是生产部门中第二个创纪录的月份。在最重要的生产部门中，工业产量接近生产能力。"

几个星期以后，钢铁托拉斯报道说，它的产量超过了设计规定的生产能力。这种情况是战后时期从来没有过的。在加拿大同样出现了经济繁荣的景象，南美的几个国家有了明显的发展，这些都是无需怀疑的。在欧洲，**即在法国、比利时和瑞典**，经济形势无疑是很好的，而且行情曲线是向上的。不过最重要的是，甚至在英国这个经济危机经常困扰的国家，无容争辩，经济形势也有所好转。今年头五个月煤的开采量已超过去年开采量的10%。1929年5月铁和钢的产量，超过1928年产量的10%—12%。电气工业和电机的耗电量情况也是一样。甚至对外贸易——战后时期经常一直处于低水平的出口额，今年也大大上升了。今年头五个月的出口额超过了去年一年的出口额，为1400万美元。1929年5月（即我们提供数字的最后一个月）的出口额超过1928年5月出口额的15%。

在德国，无疑也存在经济形势好转的迹象。最近几个月，德国的经济状况由于赔款谈判和四月份发生的严重的货币信用危机而变得非常复杂和停滞不前。可是煤、铁和钢的产量仍然大大超过去年的产量，而且产量曲线也是向上的。

有些小国家，如波兰、罗马尼亚和一些巴尔干国家的情况则例外，那儿即使现在也还存在严重的经济危机。总而言之，我们仍然可以肯定，经济形势普遍好转，并且在这个背景下，工人运动也在高涨。

但是，如果我们进一步考察，**在哪些国家和哪些工业部门中工人运动最强大，那么可以发现，正是在那些经济形势不景气的工业部门和国家中，工人运动最强大。**

就某些国家来说，如在德国和波兰发生了最大的战斗；就工业部门来说，在波兰、印度以及目前在上西里西亚的纺织工业中发生了最大规模的战斗，而今后也可能在英国的纺织工业中发生这种战斗。由此可以得出结论：美国现在的经济繁荣和欧洲经济的比较繁荣景象，同任何经济形势一样，是一种暂时的现象。因此，我们可以有十分把握地预言，1929年剩下的一部分时间和1930年，资本主义国家的工人运动将进一步掀起高潮。

当然，决不应当把这种经济繁荣景象，把世界范围内的这种产量的增长，看作是资本主义总危机的消灭。**这种总危机现在极其尖锐地表现在生产设备和无产阶级人数之间的比例失调上：除了大批生产设备未被利用之外，与经济景气相反，广大群众处于经常的失业状态。**

我收集了几份关于1929年初德国生产能力利用情况的数字资料：在纺织工业，被利用的生产能力为71%，化学工业为61%，制鞋工业为60%，亚麻工业为40%。在美国，汽车工业的生产能力按设计计算，一年为1000万辆汽车，而实际产量大概只达到这个数字的一半。美国制鞋工业的生产能力每年为7.3亿双，而实际产量一年才3.3亿双。因此，你们可以看到，即使在1928—1929年这样的好年景，生产能力和实际产量之间存在着怎样的差距。生产能力和产量之间出现"剪刀"差的情况在继续发展；合理化不断地使生产机构进一步扩大。库西宁同志说得对，并非一切合理化都等于进一步扩大生产机构。在大多数情况下，革新和扩大生产机构，是合理化的一个要素，而且我们看到，在所有资本主义国家,即使在遭受经常危机的工业部门中,生产机构都在年复一年逐渐扩大。我可以用几份数字材料说明这种情况。

可以根据现代资本主义的这些主要矛盾来观察经常的、反复不断出现的局部危机。

1. **煤炭危机**。根据国际联盟关于1928年煤炭工业情况的报告记录①,尽管食品和原料的总量增加了28%,但煤的世界产量只超过1913年煤产量的4%。可见,由于热工技术的进步,煤的消耗量大大减少,从而造成了经常的危机。

2. **石油生产过剩**。美国千方百计地限制石油的产量。但至今未见成效。目前库存6.5亿桶石油,即等于年产量的四分之二。

3. **棉纺工业的经常危机**。在这里我想强调指出,虽然从1927年中期到1929年初,也就是在一年半的时间内,一直笼罩着经常性的危机,但在这个工业部门中,纱锭的数量还是增加了50万个。在一些老的纺织国家,即在美国和英国,纱锭的数量大约减少了300万个,但在纺织工业较年轻的国家中,纱锭的数量则增加350万个,尽管危机已经持续8年之久。②

现在我撇开这些经常的局部危机,谈谈危机尖锐化的因素——危机的新因素,它们是经济总危机迫近的信号。我认为必须在提纲中指出这些危机的新因素。

新的农业危机:这个农业危机已延续多年,目前又**再度**激化。5月末,芝加哥的小麦价格跌到了战前水平(后来价格略有回升)。美国最近一次小麦价格下跌,引起了农场主的强烈不满,他们要求给予帮助。大家知道,粮价低落和美国农场主经历的普遍萧条,是美国垄断组织攫

---

① 煤炭贸易备忘录。
② 1913年和1923—1927年产品和贸易备忘录。

取巨额利润的来源之一。正因为如此,尽管许下很多诺言,并进行了长期谈判,在美国仍然没有能实行一个真正有助于农场主的法律。胡佛代表大垄断组织,坚决拒绝农场主所要求的、实质上类似德国所采用的进口津贴制的措施。金融资本的代表对农场主寸步不让:要他们减少产量。美国在克服农业危机中,采取了两项措施:

第一,靠国家财政建立5亿美元的巨额基金来发展合作组织和稳定价格。这就是说,金融资本打算利用商业资本给农场主一点帮助,或者至少做出帮助他们的姿态。第二,这一点也是更值得注意的,他们想利用美国的剩余小麦,到中国做几笔大买卖。同志们都知道,中国有3000万人在挨饿,而且已经有几百万人死于饥饿。所以胡佛认为需要派三个专家去中国探听一下,怎样才能把剩余的美国小麦卖给中国,或者怎样利用小麦来赈济饥民。胡佛不是以美国总统的身份,而是以美国红十字会主席的身份委派了这三个人,美国资产阶级这种虚情假意的做法颇为意味深长。这三位先生于5月底启程去中国,人们等着他们在三周后提出报告。这就是说,他们希望在中国做美国救济总署几年前企图在苏联想做的事情,但是要取得另一种政治效果。美国人想把自己打扮成中国人民的救命恩人,赈济饥民,同时推销自己的剩余小麦,以便于订立一项优惠的商业契约,从而比以前更变本加厉地参与对中国人民的剥削。

我认为,我们一定要在提纲中指出这种新的农业危机:因为新的农业危机不可能仅仅只限于小麦;可以有把握地说,这种危机将波及其他谷类作物,过些时候还必然要引起牲畜等的生产过剩。

最近一年中的第二个新情况,就是大规模的**国际信贷危机**。同志们都知道,美国交易所的放款利息临时提高到20%;欧洲所有发行银行被迫提高了贴现率。在像德国和波兰这样一些国家中,在发行银行之间也展开了争夺黄金的大规模斗争，第一流的资本主义企业也被迫为信贷支付10%—15%的黄金。信贷危机的发源地是美国，因为那儿繁荣的局面和交易所投机活动都需要巨额资金。我们看到美国货币市场怎样有力地控制着欧洲。这次大规模的信贷危机，是新的经济危机迫近的信号。这一点必须在提纲中肯定下来。

危机的第三个因素，就是美国及其他国家的交易所的投机活动所潜藏的风险，这种投机活动不久的将来必然要引起破产。

最后，在美国，**汽车工业危机**日益迫近：不仅生产能力，而且产量都增长了，以致消费跟不上产量的增长。**简单地说：很多具体征兆都证明，美国的经济繁荣局面将比欧洲，特别是比欧洲较贫困的地区所达到的经济繁荣局面消失得更早。**在经济形势发生这种转变之后，经济性斗争必然大大尖锐起来。我认为，可能英国在这方面会走在前面。

英国资产阶级已着手进行大规模合理化，这势必引起对工人阶级，特别是对企业职工大会的传统特权（有些工作只能由规定的职工大会的成员去做）的进攻，这种特权是新的、合理分工的障碍。工党执政这一情况必将加剧以下斗争：资产阶级将要求工党促进合理化，工人将要求工党提高工资和改善劳动条件。如果我们党能采取适当的策略，这将使斗争尖锐化起来。

现在我来谈谈我发言的第二部分——关于生活水平的问题。我曾在主席团建议删掉提纲中有关工人生活水平下降的那一句话。我坚持自己的建议，并希望同志们对此予以考虑。

首先我想解释如下：如果我说工人的生活水平最近一年内没有降低，那么，这并不意味着工人的状况没有恶化。应当区别两个概念——工人阶级状况和生活水平。工人阶级状况绝对恶化了，剥削加强了。这可以用数字来证明。在描绘美国经济最新变化的那本绝对不是悲观主义的书中①，我们将能找到下列数字。

工人所得的份额，即工资，是工业生产过程中原料增值的那部分数额如下：

> 1922……………44.8%
> 1923……………42.7%
> 1925……………40.1%
> 1927……………39.3%

这些数字的意义是很清楚的。我本人曾力图按马克思的公式来计算美国工业剩余价值的百分比，结果，剩余价值表明了同样的情况。

战前剩余价值是121%。以后变化的情况是这样的：

> 1921……………105%
> 1923……………117%
> 1925……………128%
> 1927……………130%

今年剩余价值大概可达到135%。可见剥削加重了。同时应当指出，实际上的剥削率还要高，因为提供给商业资本的那份利润，也就是工业资本所攫取的剩余价值的组成部分，还没有估计在内。

其次，劳动变得更紧张、更繁重、更枯燥无味，它在精神上变得更加令人颓废。今天一个工人每小时应当提供的劳动力比若干年前同样一

---

① 美国近期经济变化。总统失业咨询委员会关于近期经济变化的报告。赫伯特·胡佛主席。

小时内付出的劳动力要更多。工人阶级的政治地位恶化了。所有这一切都是绝对正确的。但是，如果从狭义的生活水平（即按全世界统计学中所通用的生活水平的概念）来看，也就是说，如果用正常就业工人48小时工作周得到的货币工资所能买到的东西作为生活水平，那么，从这个意义来说生活水平一点也没有下降。如果有谁这样断言，那么他说的是假话。（喊声："那么失业工人呢？"）怎么能证明这点呢？在这里，我不能列举所有国家的数字。就拿两个国家——经常发生危机的英国和赔款负担特别重的德国做例子。在这里，列举有关数字如下：1928年英国工人的货币工资（扣除其略有提高的那部分），每周减少14.2万英磅。这不到总工资的1%。但是零售价格指数下降了。从1928年6月1日到1929年6月1日，这个指数下降了4个百分点，即从164降到160，也就是下降了2.5%，因此，货币工资下降了1个百分点，产品价格下降了2.5%。根据德国的专门统计材料[①]表明，按工资表计算的工人每周的工资平均（按不同类别）增长5%—7%—8%。但是价格指数从1928年5月到1929年5月已上升了2.9个百分点，即上升了2%。这就是说，在价格指数提高2%的情况下，名义工资提高5%—8%。（喊声："不懂！"）

  这些数字是不是假造的呢？这是资产阶级搞的数字。这些数字是掺了假的：但是怎样掺假的呢？这些数字是夸大的，而且与战前相比，这些数字反映的工资数也太高。价格指数也是拿过多的廉价商品作基础假造的。不过只能在编制指数时才能这样作假，而以后指数数字按照固定的办法做出变动时，就不能每次都弄虚作假：因为因素是已知的，而且是可以进行检查的。在指数因素没有变动的时期，我们可以认为指数数字是正确的。（喊声："工人的工资究竟起什么作用？"）当然，尽管工

---

  ① 参阅《经济和统计》（1929年）。

人的名义工资提高了，但他们挣得的钱可能减少了。此外，很明显，如果我们在估算生活水平时，把大批失业现象列为一个因素，那么，生活水平当然就恶化了。现在，有人问我们具体究竟该怎么办？当然我们可以像库西宁同志那样说，所有这些因素都关系到生活水平。我们可以说，我们把恩格斯所称的工人阶级的状况称之为生活水平。我们有权这样做，谁也不能禁止我们这样做。应当从宣传鼓动的观点来对待这个问题。如果共产党的工人在与社会民主党的工人辩论时说：生活水平降低了。社会民主党的工人就会回答他说：没有，你瞎说，给你看这些统计数字。（笑声）共产党人就不得不说：＂得了吧？我们所理解的生活水平与你没有什么不同！＂（喊声）我很乐意接受库西宁同志的提法，而不用＂生活水平下降＂的提法，我情愿说——工人阶级状况绝对恶化。我同意这一点。但是我反对用错误的论点搅乱宣传鼓动工作。

现在谈谈下一个问题——**关于失业现象的新特点**。这里简要列举这方面一些最重要的数字。战前7年中，即1907—1913年，也正好是1907年和1908年严重危机的时期，德国的失业人数为2.4％，而最近6年中德国的失业人数为11％。英国在同一时期，它的失业人数相应的为4.5％和12％。因此，我们可以看到，失业人数有很大的增长，我们不能把失业看成是暂时的因素。这种失业现象中的新因素是什么呢？首先，失业不是产量减少的结果，而是与产量极大增长同时产生的现象。第二，在经济繁荣时期，失业现象也不会消失，就像战前产业后备军的情况一样。现在美国的经济非常景气，但是我们没有听到一句话提到过某地缺少劳动力的情况。第三，在最高度发达的资本主义国家，即在美国、英国和德国，失业问题最严重。第四，这种失业现象，多多少少被广大工人阶级由生产领域转入消费和流通领域这一事实所掩盖。英国在1923—1928年期间，有50万工人从生产领域转入流通和消费领域。也就是说产业资本所雇用的工人的百分比1923年为77％，1928年为

73%，即减少了4%。换句话说，不在工业部门就业的工人人数①增长了4%。在美国，产业资本雇佣的工人，即直接创造价值和剩余价值的工人人数，在8年内也减少了。到1919年为止的最近40年，也就是在40年间，美国工业吸收的工人人数如下：头10年每年吸收15.2万工人，第二个10年每年吸收10.5万工人，第三个10年每年吸收19万工人，第四个10年每年吸收23.7万工人。而最近8年内情况却相反，美国工业部门每年裁减8.1万工人。如果再考虑到美国农业正以巨大的速度实现机械化，每年还将裁减一批工人，那么，你们便可以了解，在最近几年内美国直接创造价值和剩余价值的工人人数，究竟会减少多少。产生这一现象的原因是什么？原因就在于：**资本主义销售市场还没有扩大到足以招收青年一代工人和已被逐至街头的工人。**这是当前资本主义危机中引人注目的事实之一。在最富有的国家——美国，我们看到，最近几年在工业中，平均一个工人的劳动生产率提高了40%，但是，在工业部门就业的工人人数却减少了。有些同志开玩笑把这个说法叫做"瓦尔加规律"。我要提出抗议。第一，我是个凡夫俗子，所以不可能创造"规律"；第二，8年是一个较长的时期，但是要确立一个"规律"还不够长。我从来也没讲过什么"规律"，我只是谈到过趋势而已。总之，把这种说法和我的名字扯在一起，实在可笑得很，因为无数的美国书刊提到这个说法已经三年多了。我给你们念一念我已经引用过的一个美国资本家著作中论述这个问题的一段话：

"由于工业劳动生产率的增长可能产生失业现象，这已经是十分明显的了。调查研究的结果显然已表明，不仅应该经常注意周期性的失业问题，而且应该注意新的**'工艺'**失业问题的时候已经到来。毫无疑问，美国存在新的失业形式。"

---

① 这类工人包括：在商业、地方国营管理机构、银行、保险机构、旅馆、餐厅就业的工人和其他"自由职业"者。

在这里，我不可能着重谈理论问题，但是我还是要说，有些同志提出，从事生产劳动的工人人数会逐渐减少的这种趋势在理论上似乎是不可能的。这种说法是同马克思的学说相抵触的。在这里，我要引用《资本论》第三卷中的一段话：

"尽管投在工资上的可变资本相对减少，工人的绝对人数仍然会增加，这并不会发生在一切生产部门，也不会均等地发生在一切生产部门。在农业中，活劳动要素的减少可以是绝对的。"①

马克思本人预见到农业的这种发展趋势。没有任何理由认为这种发展趋势就不会在工业中发生。很可能，由于实现合理化而减少的就业工人的数量，会逐渐超过由于扩大销售而增加的工人的数量。这可能意味着什么呢？马克思接着写道：

"生产力的发展，如果会使工人的绝对人数减少，就是说，如果实际上能使整个国家在较少的时间内完成自己的全部生产，它就会引起革命，因为它会断绝大多数人口的活路。"②

我们现在处在革命时期，一部分工人阶级经常要为生活奔波，这种情况也是一种革命的因素。对工人阶级来说，失业意味着什么呢？失业就意味着，工人的生存经常受到威胁。这使通常的劳动冲突也很难发生，因为工人怕失去自己的地位，但是在革命发展到更高阶段时，大批失业者就会发挥出一定的战斗力。我们在面临独裁的匈牙利看到了这种情况，当时失业者组成了共产党的突击队。资产阶级面对这个事实怎么办呢？资产阶级看到了这个危险，它知道，例如，当德国和英国每年要

---

① 《马克思恩格斯文集》第 7 卷第 293 页。——编者注
② 《马克思恩格斯文集》第 7 卷第 293 页。——编者注

支付上百万马克作为失业救济金的时候,它该怎么办。我可以向你们预言,美国迟早也要支付失业救济金。德国资产阶级一个有头脑的理论家波恩,写了一本关于合理化问题的书,他在书中写道:

"在实现合理化的时候,应该拨出一笔钱来援助失业工人,因为现代国民经济决不能随随便便忽视数以百万的失业者。如今有组织的群众不会无声无息地屈死于饥饿。必须采取种种社会措施,要么阻止社会灾难,要么设置障碍挡住它的通路。"

这个资本主义社会的思想家,他意识到失业给资本主义会带来什么样的危险。

英国在国王的荫庇下实行失业救济税,英国的整个选举斗争都围绕失业问题进行,所有这些事实本身都证明,资产阶级非常明白,失业问题会给自身带来什么样的危险。

经常性的大批失业现象,为新型的享有特权的工人提供了孳生的土壤;这些特权工人为了不失去自己的地位,对资本主义俯首帖耳,绝对唯命是从。例如,德国的"技术援助团",很多密探,美国职工独立工会的成员,"钢盔团"的成员,依我看,还有在企业工作的全德工会联合会和一切改良主义工会的下层工作人员就是这样一批人。如果说战前在企业内当一个工会特派员是危险的话,那么,现在当这个特派员可以保险不会失业。(只要这个职员不是共产党员。)

这是社会民主党法西斯化的一个最重要的因素。

时间已经过去很多了,赔款问题我就不详细说了。我想极扼要地谈谈以下看法。提纲写道:"巴黎会议之后,赔款问题还将变得更加尖锐。"像这种说法是很不够的。当然,往后随着帝国主义的矛盾进一步加剧,赔款问题还会变得尖锐起来,但是应该说:杨格计划是在很危险的条件下,即在帝国主义矛盾的焦点上,进行妥协的尝试。其次,这意味着德国转而加速采取英、法的方针，加快投入反苏阵线；这也就是如今采取使人迷惑的和平主义手腕中的重要因素。还应当指出的是，柏林的五月事件，同赔款问题有着最密切的联系；造成流血的原因，主要是德国资本家想对巴黎的赔款谈判施加压力，他们想说明，德国现在的局面是多么糟糕。上述因素在雷梅尔同志的小册子中，都非常突出地作了说明。我认为，我们应当把这些因素列入到提纲中去。

最后，我还想谈谈对库西宁同志报告的一两点批评意见。库西宁同志说，对技术成就估计过高就是右倾。这一点我不明白。如果我们对一个事实进行评价，那么我们可能因此犯错误，因为这种评价可能是愚蠢的，也可能是荒谬的或对事实不了解，但是说技术成就高一些或差一些，这既谈不上什么左倾，也谈不上什么右倾。**只有当某人夸大技术成就对资本主义稳定产生的影响时，才会出现右倾。**只有当某人认为技术成就在某种程度上能缓和资本主义矛盾，稳定因此变得更加巩固的时候，才会产生右倾。这才是右倾。

（乌布利希：“同志们中间有这样的机会主义分子吗？”）

（诺伊曼：“应该反过来理解，矛盾会导致技术进步！”）

这一点应该这样表述：错误地过高估计技术进步对无产阶级和资本主义之间关系的影响，就是右倾，而在这方面技术进步本身是完全没有过错的。

库西宁同志把为和平服务的工业和军事工业对立起来，而且在他十分正确地论述资本主义条件下生产发展的极限（正如马克思著作中所作的极好分析那样）之后，他说，在军事工业中，技术进步也是无止境的、无限的。对此我应该说的是：**现在不存在与军事工业没有任何联系的工业；**一切工业部门都与军事工业有着某种联系，反过来，军事工业与所有的工业部门有着某种联系。如果没有国内一般工业的发展，也不会有任何军事工业，孤立的军事工业是不存在的。

这一点对苏联实现工业化具有特殊的意义。很清楚，加速实现联共（布）多年来一直进行的工业化，不仅因为工业是社会主义的基础，而且还因为苏联的国防能力和苏联的军事力量随着工业化取得的成就在一步一步地不断增强。而这对于我们，对于世界革命运动来说，是非常重要的。在这一点上，8月1日的行动同苏联实现工业化是分不开的。

斯克雷普尼克（乌克兰）：

现实生活证明共产国际第六次代表大会对当时面临的各种主要问题所采取的路线是完全正确的。这些问题是：社会民主党的法西斯化，对资本主义稳定的看法，对苏联发展的评价，苏联和资本主义世界之间的关系问题，共产党和工人阶级的基本策略路线。去年，在上述所有这些问题上，各国共产党——有些搞得好些，有些搞得差一些——都进行了激烈的斗争，而通过斗争各国共产党团结起来了，更加强大了。

在过去一年里，各国共产党生活中有什么特点呢？首先是右倾分子公开进行反对共产国际的残酷斗争。这些右倾分子一年前还在各国党内，而现在已经跑到共产国际外面去了，他们在党外进行叛卖勾当。

现在必须解决关于背叛了自己立场的调和分子的问题。

因此，我想指出在共产国际生活中有一个我认为需要指出的重要方面。我所说的是，我们共产党领导的团结问题。必须说明一下，在第六次代表大会之前，在我们许多党内，实际上是各种不同流派和派别结盟的局面。共产国际第六次代表大会明确提出了领导团结的方针，即坚定、**统一**的列宁主义领导的方针。因此我们可以说，去年在这方面已经进行了大量和深入的工作。首先我应当指出，德国共产党经过斗争之后，一些颓废的右倾分子和相当一部分调和分子已被清除出领导机构。党在第六次代表大会的列宁主义的立场上团结起来了，并加强了自己的统一领导。

捷克斯洛伐克共产党正着手迅速建立一个统一的列宁主义领导。在这方面，还有许多的工作要做，捷克还不具备实现列宁主义领导所必需的要素，也就是说捷克党还没有同群众建立联系，而这种联系对于策略领导，即对于领导群众进行战斗是不可缺少的，但是我全力拥护捷克斯洛伐克进行的党内革命。

多年来使美国共产党争吵不休的派别主义，由两派组织安排中央委员会的整个生活和工作的做法，现在已经结束，已被摧毁。也许美国共产党的现任领导还会犯很多错误。铲除派别主义的毒瘤，不是一件轻而易举的事，当派别主义的根子并不是在评价无产阶级斗争路线方面出现的深刻原则分歧时，情况更是如此。

最后，我应当指出，波兰共产党领导在波兰共产党中央委员会最近一次全会上所发生的变化。波共领导制定了一条建立波兰党内部新关系的路线，规定取消老的派别主义路线，指出领导成员在党性基础上团结起来的可能性，并规定要清除最明显的不可救药的派别分子和机会主义分子。在这方面当然还需要进行很多的工作，以便使有宗派主义情绪的成员不再进入新的联合起来的统一领导机构。

我正在考虑，我们究竟还需要通过哪些途径继续检验我们的领导工作，制定正确的路线，建立对无产阶级政党进行统一的、坚强的列宁主义领导机构。我刚才非常认真和满意地获悉了关于波兰共产党中央委员会在最近一次全会上所作的一项决议。波兰共产党著名的老工作人员中，有一位科斯切娃同志，他原先还是波兰社会党左翼的老工作人员，他有很多次都表现出各种偏差和错误，现在他和波兰共产党中央委员会另一个工作人员斯特凡斯基同志一起，又在评价当前的波兰社会党及其分裂，在评价波兰社会党、波兰社会民主党和法西斯主义之间的关系等方面，表现出一些错误和偏差。例如，斯特凡斯基同志说过，法西斯主义可能要摧毁社会民主党的一切中间组织，因此就可能摧毁波兰社会党。波兰共产党承认了这个错误。斯特凡斯基同志本人在执行委员会的会议上也承认了错误,但是后来似乎又收回了自己的认错。我关心的是另外一件事——波兰共产党所做的结论。这个结论是在解除科斯切娃同志的领导职务、同时决议又认为对波共党内很多原波兰社会党的工作人员的过去有必要进行特别深刻的批判之后作出的。对于波兰共产党许多工作人员的社会民主党卢森堡式的经历,进行了认真的严厉批判,今后必须在这方面对波兰共产党党员和工人同情者进行深入的工作。就是在波兰党的领导上层,对原先在波兰社会党左翼中负责的工作人员,也必须进行同样深刻的批判,因为他们接连不断地犯了右倾机会主义错误,现在又在有关波兰共产党和法西斯主义之间的关系问题上犯了错误。因此波兰共产党面临的问题是,必须把对路线的批判引向深入,必须详细研究原波兰社会党左翼工作人员的错误,以便确定现在已转入波兰共产党的原波兰社会党左翼工作人员过去所犯错误的根源是否延续下来了,过去的错误是否还一直延续到现在。(喊声:"说得对!")

我想起一件事,今年布兰德勒和塔尔海默开始反对德国共产党,而且策划了他们的背叛途径,他们常常说要恢复斯巴达克联盟(Spartaknsbund)这个组织,企图以斯巴达克联盟对抗列宁主义,重犯斯巴达克联盟在1917—1918—1919年战争时期中所犯的老错误。这里我也想请教德国同志:请同志们讲一讲,以前你们是怎样严厉批评斯巴达克联盟问题的?你们是怎样教育我们的党员群众去看待斯巴达克联盟所犯的历史错误的呢?我们不会忘记,在共产国际第一次代表大会上,一开始由于德国斯巴达克联盟的代表埃贝莱因(他现在是相当有名的调和分子的代表)的反对,使共产国际组织在几年内几乎遭到破裂。

亲爱的同志们,你们认为德国共产党员这个经验怎么样?当时这个经验在你们的运动中是广泛为人们知道的,而如今在大批德国党员中,知道的人却不多,需不需要回忆一下呢?

我十分关注地听取了柯拉罗夫同志在这里的发言。我了解保加利亚共产党的历史及其光荣的过去。这段经历是值得庆幸的,因为在很久很久以前,也就是几十年以前,党就同社会民主党、现在的社会法西斯主义分子断绝了关系。但是,如果柯拉罗夫同志想让保加利亚工人和保加利亚共产党人重视保加利亚共产党在战争时期的光荣传统,那么我仍然希望保加利亚共产党注意一下,当时保加利亚共产党执行的路线与列宁主义路线的区别。因为请不要忘记,保加利亚共产党路线上的这个差别,使党在灿科夫政变时期犯了大错误。

我对我们的共青团怀着极大的敬意。我知道,共青团坚持正确的立场,它和共产党一起为列宁主义的正确路线而奋斗。然而,我要给你们念念青年共产国际纲领中的一段话:"被第二国际党玷污和出卖了的革命旗帜,重新由无产阶级的青年和布尔什维克共同举起来了。"我理所当然地认为,在战争年代中的革命青年都是很好的,因为他们为反对社会帝国主义进行过斗争;但必竟不能说,无产阶级革命主义的路线,即无产阶级革命路线是战争年代由共青团"和布尔什维克共同"提出来的。亲爱的同志们,我认为,对我来说,路线只有一条——真理只有一个,这就是列宁主义。过去已经发生的一切与这条路线相对立的和不同于这条路线的东西,都可能孕育着危险的后果。正因为如此,所以从不同于列宁主义路线和脱离列宁主义路线的角度来考察我们党的过去,是教育我们的领导、教育广大群众的必要手段。

在曼努伊尔斯基同志的报告中,正确规定了一条基本路线,那就是为争取工人阶级的大多数而斗争。如果不这样做,我们将一事无成。从这个角度来看,我们必须检查我们许多党的组织方针。例如说像西乌克兰共产党这样的党,以及还有一些没有掌握大多数无产阶级群众的党和国家。我们应当在那儿给自己提出使党无产阶级化的路线。

同时我们深知,对于夺取政权,对于无产阶级进行决定性的搏斗以及对于争取工人阶级大多数来说，最不可缺少的条件就是使农民阶级中立。在广大的农民群众中间，在农村的基本劳动群众中间展开工作，目的是要保证走向胜利斗争的无产阶级获得这些群众的中立。这是基本任务。对于共产国际纲领列为第二类国家中的党来说，面临更加尖锐的农民问题，因为这些国家在资本主义迅速发展的同时，还存在相当多的封建主义和农奴制的残余，有十分强大的农民运动和非常多的被压迫民族的群众。从这个观点来看，正如共产国际纲领所正确指出的那样，在诸如捷克斯洛伐克、波兰和罗马尼亚等这些国家中，无产阶级面临的任务是，领导这些正在斗争的农民群众，以及被压迫民族的整个民族解放运动。这些国家的无产阶级的任务，不仅是争取工人阶级大多数，而且要领导并发展革命的农民运动和民族革命运动。我们应当把这个观点作为检查我们党的工作的基础。

在这方面，并非一切都顺利。例如，1928年11月英国共产党中央政治局讨论了包括殖民地问题在内的许多问题，并决定"复制共产国际最初的提纲和英国代表团提出的修正案，并把这份材料分发给中央和地方所有的领导同志"。这个修正案是什么呢？这个修正案被共产国际拒绝了。"殖民地非殖民主义化"的理论被共产国际抛弃了。可是英国共产党不但不把宣传第六次代表大会关于殖民地问题总评价的正确方针、并使党转到这一方针上来作为自己的任务，反而把继续讨论英国代表团提出的修正案问题作为自己的任务。这就是说，英国共产党直到目前为止在殖民地问题上始终没有一个正确的方针。

我要例举由共产国际查明的波兰共产党活动中的错误。这些错误表现在波兰共产党对波兰共和国十周年纪念活动没有充分发挥积极性。例如，在波兰—乌克兰民族战争十周年纪念期间，利沃夫城举行的反乌克兰大破坏活动，几乎没有得到来自波兰共产党的反应。原因在哪里呢？这些错误是偶然的吗？我们这些错误不是偶然的。波兰共产党中央委员会的决议，在指出必须检查当时一些领导人所犯的原波兰社会党错误的同时，也给我们提供了一个答案，揭示了我们波兰共产党在民族方面，在共产党特别弱小的地方、在民族运动方面之所以积极性不足、工作开展不够的原因。

最后，对运动的形式问题谈几句。我们现在的路线是利用各种形式的无产阶级群众运动，而且必须领导这些运动；在领导运动过程中为自己奠定基础，并使这些运动进一步转为更高一级的形式：把单个的罢工变为群众性的罢工，把群众性的罢工变为政治性罢工，把政治罢工同示威游行结合起来，从而把单个的冲突汇集起来，进而转变成为武装起义。因此，在我们面前提出了一个各国共产党如何对待公开冲突的策略问题，因为个别的群众行动可能形成公开的冲突。在这种情况下，我们共产党应当对自己提出上述问题。我们当然绝不是拿着消防筒的消防队，采取冷漠的策略，千方百计地给群众的革命热情泼冷水。社会民主党振振有词地说我们不该煽动群众，不该怂恿群众过早地冲突等等，我们应当说明，对这些话我们始终是怀疑的。当然，我们现在不是生活在直接进行革命的时期，而是生活在革命临近之前的时期，即无产阶级已经转入对资本的反攻时期。

因此，我们面临的问题是，如何在各种形式的无产阶级的群众发动和群众斗争中，放开群众的手脚并组织好我们对群众的领导。我们当然不能把号召武装冲突、号召武装斗争、号召武装起义当作自己的任务，现在的主要任务不在于此，现在的主要任务是，以革命的方式组织最广大的工人阶级群众的战斗行动。

但是，我以为，要在即将来临的群众斗争中成为无产阶级的真正革命领袖，就必须同合法主义进行坚决的斗争。合法主义是什么呢？合法主义就是习惯于在国家规定的范围内，在既定的法律保护之下求得生存，避免楼房、印刷厂、住宅、银行存款和合法地位受到任何损失。所以这种合法主义的习惯是最危险的社会民主主义的偏见之一，是我们党内最危险的社会民主主义残余之一，它还在束缚着我们大多数共产党的手脚。在各国共产党，特别是像在捷克斯洛伐克、法国等国的共产党的当前工作路线上，我们党都应当提出反对合法主义的斗争……凡是群众运动已开展相当广泛的地方，凡是社会民主党老的残余势力数量相当大的地方，凡是有合法斗争老传统的地方，都必须组织革命的秘密支部、组织我们党的秘密机构，以便在发生法西斯政变和公开的斗争时，能代替原有的合法机构。这就是我们要记住的日常的组织任务。

我认为，过去的一年，完完全全证实了共产国际第六次代表大会制定的路线是正确的，同时这使我们完全相信，只要我们按照规定的办法继续做下去，检查我们的队伍，对照我们的老传统，同党内合法主义和社会民主主义等的残余作斗争，在斗争中建立自己的领导并整顿我们的党，我们就能够去迎接胜利的决战。

库恩·贝拉（匈牙利）：

曼努伊尔斯基同志就红色纪念日的筹备工作，批评我们匈牙利共产党是完全有理由的。当然，事前也罢，事后也罢，不仅自我批评，而且批评都是有益的事。不过我始终认为，我们一定会在短期内纠正这个失误。

至于瓦尔加同志，库西宁同志已经勉强地给他留了相当的余地。在关于工人阶级生活水平问题上，库西宁同志几乎是对他作了让步。在这个问题上，瓦尔加同志把无产阶级状况和他们的生活水平等同起来。瓦尔加同志在这一点上想把资产阶级和社会民主党形成的概念强加给我们。他想迫使我们把这些专门使工人阶级步入歧途的概念当作根据。更有甚者，瓦尔加同志在考察这些问题时，不仅采用了抽象的统计方法，而且采用了荒谬的抽象方法，他在使用统计资料时还犯了一个十分具体的方法错误。瓦尔加同志如此认为，似乎一个中等工人的平均实际工资与工人阶级的生活水平是同一个概念。这是怎样得出来的呢？我试着证明一下。我们设战前的工人人数为100，就业工人人数和实际工资也设为100。假设用实际工资100可以买到100单位的食品。再假设在1929年工人人数和实际工资的水平都不变（事实上并不是这样，因为实际工资下降了）。但是，如果**就业**工人人数减少到80（20个工人成了失业者或按缩短的工作日劳动），那么，我们用他们的实际工资只能买到100减20单位即80的食品来分给100工人。这样，生活水平降低了1/5，因为工人阶级不仅包括就业工人，而且也包括失业的和半失业的无产者。而在大多数情况下，工人当然不用根据资产阶级和社会民主党的统计资料，而根据自己肚子的需求就能证明工人阶级的生活水平降低了。因此，如果想确定工人阶级的生活水平，我们就不能简单地把就业的中等工人的平均实际工资当作基础，而应当把工人阶级在生产部门就业的人数的实际工资总额，或把这些实际工资可购买的食品数量按全体无产者的总数来分摊。只有这样，我们才能确定工人阶级的生活水平是降低还是没有降低。瓦尔加同志在处理统计资料时，犯了一个重大的方法论的错误。但这不仅是统计上的错误：错误的统计方法，也可以导致重大的理论错误。如果我们把瓦尔加同志所说的东西当作基础，我们就只能确定工人阶级的**相对**贫困化。但是我们知道，马克思和列宁确定的正是无产阶级的**绝对**贫困化。列宁同志在他的关于经济浪漫主义的著作中，十分鲜明地反对那些人，他们想从马克思主义的理论体系中删掉绝对贫困化的原理，而企图代之以相对贫困化学说。如果瓦尔加同志好好地考虑到这一点，他大概就不会坚持自己的统计学和方法论的错误。

关于社会民主党向社会法西斯主义发展的问题，我认为，目前这个问题同共产国际早期斗争中弄清所谓"纯粹民主"作用问题一样，是一个重要的中心问题。这尤其是因为，形形色色的法西斯主义在战后危机的第三时期中，正在起着几乎相当于臭名昭著的"纯粹民主"，也就是披着"纯粹"外衣的资产阶级民主在第一时期，即在直接进行革命的时期曾经起过的作用，而且在革命发展过程中还将起这种作用。正因为如此，所以就像当年涉及"民主和专政"问题时发生的情况一样，目前在工人运动队伍中，也因涉及社会法西斯主义问题而产生了中派一翼，即中派集团，就不是偶然的事了。今天右倾分子、调和分子以及所有还留在共产国际和脱离共产党国际队伍的机会主义分子的所言所行，正是当年希法亭、克里斯平、鲍威尔等人在"民主和专政"问题上的所言所行。当时的中派分子把专政和抽象空洞的民主对立起来，忽视民主和专政的阶级内容，维护资本的利益。现在共产国际内外的中派分子，则把资产阶级民主和法西斯主义看作两个互相排斥的对立面对立起来。

因此，现在的中派分子实际上像当年的考茨基和鲍威尔一样，都承认有"纯粹民主"的存在。机会主义分子否认社会法西斯主义存在的可能性。他们之所以甚至要否认社会民主党向社会法西斯主义方向发展的可能性，就是因为他们把资产阶级民主假惺惺地描绘成一种无阶级的民主。德国调和分子在他们赫赫有名的行动纲领中写道：

"把资产阶级国家用来镇压无产阶级的一切措施，都说成是法西斯主义，把社会民主党参与这些措施的一切行动，都说成是社会法西斯主义，这不是马克思主义。"

诚然，谁也不会心血来潮把用来镇压无产阶级的一切措施，都说成是法西斯主义，把社会民主党在任何时候参与这些措施的任何行动，都看成是社会法西斯主义。诺斯克在1919年还不是社会法西斯主义分子，虽然他当时已经是镇压工人阶级的老奸巨猾的刽子手。当时他还不过是一个才冒芽的社会法西斯分子。要知道，社会民主党向法西斯主义发展，以及它的发展为社会法西斯主义，是战后最近时期的产物。我们现在已经明白，这种发展还在战争时期就已经开始了，但它只是在战后资本主义的第三时期才不断扩展起来，并进到了全盛时期，因为"纯粹民主"制度用来镇压革命的工人阶级已经显得不够了。布兰德勒分子在他们的机关刊物《反潮流》中写道：

"但是，法西斯主义只有在刺刀具有了独立性，而且刺刀的锋芒也已指向资产阶级议会制的地方，而且也只有在这个时候，才能取得胜利。但是这不是议会制本身变为自己的对立面的逐渐'过渡'，而是飞跃，即实际上是国家政变。"

调和分子没有说出来的东西，塔尔海默在这里说出来了，他大概是这篇文章的作者，因为上面两个论点在思想上是一脉相通的。

列宁同志在共产国际第三次代表大会上关于俄共策略的著名演说中讲道：

"我把恩格斯在1884年12月11日给倍倍尔信中的一段话引在下面：'纯粹民主派在革命关头……作为整个资产阶级经济、甚至封建经济的救生锚而起作用。……在1848年时也是如此；一切封建官僚都支持自由派来镇压革命群众。不管怎样，在危机的日子和危机后的日子，我们唯一的敌人将是**聚集在纯粹民主派周围的反动派**，'……"①

列宁就是这样说的。现在，在谈论社会民主党的社会法西斯主义的发展问题之前，我们应当从上述论断出发来考察**关于民主变为法西斯主义的问题**。只有通过这个途径，我们才能得出关于社会法西斯主义的最终提法。

---

① 参见《列宁全集》中文第2版第42卷第9页。（库恩·贝拉在这里的引文与《列宁全集》正式出版的文本有出入。——编者注）

第一个问题如下：为什么在1917—1918—1919年危机最尖锐化的**关头**，在革命形势逼近的时刻，"纯粹民主派"，正如恩格斯和列宁所说的，成了资本主义经济的救生锚和一切反动派聚集的中心？

第一，因为战后在一系列国家中，资产阶级民主变革还没有完成。在所谓"新民主"国家中，即在中欧和南欧国家中，一系列资产阶级民主要求和问题还没有解决。在"旧民主"国家中（英国、德国等），恢复民主制在广大群众的心目中意味着放弃军事政治措施，而因此，"纯粹民主"就成了镇压造反工人群众合适的手段。因为"新民主"国家中的这些工人群众，也像"旧民主"国家中的工人一样，认为民主是合乎愿望的。

第二，由于经济危机、战争和复员的困难，资产阶级已大大削弱了，正如列宁所强调指出的，它暂时承认"纯粹民主"是**作为保持自己阶级统治的方法**，是保存资本主义剥削的手段。在许多场合下，资产阶级走得更远。我们都记得，在一定的条件下，资产阶级出于战略考虑也曾准备暂时承认苏维埃。我们还记得，在喀琅施塔得叛乱时，米留可夫提出的"拥护苏维埃，但不要布尔什维克"的口号。孟什维克也提出了"拥护苏维埃，但不要布尔什维克"的口号。奥地利资产阶级在一些时候甚至把苏维埃当作是维护自己统治的辅助工具。（喊声："德国也是这样的。"）是的，德国也是这样的。

第三，所谓的"纯粹民主"在当时是作为抗衡无产阶级专政的唯一手段，首先是作为反对刚成立的各国共产党和反对在苏联实行无产阶级专政的斗争手段。（曼努伊尔斯基："什么是'纯粹民主'？"）"纯粹民主"是不存在的，而如果我谈到"纯粹民主"，我始终指的是引号中的"纯粹民主"，因为它是用来掩盖资产阶级民主的阶级性的假面具。我们在恩格斯和列宁的著作中，也可找到这一点。社会民主党是所谓"纯粹民主"即**资产阶级民主**的主要体现者。这种"纯粹民主"的功能,对我们来说,是十分清楚的。这就是镇压革命的工人阶级。

我认为,如果我断言,在1918—1919年期间资产阶级在一系列资本主义国家中曾经战胜了我们,这不会是悲观主义的论调。可见,资产阶级在革命第一时期借助"纯粹民主",借助社会民主党,通过对工人阶级的镇压取得了胜利,这是确实有过的事,后来资产阶级国家机器在相对稳定的基础上加强了,但是共产党也同样壮大了,而首先是苏联巩固了。然而,**民主制的末日**也就开始了。有相当一部分手工业者、知识分子和小资产阶级投进了法西斯主义的营垒。在战后第三时期,在一些国家和在国际范围内,都出现了新的紧张局面。这个时期具有上述各种征兆,是民主制变为法西斯主义的时期。**这个过程还没有结束,在许多国家这个过程则只是刚开始**,而如果我们**把这个法西斯化过程的开始与它的结束**混淆起来,那将是我们的一个大错误。这个过程在不同的国家,还在以十分不同的形式继续发展着,因此应当很仔细地考虑到这些"国家间的"差别。

在第六次世界代表大会期间,塔尔海默写了一大篇文章谈法西斯主义的性质,他在文中把波拿巴主义和法西斯主义相提并论。

他提出一个论点,似乎不存在民主变为法西斯、社会民主党变为社会法西斯的可能性。所以,按照右倾分子和调和分子的看法,民主、议会制和社会民主党是一回事,而法西斯主义、组合制和法西斯群众组织,则是某种有原则区别的另一回事,更确切地说,它们是**两种根本**不同的制度。我更敢断定,这种论调与考茨基的说法如出一辙。考茨基说过存在"无阶级的"民主,并硬说民主不是资产阶级统治的手段,也就是说,民主是某种**原则**上不同于法西斯主义的东西。因此,他也和塔尔海默一样,编造什么资产阶级议会制和法西斯主义之间,以及社会民主主义和社会法西斯主义之间在阶级内容上有原则区别。塔尔海默及其支持者的机会主义认为,镇压民主的因素不可能变为法西斯主义。这不仅是抛弃作为理论的马克思主义,而且是对欧洲,首先是对意大利法西斯主义的实际发展起码的无知。冯·贝克拉特教授在他的《法西斯国家的实质和发展》一书中写道:

"墨索里尼(在米兰他的法西斯军事组织的成立大会上)向与会者的头脑中灌输了大量的民主工团主义的要求:召开成立大会,并把它设想为国际范围内同类机关的一个环节;宣布成立共和国,实行最广泛的非集中化以及各省和村社的自治,解散国会,废除贵族称号和兵役制,宣布集会和出版自由,解散股份公司,取缔银行投机和交易所投机,没收非生产收入,土地归劳动者所有,对运输业和公用企业实行辛迪加化。可是后来,法西斯却反其道而行之,只有一个要点是坚持到底的:即要求利用工会联合会改组经济。"

就这样,一个资产阶级教授教训"马克思主义学者"塔尔海默,指出民主变为法西斯主义的可能性,但是,即使在后来,墨索里尼也还没有抛弃所有的民主和工团主义。贝克拉特写道,法西斯分子大会向那些在达尔明占领了工厂并在工厂升起工团主义联合会旗帜的工人致敬。

墨索里尼的法西斯"社会主义"的特征,是被他逐步抛弃的。但是,从外表上看,在很长的时间里,法西斯主义还保留着它的两副嘴脸:一副嘴脸对付资本主义,另一副嘴脸对付反抗的无产阶级。与那些否认社会民主党向法西斯主义发展的人的看法相反,我敢说,墨索里尼的法西斯主义甚至在它发展的第二阶段,它在口头上进行的反对资本主义的宣传鼓动,比目前韦尔斯、希法亭、麦克唐纳和莱昂·勃鲁姆所做的有过之而无不及。

意大利法西斯制度的特点,从它的**意识形态**来看,首先是来源于工团主义。

不是民主社会主义,而是无政府—工团主义孕育了这一制度。而这正是古典法西斯主义和社会法西斯主义之间的区别之一。不是民主社会主义，也不是社会民主主义，而是具有某些反民主特征的无政府—工团主义和有名的"行会思想"，给法西斯主义涂上了特殊的意识形态色彩。法西斯主义较目前社会法西斯主义制度远为明确地表现了它的反民主主义，或者更准确地说，表现了它同国家制度的自由思想的决裂。曼努伊尔期基同志关于法西斯主义的提法是正确的，但不完全。法西斯主义国家不仅是一种国家政权极端集中化的制度。法西斯主义正是由于它的意识形态的起源，意味着与国家制度的自由观念的决裂，它意味着**行政权压倒立法权**，意味着为扩大资产阶级专政基础而进行的**社会煽动**。（喊声："这是法律上的提法！"）

不仅是法律上的提法！不应该忘记，法西斯主义一个极其重要的要素，就是社会煽动。产生这种社会煽动的原因恰恰是由于，法西斯主义最终为了**大资产阶级的利益**而企图依靠**小资产阶级的广大阶层**、工人阶级中的堕落阶层、知识分子和农民。法西斯主义不是"纯粹的"资产阶级的军事恐怖，而是一种借助特殊煽动而依靠广大群众的恐怖。（曼努伊尔斯基："这是你能作出的唯一补充吗？"）在我看来，组合制并不像许多人所设想，是法西斯主义那么必要的组成部分。（喊声："毫无疑问！"）

组合制是法西斯宣传鼓动中的一个重点，但不是法西斯主义作为一种制度所绝对必要的组成部分。当墨索里尼的政权已经成为法西斯专政制度的时候，他在很长的时间里都是利用"议会工具"进行统治的，而他的组合制，全体意大利同志都可以证明，大部分是一纸空文。

现在，我们谈谈**关于社会民主党发展为社会法西斯主义**的问题。正如我已经指出过的，意大利的"纯粹"法西斯主义，比其他国家的社会法西斯分子更早地抛弃了自己民主的空洞辞藻，因为意大利的工人阶级依靠的不是社会民主党分子，而是工团主义分子；此外，还因为在意大利墨索里尼和法西斯主义**首先**指靠的不是工人，而是已经对民主感到失望的小资产阶级分子和农民分子。墨索里尼与大资产阶级的联盟,一开始并不像目前德国社会民主党与大资产阶级和托拉斯资本的联盟那样巩固。一部分意大利同志从意大利法西斯主义的这些特点中得出了一个"特殊论",并说,法西斯主义就像通心粉或意大利驰名的弗拉斯卡蒂葡萄酒一样,是"地地道道的"意大利产品。有些意大利同志甚至从根本上把民主和法西斯互相对立起来。我们匈牙利共产党人几年前也曾犯过这种错误,那时候我们以一种**实际上**是错误的形式把民主和法西斯互相对立起来。不过匈牙利的总理决不是那么糟糕的现实政治家,他以前一些时候在他的关于匈牙利法西斯化的纲领性演说中谈到:"在我看来,这两项原则(组合制和民主制)互相补充又互相加强。"这个需要用压迫措施对付工人阶级的人,尽管也谈到"两项原则",但他清楚地懂得,组合制和民主制作为资产阶级用以压迫无产阶级的统治形式,不仅在原则上不互相矛盾,相反倒是互相加强和互相补充的。**法西斯主义社会煽动的要素还可以用某些民主方法来加强。**民主因素还可以提高社会煽动的效果。因此这也就极好地证明,社会民主党的民主性绝不排斥它向法西斯主义发展。

甚至已经可以勾画出社会民主党转向法西斯主义要走的道路。社会民主党的社会基础和社会民主党社会成分的变化是一个**首要的因素**。现在的社会民主党的工人官僚,已经不是战前那种工人官僚了。米歇尔斯等人写过一些关于战前时期工人官僚的非常有趣的事情。不过,要是我们还注意到,现在的工人官僚已经不仅坐在患病职工补助会和工会机构,而且还坐在**国家机关**和警察局办公的话,那么,我们就会发现工人官僚的结构有了很大的变化:**即它同资产阶级国家机构已完全结合在一起。**我们看到,在国际范围内社会民主党公开地迁就工人贵族;与资产阶级政党争夺小资产阶级;职员团体的作用日益增大等。我们还看到社会民主党在土地问题上的方针也发生了变化。所有的社会民主党都提出了富农的土地纲领。按照奥托·鲍威尔的说法，土地不应当由贫农占有，而应当由"有能力比别人耕种得更好的农民"占有。德国社会民主党人同样依靠富农，而德国和奥地利农村的富农都是些不那么民主的分子。

德国社会民主党在格尔利茨党的代表大会上比在任何地方都更清楚地表明，它改变了自己的阶级性，宣布自己是"全民党"。这不是社会民主党通过人民党走向目前格热辛斯基、韦尔斯等人所宣传的人民专政的第一步。不过最令人感兴趣的是，现在我们肯定意大利法西斯主义和德国社会民主党的社会法西斯主义在评价作为"生产者"的工人方面有着共同的特点。**法西斯主义意识形态认为，工作的资本家也是"生产者"**。墨索里尼的第一张法西斯主义报纸叫做《生产者报》（«Giornale dei Produttori»）。但是，说到这里，"经济民主"又是什么呢？**"经济民主"也就是"生产者的共同性"，即工人和资本家的共同性**，换句话说，就是发展为社会法西斯主义的民主。这种方针，这种认为工人和资本家都是"生产者"的看法，使社会民主党在联合政策问题上的立场也发生了重要的原则性变化。布兰德勒和塔尔海默等人现在还仍然把这种政策称做"联合政策"。然而现在的联合政策已经不是过去的那种联合政策了。现在的联合政策已经同经济民主、同鼓吹雇主和工人不仅要合作、而且要统一的思想结合在一起了。社会民主党发展为社会法西斯主义的过程尚未结束。但是，社会民主党在组织方面在很大程度上同样要顺应这种发展。因此社会民主党内的无论什么民主都需要取消。这样做的原因，不仅应当从它同资本主义国家机构的结合中去寻找，从工会机构同资本主义经济机构的结合中去寻找，而且应当从德国社会民主党拥有自己庞大的资本主义企业这个事实中去寻找。在这方面，我是根据一家杂志上刊登的综合报告而说的。从该报告中可以得出结论：全德工会联合会除拥有各种工人银行等之外，甚至还拥有23000多名从业工人的建筑企业和其他这类企业。

由此可见，一方面存在的是银行家兼社会民主党人的双重身份，另一方面则是同托拉斯资本在经济上的结合。根据整个前景来看，应当说，社会民主主义思想和改良主义思想正在逐渐消亡，而由社会法西斯主义取而代之。

社会民主党过去是一个改良主义的党，也就是**一个很糟糕的工人党**。它主张改良，但不是把改良当做革命斗争的副产品——像我们所做的那样，而是把改良当做改革资本主义制度的手段。不过在战前，它毕竟还是主张过改良的。它认为改良既是阶级斗争的目的，也是阶级斗争取得的成就：**它从阶级斗争的角度提出改良**。而现在，社会民主党提出改良，不是从阶级斗争的角度出发，而是从资产阶级的"职责"、从资本主义私有制的"职责"、从垄断资本的"职责"的角度出发。封建社会主义提出的口号是："贵族出身的职责要求"。纳夫塔利和塔尔诺夫之流提出的经济民主的口号是："垄断资本主义所有制的职责要求"。谈论什么社会民主党不为工人阶级的日常要求而斗争、而是反对这些要求之类的话是无济于事的。因此，现在社会民主党的联合政策**不仅仅是参与了**资产阶级的事业。社会民主党已经是资产阶级的**合伙人**。这就是社会民主党发展成为社会法西斯主义的极重要的特点。

现在，由于我剩下的时间太少了，我只能用几句话提一提**关于社会法西斯主义和法西斯主义之间的区别**问题。应当解决的一个问题是，社会法西斯是否仅仅是走向法西斯主义道路上的一个阶段，或者还是一个独立的现象。确实，现有的事实还太少，也就是说社会民主党向社会法西斯主义发展还没有走到能够断定社会法西斯主义就是许多国家中法西斯化的特殊形式和最后形式，或者仅仅是在诸如德国、波兰、罗马尼亚等正处在法西斯化道路上的这类国家中"纯粹"法西斯主义走向全盛道路上的一个阶段。与右派分子和调和分子的种种断言相反，意大利法西斯主义的发展证明，社会民主党可以变成纯粹法西斯主义。我们已经看到，意大利的工团主义变成了法西斯主义，意大利的工会人士和社会民主党人，如达拉贡纳和里戈拉，明目张胆地为墨索里尼效劳，而俄国的社会革命党人，包括右翼和左翼，通过流亡报纸同法西斯主义同流合污。因此绝不能排除德国、英国、波兰、法国和其他国家的社会民主党在发展的过程中有可能走同样的道路。也许附加上一定的条件就可以说，社会法西斯主义是一些国家里一种固有的法西斯主义发展类型，在这些国家中，资本主义的发展和垄断资本的发展超过了当时的意大利。

在评价向社会法西斯主义方面发展时，我们应当冷静地看到，资产阶级不仅利用社会民主党，而且可以说是**直接地**企图使工人阶级法西斯化，例如，波兰就是这样，那里除了波兰社会党之外，亚沃罗夫斯基的党和法西斯群众组织，都竭力想使工人阶级法西斯化；又如在匈牙利也有这种情况，在那里许多脱离了社会民主党的集团，同官方的社会法西斯主义的社会民主党互相配合，向无产阶级灌输法西斯主义精神。**如果在社会民主党和这些公开的法西斯组织之间发生斗争，那么毫无疑问，这不是两种原则之间的斗争**，它充其量不过是两种法西斯化手段之间的斗争。这种斗争在一定程度上是围绕社会煽动规模问题展开的。在第三时期，社会民主主义和法西斯主义之间的相互关系与以往相互关系的区别如下：以前资产阶级有一段时间曾利用过社会民主主义，然后又利用法西斯主义来加强自己的统治，永远保存资本主义剥削并镇压工人阶级；现在这种情况已发展到一个新阶段："纯粹民主"越来越渗进法西斯主义的因素，法西斯主义和作为民主体现者的社会民主党之间的界线渐渐地消失；社会民主党发展为社会法西斯主义，成为资产阶级法西斯专政的体现者和仆从。这样，我们就可以得出一个关于社会法西斯主义的准确的（尽管是相对的）提法：

在稳定已经发生动荡的时候，当资产阶级在相对稳定时期恢复自己的统治机构、而工人阶级不断向左转和各国共产党得到加强的时候，此时，民主对于维护符合垄断资本利益的资产阶级专政来说已经不适应了。垄断资本——特别在面临新战争的情况下——不断寻找新的统治方法。在不同的国家里，新的统治方法使民主具有形形色色的法西斯主义或半法西斯主义的特征，并使民主日益变为法西斯主义。过去"纯粹民主"的体现者——改良主义的社会民主党，与资产阶级一起也不断朝着这个方向发展，并渐渐成为资本公开专政的工具，即社会法西斯主义。社会民主党极力暗示资产阶级，他们即便在目前要挽救垄断资本也不能没有社会民主党的帮助。在稳定已经发生动荡这种变化了的条件下，社会民主党以社会法西斯主义的形式，采用新的手段以达到原来的目的：挽救资本主义。在这个发展阶段上，社会改良主义在消逝；它的一部分变为社会煽动因素，一部分变为法西斯主义群众性暴力手段的因素。

我认为这种表述还不完全准确，但我仍然认为必须根据这个表述对提纲加以补充，以便在社会法西斯主义的问题上，为共产国际各支部提出一条明确的路线。

至于策略结论，我觉得在社会法西斯主义发展的现阶段上，我们应当尽快地考虑到存在比过去更广泛地同法西斯主义及其社会法西斯主义组织发生武装冲突的可能性。这并不等于说，我们可以不顾列宁的告诫，拿武装起义当儿戏。但我们应当竭尽全力建立无产阶级的防御组织，使之成为群众性的组织。我们应加强现有的组织，以保卫无产阶级不受法西斯主义的迫害，避免意大利的历史重演。因此我们应当用各种方法加强我们的群众工作，首先要在企业中加强这一工作，并要千方百计地提高无产阶级对社会法西斯主义的防御能力。当然也应当作好应付非法状态的准备，这并不是为了转入地下，而是至少使一部分干部进行秘密活动。目前，在酝酿新的革命群众性斗争的时候，我们应集中一切力量反对社会民主党，首先是反对左翼社会民主党。

坎贝尔（英国）：

全会提出的决议，对第六次世界代表大会以后所发生的事件进行了分析，彻底消除了对第三时期的误解和歪曲。这些误解和歪曲曾在共产国际各支部广为流传，并成为右倾分子和调和分子行动纲领的依据。

毫无疑问，当前时期存在的资本主义基本经济矛盾，即生产能力增长与世界市场规模之间的比例失调在不断加剧。两三年前，一些资产阶级经济学家和社会民主党人曾希望资本主义能够缓解这种矛盾。然而他们的希望彻底落空了。

我们到处都可以看到，生产能力增长和世界市场相对缩小之间这种基本经济矛盾的尖锐化。

但是，第六次代表大会以后我们注意到，有两个国家企图提出这样一种理论，即一般规律不适用于它们。在北美合众国，有人企图断言，美帝国主义还很强大，很进步，还有相当的能力攫取巨大的超额利润，美国不存在阶级斗争尖锐化的问题，因此，世界其他国家需要采取新的策略，北美合众国不需要。共产国际以充分的论据驳斥了这种理论，并纠正了美国同志提出的路线。

我们英国提出了另外一种特殊的理论。这种理论认为，由于英国工业已到"成年"，由于它所承受的沉重的财政负担，由于工业生产单位分散，以及由于自战争结束以来它所实行的特殊财政政策，凡此种种使英国工业不可能大搞技术合理化。这种理论还指出，虽然别的国家可以搞技术合理化，并使整个国民产值超过战前水平，但是在英国这种可能性是不存在的。

对关于殖民地问题决议表示过反对意见的某些六大代表，他们阐述了这个理论的另一方面，并且认为，英国资本主义蓄意执行一条使英国主要工业部门处于不景气状况的政策，而把自己的注意力集中在使英国殖民地工业化上面。世界代表大会坚决地纠正了英国同志的这种偏见。

但是，我认为，大会没有充分明确地指出，这种观点涉及对在英国经济制度下能否实现合理化的总评价问题。我认为，共产国际执行委员会现在就该指出，这种具有代表性的，而在第六次世界代表大会期间各国就已普遍确立的合理化过程和对生产机构的完善，目前在英国也能察觉到。我们看到，英国目前即使处在合理化的初级阶段，它的出口工业、制铁工业、铸钢工业和造船工业也已出现了得到某种康复的各种征兆。英国的煤和钢开始在一些市场把美国的钢和煤排挤到次要的地位。因此，我们不能再描绘这样一幅图画，仿佛没有实现合理化的英国资本被实现了合理化的竞争者不断从一切市场排挤出去。当然，这个合理化过程并不意味着使英国的阶级斗争减弱，恰恰相反，它意味着使阶级斗争加剧。这个合理化过程每前进一步，无疑都将意味着对工人的加倍压榨，也将使工人的反抗加强，因为，在世界任何一个国家，工人的行会传统都不像在英国那样根深蒂固，在任何一个国家强化生产的运动，都不会像在英国那样引起无产阶级的更坚决的反抗。

但是，在这方面，我们必须就瓦尔加同志针对英国分析合理化过程时提出的一个特点，同他进行一些争论。瓦尔加写道："我说过，目前借贷资本在利润中所占的份额在有组织地下降，目的是要恢复产业资本的利润率，过去通货膨胀的结果使德国以及整个欧洲大陆的工业企业从旧的债务中解脱出来。这种情况现在在英国也正在有条不紊地发生着。"

尽管这种情况千真万确，但我认为，向工业提供巨额债款的金融资本家，在实行某些近期的改组措施时，曾准备拿借贷证券税换取优先股票，然而，在英国这种情况并不是合理化的一般特征。实际上，制铁工业和铸钢工业合理化的特点之一是，被改组的企业揽下来的相当大一部分原来的财政义务，并没有勾销。

我认为，这是一个十分重要的因素，因为英国工业从一开始实行合理化的时候，就背上了借贷资本的沉重包袱。这就意味着，要使英国的工业实现真正的合理化，它就必须在目前开始进行合理化的那些工业部门对工人进行最残酷的压榨。合理化过程也并不意味着减轻对殖民地压迫。恰恰相反，我认为英国工业越是实行合理化，市场问题就会越突出，英国工业就越要极力为殖民地（尤其是印度）的独立工业化设置障碍。殖民地的斗争开展得越广泛，英国资产阶级镇压斗争的手段就越加严厉。

如果就整个工业来看，那么可以说，在英国，工资（假设生活水平与购买力相等）只略低于战前的水平。但是，我们所说的生活水平问题，是撇开了劳动强度、劳动者体力消耗的程度来谈的。就工人所能购买的商品来看，生活水平只是略微下降了几个点，这是对的。但是，由于劳动强度已经大大提高，在战前这样一个产品数额有可能恢复工人的体力，而现在对于工人来说这个数量已经不够了，这同样是对的。因此，我认为，我们不应该同意瓦尔加同志下的定义，他的定义会使这个问题变得模糊起来。

我想就英国的普选问题及其后果说几句。在这里据说英国党在普选期间是违反潮流的。在关于工会问题的决议中，我们头一次听到有这样的话，说在总罢工结束后，英国工人阶级队伍中存在消沉情绪。我觉得共产国际从1926年起就首先认定，英国在总罢工后存在消沉情绪，并认为英国党违背了潮流。至今这种看法依然认为，群众是始终倾向英国党的，只不过由于党的领袖们的愚蠢和错误才使得这种倾向没有得到进一步发展。我认为，我们应该考虑到，英国党在当时所面临的巨大的客观困难。

但是，不能否认，最近几年，党一直落后于现实生活，并有所失误，因此，党在普选中取得的结果很不理想。假使我们坚持一条正确的路线，即使客观形势很困难也可以取得较好的结果。我认为造成上述情况的主要原因是，党对于在同盟歇业中大批矿工被解雇之后官僚制度得到加强的这一事实反应过于迟钝，并未能当机立断做出应有的结论。

我认为，我们党的严重缺点在于，在1927年年中期间，我们未能改变自己的路线，未能更坚决地站出来领导这场经济斗争，未能从政治上对工党采取坚决的反对立场。

毫无疑问，虽然我们已经改变了自己的路线，但我们在工作中仍然有许多旧的习气。我们曾在工党内工作了八年之久。在工作中，我们常常离开了共产主义的立场而滑到左翼社会民主党的立场上去了。因为策略改变后，工党的强大势力继续对我党的领袖产生影响，而且这种情况使我们的同志在反对工党的问题上，产生了极大的动摇。我们没有充分深刻地意识到，新的策略不是浮于表面的转变，而是党内一次彻底的思想革命，即在老的工作方法、老的宣传鼓动方法以及党在对待左翼社会民主党人的立场等方面的一次革命。在这种条件下，产生了许多右的错误。执行新策略不够有力。在与左翼社会民主党人接近（例如对待库克—马克斯顿运动）的问题上犯了错误。但是，在英国，也正如其他国家一样，我们已从右的路线转向正确的策略，也有一些同志陷入了另一极端。因此，必须指出，在这一时期英国不仅存在右的倾向，而且在对待左翼民族运动和执行自下而上的统一战线策略问题上还存在十分严重的宗派主义倾向。

根据第九次全体会议的决议，我们改变了自己的路线，但是这个决议还遗留下许多策略问题没有解决。因此，我们只好自己开辟一条解决这些问题的途径，有时向右走得过远，有时又过于偏左。然而，我们敢说，英共中央委员会始终都真诚地想尽力在英国执行真正的列宁主义的路线。

目前，麦克唐纳政府比任何一个党外工人所想象的都更加反动。毫无疑问，我们很快就能证实，在工党内出现了反麦克唐纳的假左派。在普选期间保持缄默和支持麦克唐纳的假左派反对派，现在又重新鼓噪起左派言词。因此，在目前，当这个假左派反对派在工党内泛滥开来的时候，英国共产党任何右的倾向都将会给党带来最可悲的后果。但是，在当前时期，同样危险的是，不能把左翼社会民主党的领袖同左翼社会民主党的工人区别开来，没有采取基于自下而上统一战线的必要措施，以便使左翼社会民主党工人摆脱这些头头的影响。

在结束之时，我想就最近几个月英国党进行斗争应把握的方向，谈谈自己的看法。我认为，首先，我们应该动员和教育全党，使它能够领导起目前在英国开展起来的伟大的经济斗争。

第二，我想，我们应该进行顽强的斗争，反对麦克唐纳政府，同时把政治斗争与经济斗争结合起来，并在工党政府执政期间举行补选的一切场合发表演说。

第三，我们应该向广大的英国工人说明工党在准备战争中所扮演的角色，并组织他们同工党进行斗争。

第四，我们不仅应该更加重视对殖民地工人进行一般性的鼓动工作，而且应该给予他们经常性的组织的援助。

英国党虽然犯了许多错误，但仍然竭力动员工人援助我们的印度同志。但是，我们党无论在给予印度直接援助方面，也无论在动员广大工人反对包括工党政府在内的资本家阶级的殖民地政策方面都做得很不够。

第五，我们应该改组党的机构，使我们能面向大企业并扩大我们在这些企业中的影响。到那时我们就可以开展反对麦克唐纳政府的真正的群众斗争。

最后，我们应该尽力从政治上动员工人群众参加创办一份在我党影响下的日报，这样，这份报纸就可能成为反对麦克唐纳制度的强大武器，成为把英国广大无产者吸引到我们方面来的强大武器。

特奥多罗维奇（农民国际共产党党团）：

在全会上有两位同志涉及了一下农村问题。瓦尔加同志稍稍讲了几句农业的状况，斯克雷普尼克同志谈了在农民中进行工作的情况。但是，我认为，瓦尔加同志的发言也罢，斯克雷普尼克同志的讲话也罢，都不能使人满意。瓦尔加同志谈到了农业危机。当然，危机是存在的，但问题不仅仅在于农业危机，危机不过是一种暂时现象，而问题在于存在一种长期现象，也就是说，问题在于农业落后和资本主义社会企图以它固有的手段克服这种落后状况的基本过程。因此既然瓦尔加同志对具体危机的评价是完全正确的，所以我认为必须把农业危机问题列入决议文本；但是，我希望还应该加进一些内容；我希望能在《资本主义基本矛盾尖锐化》一节中哪怕再加上几句，以便说明农业中所发生的主要关键情况。应当感谢斯克雷普尼克同志，他回顾了在农民中开展工作的必要性。但是，他向我们提出了一个使全体农民中立的说法，这使他的发言大为减色。如果不是论述使中农即部分农民的中立，而是像斯克雷普尼克同志那样大谈使农民中立，那么很显然，这就涉及**全体**农民。但是，**全体**农民中立——这不是布尔什维克的提法。

美国共产党人应该记得，正当我们的共产国际召开第六次代表大会的前夕，资产阶级农业经济学专家在美国的报刊上展开了一场非常引人注意的辩论。参加这场辩论的有这样一些资产阶级的科学名流，诸如诺尔斯、布莱克、希巴德、施泰因、沃里克等。诺尔斯对争论作了最明确的总结。他说：只是在现在，农业才在它的发展史上破天荒地第一次经历着与18世纪末伟大的工业革命完全相似的时刻。当前的这场革命在于，寻找一种能大大降低生产费用和成本，能给经济带来额外利润的经济组织形式，为了达到这个目的应当最果断地把最先进的机器和工具投入农业，把大量资本投入农业。

这就是资产阶级的方针，因为提出这个方针的是像诺尔斯这样的专家。

农业的萧条状况把最贫困的阶层从农村排挤出来，使大批人流涌入城市，也就是我们看到的对相当一部分农民阶层进行"骇人听闻的、近乎病态的"（马克思语）剥夺。与上面的情况相反，农村中的上层农户，因为拥有能使自己的农场实行机器化和机械化所需要的资本，他们通过降低单位产品成本的办法，能比较顺利地从相对生产过剩的危机中摆脱出来，因为，正如马克思所说的：

"使用不变资本总是比使用可变资本更便宜。"①

或他在另一地方写道：

"更多地使用物化劳动，与使用活劳动相比，意味着社会劳动生产率的提高。"②

因此，我认为，在我们所讨论的如此繁多的论题中，忽略了这种对广大农民进行"近乎病态的"、"骇人听闻的"剥夺过程。我们之所以要利用广大农民，恰恰不是为了使他们"中立"，而是为了在他们当中建立无产阶级的后备军——我们决不能忽视这个过程，因为我认为，如果忽视了这一点，就什么也得不到证实。

如果我们撇开不谈美国农业中上述这一典型发展的资本主义生产关系，而着重研究在整个欧洲和其他地方占统治地位的农业生产关系，那么，我们就可以肯定，在农业方面，尽管有这样那样的变化和种种细微差别，但都有着同样的发展过程和趋势。我们看到许许多多的尝试，都是想找到一条途经来最大限度地降低农产品的成本，以便在此基础上首

---

① 《马克思恩格斯文集》第 7 卷第 779 页。——编者注
② 引文有出入，参见《马克思恩格斯文集》第 7 卷第 780 页。——编者注

先使级差地租重新流进土地所有者的腰包。级差地租是个别生产价格和调整价格之间的差额。既然不能提高调整价格，要想增加级差地租，就要**降低**个别生产价格。由此在农业方面产生了四种具有代表性的情况。

第一是所谓"斯托雷平"改革方针，即"商品农夫"方针，它所要解决的问题是对资产阶级农业进行改造。

第二是统一战线的方针。"商品农夫"不满足于同"商品地主"的联合，他企图把沦为贫困的群众也拉拢过来结成联盟，目的是用农业的利益来对抗整个城市的利益，消灭农村那种组织程度不如城市的状况。

第三是向农业提供低息贷款的方针。

最后，第四是合作化的方针。在所有资本主义国家中，合作化不断得到发展当然是有利于农村中的上层农户。

因此，这个时期最具有代表性的特点，是农业资产阶级（大资产阶级和小资产阶级）企图通过自己的力量来保证农业最大限度的积累。但是，工业中积累起来的资本也开始投入农业，不过投资的数额的确还很小，因为资产阶级在工业方面能获取巨额利润，故而资本向农业转移的速度还很慢。

如果我们现在对所有的国家逐个进行细微的研究，那么我们就会发现，没有哪一个国家不在以这种或那种形式企图实现上述四种方针。例如，在挪威，农民运动是在"取消拍卖"的口号下进行的。原因是价格下跌使农民经济不能偿清借款，这是战争时期为满足大量需求向农民提供用于发展农业的那笔贷款。无法偿付贷款，就只得出售土地。贫农反对土地"拍卖"，而农民资产阶级却因此发了不义之财。德国之所以搞统一战线，是为了降低税率、争取贷款。波兰正在实行土地调整政策和其他许多"斯托雷平式的"改革政策。南斯拉夫也在实行同样的政策。捷克斯洛伐克正在为实现统一战线而斗争。甚至在离我们很远的印度也在试图实施斯托雷平的某些主张，等等。

基于这样情况,在那些既不能从第一和第二种方针,也不能从第三、第四种方针得到任何好处的农民群众中出现了向左转的趋向,这就不难理解了。这就是贫农和中农的向左转的趋向。

由于现阶段资本主义固有的基本矛盾,也就导致农民群众向左转的这一事实。巴尔别同志在这里引用了波兰的例子,但这不是唯一的例子。博什科维奇同志在农民国际中也谈过南斯拉夫存在类似的现象。遭受近乎病态的、骇人听闻的剥夺的(我重复马克思说的话)广大农民向左转,衬托出到处都是工人阶级向左转的大好形势。恰恰应当把这个时机看作是工人阶级发挥主导作用的时机,是工人阶级向左转本身促使广大农民向左转的时机。同时,任何时刻我们都不能忘记列宁对我们共产党人提出的一个根本原理,即只有同农民后备军一起,只有用农民战争来补充无产阶级革命,无产阶级才能保证自己取得胜利。

科普勒尼希(奥地利):

奥地利党的工作受到了十分严厉的批评。我认为这种批评是正确的。这种批评与中央委员会在最近一次全会上所作的自我批评是一致的。但是我仍然要说明,在评价奥地利工作的时候,太过于渲染它的消极方面,而没有正确地强调指出奥地利在面临法西斯直接威胁时所起的作用。奥地利法西斯化的过程已经走得很远了。除国家机构法西斯化和社会民主党发展为社会法西斯主义外,法西斯化过程的另一特点是,明目张胆的法西斯群众运动迅速发展。奥地利的"保卫祖国同盟"目前已成为法西斯群众运动。有组织的和部分武装起来的海姆弗成员的人数大约有10万。"保卫祖国同盟"组织大部分成员是小资产阶级分子、农民和资产阶级分子,但是甚至像在上施泰尔这样一个十分重要的工业区,"保卫祖国同盟"内也有相当一部分工人阶级的成员。开始,法西斯运动只在外地蔓延,现在,也波及到了维也纳。9月17日将在维也纳举行大规模的"保卫祖国同盟"示威游行。现正在狂热地进行准备。

在资产阶级政党内部，法西斯化过程也在明显地进行。只要看一看总的形势，就能够估计到，今秋在奥地利可能发生重大事件。我们中央委员会在最近一次会议上详细地讨论了这些问题。我们认为，在阶级斗争尖锐化或是受到战争直接威胁的情况下，现政府有可能借助"保卫祖国同盟"的力量并在社会民主党的支持下，从上发动预谋的法西斯政变。

资产阶级公开实行法西斯化方针，其政治动因和经济动因是由一系列情况决定的。首先是在奥地利存在长期的经济危机，存在大量的和长期的失业现象；局势由于受到物价暴涨这一新浪潮的冲击而变得更加严重，从而再次导致税率的变动。但是，法西斯主义之所以能在奥地利得逞，主要是由于同资本主义国家的战争准备有着紧密的联系。从公布的文件中我们看到，"保卫祖国同盟"与意大利和匈牙利的法西斯主义联系密切，并从这两个国家得到财政援助。后来又得到证实，奥地利"保卫祖国同盟"武装力量也同德国帝国主义武装力量勾结在一起。"保卫祖国同盟"的头子、杀害罗莎·卢森堡的凶手帕普斯特少校与德军头目保持着十分密切的关系，而"保卫祖国同盟"的装备既有奥地利政府生产的，也有通过德国制造的。绝不要低估了法西斯奥地利在对苏联实行包围政策方面可能起的作用。

奥地利阶级力量的特殊对比关系，是资产阶级实行法西斯统治的重要因素和原因。很少有像奥地利这样的国家，能如此明显地存在两党议会制，社会民主党对群众能具有如此的压倒性优势的影响。另一方面，在奥地利社会民主党的组织力量与工人向左转过程的性质和形式之间存在很大矛盾，例如就像它在七月起义中所表现出来的那样。从七月起义开始时起，我们就能明确断定，在工人向左转过程中出现了新的高涨势头。我们曾举行过多次罢工以回击法西斯的挑衅，在奥地利，斗争现在发展到很高的水平，工人的积极性首先在企业中开始高涨起来。而正是在这方面反映了共产党的软弱无力，党没有在企业中扎下根，因此不能对这些斗争发挥领导作用。有一切充分的理由可以认为，这些斗争在不久的将来将具有更大的规模。物价持续高涨，因合理化引起的房租上涨，资产阶级的进攻等等，必将导致企业中新的冲突。由于政治形势的缘故，这些冲突可能具有激烈的群众政治斗争的性质，而且在很大程度上也取决于共产党能在多大程度对这场斗争起领导作用。

奥地利社会民主党的作用，对于评价形势具有特殊的意义。因此，我想就我们党内右倾分子所起的作用说几句话。在最近召开的维也纳代表大会上，右倾分子发言宣称，我们过高地估计了法西斯的危险性。对他们而言，是不存在法西斯危险。他们提出，资产阶级不见得非要皈依法西斯主义的论调，因为在资产阶级面前有两种可能性：或是法西斯主义，或是社会民主主义。右倾分子把社会民主党与法西斯主义对立起来，并且认为，只有在奥地利现在才充分地显示出资产阶级的民主。这同德国的右派布兰德勒、塔尔海默之流的论调完全吻合。他们无视这样一个事实，即奥地利的社会民主党同样也在变成社会法西斯主义。在这方面，两者之间只不过存在特殊的分工而已。关于这一点，库西宁同志在他的报告中已经谈过了。

这种分工在法西斯举行示威游行期间特别明显。当时社会民主党通过共和国保卫同盟并同警察一起负责保护这些示威活动，并竭力利用保卫同盟来镇压工人对法西斯分子的这些挑衅行为所进行的反抗。现在奥地利社会民主党一方面玩弄揭露法西斯准备内战的骗人伎俩，另一方面却在不折不扣地实现它解除工人武装的计划。有时候竟能出现如此情形，即社会民主党人与公开的法西斯分子之间明目张胆进行合作，例如在克拉根福共和国保卫同盟与法西斯"保卫祖国同盟"就曾在奥地利归并德国的口号下，举行过联合示威游行。我们还更清楚地看到，社会民主党人同法西斯资产阶级集团在经济、政治问题上、在税率升降时保护房产主方面的合作情况。我们认为，在预计发生公开的法西斯政变的可能性和正确认清社会民主党所起的社会法西斯作用这两者之间不存在任何矛盾。奥地利将沿着哪条轨道向公开的法西斯专政发展呢？这只能取决于奥地利社会民主党向法西斯主义发展的速度，取决于阶级矛盾尖锐化发展的程度。

讲一讲奥地利党的工作。党在第十次代表大会上决定在自己的整个政治活动中实行彻底的转变，取消从前执行的而局部有错误的非独立的政策。确实，在代表大会以后还出现过一些偏差和错误。这表现在以下几方面：我们对法西斯主义和社会民主党所进行的斗争缺乏进攻性，在某种程度上对待国家机构采取了合法主义的态度，这在我们最近关于房产主问题的发言中得到反映；没有把反法西斯主义的斗争同工人阶级的经济问题充分结合起来，首先表现在我们工会工作方面的错误和软弱无力。中央委员会纠正了这些错误，作了严肃的自我批评，现在也在全党进行这种自我批评。我认为党的总路线是正确的，但是，党在实际工作中的转变还不够明显。完成这种转变不够迅速，客观形势的发展和党的任务的要求同党表现的软弱无力极不相称极不协调，党的工作往往落后于群众。这里有人说最近发生的罢工没有受到共产党的任何影响，那并不完全正确。的确，党在这次运动中未能发挥领导作用，党在开展自己的工作时落后于群众。这也是由于党没有在奥地利工人积极性发挥得最好的企业中扎下根的缘故。我们工作的主要障碍，是在我们党和我们党员群众中还保存着根深蒂固的社会民主党的传统和社会民主党的思想意识。反对右倾、机会主义和取消主义等派别和思潮的斗争还未结束。

一个十分重要的问题是更新党员干部，尤其是企业中的党员干部。所有老干部都僵化了，他们在长年累月的无原则的派别斗争中搞得精疲力尽，因而不能在党的转折关头发挥作用。

目前，党正在结合8月1日活动的筹备工作，开展一次强有力的运动以便克服这些消极方面。但是，我认为，不能说在第六次代表大会以后，党的工作对工人阶级向左转的过程没有产生任何影响。这也许是一种过于悲观的估计。我们毕竟在反法西斯主义的斗争中取得了一些胜利。我要引证奥地利举行反法西斯日的情况，并要提到召开的反法西斯大会和我们发表的某些演说。自然，这不能不对企业中的运动产生影响。我们应该说，在开展这方面工作时，也总是本着尽量减少对抗的原则进行的。没有在各地的企业中都建立反法西斯委员会，往往只建立地方性的反法西斯委员会，所以这些委员会在斗争中没有能起到它本来可以起到的作用。整个说来，值得肯定的成果无疑是不多的，而首先是——这一点特别重要——党在企业的一些斗争中没有起到领导作用。这是一个很大的缺点，克服这个缺点是奥地利党的主要任务。但是，我们也不能抱着悲观主义的情绪来看待奥地利的总形势和奥地利共产党的发展前景。客观的前提条件是有利的。今后，只要党继续坚持现在采取的方针，并认真地贯彻到自己的实际工作中去——党一定会这样做，——党就一定前进。

雷曼（捷克斯洛伐克）：

捷克斯洛伐克代表团讨论了政治提纲，并拥护这个提纲的路线。但我们认为在许多问题上需要对该提纲进行补充。我认为，在这里首先必须把法西斯主义的问题提出来；对于所有共产党来说，这是一个具有决定性意义的问题。在捷克斯洛伐克，近年来法西斯组织发展特别迅速；除此之外，社会民主党人正在变成社会法西斯分子。捷克党面临的一个特殊的问题，就是法西斯阵线将从哪个方面发展？我们党的代表大会对这个问题的回答是：在捷克斯洛伐克，法西斯主义将从所谓左边的"宫廷厢房"① 发展起来。这是一个具有普遍国际意义的问题。许多国家的"左派"资产阶级在法西斯化的过程中是以何种形象发挥重要作用的呢？我认为，这首先是由于法西斯主义不得不以各种各样的脸谱出现：凡是在群众抱有强烈的民主幻想的地方，它就不得不迎合这种幻想，并在这种幻想的土壤上大搞法西斯专政。发展到一定阶段时，民主的幻想变成法西斯幻想。这对于评价法西斯主义来说是一个十分重要的问题，因为在法西斯主义的形成过程中，许多党对民主幻想的危害性始终认识不足。在波兰，皮尔苏茨基政变可能是一个最明显的例子。但是在罗马尼亚，马纽政府成立之时也存在过这类幻想：这个政府同样利用过这种民主幻想来建立法西斯专政。在我们当中也曾对马纽政府抱有过幻想。我手头有拉斐洛维奇同志的一篇文章。这篇文章是在马纽政变后在《红色工会国际》上发表的。作者是这样看待马纽政府的：

"新政府上台之初，可以说还是比较宽容的：制度将是温和的。"

第二个具有决定性意义的问题是，法西斯主义的发展并非到处都一样：在各个国家，法西斯主义采取了完全不同的形式。例如在捷克斯洛伐克，法西斯主义主要是通过在政治上与社会民主党有密切联系的左派资产阶级发展起来的。但除此之外，在捷克斯洛伐克，法西斯主义还有其他一些发展渠道，例如首先是捷克的大地主党。这样一来，在向法西斯主义方面发展的资产阶级的各个集团之间就可能出现局部分化。不过，法西斯化是资产阶级发展的总方针，而且资产阶级只能依仗各个社会阶层通过不同的形式向群众兜售法西斯主义。社会法西斯主义是在工人群众中推行法西斯主义的特殊形式。我认为应该指出，不同的国家向法西斯主义发展的途径是不同的，法西斯主义在各个国家通过不同的方

---

① 马萨里克住在布拉格城堡的左厢房。

式发展——在社会民主运动势力强大的国家——采用社会法西斯主义的方式，它是法西斯主义的变种。只有认清了这一点，我们才能驳倒波兰党内像斯特凡斯基同志所提出的那种观点。他断言，法西斯主义与社会民主党之间存在对抗性，因此法西斯主义不得不"根除社会民主党"。这种看法是不正确的。社会民主党只不过是法西斯阵线中的一个派别。只有当我们认清这一点并正是这样地提出问题的时候，我们才会有正确的预见。

第三个问题是战胜法西斯主义的前景问题。在捷克斯洛伐克，我们这里有一个非同寻常的右派行动纲领。社会革命党人、一小撮变节分子承认，捷克斯洛伐克的发展前途就是走向法西斯主义。不过他们声称，共产党只有在"恢复民主自由"的基础上并采用资产阶级民主制才能同法西斯主义进行斗争。因此，在这次全体会议上，必须彻底解决这个问题，即通过什么途径才能战胜法西斯主义。必须明确回答，战胜法西斯主义的唯一途径，就是为无产阶级专政而斗争。

我们认为，在提纲中还有一个问题——农业问题，阐述得太少。至今我们对第三时期农村中所发生的特殊变化还没有作出应有的分析，尽管这些变化也起着重大的作用，因为第三时期农村阶级结构发生了巨大变化。

农业社会结构的变化应当包括：第一，农业无产阶级作用的增长。最近一个时期各个国家出现的农业工人罢工浪潮就证明了这种增长；捷克斯洛伐克农业工人的罢工是其中最大的一次罢工。我认为，共产党应该面向农业无产阶级，同时要考虑到由于农村实行资本主义合理化使广大农业工人迅速向左转这样一个情况。第二，应该注意到，资本主义合理化加速了小农和中农的分化，并为这两个阶层同无产阶级斗争阵线接近创造了前提，因此我们应该更加坚定不移地坚持在农村中开展阶级斗争的方针。我们应该承认，共产党在农业问题上犯了右的错误：向农村居民提出的口号没有反映出日益加剧的阶级斗争；这些口号认为农村中的社会结构是一统天下，不存在明显的阶级分化。

在捷克斯洛伐克，反对取消派分子的斗争在农业问题中具有十分重大的意义，而在其他国家这个问题在反右倾的斗争中起的作用不大。因此，捷克斯洛伐克的经验应该在国际范围内加以利用。我想引证伊莱克的机关刊物公布的行动纲领中的几段文字。例如，纲领中有这样一个口号："重新审查土地改革，包括重新审查剩余土地的分配问题"。总之，取消派打算对资产阶级的土地改革再来一次改革。这里还有一个同样性质的口号："把森林分配给公社和自治机构。"多么具有代表性的口号！如今，当到处都在加强国家资本主义因素的时候，取消派却主张把森林分配给各个公社和自治机构，也就是分配给资本主义国家的成员，并通过这种途径加强国家资本主义的基础。纲领中还提出了其他一些口号，如"向贫农和中农提供低息贷款"。根据发动阶级斗争的方针，本来应该提出取消债款问题，可是却提出了上述那个口号。我想详细谈谈这个问题，因为在我的印象中，许多共产党没有讨论过农业问题，也提出了上述同样错误的口号。就拿荷兰共产党在目前选举中提出的选举纲领来说吧。其中有这样一个口号："当局应该向小农、中农和园艺业主提供中等利息的贷款和抵押贷款。"这无疑是我们荷兰同志一个重大错误。这个错误证明，共产国际对我们提出的关于农业方面的要求并没有作出应有的说明。因此，我认为，对于我们提出的农业方面的要求，全会应该明确地提出关于制定专门行动纲领的问题。

我也想阐述一下另一个问题，即民族问题。正如农业问题在第三时期发生了一系列深刻变化一样，在民族问题方面，我们发现在那些少数民族受压迫的资本主义国家，它的内部结构也在发生变化。

在捷克斯洛伐克，各民族的资产阶级之间的合作关系在第三时期逐步得到调整；以前这些资产阶级你争我夺，相互竞争。不同民族的资产阶级进行合作的基础是什么呢？这个基础就是，它们实行帝国主义扩张的共同的利害关系和加紧对无产阶级及各阶层劳动人民的共同镇压。再一个问题是：不同民族的资产阶级合作不仅不会在捷克斯洛伐克消灭民族压迫，而且只会加强这种压迫。当今资产阶级解决民族问题的办法，就是在所谓民族国家领导权的控制下，实行不同民族的资产阶级合作，同时不断加强对被压迫民族劳动人民的民族压迫。在第三时期资产阶级解决民族问题的办法就是如此。我们必须看到，最近几个月来国际联盟正在紧张地研究少数民族问题。这是因为民族问题（我们直到今天还没有给予应有的重视），今天已成为重大帝国主义冲突发展和国际帝国主义矛盾加剧的基础。目前民族问题，严重增加了帝国主义战争的危险。我们应当指出，国际联盟章程在少数民族问题上作了一系列形式上的修改。这绝不是在民族压迫上改弦更张，它只不过是出于一致的反苏宗旨，为某些帝国主义国家在少数民族问题上达成妥协而奠定基础。

现在还有一个问题，这个问题在提纲中总共只写了一句话。我指的是，左翼社会法西斯主义，也即左翼社会民主党的作用问题。在第三时期发生了一些深刻的变化：左翼社会民主党处于内部分化的过程。在第二时期，我们在一系列国家都曾有过有紧密一致的左翼社会民主党——奥地利的、瑞士的，以及最后，在捷克斯洛伐克的德国社会民主党。现在这种紧密一致的左翼社会民主党还存在吗？不存在了。我们应当肯定，这消除了工人迈向共产主义道路上的一大障碍。鉴于这种情况，取消派的问题，即右倾分子的问题，正起着十分重要的作用。我们从捷克斯洛伐克的例子中看到了这种作用。在我们党内发生危机的时候，捷克政府的刊物《乡村》曾刊载了一系列文章；这些文章指出，社会民主党不应当把取消派拉过来，因为必须建立一个摆脱莫斯科影响的共产党。既然取消派直接投靠社会民主党，这个目的就不可能达到。由此可见，在左翼社会民主党分裂过程中，资产阶级就集中在取消派分子身上打主意，竭力想为自己建立新的附庸组织。

最后，还有几个党内的问题。我们代表团讨论了瑞典的问题。瑞典问题应该拿到这次全体会议上进行十分认真的研究。看了许多文件之后，我们应当指出，瑞典党内一系列右的倾向已经变为一条十分明显的机会主义路线，围绕一些具有决定性意义的问题，而首先是对瑞典帝国主义的评价问题展开了激烈的争论。大多数人在这个问题上所持的立场同捷克斯洛伐克进行辩论时的情况极为相似。我们认为，这种倾向理应受到严厉谴责，因为它反映出了一条机会主义的基本路线。我们知道，从共产国际第六次世界代表大会召开时起，就对右倾分子和调和分子进行了坚决果断的斗争，但我们认为，这个斗争过程还没有结束，在共产国际中，有许多人至今还没有认清或甚至反对第六次世界代表大会制定的路线。我们认为，在这方面英国的问题将起很大的作用，因为在我们英国党内，也正在发生由于英国党在选举中软弱无力所引起的右倾分子的结集和分化过程。

因此，我们认为，应当要求共产国际执行委员会的这次全体会议进一步了解各支部的情况，这样才能在反对右倾危险的斗争中继续决定不移地贯彻第六次代表大会的路线。

（闭会）

第六次会议

（1929年7月5日晚）

继续讨论库西宁和曼努伊尔斯基的报告

希塔罗夫（青年共产国际）：

我不仅可以代表我个人，而且可以代表青年共产国际主席团声明，我们完全同意第一项议程中的提纲和报告。我们特别欢迎库西宁同志为消除至今还存在于共产国际的某些偏见所表示的决心。例如在合理化问题上，库西宁同志非常正确地和非常坚决地纠正了共产国际当时在这个问题上所犯的错误。在对待关于资本主义稳定的问题上，也采取了同样的态度。每个人都应该承认，稳定这个词有时候用得很随便，有时候又把它视若偶像，如果库西宁同志能够利用自己对稳定所提出的结论、利用自己有关用"不稳固的平衡"代替稳定这个词的建议，帮助克服对这个词（它在我们同志们的意识中留下很深的印象并开始起独立的作用）的盲目崇拜，那么，这无疑是对共产国际做出的巨大成绩。

我想指出，库西宁同志报告中的不足之处是，他对英国的状况说得太少，对英国工党政府及其前途的问题几乎没有谈。我还认为，在讨论工人阶级生活水平问题的时候，库西宁同志对瓦尔加同志作了小小的让步。如果我理解得不错的话，那么，库西宁同志曾说过，我们只能说工人阶级的生活水平相对下降,如果我们说生活水平绝对下降,那么这是错误的。我认为,我们可以而且应该指出无产阶级的生活水平绝对下降,同时我们还应该把劳动过程强化的因素考虑进去,关于这一点,库西宁同志也曾作了相当详细的论述。十分清楚,如果工人在相同的时间内为相同的报酬耗费的体力越多,那么工人的状况就会不断恶化;劳动力耗费的问题,不可避免地并且直接地同生活水平问题有关。显然,我们可以说工人的生活水平绝对下降。在这一点上,我们应该彻底弄清是非,在任何情况下都不应让瓦尔加同志的错误理论占上风。不过,瓦尔加同志对当前世界形势作了相当全面的估计。在赔款问题上,他还会有机会发言。但在共产国际主席团讨论提纲草案时,我们已经听到了瓦尔加同志的意见,他说,我们应当预料到,在最近的将来,由于杨格计划的原故,在几个最主要的帝国主义国家之间矛盾会得到缓和。按照瓦尔加同志的意见,杨格计划是调和矛盾的计划。关于杨格计划是用来调和矛盾的观点,关于工人生活水平是提高了的观点,既然这是事实,那么,就应该从中引出相应的结论。我不知道瓦尔加同志是否会这样做,但是我们在这些问题上要是非分明。

至于曼努伊尔斯基同志的报告,整个说来,不仅贯穿了一条正确路线,而且还讲了许多有益的东西,尽管如此,但我仍愿意指出,这个报告批评性的东西太少,报告毫无批评地讲了讲某些党的状况和弱点。曼努伊尔斯基同志不愿花费力气稍稍详细地阐述第六次代表大会以后一些党的经验。我们这些党目前已发展到这样一个阶段,需要共产国际给予其他形式的支持。当然,必须提醒他们注意我们的决定和策略、以及争取工人阶级大多数的必要性等等,除了这些一般性的道理,还应该努力对各个党的状况多作些更具体的调查研究,并通过这种分析研究以推动他们的工作。曼努伊尔斯基同志在报告中没有做到这一点,我认为这是一个很大的不足。

其次，我不明白，为什么曼努伊尔斯基同志在他的报告中只字不提有关联共（布）的情况，只字不提有关来自右的、新的反对派以及参加这个反对派的某些人的问题。

只要我们注意一下某些党的情况，那么就不得不认为，曼努伊尔斯基同志在报告里似乎忽略了一点什么东西。以德国即德国共产党为例，德国共产党无疑是共产国际中除联共（布）以外最强大的一个支部。这个党的状况说明，在去年秋天，右倾分子发动最后一次最大的进攻之后，它差不多一直是持续不断地向上发展。德国党不仅彻底清算了右倾分子和调和分子，而且各个方面都在坚定不移地向前发展。有许多事实可以证明了这一点，包括最近在柏林发生的五月事件。谁要是把柏林的五月战斗描绘成党的失败，他就不可避免地要陷入机会主义者的营垒，如果他不是公开的变节分子的话。五月的战斗是我们党的胜利，对于每个共产党人来说这应当是十分明确的，因为这是德国党多年来第一次公开地反对国家政权，而且面对群众同这个国家政权发生的冲突，它表现得无所畏惧。在这一点上，我们不应该允许有任何含糊。德国党取得了巨大的胜利，但与此同时，德国共产党也存在一些弱点，这些弱点大部分是党自己觉察到的，但是，这些弱点还需要党长期地去克服它。在实行新策略的过程中，在工会工厂委员会最近的选举中，党不得不承认，它在某种程度上遭到了来自低级职员和中级职员的很大抵制。有非常大的一部分党的干部还不理解这个策略，尽管他们真诚地拥护和赞成新的路线，并愿意支持领导层的工作。在这方面，应当明确指出能够有助于克服这些困难的途径。这是我们全体会议的任务，无疑我们应当着重讨论这个问题。关于英国党的问题也存在同样的情况。诚然，在两个报告中都谈到了英国党，但谈得很少。库西宁同志短短地说了几句，表示他对英国的选举结果并不感到很失望；曼努伊尔斯基同志简要地提出了关于政治局的成员问题。在我看来，英国问题应该较为详细地加以阐述，不应该立刻提出关于政治局的问题，而应当在提出问题之前进行明确的政治分析。但是，报告没有作这样的分析。有的人，在党一旦遭受挫折的时候，就攻击它，大作文章说："你们这是怎么搞的"，"要知道我们一贯就是这样认为的"，"你们是机会主义者"，等等，我不是这种人。但是，我1月份在主席团结合英国党的代表大会就谈到了英国问题，当时青年共产国际一致对英国党领导实行的路线和策略进行了严厉的批评，在这种情况下，我们表示了对英国选举结果的担忧。我们之所以要再次提到这个问题，仅仅是为了帮助党摆脱这种处境。我认为，英国的选举结果是非常不能令人满意的，而且也只能这样来评价它。坎贝尔同志在这里说："谢天谢地，共产国际现在明白了，我们在英国应该反潮流。"他想以此为英国党工作中的不足之处作辩解。不应该错误地解释"反潮流"这一词的含意。从某种意义来说，英国党应该"反潮流"，因为英国工人阶级的绝大多数至今还相信工党并给它投赞成票，但在任何情况下都不是因为英国工人阶级不存在向左转的趋向。恰恰相反，英国工人阶级正处在急进化的过程中，特别是在总罢工以后。而坎贝尔同志本人就应该在政治书记处会议的报告中承认，英国党没有做一切必要的努力，去促进英国无产阶级队伍中这个向左转化的过程。这才是问题的核心。不应该过多地去谈什么"反潮流"，还是说一说，在促进英国工人阶级的分化过程，在利用这个过程来加强和扩大我们的影响和我们的党组织方面，你们究竟做了些什么吧！我可以断言，这个分化过程已大大向前发展了，我们会得到比我们在选举中得到的要多得多的公开拥护者。

但是，英国党内现在弥漫着这样一种官气十足的乐观主义，用不了多久，它就会变成悲观主义。英国同志说："是的，工党是从44000张选票起家的，我们已经得到了5万张选票，总有一天我们也会拥有800万张选票的。"然而，这只能说明对事物的情况根本不了解。工党是在

40年前得到这个票数的，但是，如果一个共产党经过世界大战又过了11年之后，在英国工人阶级在这段时期内积累了丰富的政治经验和总罢工的经验之后，在党领导了英国近百万工人的少数派运动之后，也就是在这一切之后，英国党在选举中仅得到5万张选票，那么，这就是一个使人感到严重担忧的结果。我个人认为原因在于，英国共产党没有很好地对它影响下的群众进行教育。因为这些群众投票赞成麦克唐纳、马克斯顿和库克，而不投票赞成我们的党。能够投票赞成我们党的不应该仅仅是5万选民，而应该有比这多得多的选民。但绝不要陷入机会主义，以为可以指望英国党不仅能获得5万张选票，而且可以获得10万张选票，甚至几十万张选票。我们已经有了这样一个数量的拥护者并领导过他们进行政治斗争。我之所以这样认为，是因为英国党的领导没有充分理解新的路线，现在对这条路线理解得也太少。因此，现在英国同志们的想法是，英国党不可能向前发展。

仅仅现在，党才开始有了明确的认识。但是党的领导对此还没有采取特别措施。如果坎贝尔同志声称，他们要对坚持左倾观点的同志进行坚决的斗争，如果他在这里对右倾的表现只字不提，那就十分清楚，党的领导没有正确地评价事物。

我的时间很有限，因此我只能稍微提一下其余的问题。曼努伊尔斯基同志谈到了波兰问题，但是谈得怎样呢？他只说波兰存在无原则的斗争。决不能这样谈论波兰党，波兰党不仅经受了重大的阶级搏斗的考验，而且最近党内关系方面也有了很大的发展。波兰党最近一次全会的决议标志着党的政策的重大转折。这里显示了一些重大的发展过程，然而曼努伊尔斯基同志却没有提到它们。

我想就整个党的状况说几句。应该指出，共产国际无疑在执行第六次代表大会路线方面取得了巨大的胜利。一些最强大的支部也取得了胜利。像右倾分子和调和分子这样一些分子，现在已被扔进了政治生活的垃圾堆。例如，只要听一听塞拉的声明，就可以认识到这些人已堕落到何种地步，共产国际应该对他们进行怎样彻底的清算。但是，在运动中还有较多的人不理解第六次代表大会路线所要求的转变，不懂得我们策略中包含的新东西。有些同志大惊小怪，问是不是存在一条新的总路线，他们认为，共产国际可以像一年前那样进行工作。他们不懂得，第六次代表大会标志着新的转折。上面提到的瑞典的例子表明，在我们的一些支部里机会主义的东西还是如此之多。关于瑞典，我们听到了一些突如其来令人惊讶的事情。在瑞典，多年来我们党一直同社会民主党进行兄弟般的协商。在瑞典，在一些市政府中曾经存在过共产党人和社会民主党人的联合党团（所谓"工人党团"），他们曾经以多数票通过了一些党团全体成员必须执行的决议。在瑞典，党中央委员会大多数认为，他们的国家不是帝国主义国家。这些同志认为瑞典资产阶级是受压迫的资产阶级。他们认为瑞典是半殖民地，瑞典人是被压迫的民族。有这样一些看法，当然就可能发生一些离奇怪诞的事。你们看，我们的一些支部还存在如此之多的机会主义的渣滓，我们应当在这方面进行某种彻底的清洗。

这就是我要简单谈的有关共产国际状况的问题。下面略谈一下青年共产国际的问题。

在这里，几乎每个发言的人，无论是报告人还是参加辩论的人，都认为也需要就青年问题说点什么，大部分人想带着微笑和希望程度不同地敲打我们一下。这些努力之所以未能如愿以偿，不是因为不能批评我们，而是由于以下两个原因。第一，因为同志们对青年共产国际的实际状况很不了解；第二，他们认为需要批评的东西，我们自己早已作了批评，而且还要尖锐得多。曼努伊尔斯基同志和参加辩论的人，对于在捷克斯洛伐克和英国的失败问题说得不多，应该说得更多一些。在这两个国家中，党的条件在其他因素中起着很大的作用。无论是在英国，还是在捷克斯洛伐克，党都遭受了损失。

有些同志不懂得，将来战争的命运，即使不是在决定性的程度上，也是在很大的程度上取决于青年的行动，他们也不了解青年在生产和阶级斗争中日益增长的作用。在我们的工作中，我们总是把确定我们共青团的正确政治方向，作为首要任务提出来。我们认为，政治积极性、为党的总任务而斗争，这是我们的根本任务。但是，在共产国际的领导同志中，还在第六次代表大会期间就有一种看法，认为我们共青团应该少搞些政治，因为这不利于争取广大青年。我们否认了这种理论，并在去年继续首先执行我们共青团的正确政治路线。这可以举出一些例子作证明。在法国，我们共青团在党内的发展中起了很大的作用。尤其是在辩论初期，共青团是以最坚强和最有组织的力量出现的，它加强了党的骨干力量，为党的工作输送了许多好同志，因为这些同志最了解党的新策略。在党的政治局中，有五位同志是直接从共青团提升上去的，这决不是偶然的。在德国，我们青年团在开始辩论维托夫问题的时候，曾动摇得很厉害。我们团的领导与党的领导一起犯了党领导所犯的错误，而且在共产国际的决议通过以后的很长一段时期内坚持了这种错误。而青年共产国际干预了这件事，并且谴责了这种动摇。我们做了一切可能做的工作，以便从政治上改变共青团的路线。我们成功地做到了这一点。去年11月召开的共青团代表会议，一致谴责了共青团领导的错误并改组了领导班子。

在此之后，我们的同志对党的路线仍然有些战战兢兢。这虽然没有明显地表现出来，但是，党的领导和共青团领导之间的关系有些疏远。最近（2—3个月以前），当共青团柏林区的领导在一些重大的政治问题上采取了动摇立场之后，特别使人感到了这一点。我们邀请德国共青团代表来到莫斯科，同他们一起谴责了这种动摇。近两个月的发展进程，尤其是共青团在柏林五月事件中和在党的代表会上的行动表明，这方面已有了相当的改进。整个来说，德国共青团领导现在是拥护党的路线的，而最近一个时期可以看到，在改善党和共青团的关系方面取得了很大成绩。我毫不怀疑，德国党将帮助我们彻底消除这种疏远关系，我们保证，我们将从自己方面全力做到这一点。

我们的第五次世界代表大会已经确认，青年团实质上就是一些小党，是为青年人组织的党，它本身几乎只执行党的任务，因此它也只吸收青年工人中政治上最先进的分子。青年团的错误在于，它在青年问题上未能执行正确的政治路线，未能把自己一般的政治工作（这无疑是必要的）同青年的日常工作结合起来。在这里我还想援引列宁论述共青团的政治工作和党政工作必要性的一段话，因为一些领导同志在这个问题上仍然抱有怀疑。这里指的是列宁同志致古谢夫和波格丹诺夫的信（1905年）。在这封信中列宁同志严厉批评在俄国进行的党的第三次代表大会的筹备工作做得很不得力，同时说：

"需要年轻力量。我真想建议把那些竟敢说没有人才的人当场枪决。俄国的人才多得很，只是必须更广泛和更大胆地、更大胆和更广泛地、再更广泛和再更大胆地吸收青年参加工作，不要对青年**不放心**。目前是战斗时期。整个斗争的结局都将取决于青年，取决于青年大学生，尤其是青年工人。抛掉一切因循守旧、论等级地位之类的旧习气吧。到青年中去建立**数以百计**的前进派小组并鼓励他们竭尽全力来工作吧。用接收青年的办法把委员会扩大到**两倍**，创立5个或者10个分委员会，把每一个正直刚毅的人'增补'进来。……不要怕他们缺乏锻炼，不必担心他们没有经验和不够成熟。……或者是在各地建立**新的**、年青的、朝气蓬勃的、生龙活虎的战斗组织，去进行各种各样遍及一切阶层的革命社会民主党的工作，或者是你们带着掌管大印的'委员会'人士荣耀死去。"①

---

① 《列宁全集》中文第2版第9卷第228—229页。——编者注

这封信我想不需要注释，这是对那些至今还怀疑共青团需要进行政治工作的同志的一个很好的回答。在一些国家，例如在捷克斯洛伐克和英国，我们共青团在党的问题上还没有表现出应有的积极性，我们曾尝试激发这种积极性，自然有点儿成效。但在这里，我们要声明，我们不满意青年共产国际的现状以及它的几个最重要的支部的工作。鉴于当今的形势，鉴于青年对于政治发展的意义，鉴于群众，特别是青年工人群众日益增长的积极性和战斗决心，我们不得不承认，共产主义青年团的发展情况落后于形势的发展。青年团没有完成自己组织劳动青年为争取自身利益而斗争的任务。之所以没有完成这个任务，是因为它们还没有完全在企业和群众组织中扎下根来，是因为它们的工作方法和领导方法还是一种落后的方法，甚至在很大程度上是社会民主党的方法。我们对共青团的批评就是针对这个方面进行的。我们现在采取了一切取决于我们自己的措施，要在我们团的工作中争取一个大转变，因为我们正在努力实现青年共产国际第五次代表大会的决定。这次大会要求把共产主义青年团的活动转到在劳动青年中开展切实的群众工作上来。

博什科维奇（南斯拉夫）：

战后一些巴尔干国家的农业结构不断发生巨大变化。我举南斯拉夫作实例。

为了比较明显地说明南斯拉夫农业状况所发生的这些变化，我举几个中农经济在税捐方面的具体例子。如果平均每户中农占地38约赫（21.87公顷），那么，我们看到，1913年平均每户中农上缴税捐85克朗，而1924年为2941第纳尔。折合成黄金计算，我们看到，这些税捐增长了3倍，即增加了311%。

如果注意到，农民现在上缴的税捐按黄金计算比战前增加了311%，而现在农民用于购买生活必需品的花费比战前增加了300%，那么，按照这个比例，农民现在出售 1 公担小麦的价格应该大致为 1020 第纳尔。然而现在南斯拉夫 1 公担小麦仅仅值 220 第纳尔。

如果现在让我们考察一下最近几年内平均每户中农的收支情况，那么，我们就会发现：在 1913—1914 年，也即战前，中农的年平均收入为 1581 第纳尔，支出为 1266 第纳尔。这就是说，战前中农可以节余 315 第纳尔，即旧奥地利克朗。但到 1922—1923 年，平均每户中农的支出为 35091 第纳尔，而收入为 27171 第纳尔，即亏空 7920 第纳尔。就是说，从 1922—1923 年起，中农经济的状况开始发生急剧的变化。从 1925 年起，农业危机不断加剧，并波及中农和中农经济。由于这种急剧变化，在南斯拉夫的农业结构中，我们同样看到急剧向左转的动向，即包括中农在内的广大农民群众向左转的趋向。

至于税捐，根据资产阶级经济学家的统计，现在每 1000 第纳尔的收入，工人和职员上缴的直接税为 185.68 第纳尔，小手工业者和商人为 124.05 第纳尔，农民为 101.68 第纳尔，而大资本家为 46.64 第纳尔。

除税捐外，农业贷款（负债的农民被迫支付的利率达 40%—200%）、"剪刀差"、官僚制度和军阀制度的压迫以及白色恐怖，这些对农业状况产生强烈影响。

由于上述种种原因，南斯拉夫发生的农业危机，也同罗马尼亚和其他巴尔干国家一样，在不断加深。基于这种农业危机，我们遇到的是：贸易平衡出现逆差；国家预算出现赤字；因为农业危机影响到工业，工业危机便接踵爆发，失业现象日趋严重，与此同时还出现了农民赤贫化，农村贫苦农民被迫转入城市，使工人阶级的状况更加恶化。

1924—1925 年以后农业结构中发生的变化，当然也从农民的情绪上反映出来。最近几年，农民运动和民族运动具有广阔的规模，已开始直接威胁到资本家和地主的政权，并妨碍他们进行反苏战争的准备。巴尔干确立了法西斯主义，特别是南斯拉夫建立了法西斯军事独裁，他们的主要目的当然是镇压革命的工人运动、农民运动和民族运动。

但是，巴尔干的法西斯政府，除了在巴尔干实行残暴的恐怖手段外，最近也开始采取其他一些手段，以便抑制农民中这种强烈的向左转的运动。各国政府目前都采取了富农政策，他们可以依靠这个富裕的农民（商品农夫）阶层来反对革命运动。

南斯拉夫农业部长弗兰盖什宣称，今后进行土地改革要有利于已经拥有土地的农民。此外，为了进一步扶植富农，不仅南斯拉夫的政府，而且其他国家的政府都建立了专门的农业银行。

有关农民问题和民族问题上的右的倾向，在很大程度上干扰了我们巴尔干的兄弟党为争取农民所进行的斗争。巴尔干各国共产党最近几次代表大会表明，我们这些党已经彻底地摆脱了在民族问题和农民问题上所犯的偏差。

但是，我们在农民问题和民族政策上所犯的错误，当然不会不产生一些后果。小资产阶级的农民政党利用了我们的右倾和错误，并靠我们的过失而扩大了它们在农村的影响。这些小资产阶级的农民政党在巴尔干所起的作用，就如同社会民主党在中欧各国那样。因此，我们在广大农民中争取扩大影响的斗争，主要的不是要同反对社会民主党的斗争紧密地联系在一起，而是要同揭露、无情地揭露小资产阶级农民政党的领导紧密地联系在一起，它们妨碍农民向左转并阻挠这种过程发展成为革命的形势。我们共产党在所有巴尔干国家的工人阶级中有深远的政治影响。社会民主党充当法西斯代理人的角色。社会民主党人在保险银行以及各种社会机构中谋得了一官半职，甚至正当小资产阶级的政客们拒绝充当城市杜马的代表时，社会民主党人却立刻接受法西斯的建议而参加了大城市的公开杜马。我们党还面临着有组织地争取广大劳动群众的重大任务，在城市是这样，近期在农村也是这样。

我们党在南斯拉夫不仅没有因为法西斯独裁的建立而减弱自己的斗争，反而更加强了自己的活动。只要看一下非法出版物的统计材料就可以发现：随着军事独裁的建立，南斯拉夫共产党在 6 个月内所出版的秘密号召书、各种传单，甚至比军事独裁建立前的 3—4 年出版的还要多。这种做法立刻收到了成效，我们党的成就和威望不仅在工人的心目中，而且在农民的心目中都提高了。由于加强了自己的活动，党的队伍在数量上也增加了。

当然，我们巴尔干的兄弟党还有很多很多的工作要做。但我们全体都深刻认识到，在自己决定性的战斗中，巴尔干的共产党人应该寄希望于农民后备军和被压迫民族的后备军。除了与农民联合，我们的武装起义便不能取得任何胜利。

因此，我们不仅应该敏锐地注视在工业、在企业中所发生的情况，而且也应该注视在农业结构中所发生的变化，因为农民的情绪以及我们对待不同农民阶层的策略，都取决于这些变化。

连斯基（波兰）：

我认为，提纲草案对国际形势中出现的主要的新情况以及对共产国际各支部的任务所作的阐述，大体上是正确的，但我觉得在提纲中还存在一些应该引起注意的重要问题。

第一，我认为没有充分阐明资产阶级国家法西斯化的过程；第二，没有充分揭露社会法西斯主义的作用，尤其是没有充分揭露法西斯化推行者的面目；第三，提纲中根本没有提到像西班牙和波兰这样一些国家的法西斯独裁危机的增长。

其次，在评价群众向左转速度的时候套用了一般化的公式，也就是什么逐步转入反攻和革命热情高涨这类套话。这个公式套进哪个国家都适用，但是我认为需要作出更有特点的评价。首先需要对德国、法国和波兰等这样一些国家的群众向左转的趋向作出评价，因为在这些国家中，群众向左转的过程发展得比西欧其他国家要顺利。至于说到整个欧洲范围内群众向左转的过程不平衡时，就更应该加倍地注意这些国家。

以下几个问题在提纲中没有提到或者仅仅稍带地提了一下——这就是农民问题和民族问题、关于无产阶级革命后备军的问题、关于同盟军的问题、关于无产阶级在革命的农民运动和民族解放运动中的领导权问题。

右的危险毕竟只是几个国家所具有的特点，主要是德国、法国和捷克斯洛伐克。提纲提到了这种危险的最典型表现。我觉得，对其他一些支部，首先是我提到的波兰共产党支部也必须予以重视。

由于资本主义稳定带来内部矛盾的尖锐化和阶级斗争的尖锐化，这迫切要求资产阶级强化国家机构，使之成为进行镇压、实现经济政策和战争准备的工具。革命危机因素的增长加速了资产阶级国家的法西斯化。法西斯化的实质是，把三套组织即大资本主义组织、国家机构和党政机构连成一个整体。这个过程为实行直接的法西斯独裁统治创造了前提，这个独裁制度不可缺少的条件是取消议会而实行垄断操纵。

这种垄断并不意味着只存在一个政党。完全可能存在一个资产阶级政党体系，它们有统一的法西斯行径，统一的思想意识形态，但表达思想的用语可以各不相同。德国的右倾分子和调和分子把空洞的辞藻当做事实，否认实际上实行法西斯主义纲领的社会民主党所起的法西斯作用。

另一方面，在取消议会制的同时，可能保留议会民主制的外壳。也许这就是德意志资产阶级共和国法西斯化过程的独特所在吧！在这里，切忌套用意大利法西斯化的公式。

意大利法西斯政变，暴露了充当反对革命桥头堡的所谓"民主"党和社会党的虚弱无力。革命的浪潮同样也冲击了军队。意大利法西斯主义把革命浪潮镇压下去之后，靠大资本家出钱建立了更加牢靠的军队，并对国家机构和整个政党的系统进行了大改组。法西斯党在占据完全垄断和绝对地位后，网罗旧党人员，同时解散了各民主党，其原因不是由于它们对法西斯造成危险，而是由于它们对法西斯主义已经无用。

波兰的法西斯政变是在另一种条件下发生的。

波兰法西斯政变是在无产阶级革命先锋队遭到破坏之后发生的。政变的时候，法西斯党还只是一个胚胎。在工人、农民和城市小资产阶级的协助下，军队首先成了政变的工具。在五月政变中，各种妥协主义的政党，首先是波兰社会党起了显著的作用。

由此可以看到，波兰法西斯主义力量是单薄的，它给严格的法西斯制度的发展造成了困难。在法西斯独裁制度存在3年之后，仍未能建成一个统一的、完整的、拥有广泛分支机构的垄断性群众政治组织。因此，它必须利用各种妥协主义的政党，尤其是利用波兰社会党来反对不断发展的革命运动。

由于革命高潮和法西斯主义危机的增长，波兰社会党在法西斯制度中的作用加强了。在这方面，波兰作为国际资本主义稳定的最薄弱的环节之一而被推到了首位。在这里，我们可以看到不断扩大的经济危机和法西斯独裁制度政治危机的明显增长。

最近几个月经济危机明显加剧。

破坏波兰通货稳定的货币危机最为尖锐。纺织工业的情况最坏，它的商品流转额与去年相比下降了50%。住宅建设明显地压缩了。只有军火工业在加紧发展。法西斯政府继续执行与反苏战争准备有密切关系的"国家主义"政策。合理化和经济危机引起的失业不断增长。有四分之一的产业无产阶级失去了工作。与此同时，由于同盟歇业大批工人遭到解雇。波兰的出口额逐月减少，然而英国、法国和美国的商品进口额却处于优先地位。

法西斯政府令人难以置信的膨胀预算（比1927—1928年增加10亿金币），成为使广大劳动者遭到破产的负担。目前已有25%的税捐总额是靠法律判决方式而收缴的。物价腾贵成了普遍的灾难，在法西斯制度时期，物价上升的速度已超过工资增长的60%。

物价腾贵也使小资产阶级中的赤贫阶层受到打击。向国外（减价）倾销商品的政策和卡特尔哄抬物价使"剪刀差"之间的距离空前加大。经济萧条、股票行市低落、波兰工业债务累累，这些都进一步加强了国外资本的势力。与此同时，金融资本也使产品进一步集中。上西里西亚最大的几家企业已转到哈里曼金融集团手中，同时在波—德边界两边成立了庞大的托拉斯。外国金融资本通过波兰金融资本家的参与而支配着我国的经济生活，进行数额可观的投资。波兰资本主义越来越集中，越来越具有垄断的和帝国主义的性质，市场争夺越来越尖锐，出口越来越具有减价销售的性质，这一切使波兰法西斯的扩张企图不断加强，使它的帝国主义政策变本加厉。

由于上面这些情况，越来越明显地看到，波兰资本主义的暂时稳定，具有不稳定的、腐朽的极端矛盾的性质。波兰资产阶级企图通过疯狂的反苏战争准备来克服这些矛盾。

波兰法西斯政府签定李维诺夫议定书，只不过是玩弄伎俩，其目的在于迷惑群众，对他们掩饰日益加快的战争准备。波兰发生经济危机恰好与它的这种国际作用的增强而吻合，即在英国和法国领导下充当东方反苏集团的组织者。

由于在资本主义稳定中内部矛盾加剧，由于经济危机和资产阶级的疯狂进攻，使转入大规模反攻的广大无产阶级和农民群众的革命情绪不断高涨。

由于物价腾贵和实行合理化，在预示着波兰革命高潮即将到来的罗兹大罢工之后，在波兰、乌克兰西部和白俄罗斯的各个工业中心又爆发了一系列局部的、猛烈而顽强的罢工。这股罢工浪潮冲击了法西斯专政的基础及其调停政策。社会党人枉费心机企图阻止工人阶级开展的普遍带有政治性的经济斗争。有些罢工的直接目的，就是反对政治迫害，而首先是保护因参加革命活动被解雇的工人。在栋布罗瓦和上西里西亚，矿工和冶金工人反对政府调停的罢工处于紧张状态，这说明更大规模的战斗不断发展。失业者情绪激昂，示威游行时有发生。最能说明问题的，是在华沙举行的代表选举。尽管法西斯分子、社会法西斯分子和工厂主联手大搞恐怖活动，但是左派在一些最重要的私营工厂中仍有15人当选，而波兰社会党仅有7人当选。

在切拉季市政府选举中，被宣布无效的左派工人反法西斯名单获得了选票总数的55%。不久前在卢布林和帕比亚尼采，左派也取得了同样的胜利，在其他城市也取得了许多选举胜利。

广大农民对法西斯制度的深刻不满，在抵制税捐、抵制土地调整和废除地役权中表现极为鲜明。在这方面贫农不断举行群众性的发动，并同警察发生流血冲突。

白俄罗斯西部和乌克兰民族解放运动不断加强，这在一系列反对地主和资本家占领及其妥协帮凶分子的行动中得到反映。

五一节取得的胜利成果，最能生动地说明波兰群众的向左转的趋向。五一节的行动证明，工农群众革命化已达到了相当高的水平，他们在令人难以置信的恐怖条件下在波兰共产党的旗帜下举行了游行示威。

在华沙、罗兹、利沃夫、栋布罗瓦、卢布林、维尔诺等其他城市，也都举行了群众性的五一示威游行。大多数的示威游行表现了空前的顽强精神。这些示威游行显示了新的特点：这一次我们分头参加了一些游行队伍，一边战斗一边前进，在同警察的流血冲突中始终坚持自己的阵地。长时间的巷战，为捍卫旗帜而搏斗，结果，有成百人负伤。这是工人阶级渴望反攻和革命积极性增长的最好证明。

成千上万的革命农民冲破警察设置的层层障碍进入城市,浩浩荡荡地参加了我们的示威游行,这也是十分值得注意的。它说明了农村发生的变化。这比什么都更好地证明了在共产党领导下的工农联盟,已变成群众性的革命行动。

最后,还必须提一下帕比亚尼采的工人街垒。在这里,几千名工人对警察进行了长时间的抵抗,保卫了被开除的代表。一些警察受了伤。这个迹象说明,在转入斗争最高形式的一部分无产阶级当中,他们掀起了激烈的战斗。

党应该首先控制住群众的自发运动并把它转变为示威游行和政治罢工,应该协调工人和农民互相不呼应的经济斗争,使他们的行动具有明确的反法西斯性质,组织各个工业部门的大规模罢工,坚持在有利的客观条件下发动总罢工的方针,实行群众性自卫,冲破法西斯制度的束缚,通过日常的体验使群众认识到必须为夺取政权、为建立无产阶级专政而斗争。

这就是我们对"把群众运动推向最高水平"这句话的理解。

正如我已经指出的那样,在法西斯专政危机日益加剧的情况下,波兰社会党及其变种,作为反对即将到来的革命的桥头堡,它所起的作用在不断加强。妥协主义的政党在法西斯主义总体系中的作用是,用急进的民主词句,诱使群众脱离反法西斯独裁的斗争,把他们吸引到法西斯主义的政治道路上去。随着麦克唐纳上台"执政",这个作用越来越增大。波兰社会党把麦克唐纳政府上台吹捧为必将在波兰引起重大变革的和平—民主纪元的开端。波兰社会党的头目以"法律秩序"拯救者的姿态出现,企图讨价还价挤进更多的国家机构,在法西斯的窝巢中谋取高官厚禄的职位。他们的"民主"反对派立场,实际上对于法西斯主义来说,就仿佛是革命运动面前的挡箭牌。在那些由于危机和税捐导致破产的小资产阶级当中,对于民主—议会的幻想重新抬头,这对广大工人阶级和被剥削的农民阶层也产生了影响。正因为如此，波兰社会党的左派辞藻成为目前的主要危险，何况还有共产党的个别基层组织，它本身就顶不住群众对波兰社会党虚伪的左倾化幻想的进攻，顶不住群众对波兰社会党与法西斯之间虚伪斗争所抱幻想的进攻。我党中央委员会最近一次全会强调指出，党应该加强反对波兰社会党及其变种的斗争，同时要继续坚决地反对法西斯主义的另一个代理人——无党派社会党人联盟，消除一切同社会法西斯分子实行统一路线的企图，要自下而上地建立统一的反法西斯主义战线，要努力控制大工厂，把法西斯分子和社会法西斯分子从大工厂驱逐出去，加强无产阶级的领导权及其对于革命农民运动和民族解放运动的领导。

在一些地方为了千方百计同社会法西斯分子建立统一战线（他们建议我们在一些地方建立统一战线）而坚持严重的右倾错误，它们就是我党至今还没有明确指出的**科斯切娃**同志和**斯特凡斯基**同志在社会法西斯主义的作用、社会主义与法西斯主义之间相互关系方面所持的**右倾观点**的思想基础。

这些观点的实质是，把妥协主义的政党看成是在思想上、政治上和组织上与法西斯主义不能相容的势力。根据科斯切娃同志和斯特凡斯基同志的看法，波兰法西斯主义在取消这些党的"民主发展纲领"后，正如塔尔海默断言的那样，便把它们置于死地并在它们的白骨堆上建立起自己的"超阶级的垄断党"。斯特凡斯基同志认为，波兰社会党激进的民主言词以它的某种锋芒打击着法西斯专政的基础，即在客观上起着革命的作用。斯特凡斯基同志的文章认为，波兰社会党客观上扮演着反对两条战线的角色：反共产主义和反法西斯主义。波兰社会党似乎在顽强地抵抗法西斯主义，在法西斯主义面前捍卫自己的独立性。用斯特凡斯基同志的话来说，当这种抵抗还在进行之时，法西斯主义"就坚决地粉碎了波兰社会党"。在分裂之后，波兰社会党的领袖们也没缴械投降，而是继续"顽强抵抗"。当**整个斗争战线**,即法西斯主义和社会法西斯主义的斗争战线把矛头对准波兰的革命运动、对准作为革命运动的领导者波兰共产党、对准作为国际无产阶级革命策源地和堡垒苏联的时候,斯特凡斯基同志却把法西斯营垒中内部细微末节的摩擦描绘成两种水火不相容的思想体系和组织体系之间的斗争。

科斯切娃同志和斯特凡斯基同志的观点,在于他们看不到资本主义稳定背后的特殊不稳定性、腐朽性及其内部矛盾的极端尖锐性,看不到阶级斗争,特别是看不到波兰群众向左转的过程,他们看不到以上这些因素由于同苏联直接接壤而得到加强,从而阻碍群众性法西斯主义垄断党的建立。他们这种观点的根据,就是科斯切娃同志和勃兰德同志对稳定的顽固看法,即对所指的"黄金公债雨"计划的看法,他们认为这个计划是借助"少数民族法"和"对农村某些大地主采取的强制措施"来"健全"波兰资本主义,并"通过收买工农中上层分子来安抚工农大众"的一种尝试。这一观点在共产国际执行委员会1926年8月的公开信中曾受到批判。但是,勃兰德同志在他去年的那本小册子中,再一次过高地估计了波兰法西斯主义稳定的可能性,否认波兰资本主义的帝国主义趋势是"当今的现实"。

这种观点与科斯切娃同志对小资产阶级独立作用的看法之间也有着密切联系。科斯切娃同志认为,波兰法西斯政变之前,小资产阶级似乎也曾企图实现自己的"民主发展纲领"。我们党的第四次代表大会批判了科斯切娃同志的这种观点,并指出了强调小资产阶级的"独立性"是同过高估计小资产阶级的实践的做法分不开的,由此可能得出错误的策略结论。

科斯切娃同志和斯特凡斯基同志的错误观点,对彻底反对波兰社会党玩弄的"左"的伎俩造成了困难,在实际工作中导致大量的机会主义错误,这些错误是我们党内右倾危险最现实的表现。这些观点妨碍党的干部认清"第三时期"的特点,给革命前景罩上一层阴影,促使产生各种尾巴主义,对我们现在所处的革命高涨时期危害极大。

因此,最近一次全会把这些观点作为右倾危险最主要的因素进行了猛烈的批判。这些观点同党的路线和共产国际第六次代表大会的决议背道而驰。我们党的中央委员会早已强调指出了波兰社会党与法西斯主义**有机**结合的过程,指出了该党内社会主义思想体系转变成法西斯主义思想体系的过程。在最近一次中央全会上,科斯切娃同志和斯特凡斯基同志完全缺乏真正的自我批评精神。在共产国际执行委员会政治书记处的一次会议上,斯特凡斯基同志迫于批评似乎承认了自己的错误。但是,在我们党中央最近召开的一次全会上,斯特凡斯基同志实际上撤回了自己的声明,从而欺骗了政治书记处。他同科斯切娃同志一起不仅维护、而且加深了自己的错误。这两位同志无疑背离了党的布尔什维克路线。全会作出了相应的组织结论,不是在口头上,而是在行动上同背离共产国际第六次代表大会路线的右倾倾向进行斗争。

在与右倾危险作斗争方面,最主要的任务是刻不容缓地彻底地(从基层组织到区委会)克服科斯切娃、斯特凡斯基和勃兰德等同志在党内散布的机会主义观点。我相信,我们的党一定会完成这个任务,更不会把曾经陷入过机会主义泥潭的大多数人同他们的右倾上层人物一样看待。在我们党中央最近召开的一次全会上,过去大多数犯机会主义错误的同志已开始分化和消除派别隔阂。这个分化过程以及各国党的力量在共产国际第六次代表大会的路线基础上的团结过程,将是我党进一步团结的保证。党的团结的基础,是毫不动摇地同右倾以及对右倾所持的调和主义立场进行坚持不懈的斗争。中央全会采取了果断的方针,以彻底根除一切派别思想,而不管它来自什么地方。党已经注意到,无论在共青团内或是在华沙党组织中,都存在令人不安的有组织的右倾反对派,因此全会同时声明,对任何其他派别思想残余,它都不会作出丝毫让步。该是结束派别斗争的时候了，因为这种斗争无疑延缓了我们党的发展速度。在这方面，共产国际在最新的提纲中所作的指示是正确的。派别斗争妨碍了我们党去领导无产阶级的斗争。如果说党有所发展并得到巩固，那是它与派别斗争进行斗争的结果。毫无疑问，如果我们党能在布尔什维克的基础上做到完全一致的团结，党在工农群众中的巨大影响同组织上扩大和巩固这种影响之间的差距就会小得多。这是正确的。但是我以为，那种认为我们党存在十分严重的内部分歧的看法，也是不正确的。我们党内分歧的来由，同共产国际各个支部存在的机会主义与布尔什维克主义之间的分歧的渊源是一样的。因此不能武断地说，我们党内现在搞的是无原则斗争。需要把两种情况区别开来。应该说，最近一次中央全会进行的斗争和全党进行的反对右倾危险的斗争，是一场重大的和严肃的政治斗争。但是，党在执行团结的方针和组织群众斗争的方针时，应当彻底取消派性活动，应当把各个组织同不可救药的派别分子区别开来。

这是不同的两件事，不要把它们混淆在一起。

最后，我愿感谢共产国际迄今为止通过一系列极其重要的指示给予我们党的帮助，并希望今后继续给予这种帮助。我希望这次扩大的共产国际执行委员会全体会议，在反对右倾的斗争中，在争取群众和推翻法西斯专政的斗争中支持我们改组后的新领导。

马尔丁诺夫（苏联）：

关于社会法西斯主义的问题目前具有重大的原则意义，然而，无论在提纲中，还是在两个主要报告中都没有给社会法西斯主义下一个定义。库恩·贝拉同志极力想在这里填补上这个空白。我大体上同意库恩·贝拉同志的发言。但我又发现，在库恩·贝拉同志的发言中也有一个不足之处，那就是：他没有更清楚地说明纯粹法西斯主义和社会法西斯主义之间在**社会根源和阶级结构**方面的差别。

各种法西斯主义的根源都是帝国主义战争。事实是，在帝国主义战争中，各国掠夺成性的资产阶级帝国主义，打着争取**民族自我保存**的旗号和幌子纷纷出台，他们借口为了民族自存，**在政府公开实行专政的条件下**，建立了**各阶级之间的"城堡和平"**（国内和平），并利用这个城堡和平实行有组织的战时经济——这就为**法西斯主义创造了重要的前提条件**。墨索里尼的法西斯主义，皮尔苏茨基的法西斯主义和现在的社会民主党的社会法西斯主义，它们的思想根源都来自战争时期。无怪乎法西斯"钢盔团"机关报《钢盔》早在1927年写道："我们需要我们在前线建立的那种社会主义。"

但是，法西斯主义的这些历史前提，只是在交战的帝国主义者把枪口**对准无产阶级革命**的时候，才变成了法西斯主义本身。古典法西斯主义形成于这样的时候，即在那些资产阶级比较软弱或受到削弱的国家和资产阶级经济遭受破坏最严重的国家而处于极其严重的崩溃时期。（诺伊曼："这是化学意义上纯粹的法西斯主义。"）

是的，化学意义上纯粹的法西斯主义，像意大利的法西斯主义以及形式上同它很相似的德意志南部，即巴伐利亚的法西斯主义——希特勒的法西斯主义。这种法西斯主义的特点是，为了把资产阶级从无产阶级革命中拯救出来，它必须把由于战争和通货膨胀而破产的城市小资产阶级和农民大众动员起来。值得注意的是，正如库恩·贝拉同志开头正确指出的那样，意大利法西斯主义当它刚刚露头的时候，当它还没有上台执政的时候，还在争夺政权的时候，就已经具有强烈的**社会煽动性**。仅仅是通过这种煽动，法西斯主义才成了群众性的运动，才能够把怀有不满情绪的小资产阶级群众和精神上堕落的分子吸引过来。所以，意大利的法西斯主义出台的时候，不仅打着反对革命的无产阶级的旗号，而且也打着仿佛是反对资产阶级的旗号。在德意志，从1920年到1923年这一时期，我们从巴伐利亚的希特勒集团的纳粹分子那里也看到了这种情况。例如，希特勒分子的纲领提出：工人参加企业分红；反对犹太人和国会制；取消一切非劳动收入；消灭高利贷；没收靠战时投机生意所得的财产；把托拉斯收归国有；把最大的商店转到城市自治机构的手中；处死投机商和高利贷者；取消各阶层和各行业代表组成的国会——议院。你们看，希特勒分子搞了多少五花八门的社会煽动手段！意大利法西斯分子在他们上台执政以前也是这样做的。

在资本主义局部稳定时期，法西斯主义使用的这些冠冕堂皇的社会煽动性宣传逐步失去意义。在意大利，当法西斯主义已掌握政权并成为公开的、几乎毫无掩饰的大资产阶级专政的时候，这些煽动手段便也失去了意义。在波兰，皮尔苏茨基政权耍弄过一些类似的手腕。在德意志，也发生了同样情况。初期的法西斯主义主要是小资产阶级的法西斯主义，在经济崩溃时期它让位于新形式的法西斯主义。"钢盔团"组织得到加强，它抛掉了我们所描述的社会煽动手段，用不着再号召同投机商、高利贷者进行假惺惺的浴血斗争，掩饰它同无产阶级进行真正的血腥斗争。在《钢盔》机关报上，我们可以读到它详细阐述的纲领。请看《钢盔》写些什么：

"国家主义希望什么呢？国家主义希望使人民摆脱招致它分离不和的矛盾；它希望摆脱与人民无切肤之痛的、人为建立的国家政权机构（即国会制——马尔丁诺夫）。它不要阶级，只要联合。它希望对德意志人民起决定性作用的因素是国家，而不是政党。国家主义要法律地位，不要特权；它希望真正的平等，不要一律平起平坐（即希望保存阶级社会，但不要阶级斗争——马尔丁诺夫），它希望法制，而不希望随心所欲；它希望统一和合作，而不希望阶级斗争；它希望有秩序，而不希望混乱；它希望守纪律，而不希望个人的散漫。"

接着它又写道：

"国家主义希望具有以某个人为首的负责制和政府；它今天不要求国家政权具备某种固定的形式，但它也不希望由500人不负责任地管理国家，它不希望国会。"

最后它写道：

"国家主义同社会主义是不可分割的。但是，我们需要的不是共产党人的马克思主义社会主义，也不是社会民主党人故作姿态似的资产阶级社会主义，而是我们在前方曾经必须具有的那种社会主义，尽管形式不同。"

你们在这儿差不多可以看到意大利法西斯主义的翻版，不过是第二种形态亦即稳定时期的意大利法西斯主义（这时它已执政并已确立了自己统治）的翻版。这个法西斯主义的社会基础，与1920—1923年时期相比，发生了一些变化。在资本主义局部稳定时期，这个法西斯主义进一步加强了在工人中的工作。不错，"钢盔团"组织极力夸大它对工人的影响，它自己声称，在它的组织中拥有80%的工人。但实际上，它那里的工人大概不超过25%。值得注意的倒是，这个组织的社会基础除了其中占绝大多数的小资产阶级分子外，就是未加入工会的工人、非熟练工人、农业工人、一部分早就失业的工人或受失业威胁的工人，以及相当一部分精神堕落分子。除此之外，在"钢盔团"组织中还有一些职员、官吏、手工业者和农村的富农分子。在法西斯的"国家社会主义工人党"中，工人占的比例要大得多。在这个党内工人约占60%，主要也是一些没有组织的、工资很低的和在某种程度上失业的工人。在国家社会主义工人党的现行纲领中，也有上述1920—1923年法西斯分子的少数社会煽动成分。

资本主义局部稳定时期的法西斯纲领，架设了一座从法西斯主义通向社会法西斯主义的桥梁，因为社会法西斯主义实质上执行的就是法西斯主义的纲领，尽管它用社会主义的和民主—和平主义的词句来掩饰这个纲领。但是，在现代法西斯主义与社会法西斯主义之间的重要差别，就在于它们的社会基础不同。如果说资本主义局部稳定时期的法西斯主义（如掌权的意大利法西斯主义、在资本主义局部稳定时期得到发展的"钢盔团"组织、现在的国家社会主义工人党），是由大资产阶级直接领导，并且主要依靠小资产阶级和部分失去阶级性的工人或来自收入最低阶层的缺乏觉悟的工人的话，那么，社会民主党的社会法西斯主义依靠的则是工人贵族，即加入改良主义工会并对其进行控制的工人阶级的上层分子。它们之间的主要差别就在于此。

社会民主党，它是以工人贵族为支柱并同资产阶级的国家机构和托拉斯资本勾结在一起，它从资本主义局部稳定的初期开始就打起了经济民主、工业和平、熄灭阶级斗争、仲裁制度等招牌。当无产阶级开始转入反攻的时候，当革命高涨的前景开始越来越明朗以及当资产阶级已把专政的问题提上日程的时候，社会民主党担负起执行这个任务的使命，并迅速地变成了社会法西斯党。这就是社会法西斯主义的起源。

社会法西斯主义在德国得到迅速发展。在其他工业国家中，我们还未看到社会法西斯主义发展得如此迅速。但无需任何怀疑，在所有工业国家其中也包括英国都具备这种发展的前提条件。

社会法西斯分子（作为现代工人贵族的思想家）所具有的特征是，他们采取的手段不同于社会煽动的这种方式，即前期的法西斯分子为了在群众面前掩盖自己充当着防止无产阶级革命的资产阶级拯救者角色所惯用的办法。前期形态的法西斯主义分子一支手枪杀革命工人，另一支手却用纸写上枪毙高利贷者、没收他们财产等口号。白纸黑字至今犹存。

社会法西斯主义分子，老谋深算的工人贵族思想家，决不干这种冒险的勾当，他们避免这种玩火的游戏。他们即使在口头上也不侵犯资产阶级任何一个阶层和集团的生命和财产。为了愚弄工人，他们很满意把现代"有组织的资本主义"，即托拉斯资本主义称之为社会主义。甚至，"左翼"社会民主党人，这些对我们而言危害最大的、其主要任务是把向左转的工人群众置于社会民主党影响之下的人，他们在讲话的时候，也十分小心谨慎，只讲一些模糊不清、含混其词的革命词句并用大写字母书写革命这个词。

毋庸置疑，在许多国家面临的大规模的阶级斗争中，最初的和最残酷的斗争将在无产阶级群众之间，即在革命的无产阶级和以社会法西斯主义的社会民主党为首的工人贵族之间进行。无疑，在工业最发达的国家中，如德意志和英国，在无产阶级与目前充当资产阶级反革命马前卒的工人贵族之间面临一场直接的国内战争。这将是最严重的斗争。至于纯粹的法西斯组织，在这些先进的工业国中，它们的反革命作用，无疑将相对不那么重要。只有在纯粹法西斯主义执政的比较落后的、半农业国中、在战争或内战局势下，纯粹法西斯主义才可能成为我们最强大的敌人。至于加入法西斯组织的工人，一旦开始出现我们可能获得胜利的前景时，这些现在为依靠法西斯组织而混上一碗饭吃、并进而加入法西斯组织的觉悟较差的大多数失业工人或非熟练工人就会转向我们。

毫无疑问，一旦这些觉悟较差的最低层的工人感觉到无产阶级胜利在望的时候，他们很快就会转到另一边去。在革命形势下，资产阶级分子、农村富农分子、一部分城市小资产阶级分子仍然会留在法西斯组织里面，但有极小部分工人也会留下来。

在社会民主党营垒中，在社会法西斯主义营垒中，将是另外一种情形。勿容置疑，已经同资产阶级国家和资本主义机构直接勾结在一起的工人贵族，将会同我们血战到底。这个上层工人贵族决不会动摇。这是资产阶级最顽固的堡垒，同它将有一场你死我活的斗争。斗争将是十分艰巨的，但是我们的胜利是有保障的，因为战斗将在资本主义不断衰落、资本主义危机日益加深的情况下进行。资本主义衰落的标志之一是这样一个普遍的事实，即一方面资本主义在目前阶段企图通过抛弃国会、建立公开专政的办法寻找出路；另一方面，它已经不可能而且也不敢建立这种公开的资产阶级专政。因此，它需要披上外衣作掩护。在一些纯粹法西斯主义国家，资本主义不得不利用小资产阶级，在煽动性的小资产阶级法西斯主义口号的掩护下，为自己找出路。在一些工业国家，资本主义在战后第一时期，在纯粹民主的口号下，靠社会民主党解救了自己。在目前战后第三时期，一些工业国家的资本主义为了挽救自己，再一次求救于社会民主党，不过这时的社会民主党已经是提出了专政口号的社会法西斯主义的社会民主党了。诚然，这个社会法西斯主义的社会民主党，没有采用当时即1920—1923年时期法西斯分子所采用过的那些具有社会煽动性的冒险形式。（喊声："那左翼社会民主党呢？……"）

是的，左翼社会民主党人是为了欺骗群众而玩弄革命辞藻。但是，他们将不会像往日的希特勒分子那样，用镇压高利贷者的号召来掩饰自己反革命的勾当。他们的听众也不需要这样做。他们之间的区别就在这里。但是，当然，一旦需要消灭共产党人的时候，则任何时候他们都不会拒绝这样做。请放心吧。左翼社会民主党人已经这样做过了。左翼社会民主党人已经不止一次地枪杀过革命的无产者——共产党人。但无论在哪里，工业国家的资产阶级为了解救自己，总是要利用社会法西斯分子的双手来建立公开的专政，这是事实。这证明，在一切工业大国，我们最危险、最强大的敌人将是社会法西斯主义。但是，资产阶级现在还不敢公开地提出自己的专政，它现在要凭借社会法西斯主义这个掩护体来建立自己的专政，这是资本主义制度腐朽的明显标志之一，也是我们胜利的保障之一。

拉斯特（英国）：

英国工党政府上台执政，迫使这次全会把最集中的注意力转向英国总的政治形势上，转向英国党内的状况上，因为工党政府上台执政是资产阶级本身软弱的表现，它必将引起大规模的群众斗争，在这些斗争中党将肩负领导的使命。作为执政党的工党的自我暴露，使英国的局势为我们建立一个群众性的共产党提供了现实的基础。

在这次全会上，我们应该准确弄清英国党产生缺点的原因，并努力争取党的领导同意那些我们为克服这些缺点、为党在英国的进一步发展打下基础所要提出的建议。

我首先要强调一下能够说明党内状况的一些事实。目前，在我们英国党内总共只有4000名党员。差不多所有在总罢工和同盟歇业期间通过党做工作后吸收入党的新党员，又退出了我们的队伍。在最近一次普选中，我们只得了5万张选票。事实已经使我们相信，有许多我们党的同情分子，我们原指望得到他们的支持，但他们却投了工党的票，因为我们没有做我们应做的一切，以便有说服力地向他们揭露工党的真正性质。此外，党完全脱离了企业，未能在一些大工厂中扎下根来。

我们党之所以在数量上不大，我们在普选中获得的票数之所以不多，其主要原因是，党未能贯彻共产国际提出的路线，并犯了一系列右倾错误和宗派主义的错误。

英国党目前的状况如何呢？党正处于危急存亡时期。战后资本主义的第三时期对于英国党来说，首先意味着它的传统、活动和工作方法的最急剧的转变。这个转变正由于党的历史发展的特点而遇到很大的阻力，因此，必须坚决消除一切阻力。

由于历史条件的缘故，多年来我们党的活动与工党左翼的工作有某些相似之处。当然，英国党面临着十分根深蒂固的改良主义、势力强大的工党官僚制度和工会官僚制度。由于这些传统的东西，党要完成转变是极端困难的。情况是,党在政治上从来就比较软弱,共产党是由那些与布尔什维克传统毫无相似之处的老的社会主义组织组成的;在我们党内,还没有进行过一次真正深入的政治辩论以便清楚而明确地弄清存在的分歧。最后,还有这样一个情况,即党一次也没有在决定性的革命行动中经受过考验——所有这些因素都给党的策略转变造成了困难。目前形势中一个极其重要的特点是,党的领导对转变必要性的认识水平比党员群众还要低。党的领导因自己的工作而阻碍了在党员群众中开展独立的批评,他们不仅不大力提倡这种自我批评,反而妨碍自我批评的开展。

坎贝尔同志的发言根本没打算揭露党内存在的严重状况,而仅仅是进行辩解并竭力掩饰这种状况。

例如,在说到群众向左转的问题时,坎贝尔同志对共产国际承认总罢工和同盟歇业解雇矿工之后在无产阶级队伍中存在消沉情绪这一点,表示很满意。这不是什么新发现。最糟糕的是,英国党的领导只看到了这种暂时的消沉,而没有看到群众向左转这一主要事实。这一点是必须指出的,因为我们今天在英国无产阶级队伍中所能看到的,主要不是消沉的情绪,而是向左转的趋势。

坎贝尔同志同样尖锐地批评了左的宗派主义倾向。不错,左的倾向是存在的,但左的倾向之所以产生,主要是由于领导犯了右的错误。依我看,坎贝尔同志,如果激烈反对的不是左的倾向,而是已经产生、并且还可能再犯的右的倾向的话,那他就是帮了一个大忙了。

重要的是,从第九次全会开始,我们党的领导与共产国际执行委员会之间就存在一系列的分歧,这些分歧到这次全体会议召开的时候已经达到了无以复加的地步。因此,我们必须彻底地揭露这些分歧产生的根源。这些分歧不是个人之间的分歧。这些分歧涉及到对于稳定、向左转和英国革命斗争前途的评价问题。下面一系列情况证明了这些分歧确实存在：第九次全会上发生的争论，以及党在新形势到来之前不善于发动广大党员，一直支持马克斯顿和库克，没有改变自己对工会的策略，中央委员会为党的代表大会编写的材料，与新的路线相比更接近于老的路线，这种情况迫使共产国际采取措施以彻底修改决议文本，等等。

我还是应该提一下，主席团在1月份党的代表大会结束后即刻发出的一封信。这封信是中央委员会一致通过的，但同时通过了一份比信件本身更为详细、观点更混乱的决议，它根本不考虑共产国际执行委员会规定的原则，实际上抹杀了对英国革命斗争前途估计问题上的分歧。

从下述事实明白地看出，某些领导同志是怎样评价这封信的。尽管这封信是一致通过的，但是，某些领导同志，其中包括坎贝尔和罗思坦，在选举前夕却提出了一条建议：即要共产党号召工人在共产党没有提名候选人的选区投工党候选人的票。当然，同时应该发表一篇始终贯串批评精神的声明，等等。但是，这个建议说明对党的策略缺乏认识，如果实行这条建议，就会使共产党遭到失败，因为党无法表明自己是一个与工党没有关系的完全独立的党。

在信中还谈到了新的中央委员会，它是由党的代表大会选举产生。共产国际执行委员会已经声明，通过自由选举产生的新的中央委员会，是使我们感到很大不安的根源。代表大会出现的形势首先要求吸收新的成员参加中央委员会。代表大会指出，在英国党内的确存在形成一个小领导集团的危险性，该集团与党的积极生活、与工人的积极斗争缺乏足够的联系。

这个问题提得十分明确，十分尖锐，但对这个问题又是怎样理解的呢？请看事实：普选后着手"改组"政治局，改组的结果是，把在制定党的策略时提过某种批评意见的加拉赫同志和墨菲同志踢出了政治局。这就是在收到共产国际执行委员会对领导的批评信和经过普选教训之后进行的"改组"。

在党的代表大会期间，提出过希望不要把在共产国际中工作的两个同志吸收进中央委员会的要求。而现在坎贝尔同志都告诉我们说，解除加拉赫同志和墨菲同志以及在党的代表大会期间提出解除阿诺特和我这两件事与策略、与执行新路线毫无关系，并说这是一次普通的突然调整，不要认为它有什么有政治意义。

这种声明不仅天真，而且具有政治意义，因为这表明对于把这些同志从中央委员会除名和把那些贯彻新路线十分令人不满的同志吸收进政治局之后必然要引起的急剧变化估计不足。

在作出这项决定后，共青团中央即刻写了一封信给英国党政治局，信中写道：

"……仅仅用解除在某种程度上持批判态度和左倾观点的同志作为接受共产国际信件的表示。这种作法只能意味，以口头上接受共产国际信件为名，行反对信件之实。鉴于这种情况，我们认为党内政治生活存在危机是无可争论的事实。因此，我们呼吁党的中央政治局：（1）请求共产国际指派一个委员会讨论关于英国共产党领导方面的全部问题；（2）召开党的代表会议以讨论共产国际委员会的调查结果并选举新的党的领导机关，以便贯彻新路线和共产国际来信的精神。"

正如你们所见，从共青团中央的观点来看，这些决定是迫于十分严重的形势而做出的。

坎贝尔同志说过，中央委员会要诚心诚意地努力完成自己的任务。这是不言而喻的，任何人都不打算怀疑党的领导以及党在努力完成它面临的任务方面所抱的诚意。然而，问题不在于有无诚意。谁也不会指责这些同志没有原则。谁也不会把他们同洛夫斯通或佩珀相提并论。问题在于，这里存在着政治方面的错误，对必须执行的路线在政治上缺乏认识。

我认为，我们所面临的任务是：第一，应该采取措施通过强有力的自我批评运动以振奋全党。在这一运动中，中央委员会应当承认自己的错误，特别应当修正它对共产国际执行委员会非公开信所做的答复；第二，必须采取措施加强政治局；第三，全会以后，召开党的代表会议，讨论全会的决定和在英国出现的新形势，讨论党在贯彻共产国际第六次代表大会和共产国际执行委员会全体会议所制定的路线方面的新任务。完成这些任务具有十分重要的意义，因为在英国目前的形势下，在存在工党政府的条件下，我们党的活动将对国际工人运动产生决定性的影响。特别是我们英国党内激烈紧张的斗争将对殖民地，而首先是对印度和中国的革命斗争进程产生巨大的影响。

波立特（英国）：

我希望，全会将否定瓦尔加同志在他提供的关于生活费用数字材料基础上所提出的论点。我不清楚，瓦尔加同志是不是知道，在普选期间，保守党人用以说明工人状况的数字，同时也恰恰是瓦尔加同志所引证的数字。保守党人最主要的论据是，在保守党政府执政期间生活费用下降了，这就是说，工人的生活水平提高了。我认为，有必要告诫瓦尔加同志在使用这类数字时的危险性。

当前作为改良主义全部活动的基础，以及作为改良主义支持合理化和反对革命工人的基础的论据，就是支持合理化能够提高工人阶级的生活水平。

库西宁同志在谈到合理化问题时，阐述了这个问题的一个方面，而对于这个方面，任何一个党都未给予应有的重视。结果，我们党也失去了一个对群众加强教育的大好机会。我所指的是，合理化对工人阶级健康状况会产生怎样的影响。

在采矿业，我们看到，由于工时延长，发生事故的次数增多，特别是在工作日的最后几个小时。

我们发现，所有的矿井，对安全措施越来越不重视，因此事故常常发生。矿工的妻子深受其害，她们赖以生存的条件更加恶化，无法兼顾首尾以维持生计。

其他由于合理化而失业的无产者的状况又是怎样的呢？在英国，35岁以上的非熟练工人和40岁以上的熟练工人在大工厂中根本不可能找到工作。这种状况导致产生了40岁以上男人的失业大军，这些人没有找到工作的任何希望。瓦尔加同志引用了说明英国铁路工人状况的数字。在去年，实现铁路运输合理化以后，裁减了4万名铁路工人。他们都是40—50岁的工人，因此他们不再可能在其他任何一个工业部门找到工作。

所有这些事实都将向美国共产党和英国共产党提供强有力的武器，如果他们确实想以合理化的后果为依据而运用这一武器把工人吸引到自己方面来的话。

现在谈谈普选的问题。我认为必须指出，只有那些以"左派"自居的同志才会想象出我们党遭到了失败。依我看，俄国代表团的任何一个成员都不会同意希塔罗夫同志的论调，他说什么如果只得5万张选票，那我们共产党在选举中就失败了。

我们当然希望，有10万张至20万张选票赞同我们。但是，我们在总数为614个选区的25个选区中只得了5万张选票；由于英国的选举法是反民主的，因此我们不能提名更多的候选人。必须注意到，我们党得到的每一票都是共产主义的选票，因为工人不顾工党的压力投票赞成我们。我应该说，在希塔罗夫同志本人还不曾打算反潮流的时候，可我们在英国已经尝试过了。

去年12月份，共产国际的许多领导同志在告诫我们党时说过，我们对未来选举的可能性结果看得似乎过分乐观了一点。他们指示我们说，我们不仅要同三个政党进行斗争，而且要对害怕分散投票的传统恐惧心理进行斗争，即同英国工人阶级从1893年（哈迪提出不允许分散工人阶级选票的口号）以来特有的传统恐惧症进行斗争。

1924年同1929年之间选票的差别是很大的。1924年工人投票拥护"工党政府"，为的是迫使它去战斗。1929年投票拥护同工党政府和工党进行斗争的"革命的工人政府"。由此可见，要取得胜利，在宣传的性质上应该有重大的差别。要是我们党能从第九次全会以后认真吃透第九次全会决议的精神，我们原本是会取得很大的成绩的。然而，在代表大会召开之前，我们党仅仅把该决议解释为对选举政策的修改，而忽略了它的基本性质，即实质上指的是彻底改变党在各方面的斗争策略。决议提出了在阶级斗争各个领域中的独立策略。我们丢失了整整一年的时间，在这期间出现过多次动摇，而由于这些动摇使我们在普选中付出了高昂的代价。

现在大家都很清楚，我们的地方组织是软弱无力的，我们没有在工厂中扎下根来，我们没有一份日报，而这是我们在工厂中进行工作的强大武器。普选中的教训就是这些，我们大家也都了解。但是，尽管整个运动是反潮流的斗争，尽管它根本不能同1924年的选举斗争相提并论，然而那些在普选前还在怀疑新路线是否正确的同志，现在都确信，如果我们在选举中不采取新的策略，就不能把共产党同工党区别开来。

我们的动摇和我们政治上的错误，使我们党缺乏一条明确的、统一的和正确的路线来向工人表明，我们是坚决反对工党和工会官僚制的。很明显，尽管也可能会夸大这些动摇、这些错误对党产生的影响，但是这些动摇和错误确实对那些接近入党条件的工人产生了一定的影响，由于我们的动摇使这些工人同我们疏远了。

在最近8年里，英国党执行了什么政策呢？拉斯特同志把我们党最近8年的路线说成仿佛不是共产国际的路线。自从我们党成立起到1928

年，我们执行的路线都是共产国际的路线，如果把我们仅仅看成是工党运动的革命左翼，那么在这一点上，共产国际也犯了与英国党同样的错误。我重申：我们执行的政治路线是共产国际规定的政治路线。

拉斯特同志还说，我们没有进行大规模革命斗争的经验。但是，难道我们没有总罢工的经验吗？我们的不幸在于，我们未能保持住在总罢工期间所取得的成果。我们的悲剧（这是毋庸讳言的）在于，我们在英国最重要的工业区之一吸收了1400名新党员，后来他们又退出了我们的党。我们要比共青团更关心弄清这一现象的原因。但是，至于说到总罢工，拉斯特同志应该有勇气承认，总罢工后我们党在全国已成为最残暴的恐怖手段迫害的目标。我仔细地听取了昨天晚上几位德国同志的发言：在说明为什么在德国目前形势下不能在大工厂宣布罢工的理由时，他们声称，他们不愿意使德国党变成一个失业者的党。我要开诚布公地对你们说，我们必须克服的巨大困难之一就在于，工人们已经看到我们的同志中有多少成了失业者，有多少同志由于受到反共迫害在3年或4年还找不到工作。这种情况应该加以注意。

我们正处在我们党生死存亡最紧要关头的前夕。我不打算仿效拉斯特同志，加之我也没有现成的发言稿来为我们党的一切缺点和偏差进行辩护。我们英国代表团不仅欢迎来自共产国际方面的一切帮助和支持，而且我们还要争取这种支持并最恳切地请求共产国际给予我们这种支持。我们意识到，我们党肩负着怎样的责任。我们懂得，如果我们在工党政府执政的头六个月内不能比已往任何时候更有力地把我们党推向前进，不能做到由我们党来反对这个政府和工会官僚制度，那么，我们十之八九就会长期地落在后面。无论从国际方面或是从印度、中国和埃及将要发生的一切考虑，我们都意识到我们在反对工党政府的斗争中所肩负的责任。我们意识到这种责任并要依靠共产国际的帮助执行正确的政策。

我们的前景如何呢？我们党面临的最大危险是，党员们可能以为，人们会自然而然地对工党政府感到失望。我们应该提醒党防止这种危险，并要以昆士兰工党政府为诫。自昆士兰工党政府发生变节和叛卖 14 年后，在缺少一个强有力的共产党的情况下，工人们打定主意，自觉地推翻了工党政府并转到资本主义政党一边去了。我们应该提出：我们的任务是，以工人的经济要求为中心，集中反对合理化、反对麦克唐纳政府的背叛，向绝望的工人证明，只要有共产党，就有摆脱困境的出路。但是，必须为此进行斗争，而我们党一定要进行这一斗争。麦克唐纳政府奉行着一种投机取巧的政策。它故意把以下问题突出提到首位：同美国的相互关系问题，根据华盛顿会议就八小时工作制进行谈判的问题，对苏联政府的态度问题以及同苏联的相互关系问题。所有这些都只不过是一个幌子，工党政府实际上将在这个幌子的掩护下以便支持合理化和准备新的战争。但是，情况并非如此简单。工党政府头脑灵活得很，足以对工人做出能产生明显心理效果的小小让步。我们应该揭露工党政府在做这一切的同时正在准备并发起对工人阶级更猛烈的进攻。

目前，工党中开始出现一种假左派运动。我们的责任是粉碎这个假左派集团、并使马克斯顿一伙承担工党政府的全部责任。在选举之前，马克斯顿确实说过："把工党政府交给我们吧，我们将成为统治阶级。"在选举以后，马克斯顿宣称："我们是统治阶级"。但是从工党上台执政起还不到一个星期，马克斯顿就被迫提出了反对工党政府的决议。库克曾在矿工中奔走游说，并向他们许诺，说工党政府将对他们实行七小时工作制；现在他已经意识到，矿工要想获得七小时工作日并非那么轻而易举，政府也没有把矿工的这项要求列入自己的纲领。

共产党应该让假左派集团对此承担一切责任，而我们对他们的斗争应当比以往任何时候都更坚定和更残酷无情，因为他们同麦克唐纳一起企图用左的花言巧语欺骗工人。

我们应该面向工厂；我们应该创办日报来支持工厂的斗争。这些问题现在已提上了日程。

我们请求你们，在讨论我们党的不足方面时，不要忘记以下事实：在最近的6个月的时间里，我们党在雷戈罢工中进行了独立的斗争；在伦敦汽车运输业职工和搬运工人中发动了反对贝文的群众运动；我们党在达勒姆煤矿区领导了3800名矿工的斗争；我们党在伯明翰奥斯汀汽车制造厂开展了公开的斗争。我们党力求在自己的工作中忠实地执行代表大会的决议，在共产国际的帮助下我们党一定能够做到这一点。我们党还准备寻求其他途径和方式来开诚布公地着手解决这个问题。

穆索（印度尼西亚）：

库西宁同志问我们，是否还能称罗易为同志。我回答说：罗易已经不再是我们的同志。更确切地说他已成了甘地的同志，或至少是布兰德勒和塔尔海默的同志。罗易通过他在《人民权利报》（德国右翼反对派的机关报）上发表的文章宣称，目前我们在印度的任务是同小资产阶级建立联盟，自治运动派是一个最好的党，独立的党。在同一篇文章中他又声称，小资产阶级的领袖从我们这里溜走了，而群众依然是革命的，他们站在我们一边。他还断言，共产国际的政策不正确，是一种极左的政策。

国际无产阶级目前最重要的任务，是对印度革命给予全力的和各种形式的支持。印度革命现在是孤立无援，对于印度来说，要想得到国际经验十分困难。各类传单等等印发得不够，现在应该行动起来。这首先是英国共产党一项最紧迫的任务。我们现在的任务是，帮助印度共产党人建成一个团结的和强大的共产党。某些同志一口咬定，似乎印度没有共产党人。怎么能下这种断语呢？我们的经验证明，如果没有共产党人，就不可能组织起像"吉尔尼工人"职工会这样的红色工会。这个职工会最初只有300名成员，而现在经过5个月的罢工以后，工会会员已达到6万人。这是近来工会运动取得的最大胜利。孟买纺织工人的斗争表明，工人群众的革命气魄多么巨大。毫无疑问，印度同志在创建群众性的工人组织方面也一定学会了许多东西。"吉尔尼工人"职工会是在工厂委员会的基础上建立起来的，并拥有自卫组织。

现在，我谈谈印度尼西亚的情况，并要讲一下社会改良主义者是怎样变成社会法西斯主义者的。还在第六次世界代表大会召开以前很久，印度尼西亚的社会民主党人就已经走上了社会法西斯主义的道路。起义前，他们在政府面前极力要求它禁止革命的工会，并提醒政府必须执行各种禁止集会的法律。起义后，当荷兰政府不知如何处理参加起义的共产党人时，社会民主党人就以荷兰帝国主义分子的忠实谋士身份出现。按照社会法西斯分子的主意，处死了许多参加起义的共产党人；那些在起义前就已被捕的共产党人被流放到新几内亚。目前在新几内亚还有3000多名共产党人在流放中受折磨。两个月前，社会民主党人米伦费尔德被任命为印度尼西亚政府的行政长官。任命一个社会民主党人担任如此高的重要职位，这只能意味着，他已经站到印度尼西亚人解放运动的对立面去了，站到共产党人的对立面去了。目前社会民主党人所做的一切，都是为了消灭印度尼西亚的共产党人。三个月前，斯托克维斯在荷兰社会民主党机关报《人民报》上写了一篇文章；在这篇文章中，他发表意见说……①进行共产主义工作，而且还必须打发他们……进行共产主义工作，必须把他们打发到新几内亚。

印度尼西亚的社会民主党，千方百计力图安抚民族主义者并使他们听任荷兰帝国主义者的摆布。目前，在印度尼西亚共产党遭受镇压之后，民族主义党得到了加强。民族主义党声明，它要为印度尼西亚人的解放而斗争。因此，荷兰政府对待民族运动的政策也发生了变化。还在

---

① ［……——必须把他们打发到新几内亚。］此段原文丢字，文义不清。——译者注

去年，荷兰政府对民族运动就采取了比较敌视的政策。但是，今年春天在人民会议召开期间，总督宣布，政府对民族主义者将采取完全友好的政策，并且赋予民族主义者联合的无限权利。

荷兰政府从中国和印度的经验中看到，帝国主义者能够借助于民族资产阶级从镇压共产党人的活动中捞到许多的好处。因此，目前荷兰政府在印度尼西亚表现出要同民族主义者合作以便镇压共产党人的意愿。不久前，政府成立了"中产阶级委员会"，它的任务是在印度尼西亚扶植和发展本地的资产阶级。目前，印度尼西亚还没有一个像在印度和中国那样可为帝国主义者充当买办的强大的民族资产阶级。但是，在我们本地居民中却有一个在起义失败后开始发起财来的中间阶层。这个阶层的经济基础，靠的是极其迅速增长的苏门答腊岛和婆罗洲（现称加里曼丹岛）的橡胶产量。荷兰政府极力想按照中国和印度的样板，在印度尼西亚扶植一个由本地资产阶级组成的广泛阶层，以便利用它作为无产阶级和帝国主义者之间斗争的抗衡力量。目前，荷兰政府在印度尼西亚实行的政策大体就是这些。

关于共产党人的工作，我们没有什么可汇报的，因为我们同印度尼西亚没有直接的联系。从起义时起（1926年），我们曾试图同印度尼西亚建立联系，但因为在印度尼西亚、中国等其他国家白色恐怖越来越猖獗，要取得联系是十分困难的。我们从社会民主人和资产阶级报刊透露的消息中得知，在左派民族主义者中间，还有共产党人在进行工作。共产党人在爪哇和苏门答腊正在组织罢工，等等。据发布的消息说，在一些共产党人领导下的革命人民党又在东爪哇活跃起来了。许多工会运动中也有共产党人。的确，我们没有这方面的具体消息。因此，我请求共产国际尽一切力量同印度尼西亚建立稳固可靠的联系，以便我们能够前进并在那里恢复我们的党使之能领导我们的工作。

（闭会）

第七次会议

(1929年7月6日上午)

继续讨论库西宁和曼努伊尔斯基的报告

皮亚特尼茨基(共产国际执行委员会):

我要谈的问题,可能同至今为止进行的辩论有些格格不入。至今在这里发言的人,或涉及到关于法西斯主义实质的理论问题,或涉及到其他一些重大的政治问题,如关于资本主义合理化、工人群众向左转等等,或者,如果他们还谈到了一些国家的共产党的问题,他们也只触及各个中央委员会。我想谈些基层的情况并想说明,我们各个党的基础怎样,资本主义国家的共产党的各级党组织是怎样进行工作的,因为我认为,不能把政治问题同组织问题分割开来。只有把正确的政策同精良的组织结合起来,共产国际各支部才能完成它肩负的任务。

我们面临工人运动的巨大高潮。共产党的影响不断增长。德国和英国的社会民主党政府登台执政,这使共产国际各支部有可能使追随社会民主党的广大群众脱离社会民主党。共产国际各支部是否能巩固住自己的这种影响?这就是全体会议应该回答的问题,全会应该在最近一段时期内向各党发出指示。

怎样才能巩固共产党日益增长的影响呢?这就要靠党组织的出色工

作，靠它同群众的密切联系。怎样才能更好地实现这种联系呢？这要靠共产党人在群众性的工人组织和农民组织（工厂委员会、工会、工人合作社、工人体育运动组织、国际支援革命战士协会、自由主义者组织、国际工人援助会和其他临时性组织，主要如罢工委员会和反对同盟歇业委员会等组织）中的工作，靠企业中党的基层组织的工作。

我还要谈一谈关于工厂支部的工作问题。工厂和街道的支部在各国共产党的建设中占有怎样的地位呢？工厂支部和街道支部应该怎样开展工作呢？我要援引一些统计数，它们能最好地说明，我们在企业中巩固的程度究竟怎样，我们在那里做了多少工作，要知道关于这方面的情况，人们最近谈论得很多。共产国际的每一份文件都指出了在企业中开展工作的必要性，即使在这次全会上关于这一点也没有少说。显然，只有现在我们才到了能放手干这方面工作的时候。

现在，我还想告诉大家，到今天为止，共产党是怎样在企业中开展工作的。我想不妨简略地提一提。1924年以前，尽管共产国际第三次代表大会已经通过了关于组织问题的详细决议，决议并且指出，必须在工厂党支部的基础上改组党，但这一指示并未得到贯彻。只有到了1924年，才在一些可以开展合法工作的国家里，着手在企业中建立支部。在企业支部建立以前，党组织是按地区原则，即按党员的居住地建立的，在这方面，共产党组织与社会民主党组织是一样的。在这里我想引用一些共产党的正式的统计资料。根据德国共产党中央委员会统计资料表明，在1925年，德国党有1384个工厂支部和110个街道支部；1926年有2243个工厂支部和1928个街道支部，1927年有2107个工厂支部和2597个街道支部，1928年有1556个工厂支部和2461个街道支部。你们发现什么没有？你们应该看出，1925年开始有了街道支部，数量是110个，到1928年达到了2461个。在1925年，德国共产党拥有1384个工厂支部，而1928年刚刚增加到1556个，虽然1926年德国共产党已经有了 2243 个工厂支部。这段时期工厂支部的数量减少了，而德国共产党的街道支部的数量却增加了。

1927 年，在德国共产党的地方党组织中，建立了支部的有 549 个，1928 年有 480 个。这就是说，以工厂支部为基础的地方党组织的数目减少了。在地方党组织中没有建立工厂支部的，1927 年为 1963 个，而 1928 年为 2358 个。以工厂支部为其基础的地方党组织的数目不是增加，而是减少了。

在鲁尔、哈雷—梅泽堡、下莱茵河等这样一些德国大工业中心的党组织中，工厂支部的数量 1928 年减少到：鲁尔为 123 个，哈雷—梅泽堡为 63 个，下莱茵河为 60 个。在企业中，现有的支部没有得到巩固，新的支部没有建立，与企业的联系也就更少了。在德国共产党的 27 个党区中，有 22 个党区的企业中党组织的数目减少了。

值得注意的是，在德国共产党中存在的这种现象，在其他国家的一些共产党中也存在。

在美国，1927 年工厂支部为 166 个，街道支部为 452 个。1928 年工厂支部为 111 个，街道支部为 468 个。在这里，工厂支部的数量同样在减少，而街道支部的数量在增加。

在捷克斯洛伐克，1926 年工厂支部为 1301 个，1927 年为 1013 个；1928 年为 954 个。街道支部（街道支部同所谓的农村支部加在一起）1926 年为 2500 个，1927 年街道支部仅 663 个，1928 年为 669 个；而所谓的农村支部（为了加重其重要意义，捷克同志把它们称为支部，这实际上是农村中的党组织）1927 年为 3187 个；1928 年为 3083 个。在这些所谓的农村支部中，主要是一些在城市工厂工作而居住在附近农村的工人。这些工人党员不是工厂党支部的成员。

这些基层支部党员的情况如何呢？工厂支部包括的党员人数所占百分比是多少呢？同志们，这方面的情况是令人失望的。就拿 1927 年和

1928年德国共产党19个党区的材料来说吧。在德国共产党中，工业工人所占的比例比较高，在工厂上班的共产党员的比例，大约不少于60%。这批党员参加支部的情况怎样呢？

（雷梅尔："您这个60%的工人比例数是从哪里得来的呢？这个比例应该还要大一些。"）

雷梅尔同志，如果您认为，在工厂上班的党员比例数比我说的60%还要高的话，那么，我所说的这个数字就更无关大体了。

1927年有15%的党员参加了工厂支部，1928年有12%（我举的都是整数）。1927年有47%的党员参加了街道支部，1928年有42%。1927年有31%的党员参加了没成立支部的地方党组织，1928年有42%。这样一来，1928年参加街道支部的党员人数从1927年的47%减少到1928年的42%，即减少5%，因为一部分党员从街道支部和工厂支部转到完全没有设立支部的党组织中去了。这些数字都是根据德国共产党27个党区中的19个党区的材料统计的。如果以德国共产党的所有党区为例，那么，目前参加工厂支部的党员比例数是18%，而在某些党区，例如在鲁尔区，这个比例为38%，在上西里西亚为34%，在萨尔矿区为33%，在厄尔士山脉的福格特兰为24%，在柏林—勃兰登堡区为25%。应该指出，柏林—勃兰登堡区的党组织在1926年有60%的党员参加了工厂支部，也就是说，两年后参加支部的党员比例数从60%下降到25%。1928年参加工厂支部的党员比例数下降的现象，不仅在德国共产党内有，而且在各国党内也有。

在美国，1927年工厂支部有1638名党员，1928年有1224名党员；在街道支部中1927年有8115名党员，1928年有9461名党员（现在，由于美国共产党发生了危机，党员人数大概也减少了）。

再看看挪威的情况。挪威共产党拥有5208名党员，其中仅有999名党员（等于19%）参加了工厂支部。

在捷克斯洛伐克的工业中心布隆（现称布尔诺），工业工人占80%，但只有10%的党员参加了工厂支部。去年，如果我没有记错的话，有15%的党员参加了工厂支部。在布拉格，参加工厂支部的党员占18%。在拥有19000名工人的维特科韦茨工厂（它应该是捷克斯洛伐克党最重要的据点）中，有500名共产党员，而参加工厂支部的党员只有126名。

法国。我们从法国共产党那里得到的消息很少，但是，我们从法国共产党的工作报告中所得到的为数不多的材料得知，到1928年2月，法国共产党已拥有近56000名党员，其中参加工厂支部的党员有17448名，即占所有党员人数31.15%的人分属于898个工厂支部。在1929年4月，到法共第六次代表大会前，中央委员会工作报告中公布的党员总人数为45000人，其中只有24%左右的党员参加了工厂支部。

这就是共产党在企业中的工作情况。同志们，在这方面应当做些什么呢？无论如何必须使所有在工厂上班的共产党员都退出街道支部，让他们参加企业中的党支部；而在那些没有建立支部的企业中，凡是脱离或退出街道支部的共产党员都要成立工厂支部。仍旧拿我前面提到过的维特科韦茨工厂来说吧。在这个大型工厂中有500名共产党员，然而只有126名党员参加了该厂的党支部。其余的374名党员都参加了所在街道的支部，

那里没有开展党的工作的广泛基础。如果全体党员都能参加本厂的党支部，那么，在这个最重要的企业中就可以大大加强对19000名男女工人的工作。遗憾的是，维特科韦茨工厂也非例外。

在哪些工厂有共产党员呢？下面我引用德国共产党一份具有代表性的统计数字，这些数字涉及27个党区中的15个党区的情况，并且对资本主义国家所有的共产党来说可能具有普遍意义。

（在工厂中上班的党员人数,%）

上班的党员人数	在企业中						
	50人以下	100人以下	500人以下	1000人以下	3000人以下	5000人以下	5000人以上
1927年	36.13	11.39	21.56	8.79	14.27	5.09	2.76
1928年	39.00	11.42	18.76	9.59	12.81	3.10	3.21

上述统计数字表明,第一,1928年德国共产党的大部分党员(69%)集中在500人以下的工厂;第二,与上一年相比,在大型工厂(人数在1000人以下和5000人以上的企业除外)中的党员人数下降了。

捷克斯洛伐克共产党1929年的统计数字也证明,在资本主义国家中,大多数共产党员主要集中在中小企业。

（工厂中的党员人数①,%）

8.2%的党员人数工作在50人以下企业中

67%的党员人数工作在50—100人企业中

20%的党员人数工作在100—1000人企业中

1%的党员人数工作在1000人以上企业中

当然,在大型乃至最大型的企业中也有共产党员,但远非在所有这类企业中都有共产党员。在最大型企业中,最重要的生产部门中往往没有党的支部,而在建立了党的支部的生产部门中,它们的力量很小而且没有什么工作能力,因为它们在多数情况下缺乏上级党组织的领导。共产党应该集中全部力量,深入到最大型的企业和最重要的生产部门中去。共产党应该格外重视最大企业中党的支部。

---

① 材料没有说明在哪类企业中党员人数占3.8%。

现在，我来谈谈街道支部和工厂支部是怎样进行工作的。可以设想，既然街道支部拥有这么多的党员，它们就该经常开展大规模的活动。但遗憾的是，我们至今掌握的全部材料表明，街道支部的工作同按居住地建立的老的组织搞的那一套没有什么区别。除了要搞什么运动，它们在多数情况下，同原来的组织一样，处于消极状态。最能说明问题的是，如果党需要进行某项运动，党委会就动员工厂支部中的党员去加强街道支部的工作。当然，我不想以此否定存在工作得较好的街道支部。总的来说，街道支部的工作情况是不好的，很少集会，只有大运动（选举）来了或是要召开党代表会议了才活跃起来。工厂支部的工作情况也并不更好些。我明白，一些同志很不满意我对街道支部和工厂支部工作的看法。当然，如果我分别谈到每个工厂支部的工作，那么自不必说我会指出，在某某工厂中有工作得很出色的基层支部。实际上，每个国家都有一些工厂支部正在创造着奇迹。但是，我引证的仅仅是一种普遍现象。总的说来，工厂支部的工作做得不好——这是一种普遍。

（雷梅尔："照您这么说，党的工作就没有任何进展？"）

雷梅尔同志，问题不能这样看。共产党已经开始在企业进行工作，何况现在又建立了工厂支部，1924年根本还没有这些组织，这已经就是一个胜利了。当党的基层单位还是一些按党员居住地建立的地区组织的时候，党对无产阶级就产生了巨大的思想影响。但是，从共产党成立之日算起已过去了十年，这期间发生的一切重大事件都表明，如果企业中没有支部（当然是工作得很好的支部），如果在工人群众组织（工会、工厂委员会等）中没有共产党党团，那么要从组织上巩固这种影响是不可能的。不妨就拿德国1923年的革命事件来看一看。如果德国共产党当时与工厂的工人建立了密切的联系，而且还了解他们的情绪（当然，条件是德国共产党要执行一条正确的革命路线），那么事件的结局则完全会是另一个样子。当然共产党一直是在前进的，**尽管大多数的工**

厂支部的工作做得很不好。但是，如果企业支部的工作都能做得更好些的话，那么共产党取得的成绩也就会更大一些。问题仅仅如此而已。我绝不想贬低我们党的成绩。我现在就告诉你们，企业的工人常常亲自跑到党委会要求在他们工厂召集会议。工厂支部（少数除外）一般来说很少召集开会——每月一次或两月一次。企业中的工厂支部很少在这些企业的工人中做工作，工作做得也不好。要不这样，那怎样才能解释工厂支部竟不知道工厂什么时候开始罢工的这种现象呢？这种情况有没有呢？有。（诺伊曼："很少。"）

我在论党的建设的几篇文章中引证了不少这样的事实。

就在不久前，德国一些工厂委员会在改选期间出现了一些情况，这些情况说明，党的支部不了解工人的情绪，支部反对单独提出共产党和工会反对派的名单，工人强迫它们提出这些名单。

下面的例子可以说明法国共产党工厂支部的状况。你们已经从法共中央委员会提供的正式材料看到，在法共拥有的为数不多的工厂支部中，参加这些支部的党员人数只有24％，而其中指定编入的党员占很大的比例。假使每100个党员中，参加这些支部的党员为24％，则指定编入支部的党员人数占支部党员人数的21％，即占这些工厂支部党员人数的1/5强。指定的党员是那些党员呢？这些同志中有的根本不是企业的工人，或者是规模很小的企业中的工人。很多情况都是，在工厂支部的党员中，只有2—3名是本厂的党员，其余的党员都是指定来的。在这种情况下，即支部的党员中有1/3或2/3是指定来的党员，支部或者根本不研究涉及本企业的问题，或者很少研究这些问题就是不言而喻的了，因为指定来的同志未必对这些问题感兴趣。在资本主义国家中，他们是不准进入工厂的。

前几年在出版厂报方面取得了很大的成绩。厂报在动员群众、在工人中传播共产主义思想方面起了很大的作用。这些报纸也有一些很大的缺点。但它们仍然起了巨大的作用。根据我们掌握的不完全的材料统计，1926年德国有170种厂报，法国有300种厂报，美国有40种厂报，据不完全材料统计，英国也有24种印数很大的定期出版的厂报。

1928年，厂报几乎不再定期出版了。它们主要配合一些大的运动才发行，各国厂报的数量也减少了。根据我们从捷克斯洛伐克得到的材料统计，在1926年初，捷克斯洛伐克出版了60种厂报，1927年是806种，共计印数为8万份，而目前厂报的份数减少了近三分之一。同时，企业中的工作也由于企业主和改良主义者的滋扰而难以进展，这些报纸是宣传和对群众进行共产主义动员的强大因素。我们的大报纸——但愿在座的编辑们不要抱怨我——办得枯燥无味，传播不广。请你们自己判断一下：德国共产党在1928年5月的国会选举中获得320万张选票，而我们的报纸有37种，总印数为28万份。这些报纸都到了最广大群众手中了吗？都到了那些阅读社会民主党报刊的群众手中了吗？没有到他们手中。厂报能够到达而且实际上正在到达工厂的全体工人手中，而且社会民主党的工人也在阅读这些报纸。如果真正把这些报纸办好了，把经济要求和政治要求结合起来，那么，这些报纸就可能成为不可估量的因素。各国党的中央委员会和各级党委会是否关心这些报纸呢？很少关心。这些报纸不但没有成百倍地增加，反而在许多地方把它们减少了。必须对厂报的编写和发行给予特别的重视。即使在那些共产党能合法存在的国家，由于企业主的扰乱，企业中的党支部还需要处于秘密状态。那些编写得精彩又适应该企业工人具体情况的厂报、各类传单，能有力地推动支部在企业工人中的工作。顺便说一下，为什么有些工厂支部的工作开展得不好呢？我认为，尽管党在过去的工作中，有一些老的社会民主党的传统妨碍共产党在企业中开展工作，而且遗憾的是，即使现在也还有许多地方仍然只按工人住地来开展党的工作（过去建立党组织时，也正是考虑便于按党员住地开展工作），但是，只要党委会对工厂支部多加重视，工厂支部照样能把企业中的工作搞得比较好。大家在口头上虽然都承认需要在企业中开展工作，但是一旦需要进行某个党的运动时，党委会总是按工人和党员的居住地，即通过街道支部开展工作，而不是通过工厂支部在工厂中开展工作。征集党员的情况也是这样，共产党员挨门串户或站在十字路口，征集人们入党。这种征集党员的办法，产生怎样的结果呢？结果是，对征集入党的工人进行了登记，但是没有把他编入他所在工厂的支部，也不吸收他参加党的工作和对他进行教育，因此使一些新吸收的党员又重新退出了党。

有一次，我引用关于法国共产党征集党员运动的材料。法国共产党曾吸收了几千人参加一次大规模的征集党员运动。这次征集党员运动是通过举行大型的人民群众大会进行的。新党员作了登记以后，就把自己的住址留给了党委会。法国共产党很长时间内都不知道该怎样对待他们，也不知该把他们安排到哪里才好。是把他们组成工厂支部呢？还是把他们派到新党员所在企业的党支部去呢？抑或在住地组织把他们联合起来呢？当通知他们到党委会去报到的时候，至少有三分之一的新党员没有去报到。如果在工厂通过党支部征集党员，并由党支部着手对新党员进行教育，向他们提供书报读物，吸收他们参加党的工作，那么不仅能够使他们留在党内，而且可以通过他们加强企业中的工作，扩大同群众的联系。我当然不能说通过工人所在企业的支部吸收入党的工人，一定比挨门串户和在集会上征集入党的工人要更好一些。毫无疑问，征集党员的方式是造成资本主义国家的共产党内党员经常流动的原因之一。

曼努伊尔斯基同志在报告中说得很对，如果你们想学会如何更好地开展运动的话，你们可以从法国共产党那里学到这一点；但是，如果你们想巩固运动的成果，那么你们从他们那里是学不到这一点的。我完全同意他的这个观点。法国共产党善于开展声势浩大的运动。但是，谁来领导党发动的运动呢？是《人道报》和议会党团。代表们往往不事先通知地方党组织就跑到地方上来指手画脚，甩开地方党组织就举行人民集会等等。我当然不反对党报和代表们参加党的运动。相反，这是他们的直接义务。但是，这些大规模的党的运动应该由整个党、党的各级组织、包括工厂党的支部来领导。如果在一些最迫切的问题上撇开企业支部去搞大规模的运动，支部就只能是处于消极被动状态。现在我来谈一下同志们感兴趣的问题——工厂是否存在开展党的工作的可能性。最好的实例是德国工厂委员会的选举。我已经说过，许多企业的工人曾要求工厂支部或工会反对派提出自己的名单，而支部对企业全体工厂参加工厂委员会选举这样一件大事，完全采取消极态度。我本来可以举出党内文件上就此问题公布的一系列事实，但我不能超过讲话的时间。根据德国共产党柏林—勃兰登堡党组织倡议举行的无党派工人代表会议，原可能在5月1日前召开，可是现在要放到5月1日以后去开了。如果在企业中开展党的工作很困难，或者没有条件，那么，这种由企业代表出席的代表会议也就不可能召开。在工厂中能开展党的工作的，决不只是在德国。

在巴黎，5月1日前，一些工厂召开了工厂无党派工人代表会议。一些同志已经指出，由于这些工厂代表会议召开的结果，在五一节那天，许多生产部门——冶金工人、木器工人、建筑工人等其他工人成功地举行了大罢工。不召开这些工厂代表会议能有这样的结果吗？

请大家再看一个应该让人人都知道的很能说明问题的实例。这就是关于开除柏林冶金工人工会管道敷设工分会主席尼德基尔希纳同志一事的经过情形。此事发生后，冶金工人联合会共产党议员团和党组织发动冶金工人在一些工厂广泛掀起了反对开除的群众运动。这次运动是正确的。其他共产党应该通过这次运动学会怎样开展这类反开除运动。这次打击是怎样击退的呢？管道敷设工分会的共产党员召开了冶金工人工会代表会议，出席这次代表会议的有来自151个企业的293名代表，其中包括柏林27个最大企业的代表。这次代表会议代表着111153名工人。难道这不证明,只要我们愿意,我们就能够在企业中开展工作吗?

请看下面一段我认为很能说明问题的(关于这点我已经说过了)引文(此文摘自《党的工作者》1929年第4期第100页。《党的工作者》是一份供德国共产党的积极分子阅读用的专门杂志。我认为这份杂志应该对我们各国共产党发行。这份杂志有很多缺点,但总的说来不失为一本很出色的杂志):

"在拥有约1500名工人的德累斯顿的皮洛乌和勃洛克企业中,我们的支部和工人委员会的第一主席曾反对我们参加工厂委员会选举的新策略,不愿提出自己的名单。但是,通过散发传单,召集了有近500名工人参加的全体工人预备大会以后,情况表明,全厂工人几乎毫无例外地都投票赞成我们的名单,反对改良主义工会的名单,所以企业只保留了我们的名单。支部的同志对这一胜利感到吃惊。"

(雷梅尔:"这种事实我们那里有一大把。")这证明工厂是可以开展工作的。(雷梅尔:"究竟谁否认这点呢?")

谁不加强这项工作,谁就在否认这一点。我已经用事实证明了有些企业党的工作开展得不够,开展得不好。你们究竟打算怎样巩固共产党所发挥的巨大的思想影响呢?其实,你们在你们每个人的发言中,在你们的每个决议中,几乎都讲到了从组织上巩固这些影响和在工厂中开展工作的必要性。如果说你们在许多企业没有做工作是因为那儿没有支部的话,然则在那些有支部的企业中,是不是这些支部在党内处于被遗弃的地位呢?我要说的仅仅是这一点。

下面再从同一期《党的工作者》杂志上引一段能说明问题的话:

"在哈特维格和福格尔的巧克力糖厂,为了动员全体工人群众也散发了传单。有几份传单落到了佩措尔德和奥尔戈恩——另一个大巧克力糖厂的工人集体的手中,到了第二天,该厂的代表来到了我们的党委会,也要求在他们工厂召开全体工人大会并提出反对派的名单。我们在这个企业的同志们对此采取了十分消极的态度。"

这说明了什么呢?说明了我从1924年起一直说的那些道理,即在企业中能够开展党的工作。人们常对我们说,在企业搞工作是非常困难的,企业常常开除共产党员。难道共产党员可以设想,进行阶级斗争能不做出牺牲吗?

因为共产党不仅要进行反对整个国家统治机器的斗争,而且要进行反对改良主义工会、黄色工会和社会民主党的斗争,所以不可避免地要遭受牺牲。即使把所有的共产党员都开除出工厂,就算这样吧,到明天,党委会还应该千方百计地把其他党员派到那里去,或者把被开除的同志派到他们以前工作过的工厂去,以便在那里寻找同情我们的人,建立由他们组成的新的支部。只有这样才能开展工作,只有这样才能从组织上巩固我们所占领的思想阵地。当然,虽说我们大家懂得这些道理已非一日,但是,数字和事实继续证明,工厂中党的工作至今仍然十分不能令人满意。

(诺伊曼:"不能只讲工作中一些不好的方面。")

至于党的工作中普遍做得好的方面,以及企业中一部分党支部工作做得出色的方面,我过去和现在都十分经常地谈到这些。如果一些工厂没有做出出色的工作成绩,那么也许那些提出并认为在企业中不能开展工作的人是对的。在工厂支部的基础上改组共产党的组织,与前几年相比毕竟取得了一些成绩,而这恰恰是因为一些工厂确实做出了出色的工作。

(诺伊曼:"我们这里没有人认为,在工厂不能开展工作。")

诺伊曼同志,即使您认为,在德国共产党里面没有这样的共产员，而且德国共产党又是共产国际的优秀支部之一，那这也并不意味着在共产国际的其他支部中就没有这样的人。

我始终认为，即便是德国共产党也并不是所有的党员都认识到，必须而且能够在企业中开展工作，否则就无法理解，为什么在企业中只有18%的党员参加工厂的支部。在德国，我们拥有相当数量的革命工厂委员会。我们正着手在德国各工厂中组织革命的有代表权的工厂委员会，关于这一点我后面还要说。在德国工厂中有工会的全权代表，代表中也有共产党员。现在也有其他群众组织着手在工厂开展工作。我想问问你们，如果你们在工厂中没有坚强的优秀的并经过考验的党支部，你们将怎样领导企业整个这项工作呢？怎么办呢？要知道，在德国常常有这样一种情况，工厂里有革命工厂委员会，却没有党的支部，德国同志们，你们应该着手做些什么呢？应该立即着手建立这些党的支部，否则很难领导革命工厂委员会的工作。我很担心，1923年的教训会重演。在1923年的时候，德国共产党对德国的工厂委员会有过巨大的、甚至可以说是绝对的影响。工厂委员会当时与改良主义工会是没有关系的。当时，与改良主义的工会相比，它们是一些革命的组织（只是在1923年以后，也就是德国的改良主义者看到了工厂委员会所起的革命作用以后，它们才在最近几年把其中许多工厂委员会变成了进行阶级合作的机构），难道当时德国共产党在这些工厂委员会中有共产党议员团吗？难道当时德国共产党通过共产党议员团领导过工厂委员会了吗？如果领导了，那么，布兰德勒就无需在开姆尼茨把工作人员（包括合作社的职员）召集起来、并询问他们能不能和需不需要采取行动。如果，当时以布兰德勒为首的德国共产党中央委员会在1923年10月把各企业的共产党员召集起来，或者召开由各企业代表组成的工人代表会议，那么，对于要不要采取行动的问题，就不会作出否定的决定。但是，当时德国共产党与工厂的联系很差。（雷梅尔："这是绝对千真万确的。"）

雷梅尔同志，我也担心，德国共产党现在又会忽视对革命工厂委员会的领导。我担心在这方面会重蹈1923年的覆辙。我是否有权表示自己的担心呢？应该有权，因为，如果企业中今后没有党的支部，再加上工厂委员会、工会及其他群众组织中的共产党员仍然不置于党的领导之下，那么这就意味着，党委会将不能通过共产党议员团对群众组织实行领导，将不能从组织上巩固共产党对工人阶级所产生的思想影响。

现在来谈谈革命代表问题。关于革命代表的问题，在德国共产党代表大会召开之前，有许多人写过文章，在代表大会上，也有许多人谈论过这个问题，认为革命代表应该由工厂的工人选举产生。在这里，我们原来不清楚代表的作用，也不清楚将来由谁领导他们。乌布利希同志来了以后，我们才从他那里了解到这些革命代表的作用和职能。原来，企业中的革命代表机构应该在工厂委员会的领导下进行工作。它应该成为这样一个机构，即革命工厂委员会通过它在企业各车间、科室等部门设立自己的联络网。我们认为设立这种机构有好处，它的职能也是正确的。只恐怕企业中现有的组织和还要成立的组织之间彼此会发生竞争，会给工作带来混乱。如果革命工厂委员会与一个同它不发生任何关系的革命的代表机构并列存在，那么，革命代表机关就会成为一种多余的、谁也不需要的机构，因为它没有日常的工作可做，就是说它可能失去对工人的影响。但是，在那些工厂委员会是改良主义的而革命的代表是受共产党影响的工厂中，革命代表应该与改良主义的工厂委员会分庭抗礼、并需要通过他们采取行动，以便反对企业中所有控制在改良主义者手中的机构。要是德国的同志们真是这样确定革命代表机关的职能，我将会很高兴，因为我坚决反对那些空设虚架、且徒有其名的组织。每个组织都应该具有一定的职能，但是，既然它不具备这些职能，或者它已经失去了这些职能，那就应该妥善地将它们解散，因为这种组织只会浪费那些充当他们代表的同志们的时间。

现在，我来谈谈工厂党支部和厂报在非法时期的作用。当共产党处于地下状态时，如果不是在工厂里，如何才能与工人取得联系呢？无论困难有多大，无论企业主安置什么样的密探，没有一种力量能够阻止共产党员在工厂散发传单，阻止他们同工人们交换看法，诸如在工厂的机床旁、在工厂附近、在和工人们一起的上下班途中、或在其他场合。在非法时期，共产党开展工作的根据地，只能是而且只应该是工厂。

罗马尼亚和南斯拉夫的情况怎样呢？南斯拉夫共产党和罗马尼亚共产党在企业中没有建立工厂支部，也就是说，两个党成为非法组织之前，就与工厂的工人失去了联系，而如果说，它们与工厂群众还没有完全失去联系，那唯一的原因是它们还保留了一部分工会，尽管这些工会一直工作得很差，但通过它们这两个党总算还可以与工厂保持某种非常勉强的联系。在罗马尼亚，发生过这种情况，即在农民向首都进发的时候，如果我没有记错的话，当时矿工不经过我们党、并在我们党缺席的情况下与农民建立了联合。我们党同他们没有联系，这是事实。如果罗马尼亚共产党在工厂中拥有一些小的基层组织，难道有人能够把它们从工厂里撵走吗？现在，当南斯拉夫红色工会几乎被反动势力摧毁殆尽的时候，残存下来的红色工会应当转入地下生存下去。在罗马尼亚，红色工会还在为自己的合法存在而战斗，如果罗马尼亚的反动势力真正得逞（我希望它不会得逞），就会消灭这些工会，那么，这些共产党就会完全失去与群众的联系。南斯拉夫共产党和罗马尼亚共产党，应该尽最大的努力把在企业中工作的党员团结起来组成工厂支部，并着手出版厂报和传单。这两个党应该以此恢复同工厂工人的联系。南斯拉夫和罗马尼亚的例子，应该引起共产国际所有支部的注意，因为世界范围内出现的阶级斗争尖锐化，必然使反动势力进一步加强。柏林的五月事件表明，甚至连一向只在口头上用西方的纯粹"民主"反对苏联布尔什维克无产阶级专政的社会民主党人，也封闭了德国共产党的中央机关，这样一来，势必造成对全党和对工人阶级领导的困难。既然我谈到了德国，就想顺便弄清楚下面一个问题，即在德国共产党中央机关报被查禁后，它是怎样继续出版的。据说（我希望德国同志们能证实这一点），《红旗报》被查禁后，没有准时每天出版。难道你们就不能事先多建立几个秘密印刷厂，做到每天出版一份，哪怕技术上粗糙一点的、小型的《战旗》报来代替被封闭的中央机关报吗？

　　再看另一个事实。红色战士联盟组织被查禁了。红色战士联盟的领导和成员以及德国共产党宣布，红色战士联盟仍旧存在，它对一切禁令不屑一顾，可是你们却出版不了秘密的《红色阵线》，好像是因为你们没有钱。一个拥有12.5万名缴纳党费的党员的共产党，一个在德国工人阶级中有着巨大影响，年度预算为几百万马克的共产党，竟未能找到资金来出版一份秘密的红色战士中央机关报；红色战士联盟机关报的正常发行，实际上，就能向那些因被遣散而激怒的和关心红色战士联盟的最广大的工人群众表明，红色战士联盟仍旧存在。

　　现在，我来谈一下地方党组织的工作。你们想想，如果各级地方党组织，即区委会、党委会和州委会都是些很好的组织，如果他们都很好地和正确地发挥了作用，工厂支部能是这样一种状况吗？我以为，用不着我在这里多费口舌，你们每一个人一定会认为：不，这些地方党组织没有把工作做好，因为，如果它们把工作真正做好了的话，它们就不会把出版宣传画和按时散发传单当成主要的工作去做，而会把主要的精力用来同基层组织、工厂建立联系，并在那里开展工作，甚至可能对发布的大量通令给予回击。但是，它们没有在这方面开展工作或者工作做得不好。为什么它们工作得不好呢？原因在于：（1）过分集中制，妨碍了地方组织发挥主动性，并且压制了这种主动性。地方党组织先要等中央表态。中央一表态，我们就什么错误也不会犯，什么倾向也扣不到我们头上。这样我们将无懈可击。一旦得到中央的指示，就可以展开工作。而因为决议和指示往往来得很迟，党组织就等待，什么也不干或很少干。这种状况应该结束。党组织不应该事事都等候中央的指示，而应该不超出代表大会规定的总的方针或中央全会决议的范围，独立地开展党的工作。在发生重大事件时，当党委会被切断同中央联系的情况下，它们怎样才能从中央得到指示呢？需要在工作中发挥自己的主动性。（2）此外，因为要节省钱，宣传画、各种传单等都是由中央印刷好后，然后再寄到地方。有时候由于这些邮件常常在邮路上被耽搁，甚至这些宣传画被铁路和邮局的官员销毁或扔掉，因此地方组织就得不到这些宣传品。此外，中央写的号召书，内容一般化，而如果由地方组织编写传单，质量可能会差些，但他们总还能考虑了本地的条件和本地的因素。这些号召书和传单所产生的影响，要大大超过他们迟迟从中央收到的宣传画和号召书。这是事实，而因为一切都要中央做，因为一切都要集中，那么，结果会怎样呢？中央机构十分庞大，有50—200人，而在一些大工业区，除极个别情况外，在党委会和区委会中没有一个拿报酬的工作人员。这是事实。但愿同志们说，这是不对的，我准备在这个讲台上承认，我原来说错了。

现在，就党员人数增减流动的情况谈几句。这里有几个国家的共产党员的数字。我例举最近几年一些党的党员人数，目的是让人们了解，共产党内党员人数变动的情况。**捷克斯洛伐克共产党**在1924年有138996名党员；1925年有93220名；1926年有92818名；1927年有138000名；1928年在共产国际第六次代表大会期间有150000名，到1928年底只有91000名，而到1929年，仅有81432名缴纳党费的党员。（乌布利希："不对，绝对不对。这是伊莱克搞的欺骗。"）

乌布利希同志，第一，如果我没有记错的话，1924年伊莱克没有主持领导工作，第二，我们列举的这些正式数字，是**捷克斯洛伐克共产党中央**在党的代表大会总结报告中公布的。

例如，1926 年有 26801 人加入了捷克斯洛伐克共产党。加上 1925 年原有的 93220 名党员，1926 年应该是 120021 名党员。然而，1926 年捷克斯洛伐克共产党只有 92818 名党员。这就是说，1926 年有 27203 名党员退党，比同年入党的人数多 402 名。

英国共产党在 1925 年有 5000 名党员，1926 年 4 月有 6000 名，1926 年 10 月有 10730 名；1927 年（1 月）有 9000 名；1928 年（3 月）有 5556 名。而现在，1929 年，根据一些材料统计，英国共产党只有 3500 名党员，而根据另一些材料统计，共有 4000 名党员。英国同志们，引用的这些数字对吗？

（坎贝尔："对的。"）

法国共产党，在 1924 年有 68191 名党员，1925 年 8 月底有 83326 名；1926 年有 65213 名；1927 年有 56010 名；1928 年有 52526 名；1929 年法国共产党只有 46000 名党员。在这期间，法国共产党开展了征集党员的运动：1926 年，法共吸收了 5000 名新党员，1927 年法共又开展了所谓反对军事订货草案的征集党员的运动，征得了 2500 名新党员；其实，法国共产党的人数一年比一年减少，尽管它一直不断地征集新党员。

美国共产党，在 1923 年吸收了 6532 名党员，1924 年为 8456 名；1925 年为 4100 名；1926 年为 2371 名；1927 年为 3257 名；1928 年吸收新党员 2452 名。5 年共计吸收了 27168 名新党员，则现在 1929 年，美国共产党只有 9000—11000 名党员。

从柏林—勃兰登堡党组织 1929 年 4 月向州党代表会议所做的工作报告中可以知道，1928 年它吸收了 6087 名新党员，而同期内退党的有 4965 名党员。这就是说，柏林—勃兰登堡党组织只增加了 1122 名党员，因为在同一期间内它失去了大量的党员。

在这里，我没有引用德国共产党的数字，因为在近几年德国共产党的党员总人数（124000名缴纳党费的党员）是稳定的。当然这并不证明，在德国共产党所有州的党组织中党员人数没有变化。共产国际各支部党员人数起伏流动现象，难道是一种偶然现象吗？如果党组织的工作做得好，对它们吸收的每个党员都很关心，那么党员自然会留在党内。当然也会由于迁移等原因失去一定数量的党员，但不能用这一点来解释党员流动的原因。如果共产党把增加党员人数、把如何努力设法使他们留在党内作为自己的一项任务来抓，就会对党员进行教育并关心他们，就能使他们留在党内。这样才能使党员人数增加，并利用党员人数的增加，在党组织及其他群众组织中开展工作。只有这样，才能减少党员的波动。这能做到吗？完全可能。有些人想向我们证明，离开共产党的都是一些机会主义分子、害怕困难的人，等等。而留下来的人是百分之百的革命者。但是，到了下一年，一部分称做革命者的人同样可能离党。这种解释毫无意义。我们应该承认，各国共产党都存在党员人数起落现象，应该防止这种现象，而要防止它，就需要地方党组织更好地开展工作。工人们之所以加入共产党，是因为他们认为共产党是一个捍卫工人阶级利益并有能力领导他们的革命政党。他们指望在党组织中找到经常而又紧张的活动。但是，在大多数情况下，他们在党组织中找不到这样的活动。在共产国际第六次代表大会以后，我在《共产国际》杂志中发现了一份德国共产党关于德共党员退党原因及退党者去向的调查材料（主要的统计材料都是经德国共产党详细研究过的）。从材料中发现，主要是一些年青党员由于对地方党组织工作不满而退党。在党开展重大运动的时候，他们仍然帮助共产党。这表明，他们没有转向其他政党，因为他们仍然把共产党看成是自己的政党。在法国最近几次的选举期间，有30多万工人积极帮助法国共产党进行工作。但是他们也不加入党，因为党组织没有能通过必要的和有益的工作去关心他们。如何才能减少党员人数波动呢？当然，我无法提供一付长效药方。没有不犯错误的医生。我以为接受和贯彻以下几点,会有助于地方组织防止这种消极现象产生。(1)取消对地方党组织的走马看花且浮于表面的领导,应给予长期的符合实际情况的指示。有时派指导员到地方党组织去工作三天,可是在德国曾发生过这样的情况,指导员来了以后,发现了一些不正确的地方,接着把有关情况对上级党委一反映,随后本人就走了。指导工作应该做到,使指导员在地方组织中蹲一段时间,扎扎实实下功夫帮助地方组织开展工作。(2)必须对决议执行情况组织检查。我们的决议是很好的,是无可挑剔的。可是它们的执行情况怎样呢?我认为,现在就应该检查决议的执行情况,并了解决议是怎样执行的。最好少搞些决议,而决议一经通过就应该贯彻执行。(3)应该推荐优秀的工作人员担任地方组织的领导工作。但是一些优秀的工作人员往往都留在中央单位,他们坐在机关编写和分发那些无用的不切实际的指示。(4)必须定期召开全国州、区范围内的会议以研究党的建设方面的问题。(5)必须在共产国际各支部办的所有学校中讲授党的建设问题的课程。现在那些学校讲授的全是些没用的东西,直至雄辩术之类的课程,但就是不讲授有关党的建设方面的内容。(6)必须正确地和合理地配备党的力量。党内常有这种情况:一个党员积极分子常常负担过重,他们在组织方面事务性工作太多,以致不能为自己和党有效地进行工作。

(诺伊曼:"完全正确。")

与此同时,却有30%—60%的党员成了党内的消极因素,他们什么工作也不做。我不要求,他们表现出像许多人希望做的那样,我只建议,在给党员分配党的义务时做到使一个同志承担不超过两份的义务。(当然,在非法时期同志们可以承担更多的义务。)(曼努伊尔斯基:"在共产国际的机构中也存在同样情况。")

曼努伊尔斯基同志,如果您在共产国际的机构中也帮助实行我提出的建议,那么我将十分感谢您。

（7）必须从党委会方面改进和加强对群众性工人组织中共产党员和共产党党团的领导。

现在来谈一下干部问题。同志们总是说，我们没有干部，但给我的印象则是，他们想象干部会从什么地方出现，比如说从天上掉下来。干部是怎样造就出来的呢？干部是在那些有作为的组织中造就出来的。凡是没有干部的那些党，就意味着党的工作没有做好。这是十分清楚的。或者你们认为，只要把没有实际工作经验的同志送到学校去培养、并向他们讲授共产主义的谋略，不就培养出干部了吗？这种办法是培养不出所需要的干部的。我不是想以此说明，我是在反对学校。相反，我主张在学校中讲授党的建设课程，我总是说，学校是需要的，但应该使同志们懂得，单单靠学校是不可能向我们输送所需要的干部的。学校应该培训那些已经具备实际工作经验的同志。在这方面，苏联共产党的经验值得借鉴。在1917年以前整个时期，我们布尔什维克在国外有大约2—3所学校。在这些学校学习的同志，都是在当时沙皇俄国有多年从事党的地下工作党龄的同志。俄国布尔什维克在实际工作中得到了自己需要的久经考验的干部。我想，老布尔什维克近卫军当中，有2/3的工人没有任何机会到党校或党训班学习并在那里毕业。但这并不意味着，老布尔什维近卫军的所有干部都是不合格的工作人员。在共产国际各支部中，我们还有一个不利的方面，即我们还有为数不多的一批干部是从社会民主党人转移到我们方面来的。他们把社会民主党的各种习气也带给了我们。为什么共产党至今没有在工厂的工人中间开展工作呢？主要是因为，正是这些干部——愿意成为革命者或已成为真正革命者的原社会民主党人，本身还带着社会民主党人的旧的传统和经验。他们说：我们30—40年不在工厂基层组织中开展工作照样也对付过来了，为什么现在一定要改变党的工作方式呢？在原来居住地组织中有50—150名党员，它们所需要的积极分子比现在少，现在工厂支部和街道支部在大多数情况下有 3—50 名党员。每个支部至少需要一个有经验的积极分子。党的支部工作得越坏，越是无所作为，就越是很少有希望得到资本主义国家共产党所需要的干部。在这里，各基层组织、地方党组织、共产党议员团不努力在群众组织中开展工作所造成的这一困境，必须要集中全部力量加以克服，否则有用的干部便不能脱颖而出。必需取消这种做法，即把党的工作人员划分为政治工作人员、组织工作人员或实际工作人员。在共产国际的许多支部中都有这种做法。一切政治工作人员，包括报纸的编辑，都需要到基层组织和地方党组织中去工作。这样就能够使党组织活跃起来，那时就会产生所需要的干部。共青团也能够输送现在迫切需要的新干部，这些干部将以新的姿态对待工作、能够完成面临的新任务——革命的任务。共青团应该输送这些新的干部。

我现在来谈一下青年共产国际及其支部的工作。

共产国际第六次代表大会对青年共产国际作出了什么决议呢？"大会委托青年共产国际从更广泛地吸收青年工人的必要性和征集青年方法的多样性出发，研究青年共产国际的战略和工作方法问题……"接着又写道，必须"采取措施，在共青团的领导下组织专门的青年团体，其目的是为那些未加入工会的无产阶级青年的经济需要而斗争"。[①]

根据上面所说的，这一年做了些什么呢？这里说得很少。我想，青年共产国际的同志们将在这里发言，并会说明他们做了些什么。如果根据希塔罗夫同志在《真理报》上的文章和他昨天在这里的发言来判断，那么他们会说，从第六次代表大会对青年共产国际所作出的决议来看，他们什么也没有执行。我们掌握的一些数字表明，青年共产国际在执行第六次代表大会决议方面不仅什么都没有做，而且情况比第六次代表大会前还糟。请看一下这些统计材料。捷克斯洛伐克共青团：在青年共产

---

① 引自大会议事日程第一项的提纲，第 39 条。

国际第五次代表大会前夕，有 12789 名团员，而现在名义上仅有 10000 名。实际上共青团只有 5000 名缴纳团费的团员。希塔罗夫同志在《真理报》上发表的文章中也提到了这个数字（5000 名）。德国共青团在青年共产国际第五次代表大会前夕有 20000 名团员；现在有 22000 名，略有增长。法国共青团在青年共产国际代表大会期间有 10000 名团员，现在有 8000 名——失去了一些团员。瑞典共青团在代表大会前夕有 14500 名团员，现在有 14562 名。这里的情况似乎还不错。这是瑞典共产党的特点，我们瑞典的共产党主要是由原来的共青团员组成的。我现在不打算提及瑞典共产党和共青团的历史，同志们自己也都知道。英国共青团在青年共产国际第五次代表大会前夕有 1400 名团员，现在有 900 名。奥地利共青团在大会前夕有 1300 名团员，现在有 1090 名。挪威共青团在大会前夕有 3000 名团员，现在有 2800 名。这就是说，我们不仅丝毫没有前进，而且在青年共产国际第五次代表大会召开后甚至倒退了。我现在把共青团员的人数同共产党员人数相应地做个比较。德国有 125000 名党员，党员交纳的党费数就是 5000 名团员人数。（希塔罗夫："党究竟在哪里呢？"）

关于这一点我还要讲的，希塔罗夫同志。您用不着担心我只批评共青团。法国有 45000 名党员和 8000 名团员。瑞典有 20000 名党员和 14652 名团员。美国有 11500 名党员和 3479 名团员。英国有 4500 或 3500 名党员和 900 名团员。

共青团的基础应该并且能够比党的基础更广泛。要知道，共青团有可能从广大的后备军中吸收没有任何社会民主党传统的青年工人。共青团可以比较容易地使青年工人接受共产主义，共产党要做到这点则比较困难，因为它要打交道的是一些已经受到社会民主主义、改良主义、天主教等毒害的成年工人。共产党在接收党员入党时要提出一定的要求，共青团则可以并且应该无条件地准许青年工人参加自己组织。然而，共青团的基础不是在扩大，而是在缩小。必须改变青年共产国际的工作方法。共青团应该普遍结交青年工人，例如在学校、工厂、夜校、运动场、歌唱和音乐团体、集体宿舍乃至在天主教、国家社会主义及基督教等青年组织中。青年之所以去接近基督教社会主义者、天主教徒、自由主义者等，是因为他们要施展自己的能力，要参加活动，要寻找学习的机会。青年共产国际应该抓住并把这些没有受过传统影响的青年吸引到自己的组织中来，因为青年将来会成为什么样的人，将取决于他所参加的那个组织。必须采取刻不容缓的措施，改进青年共产国际及其支部的群众工作。如果共青团不向党输送新干部的话，党就得不到这些干部。即使在德国，共青团的基础也是很薄弱的，这也可从以下情况看出：在德国共产党中，原来有60%以上的党员是社会民主党和独立社会民主党的成员，可是在1928年前，从德国共青团员转为德国共产党员（在19个区共有76649名党员）的人数只占2.57%，即1916人！

难道这只是青年共产国际和各国共青团组织的过错吗？不是，绝对不是。共产党很少关注共青团，也不研究共青团的工作。不但如此，共青团还不得不经常帮助共产国际以纠正共产党本身的路线，这不是在共青团的工作方面、而是在党的各个工作方面的路线。如果我们共产党能拿出更多的精力对共青团的工作给予更多的帮助，那么，共青团就可能成为源源不断地向共产党本身输送力量的泉源。由于青年共产国际设在莫斯科，因此，它不可能在德国和其他地方办公。我不想以此说明，青年共产国际对资本主义国家的共青团组织的不良状况就不负有责任。青年共产国际同样也是有责任的。我丝毫不反对青年共产国际搞政治，丝毫不反对它讨论和解决共产国际的问题，就像共产国际支部那样。同样，我不仅不反对让青年共产国际成为战斗的组织，相反，我认为这是完全必要的，但这不能使它不去关心青年工人中的群众工作。这不是要让青年共产国际放弃这样一种工作，即让共青团组织在青年工人参加的广泛的青年组织中开展工作。如果为了争取青年工人而需要的话,也可以而且应该到基督教社会主义组织、天主教组织以及自由主义等青年组织中去开展工作。总之,哪里有青年工人,共青团组织就应该到哪里去开展工作。然而,青年共产国际,至今仍然采取与此格格不入的方针。共产国际应该决定这一问题,即让青年共产国际及其支部是否参加去年在荷兰召开的国际青年和平大会。青年共产国际两次作出关于不参加这个大会的决议。政治书记处撤销了青年共产国际关于不参加这次青年和平大会的决议。当时,他们把是否参加会议的问题提交给了共产国际执行委员会主席团。

在这次大会上,青年共产国际成功地做了一些工作。青年共产国际代表团在这次大会上,就帝国主义战争和其他一些问题阐述了自己的观点。青年共产国际代表的发言,在世界青年和平大会期间和大会以后,刊登在一些国家的资产阶级青年团体的大刊物上,这些刊物的读者不少是青年工人。难道这不是成绩吗?

我认为,在青年共产国际中,即使现在,也并非所有的同志都认识到,必须通过参加这类大会来宣传自己的思想。青年共产国际原来采取的方针就是,共青团不得参加这类大会。

(希塔罗夫:"我们连一个新团员也没有得到。")

的确,显而易见,你们原来就没打算在他们中间征集团员。没有任何一种克服不了的障碍能够阻碍青年工人加入共青团组织。共产党应该比以往更加重视共青团。在德国共产党 25 个党区内(联合着 125000 名党员中的 105000 名),在 1928 年的时候,共青团里面只有 843 名共产党员。德国共青团有 22000 名团员。这 843 名党员能够领导德国共青团吗?不能设想,所有这 843 名党员都是积极主动的同志。绝对不是。他们当中肯定也有消极分子。这是不足的地方。应该拿出更多的精力和时间来关心共青团。难道,我们还要让共产党如此忽视共青团工作的现象持续 10—15 年？不要忘记，阶级搏斗每天都可能突然爆发。到那时，再着手改进共青团的工作就已经迟了。因此，需要立即采取一切措施，使青年共产国际改变自己的工作方法。当我说到共产党在共青团工作中存在的缺点时，我并不想以此说明，共产国际执行委员会对青年共产国际执行委员会在群众工作方面的糟糕状况不负有责任；共产国际执行委员会没有坚决要求、检查和帮助青年共产国际，使之转而采取共产国际第六次代表大会所指出的新的工作方法。共产国际执行委员会对青年共产国际的领导是绝对不够的。我说这些决不是为了责备谁。但是，现在是时候了，应该直截了当地提出青年共产国际必须改变工作和工作方法的问题。青年共产国际应该成为一个战斗的组织，就像共产国际的其他支部一样，它应该参与共产国际的政策，它应该帮助共产国际同机会主义分子、右倾分子以及所有不执行共产国际路线的人进行斗争，不过它只应该拿出一部分时间，而大部分时间应该用来在企业、青年工人中开展工作。希塔罗夫同志昨天在这儿发言时说：青年共产国际召集了青年共产国际各国组织的代表，听取了他们的报告，向他们发出指示并告诉他们群众工作不足之处等等。这很好。但是，希塔罗夫同志，你们并不都是这样做的。当共产党在领导工作中犯错误时，你们青年共产国际成员就要求撤换领导，要求采取某些组织措施。这很好。可是为什么，你们不撤换青年共产国际各国组织的一些党的领导人呢？也许因为他们做出了很好的决议，他们是 105% 或 120% 的正统的共产党人吧！但是，既然他们不善于在群众中开展工作，他们就不能领导各国的青年团。尽快解除这些同志的工作，让那些善于搞群众工作的其他优秀同志来代替他们。我很注意地听了您昨天的发言，但是，您一句话也没有提到这样的问题，即是否按照巧妙而熟练地在群众中开展工作的特点来更换青年共产国际各国组织领导机构。（希塔罗夫："共青团是一个教育组织，请不要忘记这一点。"）

是的，共青团是一个教育组织，它不应该只采用一种方式教育青年，例如在狭小的团员范围内，通过一些很好的、贯彻到底的决议，它应该教育广大的青年群众。难道不需要对广大的青年工人进行教育吗？否则——资产阶级就会去教育他们。你们至今只抓了极少数同志的教育，这些同志本身又不到群众中去开展工作，或者不好好地开展工作。

现在，来谈一下在广大的非党群众组织中的工作问题。关于群众组织的问题，会上已经说得很多了。但是，我应该告诉你们，至今在所有这些组织中还没有共产党党团。在这些群众组织中，共产党还没有通过共产党党团来实现正确的领导。而在那些已经有了共产党党团的地方，这些党团工作得还不好。这些群众组织本身并不是在任何地方都是群众性的。就拿国际支援革命战士协会这个组织来说吧，它只是在德国才是一个群众性的组织，而在其他国家，它根本就不是一个群众性的组织。这是事实。至于工会，即使在德国，党委会对于在工会工作的共产党员的领导也是不够的。其实，要在工会中顺利开展工作并不困难。最近在德国，冶金工人、矿业工人、轻工业工人等，这三个工会在工会工作中取得的胜利足以证明这一点。我已经提到过在工厂里为反对开除共产党人进行坚决斗争的情况，而这证明，只要善于抓工作就能开展工作。如果共产党认真地在工会中进行工作，我相信，工会一定会提供极其宝贵的机会，通过它们同广大群众建立联系。因此，在已成立了共产党党团的地方，需要对共产党党团实行党的正确领导，还没有共产党党团的地方，要领导成立共产党党团。这项领导工作至今做得还不够完善。

关于共产党在工会方面的工作，我只详细谈谈意大利和中国这两个国家的情况。

我应该告诉你们，我们共产国际执行委员会的工作人员，对意大利国内共产党发生的情况了解得很差：例如，他们是怎样顺利地进行自己困难的工作的，他们是以什么方法深入到工人群众中去的，等等。

因为我知道，意大利的同志还有一项十分重要的工作一直没有完成——这就是关于在法西斯工会中开展工作的问题。关于这一点，在共产国际执行委员会扩大的第五次全会《关于共产国际各政党的布尔什维克化》决议的第 10 项中是这样说的：

"布尔什维克化的重要组成部分是对在现有的社会民主主义工会和其他工会（黄色工会、国家社会主义工会、基督教工会和法西斯工会）中的工作给予比此前大一百倍的重视。只有这样，才可能真正摧毁改良主义上层（工人贵族和工人官僚）在工会中的垄断地位。"

我担心，这个决议执行不了。当然，决议不要求意大利党争取所有的法西斯工会，因为这是不可能的，是十分困难的。我们很清楚，工人加入法西斯工会不是因为他们愿意这样做，而是因为经济和政治形势迫使他们这样做。所以意大利共产党应该在法西斯工会中开展工作。

现在我谈一下中国工会的问题。在这次全会召开前夕，收到共产国际执行委员会一位代表的来信，信中谈到中国共产党在国民党工会中的工作和赤色工会的状况。我现在引用其中的几段。他是这样写的：

"我们主张：摧毁黄色工会。不让它们扩展。因此，我们的同志应该在这些工会中工作。对，应当如此。但是，为此我们的同志需要加入这些工会，信得过我们同志的那些工人，也会跟着参加进去。这样做的结果，会不会使国民党的工会扩大呢？

"还有一个困难：我们说，应该成立赤色工会。如果我们同时在赤色工会和黄色工会工作，我们就什么事情也做不成，因为我们的力量不足。从理论上来说，这个论据是站不住脚的，但实际上确有一些困难。我们的一个工人要给赤色工会和黄色工会交纳双份会费。工人的负担就要增加一倍。他们在工厂一天要工作 12 个小时，要完成我们提出的要求，就需要我们的工人具有很高的觉悟，就需要得到党在思想上的巨大帮助。这个问题引起全党（从政治局到我们）

焦虑。

"工会的组织状况是这样的：我们（即赤色工会）的力量到处在缩小，国民党工会的势力则在扩大。"

有没有关于在国民党黄色工会中如何开展工作的决议呢？为什么在这个问题上，我们的中国同志整整一年都在动摇不定呢？何况红色工会国际第四次代表大会，就如何在国民党工会中进行工作的问题已作了专门的决议。在《殖民地和半殖民地国家的工会运动》的决议中，关于中国那章的第2条指出：

"凡是黄色工会专靠军警和恐怖手段维持自己的地方，凡是它们没有能（哪怕在一小部分工人中）站住脚的地方，就只能是搞掉这些组织。"

在第3条中指出：

"黄色工会组织已经在一定程度上渗入到工人群众当中（这种情况极少）并已经在一部分工人中站住了脚的地方，那里阶级性工会运动的拥护者，就应该打进这些组织内部去开展工作。"

红色工会国际第四次代表大会决议第二部分中关于中国问题是这样写的：

"许多中国工会运动的工作者，他们过去认为，要限制或者不再派遣同志到反动工会中去，因为他们在那里会慢慢腐化；这可以解释为放弃到这些工会内部去做分化工人的工作，放弃把这些组织里的工人争取到我们这方面来。我们的同志不要进入军事当局任命的反动工会的上层机构，而应该在这些工会的群众中开展工作。"

可见，决议是有的。中国同志不可能不知道这些决议。中国红色工会派了一个很大的代表团出席了红色工会国际第四次代表大会。代表团参加了决议的制定，我刚刚已引用了其中的段落。肯定，这个代表团还就红色工会国际第四次代表大会的这些决议作过报告。我考虑，中国已经拿到了这些决议。不知为什么，直到现在中国同志们对要不要到国民党工会中去工作还在动摇不定。结果怎样呢？红色工会——寥寥无几；国民党工会——一大批。共产党员都待在红色工会里，而群众性工会里却一个共产党员也没有，所以国民党人成了真正的主宰，可以随心所欲地控制工人，而共产党在那里任何工作或者几乎任何工作都不搞。这是布尔什维克的策略吗？我想，不是。关于在国民党工会中开展工作的问题，待讨论工会问题时，我回头再谈。这里有人曾说过，中国共产党也许可以和联共（布）相提并论，它是在艰难的条件下进行工作的，等等。当然，这没有说错，它是在极端困难的条件下工作的，我们党不曾有机会在这种困难的条件下工作。（喊声："条件更加恶劣。"）联共（布）——或者像以前那样称呼它——俄国社会民主工党（布尔什维克），从1907年开始到1912年，就是在非常恶劣和困难的条件下工作的，我们的同志同样有的被处死，当然不及中国那么多，也有的在苦牢中惨遭杀害，等等。但是，俄国布尔什维克始终没有和工人群众断过联系。工人阶级是我们党的基础。无论条件多么困难，布尔什维克始终坚持在各企业中进行工作。但是，在谈到中国共产党的时候，尽管有这一切困难，不仅是摆它的困难和它在中国革命运动中始终一贯的英勇作用，而且也需要向中国同志指出他们在工作中存在的缺点。中国共产党，当前还没有足够的无产阶级基础。它几乎不依靠工人。从中国共产党驻共产国际执行委员会的代表屈维它（瞿秋白）同志在《真理报》上发表的一篇文章中了解到，中国共产党现有党员133655名，其中只有3435人是工人，而且分散在30个城市。因此，中国共产党的干部队伍是由小资产阶级出身的人组成的。无论在中央，还是在地方，应该说都是这样。中国共产党在群众性的工人组织中工作得不好。应当提醒中国同志，到那些群众组织中去工作。中国同志们，我希望你们在这里，就这个问题发表意见。我不是中国通，我只阅读了中国共产党的报告，从一些到过中国并了解中国共产党工作的同志们那里得知一些情况。我将很高兴，如果中国同志反驳我说得不对的地方。中国同志在开完全会离开的时候，不仅应该把已经明确解决了的法西斯主义问题和法西斯主义的作用问题带回去，而且应当在离开这里时认识到，中国共产党应该在工人阶级中做工作，应该依靠工人，应该在国民党的工会中做工作，应该改变党员的成分，把那些能够工作和敢于迎着困难做过这项工作的同志选拔到领导岗位上去。

关于根据我的发言所提出的组织措施，我还想在议事日程第一项的提纲以外，再补充几点，这可能有助于按照1925年那样重新提出组织问题，因为毫无疑问，我们正面临着伟大的战斗；因此，在这些事件尚未爆发之前，必须改组我们的队伍和改进地方党组织的工作。

我建议采取以下措施：

（1）必须保证在东方劳动者共产主义大学、中国劳动者共产主义大学、西部少数民族共产主义大学和列宁学校中讲授党的建设课程，以适应共产国际各支部的需要。

（2）必须增加共产国际几个最主要支部派往共产国际执行委员会机关的实习员人数，这些实习员主要应来自大工厂的基层组织。

（3）责成共产国际各支部推荐人员，由共产国际任命担任指导员的工作。

（4）责成共产国际各支部经常向共产国际执行委员会汇报党内情况和党的建设情况。

（5）委托政治书记处审查共产国际执行委员会组织部提出的这些建议，并加强对共产国际关于党的建设问题决议执行情况的监督。

我占用了大家很多时间，但是我认为，同志们自己也已经认识到，大家应当千方百计地利用现有的条件。如果谁在讨论中发言说他们一切都做了，一切都很顺利，那么，请不要对这些话太过于相信。无论他们怎样证明他们的工作做得有多么好，但他们仍然还可以把工作做得好上一百倍。（掌声）

福特（美国）：

我认为，全会应对美国问题给予极大的重视，库西宁同志和曼努伊尔斯基同志对它的重视不够。我们不仅应当向美国同志指出美国委员会的工作成果，而且共产国际执行委员会第十次全体会议应当对美国共产党取得的成就和状况表明自己的立场。应当向广大党员说明产生的政治影响以扩大全党的视野；我们应当声明，在派性问题上我们决不会抱宽容态度。

我们举例说明，美国日益增长的斗争以及南方乃至整个美国普遍掀起的罢工浪潮。首先，这些罢工是由于合理化产生的作用和后果，以及合理化对美国工人阶级的影响所引起的。南方的情况尤其是这样。我们上面指的是，合理化不仅直接影响到工人阶级，而且合理化的结果现在使美帝国主义在国际范围内进一步衰落和处于矛盾重重的境地。这证实了我们对美国形势的分析。我们在这个分析中指出，美国的形势与国际形势相比，没有什么例外。南方的罢工浪潮提出了美国的黑人问题。而在这个问题上，我们又直接碰到了黑人在美国阶级斗争中的作用问题。我们的同志在这种情况下面临着一项重大的任务，即克服在白人工人中间，尤其是在南方的白人工人中间存在的白人沙文主义。因此，在第十次全会的辩论中，我们应当更加重视美国的问题。

现在，我来谈一下殖民地情况。库西宁和曼努伊尔斯基同志在发言中，没有充分详细地说明从第六次世界代表大会以来殖民地所发生的事件。就拿印度的群众运动来说吧，在那里，成千上万的工人在罢工过程中动员起来了，罢工的矛头指向资产阶级的进攻。但是，仿佛有一座长城把印度同我们隔开了。造成这种状况，必定有某些原因和理由。在共产国际执行委员会第十次全会上，我们应当说明，为什么我们与印度的接触这样不够，为什么我们与印度的联系这样少，为什么罢工没有沿着正确的道路发展、没有充分受到革命的影响。

我认为，我们对中国的问题没有给予足够的重视。皮亚特尼茨基同志今天在上午的会上，就中国问题发表了一些批评意见。我想请皮亚特尼茨基同志回答下面的问题：为什么在中国造成了目前这种状况？难道共产国际执行委员会不应负一部分责任吗？我们同中国有什么联系呢？

在拉丁美洲，也正在发生对我们具有重大意义的事件。拉丁美洲的运动，同样在某种程度上与我们总的国际革命运动隔绝了。时间将实际表明，我们把两个独立的国际运动——殖民地各国人民的运动和西欧各国人民的运动——在共产国际的旗帜下组织起来了。在共产国际的旗帜下，不应当存在截然分开的两种运动，而应当形成在共产国际总的领导下的统一的运动。在这个统一的运动中，我们的一切国际问题应当是相互联系的，殖民地的斗争应当与西欧各国的斗争和美国的斗争结合在一起。

现在，我来谈一下英国工党的问题。我认为，英国工党的问题是同我们最近对待殖民地问题的态度，尤其是对待处于英国统治下的国家的态度联系在一起的。全会已经指出，工党政府将靠牺牲英国工人阶级的利益来强化和加强英国的合理化。这是对的。但我认为，英国的合理化还有另一方面和另一种后果。工党政府和资产阶级，不仅背叛了英国的工人阶级，而且也背叛了殖民地的人民。我们应该考虑英国合理化的以下几个方面。与美国和德国所实行的高度发达的合理化相比，英国的合理化正处在发展的最初级阶段。技术原因、矿井的自然条件和英国许多工业部门中旧的定额标准等，这些阻碍了英国的合理化水平达到上述国家合理化的那种高度。由于这个原因，英国的合理化对殖民地也有很大的影响。麦克唐纳工党政府，为了竭力实行由英国资产阶级采取的合理化过程，为了企图填补由于发展上的缺陷和可能进一步实现合理化而造成的漏洞，将千方百计地加强帝国主义压迫，扼杀殖民地。与此同时，正如我们一些英国同志所指出，英国工党政府和英国资产阶级也会对英国工人阶级作出某些让步，目的是以此掩盖它对殖民地的进一步压迫。但是，工党政府对殖民地人民的这种背叛，其结果首先将是对殖民地国家，特别是对印度工人阶级的背叛。因此，我们英国的同志面临一项巨大的任务，就是通过种种日常问题以具体揭露工党政府对待殖民地人民的嘴脸。我们应当吸收英国广大的工人阶级支持殖民地的运动。

同时，必须使我们的同志在所有殖民地国家中与群众建立越来越密切的接触。我们应当越来越深入到我们殖民地国家的群众中去，在他们之中广泛宣传俄国革命的教训和传播中国革命所取得的经验。

我非常具体地对西欧各国来的同志们提出这个问题，我要问他们，对于殖民地他们已经做成了些什么，他们打算做些什么，他们的计划是什么。

现在谈谈黑人问题，在这方面我们始终重视不够，这本身就引起了我们美国黑人同志的不满。我们收到来自我们美国（芝加哥区）黑人同志的一些消息和来信。由于不重视在黑人中的工作，这些信件主张停止在芝加哥的工作。这些蕴含抱怨的信件，是从我们一些老党员同志那里得到的。

其次，至于南非，在我们两位同志的报告中，关于南非讲得非常少，几乎什么也没有讲。必须明确问一问我们南非的同志们，他们在那里做些什么。在第六次世界代表大会之后不久，在南非召开了党的代表大会。会上通过的纲领与社会民主党的纲领没有什么两样，这是共产国际的奇耻大辱。共产国际应当拒绝这个纲领，共产国际执行委员会应当进行认真的调查。这个纲领和南非现在的总的局势，已经遭到我们英国同志的谴责。英国共产党殖民地支部考虑到南非已经形成的局势，几个月前写了一封信，信中对非洲共产党内存在的机会主义和沙文主义的倾向进行了正确的和透彻的分析。我在英国党寄给南非党的这封信上签了字。在这个问题上必须进一步追究。

全会还必须注意，在欧洲工人中传播和通俗讲解关于殖民地问题的提纲，同时还应使他们了解如何实际运用这个提纲。

我们西欧国家的同志们，应当与南非工人保持接触。只要我们与南非保持接触，我们就能指望上，非洲工人依靠自身的力量和以自己的热情所激发出来的力量前进。

由于非洲黑人运动的落后状态以及那里的组织工作处于初级阶段，还有一个我们应当具体地涉及的问题，这就是培养非洲的领袖人物问题。

最后，我并不打算回避谈美国的工作问题。在美国，我们也需要从黑人队伍中选拔经过适当培训的黑人领袖。

整个任务可以扼要说明如下，必须激励我们这些殖民地国家中的黑人同志们的积极性，必须培养大批积极分子以便领导他们本国的运动。

戈尔基奇（青年共产国际）：

如果我们问问自己，目前什么样的机会主义影响更普遍，更有危险性，那么我们一定会得出下面的结论：目前在共产国际中影响最大的是那种尚未公开暴露的机会主义，这些人对一切决定、一切决议和一切方针都表示同意，但在实际工作中却不贯彻执行。这是最危险的机会主义，最终必须进行反对它的斗争。

我认为有义务指出，皮亚特尼茨基同志的发言引起我们所有同志一种满足情绪。直到现在，对于青年共产国际的问题，往往用一些空话支吾搪塞了之。只限于搞些声明，这是不对的，就像库恩或别韦尔同志过去所做的那样："你们已经有2000名或3000名团员"等等。然而，同志们都不下功夫去认真研究我们的问题。

皮亚特尼茨基同志向我们提出问题，这是完全正确的：为什么青年共产国际在第六次世界代表大会召开一年后，在贯彻自己的决议方面仍然一事无成呢？阻碍这些决议贯彻的主要原因，是来自我们各国共青团干部对决议的不理解和抵制，你可以在我们的干部中遇到这种情况。对于这个转折的意义不理解。同志们把这个转折理解为一般性的运动和一般性的任务。当开始理解到实现这项任务的困难时，也就部分出于自觉或部分出于不自觉地产生了阻力，这种阻力有一部分是由于同志们尽管有良好的愿望，但不知道怎样去完成这个转折而造成的。

但是，一些优秀的同志，转折的拥护派，虽然懂得转折的必要性，但在自己的管辖区内也没有实现这个转折。我以汉堡共青团书记为例。在中央委员会里，他正确地谈了转折的必要性，但在汉堡区的代表会议上，他提出了一个决议。决议的政治部分照抄了党的决议，而论述转折的部分则照抄了青年共产国际执行委员会的决议。涉及汉堡组织本身时，决议只写了几句话，说什么所有这一切也适用于汉堡。我们还停留在初级阶段。广大的团员，而首先是我们担任职务的积极分子，在这方面还不善于使所作出的决议具体化，还不善于把决议变成每个组织和支部的日常行动。

我们已着手根除共产主义青年团中的官僚主义习气（那种认为我们不存在官僚主义倾向的想法是错误的，在一些共青团组织里，官僚习气是存在的，而主要是在中央委员会里，例如老是想用发通函的办法领导共青团，等等）。使人感到在德国、法国和捷克共青团中，这些官僚主义的倾向比任何其他地方都更严重。我们已经开始实行共青团指导员制度。我们向一些最重要的共青团派了指导员去进行日常工作。通过这个途径，我们成功地把这项工作推向前进。但是，还有许多困难要克服。我们正在为德国、法国、英国、捷克斯洛伐克、奥地利等一系列国家的共青团支部筹备代表会议和代表大会。关于根据各个组织的具体条件以实行转折的实质问题，在各个地方都将成为一个中心问题。我们打算围绕这个问题，把所有的团员都动员起来，因为不把他们鼓动起来，事先不取得他们的帮助，就不能完成这个转折。

转折最重要的标志是什么呢？第一，自我批评。共产党内和共青团内有没有真正的自我批评呢？没有！现在没有自我批评。自我批评带有官僚主义的性质。人们只说，生产部门没有建立支部，但不说为什么没建立。只有在将广大团员吸引到这项工作中来的情况下，自我批评才能开展起来。第二个问题是关于广大团员的作用问题。我们的组织展开工作时，往往按照老的社会民主党组织的方式。在我们的组织里，是有工作人员总部和委员会。但是，共青团员们执行哪些实际的具体的任务呢？他们勉强地缴纳团费，勉强地参加全体大会。在这样的工作状况下能前进吗？采用这样的工作方法，党和共青团能够把群众动员起来吗？不能！这就是我们要努力单个地、直接地吸收每个团员来参加具体的群众工作的原因。不能只让一小部分干部进行工作，而让大部分团员消极被动。我们要求每个共青团员都到企业、工会和群众组织中去从事具体的工作。

下一个问题是关于干部问题。关于这个问题，皮亚特尼茨基同志已经说过了。其实，皮亚特尼茨基同志的结论是正确的，但不准确，仿佛我们不想召回那些不称职的专职干部。凡是通过其他途径也达不到任何成效的地方，凡是不能使人得到改造的地方，我们正陆续把他们召回来。但是，担任共青团职务的积极分子和担任党组织职务的积极分子之间有很大的差别。他们之间是不能划等号的。担任党内职务的干部，有相当一部分还没有摆脱老的社会民主党的传统。我们团的情况则不是这样。我们没有设立那种带有20年代社会民主党旧传统的老的工作人员总部。有些人，他们还能够进步，但是没有正确地指给他们应该走哪条道路。对待这些人，首先必须采取说服教育的方法。如果我们发现不能说服他们，我们就应该撤换他们。

我接下去谈谈，现在我们应该做些什么。我们正在筹备我们的全体会议。根据取得的经验，我们将在全会上具体地提出一些问题，在各个国家共青团之间交换意见之后再发出指示。在这项工作中，各国共产党应该像皮亚特尼茨基同志在他的报告中指出的那样，给予我们帮助。到现在也许还没有都这样做。我以捷克斯洛伐克为例。在捷克斯洛伐克共青团里，我们曾经历过一次危机。我们失去了许多同志。各方面的工作都做得不好。由于这个原因，我们共青团通过了一项决议，以便在这项决议的基础上召开全国代表会议。后来情况怎样呢？共青团员们不同意上面这个批评，党对他们的立场给予了极大的支持。捷克斯洛伐克党不仅投票反对这个决议，而且党的代表在共青团全国代表会议上还发言反对这个决议。我们不需要党给予这种帮助。我在青年共产国际工作已经四年了，但不记得，共产国际的代表哪怕有一次来过青年共产国际。在这种情况下，在全会和各种各样的会议上，对青年进行批评是很容易的。批评是件好事，但也应该拿出实际的和具体的建议来帮助我们。

我们清楚地意识到，我们所应完成的转折，在各国都免不了要遇到危机和战斗。在捷克组织中，我们已经历过重大的斗争。捷克共青团的大多数反对青年共产国际，党也是如此。（雷曼："仅仅是党中央。"）在我们法国共青团、英国共青团等团组织中，也会发生同样的斗争。但我们将努力去克服这些困难。我们不认为这是一项普通的任务，我们把它看成是一项重大的任务；训练共青团去回击资产阶级在这个时期发动的、矛头指向共产主义组织的进攻。但是，只要共青团和党内还存在社会民主党残余，我们进行的这场斗争就不可能稳操胜券。如果人们把组织看作是某种缴纳会费、并且在任何时候都可以来去自由的联合体，斗争就不会取得成功，如果共青团的干部和团员存在这种观念，我们的任务就不能完成。正因为如此，转折的问题对于我们来说，不是一个组织问题，也不是一个改变工作方法的问题，而是青年共产国际一项重大的政治任务。

泽格斯（荷兰）：

首先，对瓦尔加同志的报告谈点看法。瓦尔加同志说，工人是根据统计数字来评价合理化的；因此，他引用了美国、英国等的统计数字。瓦尔加的这个看法是资产阶级意识形态的反映。就拿荷兰的例子来说吧。根据荷兰的统计数字，从1913年起，荷兰工人的实际工资增长了25%。资产阶级当然认为这样计算是正确的，但是，我们对这个统计数字看得更清楚。资产阶级统计学者用20种不同的主要食品的价格做抽样，然后根据这些数字进行计算。但是在这种情况下，他们不计算例如房租的开支，而恰恰在最近几年荷兰的房租费涨得特别厉害。其次，资产阶级统计学者得出的平均工资是用工人贵族的工资数字计算的。例如荷兰在工资上存在这样一个差数，即每周最高工资为44盾，最低为15盾。资产阶级在计算时使用平均数字，但无需怀疑，只挣15盾工资的工人比收入44盾的人要多得多。这个情况有助于荷兰党了解，合理化是怎样产生影响的。在荷兰，合理化速度很慢，资产阶级不需要加快它的速度，它从殖民地也能搜刮相当一笔大利润。合理化导致工人阶级缓慢地向左转，最近的选举也证实了这一点。

党还不善于引导工人阶级向左转的过程。我们党的最严重的错误之一是，它的许多党员还不相信荷兰资产阶级也在搞合理化。我们的同志还不明白，荷兰合理化表现在哪里。我认为，在荷兰应当更加坚决地反对社会民主党，反对类似怀恩科普和斯内夫利特一样的叛徒，他们这个集团仍然被工人们看作是一个革命党，因为我们在同他们的斗争中坚持了一条错误的路线。在荷兰，社会民主党向右转的情况，同工人阶级向左转一样，比其他国家缓慢。但是一系列事实说明，在社会民主党的队伍中存在这个向右转的动向。我认为，我们党没有十分清楚地看到荷兰社会民主党的这种发展趋势。一般来说，荷兰党仍然太弱小，它还没有学会正确分析荷兰的发展进程。比如说，对于荷兰资本主义无论在工业还是农业方面的发展实质和前景，我们都还不能作出正确的分析。因此，我们口号的内容包含一系列错误。对我们而言，必须分析荷兰的资本主义及其前景，需要一个正确的农业纲领，分析农业关系的发展。我们应当向我们的党说明，荷兰也在进行合理化。可以举出很多的具体事例来证明，在各种部门合理化正在十分紧张地进行。例如在荷兰的采矿工业中，每个工人的产量增加了200％，而这个生产部门的工人没有增加。又如无线电工业中，合理化的形式表现为吸收青年参加生产过程。瓦尔加同志提出，必须把工人阶级的状况同它的生活水平明确区别开来，这种提法只能使那些不相信合理化会产生危害的同志们更坚定了他们的错误观点。我认为，库西宁同志在他的报告中讲到生活水平时，同样不是指的个别工人，而是指的整个工人阶级。我以为，这个提法实质上同瓦尔加同志的提法是一致的。工人阶级包括各种分子，其中包括失业者，等等，而我认为，不能说下面是两个不同的概念：工人阶级生活水平也就是工人阶级的状况。

对荷兰党来说，最大的危险不是左的危险，也不是右的危险，它的危险是消极。

屈维它[①]（中国）：

我认为，共产国际的右倾危险表现在有关西欧的一般政治问题上，

---

① 即瞿秋白。

这种右倾危险不仅在宗主国而且在殖民地也表现出来了。同时，殖民地的机会主义分子比他们宗主国的老大哥们走得还要远。如果要论战争的危险性和第三时期的矛盾，我们倒有一份绝妙的右倾机会主义纲领的中文译本。

中国革命失败以后，许多人开始认为，资本主义在中国也开始蓬勃发展。关于这点还有这样一种说法："在中国，工人阶级和农民失败以后，中国资本主义得到了大踏步发展的机会。"甚至荒唐到认为，在中国，不仅资本主义得到蓬勃发展，而且这种发展不依赖于帝国主义分子，并且是反对他们的。在第六次代表大会上，当英国代表团说到印度和其他殖民地的非殖民化时，也作了同样的暗示。看来，英国同志们现在离这个立场也不远，因为他们建议各级地方组织研究英国代表团对大会殖民地提纲的修正案。此外，既然殖民地的机会主义分子和宗主国的机会主义分子，他们都认为第三时期是"整个资本主义世界的改造时期"，那就会提出关于战争危险性的问题，国际秩序中矛盾增长的问题。你们不要以为，右倾分子就到此为止，不再继续滑下去了。法国有一些同志，他们认为，法国帝国主义可能退让，认为帝国主义分子也希望和平，因此战争危险在减少。机会主义分子同样看不见在中国以至整个太平洋存在的战争危险；他们这样推断：因为北美合众国给了南满公司2000万，这意味着，美国坚持通过日本帝国主义剥削中国的方针，因此，由于国际资本之间利益的这样相互交织，太平洋战争的威胁将会延缓。英国工党上台执政和日本民政党这个所谓日本自由派上台执政，这被说成是和平主义和民主主义新时代的开端。还有一种低估帝国主义进攻苏联的倾向表现得更明显。关于中国，这些机会主义者是这样推断的：在中国，延续了近20年的国内战争结束以后，大家都渴望和平，此外帝国主义者也要遏制中国军阀而不让他们打仗，并将提供机会以发展贸易和工业。这样一来，中国就将获得在资本主义进化的道路上发展自己工业的可能。所有这些想法归结起来就是：**在西方，将有一个和平主义和民主主义的新时代，而在东方，在殖民地，将有可能非殖民化和工业化**。实际上，殖民地的情况完全相反。只要读一读印度的材料，就会相信，在那里，英帝国主义资本的剥削不断加强，民族资本对英国资本的依赖性日益严重。在中国，尽管提高了税率，但海关监督和对中国海关的控制仍然由英国人把持。英国外交部同中国签订在英国训练中国军官的协议。英国援助修建粤汉铁路和修建粤桂公路，其目的不仅是扩大市场和掠夺资源，而且是出于军事策略上的考虑。那么，将要由英国一手操办的"中国海军"又意味着什么呢？这实际上是英国的军事力量，而不是中国的军事力量。

至于日本，不管将来是由政友会执政还是由民政党掌权，这都改变不了事物的本质。日本过去和现在一直在满洲，特别是内蒙、山东、直隶等省执行加强军事基地的政策。日本打算召集太平洋国家会议，在会上日本代表将证明，满洲应该属于日本，否则日本将受到布尔什维主义的威胁。所有的伎俩——从山东撤退日军，由新内阁从南满召回一些官员——什么也改变不了，相反，无论是英国的工党政府，还是日本的民政党政府，都不过是在掩盖它们加紧对战争的准备，都不过是在掩盖它们加强对殖民地——印度、中国等的剥削政策。

至于说到美国，即使它现在确实把钱给中国，那也绝不意味，它打算使中国工业化，它打算帮助中国资产阶级发展自己的资本主义。美国极力想在中国建立太平洋军事基地，因为美国资产阶级比某些"共产党员"更懂得，如果它想从英国和日本手里夺走中国市场，非动干戈不得成功。至于说，帝国主义也不希望中国打内仗，不希望中国军阀打仗，似乎是美国尤其如此。那么，最近几个月来的一些事实完全驳斥了这种论调。

英国和日本都在秘密地或公开地支持中国的军事集团，并为中国打内战创造条件。应该说蒋介石打败桂系以后，南京政府**在很大程度上处于美国控制之下**，但是在南京集团内部，日本、英国和美国三方为争夺对南京政府的控制，一直你争我夺激烈得很，这是在制造一切条件打内战，而不是搞统一。在中国拥有势力范围的英国和日本不会善罢甘休，它们必将千方百计地插手各军事集团并支持他们火并，从而一块块蚕食中国的领土，巩固他们的势力范围。

甚至连德国，这个"没有分到好处"的德国也极力想获得在中国的租借权。南京政府中的德国顾问鲍威尔写道：在中国任何统一都是不可能的，应该在中国恢复战前的制度，也就是说，德国应该得到租借权，并且在中国拥有军事基地。

有些中国同志认为，即便我们现在不能说要支持中国民族资产阶级，那么，总应该指出，蒋介石和李济深之间的战争是民主主义的资产阶级和封建主义的军阀之间的战争，而且蒋介石在这场战争中代表进步力量，因为蒋介石的胜利意味着有某种可能使中国非殖民化和工业化，而工业化将使中国产生强大的无产阶级，没有无产阶级也就不会有任何革命的高潮。因此，虽然说不能支持蒋介石，但毕竟应该承认蒋介石是一个进步分子。此外，还有人提出这样一种论据：在像中国和印度这样大的殖民地，可能有两条发展的道路：苏联道路和"美国道路"（即在美国资本扶持下发展工业）；据说，在全世界革命形势没有形成以及在中国革命处于低潮的条件下，第一条道路是行不通的，只有第二条道路可以走，这条路将给殖民地的工人带来**很大好处**，因为工业的发展将使殖民地无产阶级的生活水平得到提高。机会主义者谈到这个好处时，建议放弃革命。我们认为，这个问题反映出一个非常危险的倾向。因此，我请求事先原谅我，我的发言将涉及瓦尔加同志，因为他说过，工人阶级的生活水平仍然提高了一些，而无论如何没有降低。如果我们谈的是全世界工人阶级，那么，这里也应该包括中国苦力和印度、印度尼西亚等国的工人。我不明白，忘记了这个现实，您怎么能做出统计。可能您认为，中国根本就没有统计数字，因此在计算工人阶级生活水平时，可以把中国排除在总的统计数字之外。

需要给自己提出一个问题：民族资产阶级的发展是否意味着封建关系必然灭亡，这是不是发展的必然趋势，也就是向着纯资本主义关系统治，"Laisser passer, laisser faire"（许可证和自由竞争），代替封建残余统治的方向发展？依我看，虽说这个问题，无论是在各次代表大会上，还是在每次全会上都没有提到过。然而这个问题对我们、对中国共产党以及殖民地其他党来说，都是非常重要的。即使资本主义在宗主国甚至在殖民地也搞合理化，并加紧资本输出，是否就可以由此得出这样的结论说，从此开始向殖民地经济过渡——从封建残余向更多的资本主义发展，向更多的工业发展，并且资产阶级—资本主义发展的因素将不断战胜殖民地的封建残余呢？如果这样说，蒋介石是进步分子，他毕竟能代表所谓使封建制度陷入绝境并使它灭亡的民族资本主义，那么，就都是对的。然而，在我看来，问题并非如此。实际上，在中国革命失败之后，民族资产阶级和民族资本同帝国主义的资本主义更进一步地结合在一起，而帝国主义者也根本不打算，只是去支持什么"独立的"民族资产阶级，而不再支持老的买办和封建势力。有关印度的材料说明，英国政府执行遏制印度资本的政策。同时它公开宣称，印度本地的土邦公国领地都是非常有用的工具，应该保留，甚至有可能是国大党政权或资产阶级政权。帝国主义者极力依靠封建势力，同时利用民族资产阶级作为它统治的新支柱。说到经济关系，由于帝国主义资本在殖民地的发展，由于宗主国的合理化带来的外国商品对当地商品日益加剧的竞争，以及最后保存的封建残余，这一切都对当地小资本参与生产活动造成巨大的障碍。其结果是，当地小资本变本加厉地进行高利贷剥削和采取商业高利贷的形式，从而也将为今后保持殖民地的封建关系，将为民族资产阶级（即一定程度上的工业资产阶级）同封建剥削分子更紧密地结合创造前提条件。**中国的种种战争首先是资本主义在世界范围内总危机增长的标志之一。**不能把蒋介石和冯玉祥之间的军阀战争，看作是一种纯粹的资产阶级和封建主之间的斗争。我们从蒋介石那里看到，他的全部军事力量同冯玉祥、李济深的军队一样，是由一名军阀组成的。众所周知，吴佩孚、孙传芳以及后来的李济深都是英国的老走卒。吴佩孚被赶到庙里去了。李济深现在被抓起来了。但这绝不意味，英国的影响也被赶进了寺庙或被捉进了南京监狱。为什么？因为在广东和广西还留下了一些老牌军阀，他们从前听命于李济深，现在臣服于蒋介石，而明天又可能东山再起，独树一帜。如果说冯玉祥离开出走了，而他的主要助手刘祖林却留下来了，他目前表面上将暂时服从南京政府，而实际上他将准备一场反对蒋介石的新战争。此外，蒋介石在同李济深和冯玉祥交战的时候，把许多特权交给或被迫交给其他的军阀，所以，这只不过是加强中国军阀和封建政权而已。

蒋介石作为上海资产阶级和民族资产阶级的代表，极力想把类似广州、青岛、天津等地方市场控制在自己的势力范围之内，为此，他打出的口号是主张国家统一、主张国家非殖民化和主张建立稳定的通货。民族资产阶级想以此保持住自己对人民群众的影响，要求他们不要反对国家统一的战争。如果说，在中国谈不上对宪法的幻想，那么，可以谈论对"统一"的幻想。

至于殖民地民族资产阶级在将来战争中的作用问题。殖民地一些资产阶级集团甚至将积极反对苏联。许多事实可以证实这一点。我只谈一点。当去年看胡汉民到了伦敦的时候，随后立即跑到君士坦丁堡①，并在那里同凯末尔-巴夏进行了谈话，巴夏对他说，你应该注意到，苏联

---

① 即伊斯坦布尔。

的伊斯兰人民受到苏联政府的压迫,苏联政府正在制定一个征服新疆的庞大计划。胡汉民就这一点在南京大做文章,吆喝中国伊斯兰教徒组织起来反对苏联赤色帝国主义。

不要忽视了,我们地方上的同志常常只读教科书,书上说,据说资产阶级主张民主,而封建主主张君主制。由此就得出结论说,如果民族资产阶级取得政权,那么,它必定赞成民主。但事实证明,完全是另一回事。武汉政变后,有些共产党员还在指望,即使不是蒋介石,那汪精卫也可以在中国建立某种民主制度,这种制度将使中国共产党有可能开展争取群众的合法斗争,这样也就可以"平静地建立合法的群众组织"。几天以后才明白,不仅蒋介石,而且汪精卫、邓演达也都立即拿起了武器,开始屠杀工人和农民。南京政府狂热地吹捧意大利法西斯,把意大利顾问请到南京,让他们为中国写"组合国家"条令。我不知道,这叫什么——叫法西斯主义还是什么别的,但这无关紧要。重要的是,不仅是中国的民族资产阶级,而且还有尚未掌权的印度民族资产阶级,都已**开始在民族的和社会的煽动掩盖下采用恐怖和独裁的手段镇压工人和农民**。如果说,德国、英国、美国等国家的垄断资本统治开始转为通过**社会法西斯主义**的公开专政,那么,金融资本帝国主义政权在殖民地将以什么样的形式表现出来呢?帝国主义者在"第三时期"会不会在那里促进资产阶级民主的制度、议会制度,或是他们将支持民族资产阶级在其中起相当大作用的恐怖专政制度呢?我认为,后一种情况可能性更大。

其次,如果说在一些大的殖民地,像中国、印度等国家,民族资产阶级现在已经成为确定无疑的反革命力量,如果说这种殖民地的资产阶级将要扮演和正在扮演社会民主党的角色,如果说它帮助帝国主义者维持其统治,那么,我认为类似汪精卫、邓演达、独立联盟(年青的尼赫鲁)等小资产阶级政治集团,可能在民族资产阶级手下起着西方社会民主党左翼一样的作用。中国民族资产阶级采取的公开白色恐怖，以及印度民族资产阶级反对民族独立的公开的、毫不掩饰的叛卖立场，必将导致完全丧失它们在本国的影响，而与此同时，这个资产阶级的左翼则以和平、假革命的词句揭露资产阶级这一政策的实质。他们将竭力抑制群众斗争的积极性，欺骗群众，并以此帮助民族资产阶级和帝国主义分子。当然，我说的不是那些可以而且应该吸收到革命方面来的小资产阶级群众，而是它的上层，即那些嚷嚷着"我们要革命，但我们不要共产国际监护"的所谓"独立的"领袖们。

这些分子所起的危险作用，将比民族资产阶级要大得多。因此，在这方面应该有一个完全明确无误的立场。然而，罗易一类的右倾机会主义分子坚持要成立"人民革命党"，就像从前他们坚持要工农组织加入印度独立联盟一样。同志们，请不要奇怪，就连在中国现在也还找得到这样的"共产党员"，他们说，应当恢复同汪精卫、陈公博的联盟，这样做的理由是，"我们太孤立，太脱离群众，我们应该得到某种支持，应该在民族革命运动中得到同盟军。"右倾分子们实质上是宁愿同资本主义的资产阶级结成联盟，也不愿同农民结成联盟。他们的策略是放弃**独立地领导**工人斗争的策略，放弃争取无产阶级在民族解放运动中的领导权和放弃发动土地革命的策略，是适应在资产阶级领导下实现殖民地"民主制"前景的策略。中国小资产阶级目前处于什么样的状态呢？一切灾难——战争和席卷5700多万人的饥荒——都说明大多数小资产阶级群众的状况在恶化。但是，它的上层既害怕共产主义又畏惧帝国主义。在这方面，汪精卫有一篇文章，题为"我们腹背受敌，无处可逃"，它是很有代表性的。在这种情况下，这些小资产阶级的领袖们将起什么样的作用呢？他们将起左派社会民主党或者波兰社会党的作用，这意思就是说，他们将大喊革命，宣称反对南京、反对帝国主义，但实际上只不过是自吹自擂，蒙骗群众。虽然他们在反动营垒中起到某种分化作用，但是实际上他们只不过是在掩盖南京政府的实质、国民党的实质、殖民地资产阶级民族改良主义的实质而已。因此，我们应该进行毫不留情的斗争，反对这些领袖，反对殖民地小资产阶级的上层。

我们知道，土地革命是殖民地民族反帝革命的核心，特别是像中国和印度这样一些殖民地国家。资产阶级和小资产阶级对这个问题的态度，我们是清楚的。但是，这里又提出一个问题：如果我们要把无产阶级革命同农民战争结合起来，那么，我们在农民中应该面向谁呢？对于这个问题有一种提法，说这些殖民地的农民全都是一群粗野无知的群众，他们整个都会跟着我们走——跟着革命走，跟着社会主义走，跟着共产主义走。另一些人滑得更远，公然提出这样的问题，即我们应该同富农结成联盟，要同富农一起排挤封建地主制度。似乎在这种情况下"我们将建立民主专政，而不是无产阶级专政。而如果没有富农参加，专政一开始就会是无产阶级的"（！）。这种想法在中国党内是存在的。

但是，另一方面，对于农民问题还有另一种看法，他们说："中国资产阶级民主革命已经完成"。我们不仅有资产阶级政府，而且甚至有南京的富农政府，因此，我们的任务仅仅是，把雇农组织起来，从事所谓"纯粹的阶级斗争"。任何封建残余都已不存在了，因此，就像托洛茨基所说，可以指望得到无产阶级革命，当所有帝国主义在其他国家被推翻时，无产阶级革命就会到来。这种对土地问题的提法是很危险的，我们应该反对这些错误的观点。当然，帝国主义者企图通过民族资产阶级和封建地主以促进富农的发展，并企图依靠有经营才干的庄稼汉，而且正在作这种尝试。但是，有些同志根据这种情况得出以下结论：中国或者印度的斯托雷平当权时代可能要比俄国容易渡过得多，因为在那里富农作为一种反动势力已经形成。因此，既然在中国和印度的农村中有经营才干的庄稼汉不断发展，从工业化和合理化这个意义讲，农业将有很大发展。由此，我们的同志得出一个实际上是取消土地革命的结论：

农村逐渐平静下来，农民战争很快将烟消云散，农村只需要进行经济斗争。如果说在吸取各种革命教训之后，我们在农民问题上仍然存在如此糊涂的观念，那么，中国党在这个问题上遭到失败，就不足为奇了。我们是从下面的观点来看待殖民地的土地革命的：这些国家目前的革命是在两种矛盾的基础上发生的，即（1）这是以工人阶级为一方与以帝国主义和民族资产阶级为另一方之间的对抗；（2）是带引号的"农民"和封建地主势力之间的矛盾。这两种矛盾是中国、印度和其他殖民地国家发展革命的出发点。

很清楚，当我们看到殖民地农民发生分化时，不应该张惶失措。这只能有助于革命，使贫民和农业无产阶级同城市无产阶级接近起来。第一，我们应该反对地主，反对民族资产阶级，因为它同封建残余有着千丝万缕的联系、起劲地反对土地革命和未能进行任何重大的土地改革。我们还应该反对半地主—富农和小地主，不要糊里糊涂地把他们称做农民。第二，我们还应该反对那些现在参加反军阀和反地主斗争的富农。之所以要反对他们，不仅因为他们反动，最终将成为城市资产阶级的代理人，而且还因为他们在农村起着汪精卫、谭平山及其同伙在全国范围内所起的同样的作用。他们有时吸收农民参加抗税斗争，反对帝国主义的诡计，目的是向群众表明，他们能够带领贫苦农民走向胜利，而不用走共产党人所号召的道路（也就是不没收土地）。我们应该同这些富农进行斗争，领导大多数农民群众进行反捐税等这类运动。第三，在任何场合和任何情况下，我们都应该力求做到独立地组织农村无产阶级。虽然这是四分之一世纪以前说过的话，但今天仍然是可贵的真理。我们应当对此特别重视。我们只有采用这种策略对待富农，才能在争取农民的工作中真正取得胜利。我们应该联系贫苦农民、并在这个基础上加强无产阶级对整个农民的领导。能够推动这项工作前进的，是使资产阶级民主革命加速转变为无产阶级革命，因为我们考虑的前景，不是先争取在殖民地建立民主制和议会制,而后再进行第二次革命——无产阶级革命。正如列宁关于俄国革命的转变所说的那样,我们有权说,我们发动农民战胜地主和帝国主义,不是为了帮助富农反对农村无产阶级,而是为了联合世界无产阶级走向社会主义革命。

右倾机会主义者出于他们自己总的政治主张,在工会运动问题上作出结论说:应该力求在黄色工会内部千方百计地进行工作,而且只在黄色工会中开展工作,要使工作坚持"经济斗争"的方针,现在根本不要幻想"政治斗争"。当然,合法主义在这个问题上散发着十足的机会主义味道。据悉,在我们中国党内还有另外一种意见,说什么既然我们要加入黄色工会,我们就不应该成立红色工会。为什么我们不应该成立红色工会呢?同志们说,因为如果我们在已经有黄色工会的地方,再成立红色工会,又在这些黄色工会中建立党团或支部,那么,国民党就会指责我们搞分裂。

(皮亚特尼茨基:"如果遭到指责,该多可怕!")

因此,我们不应当成立红色工会和红色党团。这个问题已提到我党中央,而且好像到现在尚未解决。我认为,我们应当特别认真对待这个问题,因为中国在这方面具有许多非同一般的特点,这不同于其他国家。皮亚特尼茨基同志指出了代表团表现动摇的问题,这是对的。我只作一点小小的修正。皮亚特尼茨基同志说,在有群众参加的黄色工会里一个党员也没有。这话不对。在一些组织里是有共产党员的,只不过他们工作得很不得力。在胜利或失败以后,工厂主和黄色工会就动手搜捕共产党员。他们相继被逮捕,这给工作造成很大困难,但是不能因此就说不能开展工作,因为中国工厂的条件糟糕得很,尽管骨干不断被捕,但群众仍然坚持斗争、并涌现出一批又一批的领导力量。大家知道,日本的工厂造得像堡垒一样。几千名工人都住在这个堡垒的宿舍里,任何一个外人也不准放进去,工人只在星期日有半天假可以外出。在上海,中国的工厂主伙同国民党一起组织"工会"，这些工会都是官办机构，工厂主在招工的时候，通过这些工会向工人提出十八个条件，例如，其中就有下面一条：凡在上班时间讲话者立即解雇。如果谁接受这些条件，就招收他上工，谁不接受条件，就拒之门外。不过，这并不妨碍我们在这些工厂开展工作。工厂中当地的一些同志想出了好多好多机智的办法来"欺瞒"工厂主、并同他们进行斗争。我认为，应当在红色工会国际和太平洋工会会议上非常详细地研究这个问题。要帮助中国同志找到切合实际的工作方法。需要使他们首先在关于必须争取工人群众这一问题上有一条坚定的方针。

第一，不仅需要加入黄色工会和国民党工会，而且需要在这些工会中开展工作。（顺便说一下，在这些工会里，谁不缴纳会费，就会把他从工厂中解雇。）在这些群众中工作——这是我们应该提出的第一个坚决条件。第二，我们工作的重点是，重建红色工会，在黄色工会内成立红色党团，在工会委员会内进行扎扎实实的工作。只有通过这条途径，我们才能达到组织上的巩固。我们知道，这不仅对中国，而且对其他殖民地国家都是一个亟待解决的问题。必须反对右倾，但是还需要指出，消极是机会主义十分重要的表现之一，尽管它被"左"的词句所掩盖。有人说，不应加入黄色工会，因为我们这是在帮助国民党争取群众。这话"左"得多么动听啊！根本不是那么回事。为什么黄色工会有群众？不过是因为这些工会占据着合法的垄断地位罢了。我国的黄色工会不同于欧洲的黄色工会，它们干起事来非常简单，一旦同工厂主冲突起来，工会的头头就跑来对工人说："我们是国民党的官员，有权进官府衙门，有权同他们谈话，可以代表你们的利益解决这些冲突，不过要是有谁跟着共产党跑，那我就枪毙了他，跟他没有什么冲突好解决！"这种调解方法哪怕只提供解决冲突的某种可能性，都使工人不得不加入黄色工会。我们的任务应该是，揭穿这种调解办法以及黄色工会的叛徒嘴脸，坚持在工人群众中进行日常工作。

下面我很简要地谈谈党内的状况。有这样一些人，他们赞成布兰德勒，他们说，列宁在世的时候总是以理服人，而现在对有倾向错误的人都开除完事。有人说，整个共产国际的领导不仅软弱无力，而且毫无作为，说什么自从布哈林离开后，共产国际就一蹶不振了。至于中国领导，他们都是些小资产阶级，有些当领导的人只不过是一些机会主义分子、犯有倾向性错误的人等，据说因此群众不相信中国共产党，在我们中国什么也没有，没有党，没有革命。这种诋毁散布得相当广，虽然是隐蔽的。

（埃尔科利："这是左派干的还是右派干的？"）

这是右派干的。

我们还听到这样的消息，说中国有托洛茨基分子，他们甚至在上海出版自己的刊物。他们的理论是人所共知的，他们唯独把他们自己反革命的取消派实质掩盖起来。此外，说我们那里也有明显的调和主义情绪，这是通过一份文件说出来的，文件说，这种"党内和平"对中国党来说比一切都重要。一个同志写道：布哈林同志在共产国际第六次代表大会上说过关于集中力量的问题。如果现在你们打算批判某个叛乱分子或机会主义分子，你们就会因此使党内争端暴露出来，破坏"友好合作"。可见，我们那里既有布兰德勒分子，也有托洛茨基分子和调和分子。而且我应该说，从前我们对待殖民地的党也是这样的态度，因为它们还很年青，它们对马克思列宁主义问题还懂得太少，所以对它们采取十分宽容的态度。可以指出它们的错误、纠正它们的错误，但做这一切的时候，都不要求全责备。我认为，某些消极方面其根源也就在于此。

我们面临着什么样的时期？现在，同战后"第一时期"相比，殖民地现在出现的新东西是什么呢？如果说在战争期间和战争以后，我们对开展殖民地的革命具有很大的自发性，那么，在最近的革命事件中，我们就该特别强调殖民地的共产党的组织作用和无产阶级的领导作用。

就在十月革命胜利以后，我们看到在俄国革命和土耳其、中国和印度（1921年）等国的革命之间几乎是偶然的巧合，而且，如果说在殖民地革命中起领导作用的曾经是民族资产阶级，那么，现在我们则处在完全另一个时期，也就是说，殖民地和半殖民地的民族资产阶级已经发展到这种地步，它对工人阶级的"猖狂的仇视"态度甚至将在反苏的行动中表现出来——现在，这个阶级正在进行一场疯狂的运动来反对共产国际。因此，我们应该百倍地加强自己的组织作用、以及在殖民地建立真正的革命领导。在今后的斗争中，共产党的组织作用将比过去高潮时期重要得多。因此，我们应提请全体会议注意的是，应该以最大的注意力提出**在这个时期建立和加强殖民地的共产党**的任务。需要给他们提出准确的、明白的布尔什维克的方针以反对右的和调和主义的情绪与偏向，并且在这条真正布尔什维克路线的基础上，建立对群众运动的真正革命领导。我所说的是印度、中国和其他殖民地国家，因为在这些国家，我们面临着组织、建立和加强我们布尔什维克党的问题。至于**争取群众的斗争**，正如一些同志所正确指出，在殖民地，除了工人运动外，还应该注意农民运动以及一般的反帝运动，以便相应地建立工人、农民等群众组织。在我们活动的第一时期，我们曾不得不反对包括不愿参加国民党、不愿意进行民主革命等种种的左派幼稚病。现在我们完全是另一种态度。我们应该警惕殖民地国家中的右倾危险。在反对"左"的情绪、宗派主义等的同时，还应该特别强调指出"右"的危险，无情地同下面这样一些倾向作斗争：抓住"中国的"机会主义遗毒不放，导致放弃无产阶级在反帝的资产阶级民主革命中的领导权，放弃对工人群众斗争的独立领导，放弃对农民战争的领导，对民族资产阶级的反革命倾向估计不足，同"左派民族主义者"和改良主义分子妥协，否定党的作用和实行取消主义。必须竭尽全力来反对这些倾向和调和主义。

（闭会）

第八次会议

(1929年7月6日下午)

继续讨论库西宁和曼努伊尔斯基的报告

雷梅尔（德国）：

我首先谈谈库西宁同志今天在报告中提到的看待经济形势的两条路线问题和瓦尔加同志的发言。毫无疑问，这里对经济发展的评价是相互矛盾的，因为瓦尔加同志过于强调产品的增长，而对那些从矛盾发展的观点来看具有决定意义的因素却注意不够。在资本主义内部，这种评价同我们在各方面，特别是在政治方面所观察到的现象是矛盾的。我认为，瓦尔加同志忽略了这样一个事实：生产能力的增长要比产品量大得多，因此人们完全有理由说市场在缩小。如果说瓦尔加同志的分析是对的，那么，又如何理解无产阶级队伍的急剧向左转，如何理解几乎所有国家的资产阶级都不得不对无产阶级采取暴力这一极端措施的事实呢？我认为，瓦尔加同志关于无产阶级生活水平和关于工人阶级状况的看法也是不正确的。

当瓦尔加同志看到了自己关于无产阶级生活水平提高的发言招致许多同志反对的时候，他鸣金退却了，他说，无产阶级的一般状况是一回事，而生活水平又是另一回事。无产阶级一般状况还包括政治权利和其他因素。于是，瓦尔加同志断言，无产阶级生活水平在提高，然而它的状况同时又在恶化。我们应该驳斥这种论点。如果生活水平不断提高，工人的状况就不会恶化，因为这两者具有密切联系的。当资产阶级被迫重新剥夺工人的政治权利和它所应该给予工人的一切的时候，当它不得不使用暴力手段以及当无产阶级开始起来反对现存状况的时候，这就意味着，资产阶级再也不能养活自己的奴隶，也就谈不到生活水平的提高。这表明，瓦尔加同志所描绘的景象是多么不真实。瓦尔加同志的提法也许对于第二时期是适用的，但它对于第三时期是不合适的。如果瓦尔加说的情况是正确的，那么，我们关于第三时期的一切说法就失去了任何根据，因而也就没有任何意义了。

瓦尔加同志是如何得出了生活水平在提高的结论？他引用了集体合同上的统计资料。我认为，这个统计是正确的，这个统计是完全根据产业主组织和工会之间的工资合同编写的。但是，在德国不仅有根据工资合同编制的工资统计，而且还有另一份官方统计——全德保险局（Reichsversicherung sanstalt）的统计，这种统计是根据工资标准粘贴的特种税票进行计算的。我建议瓦尔加同志看一看这个统计。那时他将会看到，工资在暂时稳定之后，现在又在不断降低。这份官方统计能充分说明整个工资的情况，而根据工资合同作出的统计只包括一小部分无产阶级。

还有第三种统计，即食品消费统计。大约一年前，我们还是根据全德统计年鉴提供的资料进行对比时，我们就确定，目前食品的消费量，特别是全价食品的消费量，与战前相比，减少达33%。这个事实驳斥了瓦尔加同志关于当前时期工人阶级状况是向上发展的理论。

我强调指出，我们代表团完全同意库西宁和曼努伊尔斯基两位同志的报告。我只补充一些不那么重要的问题。在我看来，在欧洲地区我们政治发展的总形势中，如果这些问题不起头等重要的作用，那么，也要起重要的作用。

你们知道,在第六次世界代表大会后,我们同右倾分子集团和调和分子集团进行了什么样的斗争:同布兰德勒分子进行了斗争,他们咬定说,第三时期只不过是斯大林为了对付右派和调和分子而杜撰出来的,因为他们断言,不仅没有看到资本主义的稳定受到破坏,而且正如他们在他们的第一批文件中所说,资本主义稳定仍在"进一步发展"。我们迄今亲眼见到的加重对工人阶级的压迫,这仅仅是开始。科普勒尼希同志已经指出了法西斯进一步发展的事实,虽然这仅仅是奥地利的情况。奥地利法西斯主义的这一发展,同意大利法西斯主义的发展一样,可能招致欧洲发生极其巨大的变化。奥地利法西斯的胜利已有可能为意大利宰犯匈牙利、罗马尼亚、南斯拉夫和所有巴尔干国家搭桥。除此之外,这个胜利也可能影响德国,因为在这个国家,正如曾经有一次发生过的那样,有可能重蹈覆辙,出现类似主张巴伐利亚、符腾堡分治运动那种崩溃现象。

目前在德国,引起我们特别关注的是什么——这就是社会法西斯主义问题。我们还应该对全会的报告和"专家们"发言中所说的情况做一些具体补充。同时,我将特别强调指出现在在德国出现的群众性斗争的性质。这个问题对共产国际各个支部也是重要的,因为目前德国共产党面临的群众斗争问题,明天也可能摆在其他各国党的面前。库西宁同志以充分的根据指出各个国家的发展是不平衡的。然而,这种不平衡并不意味,我们在一些大的工业国所看到的现象对其他国家就没有任何普遍意义。这种不平衡也还不大可能意味,共产党有权对我们面临的最重要问题持不同的观点。就以对社会民主党的评价为例来说吧。我敢肯定,我们一些党在这个问题上的观点,同对资本主义世界许多其他问题相比,不一致的地方要多得多。

德国的阶级搏斗目前已进入这样的阶段,这个阶段,正如通过的决议所正确指出的那样,我们可以毫不夸张地叫做革命形势激化和革命动荡新世纪即将来临的时期。我们不敢断言,现在已具备尖锐的革命形势,已直接面临无产阶级和资产阶级之间的决定性搏斗,但是我们正在迎接这一伟大的具有决定性意义的阶级搏斗的时期。这就是当前形势的特点。这种发展的复杂性就在于它伴随着战争危险的增长,战争一触即发的现实可能性是存在的。

我要概括地谈谈我们当前所处的时期。你们知道,五月战斗的起因是什么:就是禁止五一游行。社会法西斯警察总长策吉贝尔以及普鲁士和德意志共和国社会法西斯警察部长格热辛斯基和泽韦林禁止在柏林举行五一游行。这意味着什么呢?柏林无产阶级在四十年期间年年都举行了自己的五一游行,即使是在威廉时期。虽然禁止五一游行,但游行照常举行了,好像不曾下过任何禁令。共产党已经决定,怎样对付现在的禁令。对于共产党来说,在这个问题上决不能动摇。共产党只有一条出路:依靠德国无产阶级革命阶级斗争的优良传统。我们在社会民主党战前的许多文件中发现,正是现在这个禁止游行的社会民主党几十年来一直是按照这些传统和这种做法行事的。历次代表大会的记录再好不过地说明了,战前的社会民主党在这种情况下对警察制度采取怎样的策略。我只引用战前社会民主党领袖倍倍尔的一段声明。在1905年耶拿代表大会上倍倍尔就类似的问题说:

"最后还有一点,根据这一点,再也不必要考虑损失的问题……是啊,那些容许把自己当狗一样对待、自己不起来反抗压迫的工人阶级是微不足道的,可悲的……如果你们认为他们在这一点上是无能的话,那你们就太不了解德国工人了。"

倍倍尔清楚地、毫不含糊地声明,德国无产阶级决不会在警察的刀枪面前后退,他们将捍卫为自己争得的权利和自由。我们知道,现在的警察已经不是战前的警察。我们知道，社会民主党在最近十年来为自己训练了一支用于打内战的近卫军，这在任何一个国家都没有的。如果注意到，全部军队共有10万人，然而泽韦林、格热辛斯基打算用于国内战争的警察、近卫军却是25万人，其中仅普鲁士一地就有18万人，如果再算上国防军，即不准使用坦克和其他重型战斗武器的军队，但这一时期的警察有权使用装甲车和大型枪炮，那么，我们一点也不怀疑，建立这支军队是专门用来准备国内战争和专门用来对付工人阶级的。我们知道这一点，然而，我们还是要举行游行，尽管社会法西斯警察和战前的警察在某些方面是完全不一样的。因为5月1日这一天所带来的斗争远为困难得多，所以我们使运动的组织工作具有尽可能最广泛的基础。为此目的，我们建立了五一委员会，它是在各大、中企业代表会议上组成的。建立委员会的问题在工厂的特别会议上作了说明，而且在这些特别会议上还选举了出席上述代表会议的代表。

但是，社会法西斯分子试图吓退工人，还在游行准备期间就以必遭死伤牺牲来恐吓工人。他们企图把共产党人描绘成制造五一流血的罪犯。我记得，社会民主党柏林组织主席屈恩斯特勒在报刊上放出风声说，好像曼努伊尔斯基同志出席了我们党的一个区委员会会议，并要求不择手段同警方发生冲突。好像是，一定要使五一游行在马路上留下200具被打死的尸体。这200个死者在社会法西斯分子攻击我们时起了很大的作用。当社会法西斯分子传播这种挑拨性的谣言时，我们便不再怀疑，他们打算血洗5月1日，在柏林街头寻衅闹事，以便使我党陷入绝境。在这方面，我们已经有过某些体验。足以说明，1921年3月的发动也是由这种挑衅引起的。还在5月1日前，我们就通过刊物讨论了这个问题。五一委员会和新召开的工厂代表会议就这个问题发了言。所有的柏林革命工人组织都一致决定，只要策吉贝尔在5月1日胆敢在柏林街头制造流血，就在5月2日使企业停工，并进行群众性罢工。我们看到，工人并不惧怕这一挑衅，而且在工厂会议上讨论了新的斗争办法，以便对警察的挑衅给予应有的回击。

你们知道，五一游行刚一开始，就发生了流血冲突并且有人被打死。下午，警察闯进了敷设管道工人的集会会场。

接着，警察开始向我党的办公楼射击，然后在克斯特里内大街进行挑衅，这里有24座房屋悬挂了90面红旗。所有这些针对柏林居民和工人的射击表明，挑衅是针对党来的。在下午5时举行的柏林区委会议上，我们一开始就不得不讨论已形成的局势。但是，由于除了一些小规模冲突外，尚未发生什么严重的事件，我们没有提出5月2日要用的新的口号。

但是，会议刚一结束，就传来了关于先是8点在韦丁、后是10点在诺伊科隆发生街垒战的头一批消息。我们不得不重新集合开会，阐明我们对此应采取的立场。当时我们很清楚，血腥的挑衅开始了。我们同样很清楚，我们不能用武装起义的办法来回答这一流血的挑衅。因为没有进行任何组织准备和军事准备，没有武器等。但是我们必须表明，我们对这种斗争形式的态度，因为，对于这种斗争来说，所谓正常的手段已经不足以对付了。我们立即表示，完全支持街垒战士。如果你们问我们，我们应该怎样对待街垒战，那么我们说，我们对街垒战的态度不是"对待"问题，而是"参加"。我们是共产党员，应该同站在最前列的工人们一起，即使他们超越了广大无产阶级群众几步。这就是我们的观点。我们同各区和企业一直保持着直接和不断的联系，以便把握形势并采取相应的措施。从5月1日夜里到5月2日，不仅有附近的，而且有柏林以外的许多地区的党组织，都纷纷询问我们，是否应该像韦丁和诺伊科隆地区一样参加对警察的斗争。党内的情绪就是这样高昂，武装的问题直接摆在我们面前。工人们不说"给我们武器吧"，因为他们知道，中央委员会的大厦里只有打字机……他们说："同意武装起来吧，我们一定会得到武器。"

党的领导面临着极其复杂的问题：当整个工人群众直截了当地提出武装问题时，对他们说什么呢？我们不能回避这个问题，不答复。我们是这样回答的：武装起义只有当无产阶级的阶级斗争发展到一定时期、一定时间和一定时刻才有可能，但是在当时形势下，这一时刻尚未到来，这时该怎么办。我们向工人们解释，我们还没有直接处于尖锐的革命形势的条件之下，因此党不能搞武装起义。接着我们说，但是我们站在街垒战士一边，我们能用以支持他们的唯一口号是动员最广大的群众，号召群众走出企业上街以支持进行街垒战斗的工人。5月1日以后，社会法西斯分子提出了许多有关街垒战的奇谈怪论，我们把它们拿来广泛加以利用。社会法西斯分子——街垒战和巷战的"策略家们"——极力想通过塞满冗词赘句的文章向工人证明，只要他们——社会法西斯分子动用装甲车，街垒战就不再适用。警察上校许青格在《前进报》上说，现在由于社会民主党的警察部长们和警察总长的帮助，国家已经武装到完全能随心所欲地发起街垒战的程度了。但是，我们知道，社会法西斯分子和政府中的社会党人的情绪完全是另外一种。

我们不断得到关于另一营垒的情绪的消息。我们看到了柏林警察当局的界线。正是参加构筑街垒的工人所表现的顽强意志和坚定性，成了使柏林警察队伍土崩瓦解的极为重要的因素。这种顽强精神和坚定性所发挥的作用，要比一切宣传和檄文都好。我们不顾出动的大批值勤警察的镇压和在柏林南北地区宣布的戒严状态，于5月2日在法鲁斯大厅召开群众抗议大会。结果，就在5月2日当天晚上临近集会前，在几小时以前还在进行街垒战的大街上，集合了数千名工人，他们整队畅通无阻地来到开会地点。资产阶级报刊报道说，跑来参加这次大会的工人可能不止9000人，因为大厅坐满了人。这表明，群众决不允许剥夺他们上街游行的权利。尽管动用了武器和出动了大批警察，但上街游行的工人仍有 15000 人。在这种情况下，竟然说什么 5 月 1 日群众没有行动起来，岂不令人笑话吗？5 月 1 日和 2 日显示了工人的巨大的英勇精神。

然而，尽管这些事件具有极大的重要性，但我们也不得不肯定，某种现象使我们的愿望和期待落了空。这就是，我们规定在 5 月 2 日举行的群众性政治罢工。关于这次罢工，还是在 5 月 1 日前由五一委员会宣布的，但是遗憾的很，效果不很大。参加这次群众性罢工的，仅仅是一些中小型企业的工人。可是拥有 2—3 万工人的大企业的工人，如西门子、德国电气总公司、运输企业、地铁、电车、汽车等企业的工人都没有参加这次罢工。然而，正是这些大型企业在柏林具有决定性意义。要能说得上是柏林的一次群众性政治罢工，就必须至少有 20—25 万工人参加这次罢工。只有这个时候才可以称得上胜利。然而在 5 月 2 日只有 25000 工人参加了罢工。但是这次运动却在国内引起了深刻的反响。许多工业中心的工人自发地丢下了工作，甚至超过了柏林。我记得，几周前刚举行了长期罢工的汉堡造船工人，在 5 月 1 日刚一听到柏林罢工的消息后，立即在早晨走出船台宣布罢工。我们在鲁尔区也看到同样的情形，在这里许多矿山停工了，工人宣布举行同情性罢工。

5 月 3 日，哈雷—梅泽堡发生了大规模的罢工运动，而在哈雷市举行了半天的总罢工。开姆尼茨和其他城市也是这样，参加这次罢工运动的工人总共有 75000 人。诚然，这在德国是个不大的数字。对德国这样一个拥有好几百万工人的国家来说，75000 工人这是很少的一个数字。然而应该指出的是，自 1923 年破天荒第一次暴发这种运动时起，工人阶级又开始了为实现政治目标的斗争。这也就是这一运动最重大的胜利所在。这些事件是转折点，不能忽略的是，1923 年的伟大革命斗争，只有当它们直接成为群众性的政治发动时，也才具有了革命的性质。这是斗争具有革命性质的标准。这就说明，为什么我们能以充分的理由说，五一战斗是转折的时机，因为自 1923 年以来这些战斗第一次显示了政治斗争的性质。

尽管群众性的政治罢工有弱点，但我们还是在一些最大的企业里看到了，我们自1923年以来没有经历过的那种运动、那种激情。一周内在企业里举行了三、四次集会，这已经是多年没有的事了。我们应该否定把整个斗争说成是失败、哪怕说成是局部失败的那种说法。我们没有看到能够提供少许根据来谈论失败，哪怕是谈论局部失败的任何事实。我们坦率声明，在斗争中也暴露了许多缺点和许多弱点，这些都应该在这里说明。比如，在五一游行期间，没有建立各路游行团体之间的接头点，因而当警察驱散个别队伍的时候，就未能立即取得联系以便把它们再度集结起来，缺少可以使游行者取得内部联系和支持的严密的组织准备工作。无疑这是我们组织工作中的缺点，这个缺点的原因是我们习惯于第二时期的条件，没有充分掌握住第三时期的方针。这同最近几年来我们缺少曾经在1918—1923年间经历过的革命战斗是分不开的。

而现在，党在经历了5月1日斗争以后，开始通过这些缺点以汲取教训，让企业和街道支部建立自卫组织。我们已经让这些自卫小组在最近几次游行中经受了考验。应该肯定，最近的这些游行从内部联络来说是比较成功的。

同志们指责我们，说《红旗报》没有每天出版。诚然，最初，我们出版了《红旗报》，但是警察匪徒们查封了我们的印厂，因此，我们整整一个星期没有出日报。《红旗报》隔几天出版一次。但是在这个时期，我们倒也学会了某些东西。当《红旗报》再次被查禁时，工人们主动地表现出一种在党的整个历史中我们未曾见到过的积极性和主动性。在那些日子里，柏林出版了几百种工厂报纸。工人们开始独立地进行自卫，反对查禁我们的报刊，在《红旗报》第二次被查禁时，我们拥有了工厂报纸这种有效的斗争武器，以此来对付阶级敌人针对我们的报刊所采用的种种措施和恐怖高压手段。

在柏林，5月1日对我们进行的挑衅意味着什么？这次挑衅意味着：设法挑起共产党卷入战斗，然后乘机采取最残酷的阶级斗争手段，使得共产党遭受失败，并使它同工人群众隔绝开来。然而，这个策略在5月1日破产以后，社会法西斯始终没有放弃它。他们使用各种不同的手段和方法继续实行这一挑衅策略。现在，我只提一下最近不久发生的几件事。比如，在汉诺威，警察密探把一个箱子带到了国际支援革命战士协会办事处，箱子里装了大约50公斤炸药，这个数量大概可以炸毁半个汉诺威。我们的同志发现这个箱子后，立即叫警察让他从哪里弄来，仍然把它送回到哪里去。整整三个小时过去了。我们的同志去了好几趟警察总署之后，才把箱子拿走了。两个小时后，又在银行所在的楼房内制造了一起使用炸药的暗害事件。警察本来打算干什么呢？他们想用走私的办法把箱子送到国际支援革命战士协会，然后进行暗杀。事后警察就可以在国际支援革命战士协会的办公处找到有炸药的箱子，这样就可以对这个办公处产生怀疑。箱子在带它来的地方爆炸了，也就是在汉诺威警察局，即在社会法西斯分子那里爆炸了。这清楚地表明，社会法西斯匪徒是用怎样的手段进行破坏活动的。

最近一个时期，整个德国都表示愿意向共产党各级委员会提供武器。不仅有左轮手枪和手榴弹——这些小家伙派不上用场——而且问他们要不要迫击炮、喷火器、机关枪和其他大型枪炮。这表明，资产阶级和社会法西斯分子用怎样的手段来反对共产主义运动。不仅使用了这些手段，不仅使用了炸药，而且还使用了同炸药一样起作用的办法，如诽谤运动，这种毁谤有时对我们的优秀党员同志很有影响。我追述一下这样一次诽谤运动。这次诽谤运动是由在德国专门为此成立的几家"工厂"发动的：一家是以胡戈·乌尔班斯为头子、并由施坦普费尔雇用的列宁崩得"工厂"，另一家是由布兰德勒和塔尔海默开办的公司，他们两人在党内自有一派并得到调和分子的支持。你们想过没有，如果散布诽谤谣言的走卒们在中央内部没有支持者，能有9月26日在中央发生的事件吗？只要你们细细地想一想这些现象就会明白，为什么我们要在最近的代表大会上那么毫不留情地清洗中央委员会，为什么我们要这样认真地对付我们党内的右派的代理人和调和分子。我们能不能指望，9月26日作了那种表演的我们的中央委员会，在战争一旦发生的时候，会有什么统一革命的行动？再回味一下8月4日这个领导的表现吧。

资产阶级和社会法西斯分子用来对付我们党的办法，说明了第三时期，即新的革命动荡即将临近时期的气氛。阶级敌人武装起来进行内战，而且每天都在不断武装自己。阶级敌人现在已在使用内战的方法。然而我们不应该满足于确认这个事实，我们应该研究德国党现在面临的任务是什么。

现在谈一谈战争危险问题。我们党内曾经辩论过，英美之间的战争问题会不会由于巴黎赔款谈判而上升到首位，而且会不会由于这种因素使帝国主义国家和苏联之间的矛盾退后到次要地位。毫无疑问，巴黎赔款谈判十分尖锐地把帝国主义国家现有的一切矛盾都提上了日程，但是，同样毫无疑问的是，尽管存在这些矛盾，但在巴黎谈判中，还是就完全恢复帝国主义反苏军事战线进行了交易，而且德国为了得到赔款的优惠条件也参与了这笔交易。然而，更有甚者，在谈判期间一个专门委员会开会的时候，竟有几个所谓德国"专家"参加，不过他们不是财务方面的专家，而是军事和武器方面的专家，国防军将军等。这个委员会直接就关于反苏军事条约问题同大国进行了谈判。我国代表刚刚在几天前揭露了德国国防军的这些事实。外交部长斯特来斯曼无法否认这些事实。你们看见，即使对于帝国主义列强之间尖锐暴露出来的矛盾还没有形成印象的地方，作为帝国主义列强之间谈判和勾结的出发点，永远是一样的，那就是准备反苏战争。

这个问题在我们党内的辩论中起了相当大的作用。调和分子在群众面前坚持认为，苏维埃俄国和帝国主义列强间的矛盾在赔款谈判阶段已经退居次要地位，而帝国主义各国之间的矛盾将更加尖锐地表现出来，并加剧到面临战争危险的程度。我认为，这种观点、这种宣传会分散我党对动员广大群众反对帝国主义战争这一任务的注意力。

在估计战争问题时，我们应该以特别敏锐而又明确的态度，把以社会主义经济为一方和以资本主义经济为另一方的世界主要矛盾作为重点。正是这两大经济体系的发展过程清楚地表明，形成战争危险的焦点是什么。苏联用以进一步开展工业化的每一吨煤、每一吨铁都日益加大了帝国主义国家和苏维埃俄国之间的巨大差距，在五年计划方面尤为如此。然而，我们不仅应该从这方面看问题，而且也要从资本主义国家革命发展的方面看问题。资产阶级政权在革命形势发展的时候，总是企图用战争和发动战争的办法来阻止革命的爆发，这绝不是什么秘密。当前苏联是世界革命运动的中心，是整个国际革命运动的内在力量和核心，这个事实就是使资本家、资产阶级特别是社会法西斯主义推进战争准备的因素。

第三个问题：我们越是进行争取无产阶级大多数的斗争，改良主义和布尔什维主义之间的决定性战役就越是进入更为关键的阶段，社会法西斯主义转化为反苏战争准备的推动因素就越加明显。

第四个因素是殖民地的民族革命运动。同样，这个运动越来越加深宗主国的危机和困难。苏联的存在是这一运动的支柱。帝国主义大国在殖民地所面临的困难越大，诉诸战争和消灭苏联的欲望就变得越强烈。我认为，应该把这些事实也放在我们8月1日反战宣传中的首要地位。再结合左翼社会民主党的作用，谈谈对社会法西斯主义发展的看法。经常听到一种意见说，在社会民主党向社会法西斯主义方向发展过程中，左翼社会民主党人与明目张胆的右翼社会民主党人相比，起着另外一种作用。因此，我引用过一位最左的左派社会民主党人写的一份最新文件中关于武装问题的一句话。还在社会民主党代表大会之前，就曾对武装问题进行了一场大辩论，提出了整整十个军事计划。最值得注意的一个计划是由保尔·莱维提出的。这个保尔·莱维原是一个共产党员，他在关于战争问题和军事计划的小册子中对我们说：

"世界大战——这是十分明显的——还不是最后一次战争，因为世界和平的两个破坏者迅速给战争松绑的事是可能发生的，这两个破坏者就是意大利的墨索里尼和莫斯科的斯大林。"

关于战争问题，他接着说了些什么呢？他说，资产阶级无法解决战争问题，它不可能建立一支消灭了阶级差别的军队。但是能不能让德国没有武装呢？不能！德国应该武装起来，用于反对可能来自和平的凶恶破坏者——意大利和苏联发动的战争。但是，德国怎样才能做到这一点呢？社会民主党和工会应该承担这项任务。军队应该由工会和社会民主党来建立。这是一支没有阶级的军队，一支应当而且能够进行战争和保卫祖国的军队。

德国和平主义的情况也完全一样。在5月的日子里，德国和平主义者领袖冯-格拉赫先生写道，应对5月1日承担责任的五一破坏者和罪犯，不是在柏林，而是在莫斯科。可见，在我们这里也掀起了一种反苏战争的恶意宣传。五月挑衅被德国资产阶级的所有报刊用来最广泛地进行反苏战争的思想动员。我只摘用几段资产阶级报刊上的文章。首先摘引的是《前进报》上的两段引文。《前进报》写道：

"莫斯科组织了柏林的残酷屠杀！""莫斯科来的布尔什维克特使们亲自领导了对那些不声不响各行其是的警官们的进攻。"

"红军总部的官员曼努伊尔斯基在德国共产党一个区委会议上制定了一个进攻警察和警察总署的计划。"

因此，我再说一遍，如果把五月的这些事件同反苏的战争危险联系起来，那么，这绝对不会是夸张。所有资产阶级报刊都是这方面的最好证明。

当前我们正在进行反对社会法西斯主义的直接斗争，并同时进行争取德国无产阶级主要阶层，即争取工人阶级大多数的斗争。为此我们必须了解德国工人阶级向左转这一过程的特殊性。在1918—1923年间，我们也曾不只一次地处在尖锐的革命形势当中，当时工人群众中最广大的阶层纷纷靠近革命领导并且跟随他们前进。这个过程现在具有了另外的性质。当时，在1923年，由于货币贬值、通货膨胀和经济崩溃促使广大的无产阶级以及广大的中产阶级和小农、雇农等转向革命先锋队方面。现在，向左转完全是另一种原因。现在决定向左转过程的原因是企业的合理化。因此，当时还与社会民主党站在一起的广大产业工人现在却转向合理化企业中的共产党员或者加入同情共产党的行列。向左转过程没有像1923年那样发生突变，但是也不像当时那样动摇不定。我只追述一下1924年的事，当时在5月国会的选举中我们获得了450万张票，而到12月就只得到280万张票。现在向左转的过程可能不像当时那样发展特别迅速。它的进展速度较慢，但却更稳妥、更可靠、更坚定、更扎实。此外，现在转向共产主义运动方面的群众，首先是产业工人，即德国无产阶级中的主要阶层。这首先使德国的阶级斗争具有巨大的规模。现在，德国和许多其他国家的情况都是这样的；一个最普通的工资问题都能很快而直接地发展成强有力的政治斗争和街垒战。比如，在"街道属于无产阶级"的口号下，我们在柏林进行了三天的斗争，斗争结果迫使社会民主党现在把街道交还给了无产阶级。另一方面，还有这样一个情况：总共不过几天以前取消了保卫共和国法。因此，我们所经历的发展过程，极其的多种多样，景象万千。但同时，我们应该清楚地了解，斗争的尖锐化决定着整个发展的全过程。

最后我还讲讲关于我们党的改组问题。

现在的情况是，从第二时期过渡到第三时期需要对全党进行调整。在这次调整过程中，明显地暴露出在第二时期中，在我们党的队伍里——我不说全党的情况——那些应该称之为落后而麻木不仁的小组和同志的力量增强了。戈尔基奇同志对青年共产国际一些个别支部为了使本组织的中央委员会能做些最一般的工作而不得不进行斗争的情况，作了清楚的说明。共产主义青年团中央的情况尚且如此，那么一些党组织里的情况又会是怎样呢？自然，那里也存在着同样现象，只是范围小些罢了。但同时，这里也有与此绝然相反的另一种现象。我指的是，工人阶层在向左转的过程中迅速前进。比我们党内其他一些骨干还快。我们有些党的干部，他们赶不上工人前进的步伐。非党工人召集会议，并迫使共产党支部提出红色候选人名单。（台尔曼："有时还不顾共产党支部的提名哩！"）是啊，有时甚至还不顾共产党支部的提名。这意味着什么呢？这意味着，无产阶级群众开始监督我们的党支部，看看他们是不是执行党的决议。但是，这只有在下面的情况下才有可能，即第六次代表大会决定作出的转变要毅然决然地、毫不留情地进行，对于在某处地方和某些支部所遇到的阻碍和困难决不让步。

我们兄弟党中的许多人觉得，我们德国党内进行的反对右倾分子和调和分子斗争过于尖锐，过于残酷无情。因此可能会犯这样或那样的错误。有些支部向我们询问有关这方面的准确情况，我们准备向他们说明情况。但是，我们应该从过去的失败中吸取教训。过去的失败仅仅是因为，我们德国还没有一个真正的布尔什维克的党。如果我们不竭尽全力真正使我们德国党变为布尔什维克的党，那么过去的失败就会重演。为了完成这个任务，我们应该毫不犹豫地行动起来。必须使党具有布尔什维克的精神。我们不应该只囿于自己的党内。我们应当从我们的丰富经验出发，号召兄弟支部效法我们的榜样。只要我们完成这一任务，今后我们的工作必将以革命的进取精神前进。

柯拉罗夫（保加利亚）：

我想着重谈的第一个问题，就是瓦尔加同志提出的关于工人阶级在战后资本主义危机的第三时期生活水平提高的理论。这是国际无产阶级革命的主要问题。在第二国际时代，围绕这个问题在革命的马克思主义与改良主义之间开展了一场辩论。如果说，现代资本主义在战后危机第三时期能够提高工人阶级生活水平，那么，革命时期将因此而消失，生产力的发展与国内销售市场之间的基本矛盾将因此而消灭。瓦尔加同志说，未来的危机是不可避免的。但是，非常令人惊奇——如果第三时期的特点是工人阶级生活水平有了提高，那么，危机将又从何而来呢？这意思是什么呢？这意思是无产阶级消费能力有了增加。而无产阶级消费能力的增加则说明它对产品需求量的扩大。因此，这是工业危机原因减少的因素。我认为，瓦尔加同志是在重蹈 90 年代改良主义分子的覆辙，企图修正马克思主义中的基本原理。当然，瓦尔加同志没有论及修正主义，瓦尔加同志也没有说到资本主义的长期趋势，他也没有概括、也没有对他所确定的现在是第三时期开始的这一点作出结论。但是，如果资本主义第三时期开始的特点是这样一个普遍的事实，那么可以假定，正是这个事实今后也将继续下去——在世界资本主义第三时期整个存在和发展期间，世界革命的前景也将随之消失。

由于瓦尔加同志援引德国的情况来证实自己的这一理论，事情就变得更为严重。如果像德国这样一个资本主义国家，既捞不到殖民利润，而又有沉重赔款负担，但尽管处境如此，却还能提高工人阶级生活水平，那么，这说明资本主义是如此巩固，至少能使革命危机的到来推迟一个很长的时期。

修正主义分子曾用官方的统计数字来证实自己的说法。他们过去所做的，与30年后瓦尔加同志现在所做的一模一样。诚然，瓦尔加同志承认资产阶级统计是要掺假的这一事实，但是，你们是否发现，他承认资产阶级统计学家只犯过一次这样的过错，但从那时起再也没犯过。而且他援引的这些资产阶级经济统计学家，当时都在思想上反对共产国际的革命立场。瓦尔加同志忘记了，资产阶级的统计学在革命阶级斗争的每一个时期，时时刻刻都在不断地向资产阶级的政客们、资产阶级反革命派提供思想武器。实际上，资产阶级统计学现在已进入了自身的法西斯化时期，变成了法西斯主义的统计学。正是这一点，瓦尔加同志没有考虑到。

瓦尔加同志想掩饰自己理论的改良主义性质。他说，虽然工人阶级生活水平得到提高，但他们的一般状况却一直在恶化下去，这种说法无法理解，也根本不合逻辑。这说明什么呢？主要方面是无产阶级的生活水平。如果无产阶级生活水平得到提高，那么，无产阶级的一般状况也应得到改善。现在，我们只是在苏联看到无产阶级的状况一般地得到改善。这倒是必须以最坚决的态度加以说明和强调的。

如果资产阶级能够提高工人阶级的生活水平，为什么还要搞法西斯主义，为什么还要独裁，为什么还要剥夺工人的权利，为什么要搞一整套复杂的镇压制度来对待工人阶级？很显然，如果资产阶级要压榨，如果他们采取恐怖手段和政治迫害等等，那么，这仅仅是因为，资产阶级不能提高工人阶级的生活水平，不能为工人阶级的生存创造良好的条件；这仅仅是因为，资产阶级需要攫取更多的利润，从工人阶级那里榨取更多的剩余价值。

我和那些同志们意见一致，他们最坚决地谴责瓦尔加同志修正马克思主义最主要论点的行径。所有这一切迫使我们要比过去更加谨慎地对待瓦尔加同志在其专业工作中得出的所有论断和结论。

我认为，如果意大利同志想使法西斯主义意大利化，那他们就要犯错误。在经济制度多样化的条件下，他们没有权利垄断法西斯主义（笑声）。只能论说意大利法西斯主义的特殊性，谈谈意大利法西斯主义的特殊形式，再没有别的什么东西。

但是，法西斯主义作为一种较普遍的现象，还具有其他一些特殊形式。

我想谈谈法西斯主义的另一种形式，而所谓农业法西斯主义。不仅有社会法西斯，而且有农业法西斯。在一些农业国家，我们遇到一种企图，它想组织一支具有法西斯性质的农民队伍。在捷克斯洛伐克，在罗马尼亚，现在我们已经发现了农业法西斯的形式，通过煽动性的手段来利用农民群众以维护私有制，镇压无产阶级革命。

在巴尔干国家，法西斯主义实际上是在大资本执政以后，是在它实际上控制了国家机器以后才开始发展起来的。这就是它同意大利法西斯的区别。意大利法西斯是通过"革命"道路上台的——它推翻了资产阶级议会政府。在巴尔干国家占统治地位的是资本重要的形式——银行资本，它建立法西斯形式以加强自己的政权，镇压革命化进程，扑灭工农群众的怒火。法西斯主义在巴尔干各国依靠无党派团体和多半是军事性质的政治组织。在南斯拉夫，法西斯拥有一个所谓"白手"组织。这是一个军官组织。在保加利亚，大资本正在建立并采用法西斯手段，它拥有一个预备役军官和士官组织。他们是法西斯统治的主要军事支柱。除了这些，当然还有很多其他法西斯组织。在罗马尼亚，目前的民族—自由农民政府正着手建立由农民上层分子组成的乡村警察以维持资产阶级的统治。

在巴尔干国家，公开的专政与"民主"政体之间的关系怎样呢？五花八门。在南斯拉夫，搞的是完全的君主军事独裁，从上到下取消一切议会的和"民主的"政体。在保加利亚，现在还有议会，但是这个议会实际上在执行一股神秘势力、所谓"不承担责任因素"的命令，也就是军官、预备士官等组织的命令。

在罗马尼亚和希腊，资产阶级暂时还完全依靠议会和参议院。代表法西斯主义的那些集团也还有些威信，这种威信使他们有可能借助于受参议院限制的议会来维持资本的统治。公开专政与议会制，这两者之间是有差别的。

巴尔干国家法西斯的专门任务，就是镇压民族革命运动。巴尔干法西斯实际上是国际帝国主义的工具，是英国、法国和意大利帝国主义的专用工具：第一，用来维持和加强对巴尔干人民进行殖民剥削；第二，用来组织反苏战争。巴尔干法西斯的思想组成部分是所谓"民族团结"、"民族理想"——建立和捍卫"统一的、联合的民族国家"。这种情况使巴尔干法西斯更具有侵略性。只有战争才是解决"民族理想"的工具。因此，巴尔干法西斯准备战争，第一是为了扩张领土，第二是为了维护夺得的他国领土。

所谓"工业和平"的情况怎样呢？在巴尔干，也要大谈"乡村和平"，"被奴役地区的和平"。现时巴尔干国家的这种"和平"，还是由一些非常法、非常制度和白色恐怖维持的。所有的巴尔干国家都有非常制度。大资本觉得不需要建立无产阶级同资产阶级"合作"的专门机构。它不建立任何这样的机构都能对付。巴尔干的社会民主党人支持关于成立经济委员会、把工会变为国家机关以及关于强制仲裁等主张。

反对以社会法西斯主义和农业法西斯主义形式表现的法西斯主义的斗争，是巴尔干共产党最重要的任务之一。低估法西斯在巴尔干的危险性，是巴尔干各国共产党右倾的来源。巴尔干各国共产党，存在着对所谓资产阶级"反对派"的法西斯性质的估计不足，对罗马尼亚的民族—自由农民政府的法西斯性质、以及对南斯拉夫和保加利亚社会民主党的法西斯性质的估计不足。要克服这种估计不足，要反对这种右的倾向，就必须进行最坚决有力的斗争。

我应该指出的是，我认为，拿给我们的议事日程第一项的决议草案，还有些不足和不完全之处。决议没有考虑到所谓第二类资本主义国家的状况，在这些国家里，农民问题在革命发展过程中起着巨大的作用。决议过多地阐述一些工人问题占主要地位的大资本主义国家的状况。第二类国家数量不少，也并非不大重要。这些国家包括波兰、匈牙利、巴尔干各国以及其他许多国家。这是一大批具有很大革命意义的国家。这些国家的状况在总的决议草案中必须占有一定篇幅。

在所有这些国家，除了工人问题外，农民问题和民族问题也占很重要的位置。争取大多数的问题在巴尔干国家，第一，就是争取无产阶级大多数问题；第二，只是这样还不够，还需要争取劳动农民的大多数；第三，争取被奴役民族的大多数。巴尔干国家的社会民主党比较软弱，它们在任何一个巴尔干国家都不起显著作用，因而在所有巴尔干国家都存在有大小程度不一的群众性农民党、农民联盟和农民组织。而恰恰是，共产党对待农民的大多数的态度以及对现有农民党的态度，成为巴尔干各国共产党多多少少犯下各种政治错误的根源，所以，这些国家的共产党在目前时期，即在资本主义战后危机第三时期，应该在农民问题和被压迫民族问题方面，得到进行工作的更明确的指示。

巴尔干国家一般的情况，可以分析如下：第一，我们在这里看到，巴尔干国家的经济受外国资本控制，外国资本加强了对工农群众的殖民剥削手段。

第二个特点是：在所有巴尔干国家正在出现资本集中化，卡特尔、辛迪加和托拉斯等正在形成。与此同时，对工人和农民的剥削也在加强。巴尔干国家资本主义合理化是在特殊条件和特殊形式下进行的，所以技术进步很差，然而，剥削的手段在加强，工时在延长，工人劳动强度进一步提高。

第三，巴尔干的民族奴役，仅仅是用来对所有被奴役地区的群众进行经济掠夺的一种手段。

第四，与此同时，在城乡的阶级矛盾加深，大多数工人和农民的生活水平绝对地与相对地下降，广大工人和农民日益赤贫化，社会堕落。在这样的条件下，在巴尔干，法西斯主义，也就是"民主"欺骗与公开的军事和资本主义独裁的苟合，是维持大资本对工农群众统治的唯一办法；严厉的白色恐怖制度统治着所有巴尔干各国。但是，所有这一切的结果使我们看到，无产阶级和大多数农民以及被压迫地区的各族人民不断趋向左转和革命化，已成为一种普遍现象。

就在这里，我想更详细地谈谈，巴尔干各国群众向左转和革命化的过程。我们在这里首先看到的，是农民群众的革命化，革命化的结果使农民在劳动群众反对资产阶级和资本主义的总斗争中获得了似乎是一种领导权。你们还记得吧，在保加利亚，农民政府领导广大农民群众，曾试图进行反对大资本的斗争，就是说，农民群众是反对大资本斗争中的领导者（马尔丁诺夫："领导谁？"）

在这场斗争中农民联盟、农民政府居于领导地位。然而，结局怎样呢？失败了。（马尔丁诺夫："无产阶级跟着他们走了吗？"）

没有，但是，它起的是次要作用。它是一支次要的力量。所以农民这个主角在反对大资本统治的斗争中以失败而结束。

在南斯拉夫，在解散共产党以及在它被赶入地下之后，克罗地亚和其他被奴役地区的农民斗争有所加强，这些地方的工人运动好像沉寂下去了，工人运动已退居次要地位，因此共产党的作用下降了，退到了第二位，退到了次要地位。你们一定记得，在1927年，当农民领袖在议会被杀害的时候，曾掀起了广阔的农民浪潮，这次风潮席卷了整个克罗地亚，并引起了南斯拉夫的深刻危机。但是，这次运动的结局怎样呢？农民组织的领袖们叛变了，他们的斗争失败了。

你们一定记得，去年在罗马尼亚发生了最大规模的农民游行。你们不会忘记农民向布加勒斯特的进军。领导这一运动的是民族—自由农民党。无产阶级跟在农民的后头走。共产党起着次要的作用。这次运动的结果怎样呢？民族—自由农民党上台执了政，终于背叛了农民，明目张胆地开始了反对农民的资本主义政策。而现在，在民族—自由农民党上台执政后的短暂时间里，我们就看到，农民大批脱离民族—自由农民党，广大农民开始向左转：转向无产阶级，转向共产主义。农民群众在寻找共产党员，寻找共产党，遗憾的是，要找到它还不那么容易。

所有这一切说明，客观形势的发展有利于加强无产阶级的领导作用及其在反对大资本斗争中的领导权，从而也就有利于加强共产党的领导作用。

在所有的巴尔干国家，在农民群众反对大资本失败的尝试以后，在农民受到农民组织领导人的欺骗以后，在吸取这些失败的经验以后，我们达到一个新的发展阶段。在这个阶段，巴尔干无产阶级重新站在反对大资本斗争的前列。保加利亚正处在整个无产阶级群众革命高涨阶段。波澜壮阔的罢工浪潮席卷全国，尽管占统治地位的大资本力图使用各种手段扼杀这一运动。在保加利亚，目前国内发生的斗争，是任何其他一个国家都不能与之相比的。现在烟草工人总罢工尚未结束。保加利亚烟草工人占工业无产阶级总数的40%。这是保加利亚主要工业部门的一次工人总罢工。全体工人都一致参加了罢工。目前有三分之二的罢工已经以无产阶级的胜利而告结束。自法西斯制度在我国横行六年以来，在1923年9月起义以后，我们第一次看到大规模的工人运动，看到了法西斯阵线的溃败。

但是，运动并未就此结束。现在整个保加利亚无产阶级正处于情绪高昂状态。继烟草工人之后，纺织工人又开始了罢工。现在，在保加利亚最大的纺织工业中心——斯利文正在举行纺织工人总罢工，罢工行动一致，万众一心，没有发生任何背叛，尽管遭到资本家和政府的镇压。

罢工已蔓延到其他许多工业部门，罢工已波及索非亚、布尔加斯，国内所有工业中心的大规模冲突日趋成熟。值得注意的是，在令人心惊胆战的恐怖的时刻，当法西斯国家警察不允许举行任何集会的时候，罢工工人冲破法西斯防线，组织了我国近六年来空前的群众大集会，并提出了无产阶级的阶级要求。

这次运动波及到与工人阶级休戚相关的所有居民阶层。我给你们讲几件事实。前些时候，还是在斯利文市，由于一家纺织厂发生爆炸，工人们宣布并举行了群众性罢工，为死难者举行了葬礼游行。5月1日在大多数中心城市，如菲利普波波尔和哈斯科沃，烟草工人举行了罢工和游行，尽管警察禁止这次游行。在索非亚，不仅举行了游行，而且工人还与向游行者开枪射击的警察和宪兵厮杀起来了。在斯利文罢工期间，警察在罢工工人的公开集会上逮捕了所有的演讲者、主席团和罢工委员会的全体成员。但是，有好几千群众跟在警察后面举行了游行，强迫警察释放被抓的人。警察对女工们采取了特别严厉的措施。在妇女被捕后，所有的工人子弟都离开学校，成群结伴去找警察，并参加了游行示威，迫使警察释放被逮捕的妇女。在这次游行后，有两个同工人有联系的宪兵脱掉了自己的制服，以示抗议。这次斗争在我国是前所未有的，是在工人的阶级组织的真正领导下进行的。保加利亚共产党实际上领导了这次声势浩大的罢工运动。

但是，我应该告诉你们，对于革命组织来说，要掌握住这次运动是不容易的。不久以前，政治书记处在分析保加利亚形势时指出，保加利亚共产党组织基础薄弱，在准备和组织群众罢工中积极性不够。共产国际预见到了群众性罢工的自发激情。革命组织处境非常困难，不能一开始就掌握住这个运动，尽管它们有很高的威信。这种情况使领导中的取消主义的行径得以暴露出来。在最大的中心——菲利普波波尔，第一罢工委员会提出了"政治中立"、"纯经济斗争"的行动纲领、"政府调停"的要求。这使法西斯分子得以图谋控制运动，但是在斗争发展过程中，革命组织揭露和粉碎了这些企图、并实际建立起革命的领导机构。

在这一斗争发展时期，革命组织最终掌握了斗争的领导权。现在，斯利文纺织工人的总罢工，不仅实际上而且公开地在革命工会领导下进行。在白色恐怖条件下，这一斗争过去和现在，全都具有特别重要的政治性质和革命性质。实际上，整个这一斗争已不是反对个别企业主和老板，它所反对的，第一是托拉斯资本，卡特尔化的业主；第二是法西斯制度。在所有集会上都提出了推翻法西斯制度、确立广大群众的权利和自由、实行大赦等要求，以及工人阶级的其他一些口号。共产党努力扩大和加深这一运动。它提出了，把每一次局部罢工变为总罢工、把罢工扩大到其他城市和其他行业的口号。正如我已对你们说过，一场包括不同工业中心和一批又一批生产部门的新的广泛的罢工运动正在酝酿。

这一斗争以活生生的例证，把有可能对党形成巨大威胁的右倾危险、机会主义动摇、合法主义、尾巴主义和取消主义等危险都暴露出来了。在我国，在小资产阶级条件和白色恐怖条件下是存在着产生这些右倾的客观条件。虽然，党一直同各种右倾表现成功地进行着斗争，现在才看到它们威胁的全部严重性。党本身已经有可能确认右倾的最大危险性，并有可能向广大工人群众揭露这种危险性。罢工群众已经用行动证实，如果不把所谓"纯经济"斗争变为广泛的群众性阶级斗争，变为反对整个资本主义阶级和反对资本主义国家的政治斗争，他们就不能取得他们实际上已经取得的胜利。虽然罢工只取得局部胜利，但是这一胜利仅仅归功于对罢工运动正确的、相当正确的阶级领导。革命运动现在席卷越来越多的无产阶级群众。客观形势的发展和过去的斗争经验，使无产阶级在革命斗争中站到了第一位，占据了第一位。客观上，无产阶级逐渐成为总的群众革命运动的领导者、农民的领导者和被压迫民族的领导者。这种有利的条件，使共产党有可能而且必须加强自己在革命运动中的组织作用和领导作用。巴尔干各国党，应当理解这个任务——这个巴尔干群众性阶级斗争发展中的新阶段。

这些党应该懂得，并因此应该首先加强自己在群众中的组织基础。这个基础现在是狭窄的、不够的。我们在实践中现在看到了这一点。其次，应该采取一切手段彻底清除共产党内一切投降派的取消主义情绪、调和主义情绪和思潮，以便建立一个统一坚强的领导，带领无产阶级投身到作为革命形势日益成熟先兆的最伟大的阶级搏斗的时期中去。

乌布利希（德国）：

我代表第四次会议选出的关于举行反对战争危险国际日决议最后起草委员会，现将这个决议的最后文本提交全体会议批准。

决议一致通过。

（闭会）

第九次会议

(1929 年 7 月 8 日上午)

继续讨论库西宁和曼努伊尔斯基的报告

弗赖尔(苏联):

所谓第三时期的主要特点之一,就是帝国主义世界和殖民地之间的矛盾急剧尖锐化。这种矛盾的尖锐化,不仅表现在印度的革命运动有了新的更大的发展(关于这点我下面再谈),而且表现在另外一个极为重要的现象上——殖民地无产阶级这支新的队伍登上了无产阶级斗争的国际舞台。

在第六次代表大会以后的最近一年期间,我们看到,在朝鲜发生了第一次大规模的罢工,这次罢工得到了整个朝鲜无产阶级的积极支持;在伊朗南部,英—伊石油公司采油场举行了五一罢工游行,据报纸报道,大约有20000名工人参加了这次游行;最后,在菲律宾,在革命口号引导下举行了五一大游行。在美帝国主义的这个远东殖民地,参加第一次(从某一点而言)游行的工人和农民有30000多人。在这次游行中,实际上第一次实现了菲律宾工人和中国工人之间的统一阵线,而在这以前,他们之间一直存在某种程度的对抗。游行群众同警察发生了一系列冲突,因为警察逮捕散发革命传单的菲律宾和中国工人,这些传单提出了工农的要求和菲律宾独立的要求。

同一天，即5月1日，在菲律宾举行的农民大会，通过了关于在未来的战争中保卫苏联的决议、关于加入农民国际和反帝同盟的决议、以及许多有关农民的革命要求。

我之所以要专门谈谈菲律宾的游行示威，是因为在我看来，对于共产国际在东方的工作和对于我们兄弟党、尤其是对中国来说，菲律宾工人运动和革命运动的发展具有非常特殊的意义，这个意义在整个殖民地世界中已经远远超出了菲律宾意义的范围。

现在，美帝国主义在中国占据越来越牢固的阵地。美帝国主义对待其他殖民地，如印度、埃及和阿拉伯等国家，采取某些宽容的作法，并且把自己打扮成被压迫民族的朋友。胡佛在就任总统后不久发表了一篇演说，在演说里他极力证明，美国根本不是帝国主义国家。戳穿美帝国主义的自由假面具，暴露其资本主义凶恶强盗的真面目，这是最近时期内我们的最重要任务之一，特别是在中国。只要我们的中国同志能以具体的事例揭露美帝国主义在它与中国相邻的殖民地本土的种种行径（例如在菲律宾完全独立的口号下，由菲律宾人和华人所掀起的工人运动，已开始遭到美帝国主义第一次打击），只要他们能够揭露美帝国主义对被压迫民族究竟采取什么样政策，这个任务是不难完成的。

在我看来，关于殖民地无产阶级这支新军登上国际舞台这一点也必须在提纲中指出来。

现在我来谈谈印度的形势。

因为向全会成员分发的文件中，对印度的形势已经做了相当全面的分析，因此我只讲几个方面。其中之一，就是非殖民化问题。自从第六次代表大会开展了——共产国际历史上第一次——关于殖民地问题，尤其是关于印度问题的如此广泛而富有成果的辩论以来，几乎过去一年了。在共产国际第六次代表大会决议中，对于帝国主义的殖民政策方面所提出的总的理论结论的正确性,能够作出这样绝对准确的检验和证明,这种情况是很少的。

在第六次代表大会上,对英帝国主义在印度的政策,是促进还是阻碍该国工业化发展的问题展开了争论。我们当时掌握的事实是极为有限的。鉴于战争时期以及刚开始战后时期的特殊条件,英帝国主义不得不对当地资产阶级作出许多让步,这些让步促进了当地工业的发展。但大约自1927年起,使英帝国主义的政策暂时发生变化的主要原因不存在了,英帝国主义便又重新采取了它对印度的所谓"正常的"政策。在第六次代表大会上,我们主要只能说明印度政府最近的这些措施,但我们还不能看到这些措施的结果、以及这些措施对该国经济生活产生怎样的影响。现在,我们看到了这个政策的结果。我们可以断定,这个国家处于严重经济萧条状况,而且在许多工业部门正转变成危机。纺织工业,特别是孟买的纺织工业正经历持续不断的危机;民族资产阶级的骄傲——塔塔公司,这个国内钢铁的生产垄断者和最主要的冶金企业,也是处境艰难。当地煤炭工业的情况继续恶化,生产减少,而与此同时,受到政府优待并享受全部特权制度的英国矿山,产量却不断增加。

自1927年底卢比汇价提高12.5%以来,通货膨胀的危机从来没有停止过,这种危机迫使英属印度政府向伦敦求援以提供高利率短期借款,以便维持出于英国进口商利益而人为提高的外汇。农产品价格迅速下跌。农业的这种情况,说明印度的农业危机日益迫近,它使英帝国主义特别惶惶不安。印度越来越多地进口农产品,如小麦、糖,甚至大米,虽然印度是最主要的产米国之一;进口的美国棉花日益增加,而印度出口的农业原料不断减少,这些对国家的国际收支顺差造成了威胁。而这种收支顺差就是所谓外流,即宗主国从印度榨取货币资金的主要来源之一。我现在不谈这个问题的政治方面,不谈它是怎样影响农民运动发展的。

国民经济中现在处于兴旺发达的唯一部门是黄麻工业。黄麻公司去年平均支付红利50%，而有些公司支付的红利则为100%，甚至140%。为什么会发生这种情况？印度在黄麻原料生产方面的垄断地位，足以证明这种特殊现象。但是在黄麻工业中，虽然最近几年来有70%的股票已转到当地资产阶级手中，但是，那些直接控制黄麻工厂的英国公司，仍然是坐地分赃以攫取最大份额的利润。在一个工业部门，我们无法查清它究竟有多大的发展。印度工厂检查局负责办理所有拥有20名以上工人新企业的注册登记，它指出，在1927—1928年间只有325家新企业，其中112个是碾米厂，而且它们大部分是些老企业，过去没有登记注册，现在才"开业"并受工厂法约束。在持续不断的经济萧条中，我们看到一种非常引人注目的现象——这种独特的现象首先在殖民地国家出现——这就是印度的资本外流。根据英国《经济学家》杂志计算，在最近几年中由印度外流出去的英镑有3750万。而且仅仅在1928年头10个月内就流失掉大约1000万英镑。只要你们注意一下，同是在1928年，输入印度的英镑为870万（其中750万镑是政府的借款），那么，同志们，你们就会十分清楚地看到，非殖民化理论拥护者的主要论点，即对殖民地资本输出不断增加似乎说明殖民地工业化过程的加强，究竟具有什么样的意义。

我刚刚说的印度工业方面的所有情况，当然并不意味在任何殖民地工业都不可能再进一步发展。在许多殖民地，工业之所以能继续得到发展，部分是因为它符合外国资本的利益，部分则是因为当地工业能冲破帝国主义的阻力。不过，在印度，国家的工业水平已经达到了这样的程度，只有冲破扼杀本国生产力的帝国主义和封建主义的桎梏，才有可能进一步发展。就连当地的资产阶级也开始从一个方面理解这一点。由孟加拉商业局出版的一本很有意思的小册子中有这样一段话：

"我们原始的农业制度,作为建立我们所需要的现代工业化大厦的基础,太过于狭窄和不稳固了。"

当地资产阶级就是这样说的。如果连与封建土地所有制有密切关系的当地资产阶级,特别是孟加拉资产阶级都开始懂得印度的农业状况不适应国家工业发展的需要,那么,这的确意味着,印度生产力发展的整个过程已经走进了死胡同,自然,要想使它走出这条死胡同不是当地资产阶级所能做得到的。

我简要叙述的严重经济萧条,形成了一种使印度新的革命高潮不断发展的客观形势。而直接推动这个高潮的最重要因素——即罢工运动,是印度各大企业都在实行的资本主义合理化。库西宁同志在报告中所指出的资本主义合理化的主要特点,即合理化带来生产力的提高,不是靠技术进步,而主要是靠改进工作方法和提高劳动强度实现的。这一点在印度得到最明显的、或者更确切地说、最畸形的反映。印度工业可以从先进的资本主义技术中学到更多的东西。然而,在印度的任何一个地方,除少数例外,这种资本主义合理化都没有更换生产设备和采用技术上比较先进的机器。甚至使用节省人力的机器,即使某些劳动过程机械化,也只是在某些场合(如铁路机车库和煤矿场)实行。我认为,在印度还找不出一个使用传送带的例子。在印度,合理化唯一靠的是工人的肌肉和对工作日的充分利用。这可以用具体的例子来说明。

调查塔塔炼钢厂的政府委员会认为,应该停止迄今为止发给这个公司的政府津贴。那么,这个委员会建议用什么来代替呢?委员会给塔塔公司出主意,要它更多地压榨工人,而不要指望政府的援助。根据委员会计算,塔塔公司从业工人的人数(26300人)在保持目前产量水平的情况下可以减少6300人。至于工资,委员会认为,生产38万吨钢所支付的工资总额,完全可以保证生产60万吨钢,而且不需要为此增加任何工资。

因此,该委员会建议塔塔公司仿照英国在印度的冶金企业的榜样和工作方法,并引用以下对比数字。英国公司平均每个工人生产生铁281吨,而塔塔公司,平均每人生产205吨。但英国公司付给每个工人的工资平均为339卢比,而塔塔公司要付403卢比。因此,必须减少给工人的工资,必须裁减过剩的劳动力。然而,委员会却只字不提改进工作的方法。在一些劳动过程机械化或者使用更精良机器的方面,委员会没有提出任何一条建议。请看,这就是资本主义合理化的形式,这种形式的合理化是在完全没有社会立法保障的条件下实行的。因此,成千成千的工人被抛弃街头,不但根本指望不到企业主和国家的救济和补助,同时还要降低工人阶级的工资。这种形式的合理化也是一种强大的推动力,它解放了印度无产阶级的革命力量,而且还将进一步激起和吸引工人阶级中新的阶层投入到斗争中去。

在同志们拿到的关于印度的材料中,对近一年来印度的工人运动作了相当充分的介绍。必须强调指出,当前孟买的罢工不仅是印度阶级斗争的一个新的阶段,也就是说,印度无产阶级已经不是在为自己眼前的经济需要而斗争,而是在为自己的革命组织而斗争,从而实质上使这一罢工具有了政治性质。而且,孟买的罢工是在资产阶级民族主义分子和社会改良主义分子之间敌对情绪日益加剧的形势下进行的。当地的资本家还在孟买第一次罢工期间就要求对罢工进行镇压。自治运动派实际上采用保持缄默来支持不久前印度立法会议通过的政府关于反对罢工和实行强制仲裁的法案。但是,资产阶级民族主义分子还从来没有公开反对过罢工,像他们现在这样对待孟买罢工。印度国大党的报刊指责罢工者缺乏爱国主义,因为此时的甘地和国大党都在抵制外国货,而罢工者却停止生产本国产品,这种做法无异于鼓励从国外进口棉织品。印度国大党报刊不断登载一些最下流的文章,抨击罢工领袖,指责他们从那些意欲破坏印度民族工业的英国资本家那里收取贿赂。甚至独立联盟的领袖们——这个曾被某些同志打算视为小资产阶级组织——现在也已开始反对罢工。虽然,独立联盟就其纲领来说,是印度一个最激进的组织,它也要求改变土地制度,提出一系列社会措施,如社会平等、经济平等,但是它的一个头头最近却声称,毫无疑问,孟买纺织工人的罢工带有共产主义色彩,但大多数工人不是共产党人。因此,他建议在罢工工人中举行秘密投票,并相信这样才会结束罢工。他还建议,把解决孟买企业主和罢工的纺织工人之间纠纷的仲裁权转交给甘地和印度国大党主席莫·尼赫鲁[①]。我们已经知道,资产阶级民族主义的这些要人们遭到了罢工工人应有的回击。我们从来还没有见到过印度的阶级力量、政党和政治集团发生如此急剧和深刻的分化,就像现在我们看到的这样。

孟买的罢工对外地有什么影响,它能在多大程度上吸引整个印度无产阶级参加到它的先进队伍——孟买纺织工人的队伍中来呢?应该说,在其他地区,罢工斗争的进展速度还很慢,比孟买要慢得多,但是,近来的报纸已经报道,在孟买纺织工人英勇斗争的影响下,印度无产阶级的新队伍开始进入火线。在这方面,印度铁路员工高涨的战斗情绪具有特殊意义。最近据悉,在5月底举行了印度最大一条铁路员工的代表会议。出席会议的有来自全国各地的代表53名。请看这次会议通过的几项决议,同时需要强调指出,根据报纸可以判断,这次会议完全是在改良主义分子把持下进行的。

第一个决议说:

"全印半岛铁路员工会议向国际无产阶级致以兄弟般的敬意,并请它确信在

[①] 尼赫鲁(Motilal Nehru,1861—1931)印度国大党和捍卫自治口号的自治党的领袖之一。J. 尼赫鲁的父亲。——编者注

反对资本主义这个给世界带来贫困和破产的共同敌人的阶级斗争中将得到他们的有效支持。"

决议接着说，只有通过

"国际无产阶级的团结才能使工人阶级从剥削中解放出来。"

第二个决议：

"本会议诚挚地支持孟买纺织工人为坚决维护工人阶级利益所采取的反对孟买工厂主的战斗立场，并且坚决谴责政府和工厂主企图以枪杀和其他镇压手段来破坏工人的团结。"

接着会议通过了关于建立罢工基金的决议，尽管还没有做出关于罢工的直接决议。应该提醒一下，就在去年11月，一位在印度工作的英国同志布拉德利，在全印铁路职工联合会的代表大会上，他提出了关于建立罢工基金的建议。建议被只多几票的多数所否决。现在，正如你们所见，尽管大概是左派领袖缺席未到，这个决议还是通过了。但是，靠我刚才列举的这个例子，外地许多小规模罢工，毕竟不足以给予孟买无产阶级以积极支援，因为不同于往年，现在对孟买无产阶级的国际援助完全被截断，而它的罢工基金又极少极少。何况，根据所能掌握的资料判断，我们的印度同志过去和现在都没有采取充分的措施，使罢工运动扩展到孟买以外的地方，组织整个印度无产阶级对孟买罢工给予积极支持。我认为，在领导印度历史上这次最重要的政治罢工中，存在的一个主要缺点就在于此。

关于农民问题，我什么也不打算说了，因为对于分发给你们的材料没有什么要补充的了。但是，必须再一次谈谈印度共产党的发展问题。目前，印度的政治形势不仅是阶级力量和政党界限比较分明，而且与此同时，国内资产阶级和改良主义分子的反革命营垒开始结伙勾结。这种狼狈为奸的第一个信号，就是资产阶级和改良主义分子已经发动的反共产主义的意识形态的斗争。在最近一次全印国大党代表大会上，也发出了信号。国大党主席莫·尼赫鲁去年12月大肆攻击共产主义。在这以后，国大党和独立联盟的领袖们几乎连一次大型的群众大会或会议都不允许召开，唯恐他们的听众受共产主义的毒害、受共产主义的迷惑。印度改良主义分子的这种攻击还要更加露骨。请看在印度出版的改良主义分子机关报之一《印度劳工新闻》杂志写了些什么吧。该杂志对工会领袖中某些政界人士的建议做了回答，因为他们提出了关于消除内部分歧和团结一致地领导工人运动的意见。这份改良主义的小杂志对这些人加以嘲笑。杂志问道：

> "这些好心好意的人可曾知道，这些分歧是何等深刻和巨大啊？工联主义，就像人们对它的一般理解，与莫斯科所宣传的共产主义相距甚远，两者水火不相容。头脑清醒的共产党人很懂得这一点。"

印度的改良主义分子是这么说的，也是这样教训我们的印度同志的。就是这份杂志，一方面号召把共产党人从全印工会大会和基层工会组织中赶出去，无耻地为反动的反共法辩护，同时，又否定建立统一战线的一切可能性，并一概斥之为无聊的胡言乱语、白费精力。杂志扬言："必须进行公开的斗争，主要是思想方面的斗争，但也要采取说服的办法以净化气氛。"我们知道，印度政府很快便着手帮助印度改良主义分子"净化气氛"，并把印度工人运动中革命性最强的领导人投进监狱。应该坦率地确认，在这场意识形态的斗争中，我们的印度同志不仅本身没有通过他们掌握的小小报刊奋起反击，而且在打退阶级敌人的进攻上还不够坚决。

资产阶级阵营结伙勾结的第二个征兆，是他们现在很重视组织问题。到目前为止，印度实际上并没有资本主义国家所存在的那类资产阶级政党。就连印度资产阶级中最有组织的党——自治运动派最近几年也已变成了一个派别，它仅仅是议会中的一个党团，它除了把持国民大会党的领导权以外，在立法机关范围以外，它在群众中没有任何固定的组织形式。

伊斯兰联盟是另一个资产阶级组织，最近一个时期它共有成员2000人左右，但是这个联盟成员不受任何统一政治纲领和纪律的约束。如果需要这种哪怕是形式上的纪律时，比如在国大党属下成立一个志愿者团体，那么，这个团体勉强能在全印度招募到1000人。

印度国大党的情况也好不了多少。我们可以引用数字的事实本身已经说明了问题，因为迄今为止在任何地方也无法找到这个组织人数的任何数字。国大党在最后一次执行委员会上公布的数字说，印度国大党在各个邦共有大约10万党员。报告从资产阶级领导的观点出发，认为这个组织的状况是十分不能令人满意的。多数小组织都没有活动，也不开会。除了党员一年交四分之一卢比的党费外，他们什么工作也不做。在听取了这些报告以后，通过了关于扩大基层组织网、关于进一步加强纪律和关于吸收新成员等一系列决议。甘地提出了一项决议，要求在该组织活动的地区，吸收加入国大党的人数至少应占人口的1%。工人运动越是蓬勃发展，革命浪潮越是开始深入农村，资产阶级政党就越是加紧行动，以便把开始行动起来的人民群众控制在自己的影响之下。国大党的宣传员跑遍各邦，作报告，大谈工人运动，教会各地方领导，怎样把工会控制到自己手中。孟买反婆罗门党一般采取比自治运动派更右的立场支持政府，该党的书记现在建议把这个党改名为农民党，并要求自治领权。他在自己的声明中说："这个党的基本原则应该是保护印度农民免受他们的阿訇、祭司和高利贷者在社会、宗教和经济等方面的剥削。"

印度资产阶级又一次开始争夺群众——所以说又一次，是因为它在

1919—1922年高潮后曾经放弃了群众运动。无论如何也不应忽视这个事实。印度资产阶级决不会在群众性的民族运动中高悬免战牌而交出自己的阵地。印度共产党人终于站到了工人阶级的先锋队——孟买纺织工人的前头。他们在工人群众中的影响无疑在不断扩大。正如库西宁同志在他的报告中所正确地指出的，印度无产阶级领导人、印度共产党人将随着运动的发展一起成长，这也是毫无疑问的。但是，必须肯定这样一个事实，即共产党的发展不仅落后于印度无产阶级革命化的速度，落后于国家整个形势，而且也落后于国内资产阶级和改良主义力量在思想上和组织上的结合过程，而这正是对印度形势造成威胁之所在。

然而，印度事态发展所给予我们历史的期限已经缩短到不能再短的限度了。由此而应该得出的结论不能是别的，只能是其他同志已经得出的结论；共产国际执行委员会必须和我们的兄弟党，特别是英国党一起，采取一切措施，帮助印度共产党人发展自己的组织，因为建立一个群众性的、思想上和组织上独立的、坚定的共产党，这是正确领导印度当前反对英帝国主义斗争的唯一的和极其重要的保证。

塞马尔（法国）：

我们完全同意库西宁同志和曼努伊尔斯基同志报告的基本论点。我们只在作为这两个报告基础的提纲方面做一些小的修正。

关于在第六次世界代表大会和第十次全体会议之间这段时期内资本主义的矛盾有了发展和加剧的这一指示，像一条红线贯穿在整个提纲之中。

专家们刚刚通过了杨格计划，而市场上已经展开剧烈的斗争：这就是现在的关税战，而这一敌对行为的发起人则是"繁荣昌盛"的美国。如果说争夺市场的斗争，主要是在国内市场饱和以及生产过剩而不得不寻求其他销售市场的美国同德国之间进行的，这是不会错的。因为德国按照杨格计划，同按以前的道威斯计划一样被迫要不断增加出口以完成赔款支付计划。

世界经济危机是由于生产设备能力和商品市场容量之间日益不成比例而产生的。

我来分析一下，最近在法国对这种不成比例的情况感觉特别明显。在法国，目前经济危机的征兆已经有所暴露。产品不断地增加。比如，生铁产量1927年为77.4万吨，1928年为84.1万吨。钢产量1927年为68.9万吨，1928年则为78.2万吨。而且有许许多多事实说明，它的国外市场在逐步缩小。1928年，对外贸易入超为25亿法郎。而1929年头5个月，入超已达70亿法郎。与此同时，出口量减少700多万吨。

法国工业标准产品出口减少，而同一类产品的进口却有所增加。

《工业报》谈到未必能减少的贸易逆差时说：

"现在贸易逆差增加的速度使人不得不认为，如果这样继续下去，到今年底逆差会达到120亿，这是用传统的'无形输出'（即用在法国本国的外国人所支付的数额）无论怎样都不能抵补的。"

因此，我们有充分的理由认为，法国工业正处于转折关头，甚至在国内市场上的国际竞争，对于法国来说，现在比前一段时期（通货膨胀时期）造成更为严重的威胁。我们看到，批发和零售价格不断上涨，它们上涨的速度，无论经济学家或政府都是没有预料到的——生活费用持续飞涨，房租增长4倍，官方指数节节上升，说明价格比1925年增长40%上下。指数实际上提高了一倍多，达到了70%—80%。与瓦尔加同志相反，我们对资产阶级的官方统计和指数不抱信任，何况我国资产阶级本身也承认，法国无产阶级的生活水平日渐下降。要求增加工资的罢工统计数字最能说明生活水平的升降情况。一年来，发生了1400起罢工，其中85%是要求增加工资的。

即使国内市场的状况还比较好，这种局面在很大程度上也是靠空军、海军等的军事订货，靠生产合理化方面所需要的机器和设备的订货来支撑的，而这不过是产品数量的增加而已。

至于财政状况，当然法国当时仍拥有广泛的财政潜力，但是，法国资产阶级深感不安的，是调整债务的问题——首先就要在即将到来的8月1日支付金额为100亿的美国有价证券。议会曾申请延期支付这100亿的债款。议会多数代表倾向于根据某种条件批准债务。我认为，法国资产阶级一定会向美帝国主义让步，因为美帝断然拒绝延期支付100亿的债款并宣称，我们先等着批准，然后我们再考虑考虑。可以认为，政府批准债务，必将加深对法国和德国无产阶级的剥削。鉴于目前局势的危险性和危机的威胁，彭加勒开始赞成批准债款并得到了最反动的分子，例如马伦集团的赞同，他们以前在这方面采取敌对态度。德-克列里斯在《巴黎回声报》上说了下面一段理由：

"相反，在目前，不是别人，而正是国内报刊，步彭加勒的后尘，惶恐不安地争取批准，好使法国避免在8月1日支付五分之一的现款，避免同麦克唐纳和胡佛这样一些敌视法国的老奸巨猾的人发生急剧冲突——形成世界不友好的局面。"

这就是民族统一右派政党的立场。资产阶级左翼——社会党的立场同右派政党的立场实质上同出一辙。实际上，社会党是拥护批准债务并且现在一直支持彭加勒的政策。彭加勒赞成按法定程序——在众议院讨论这个问题之前批准杨格计划。社会党认为，从洛迦诺公约到杨格计划的一整套措施和条约可能促进资本主义的稳定。勃鲁姆在谈到赔款时，使用了**合法赔款**这个说法，而来自德国社会民主党的克赖特舍尔德，附和他的调子，要德国工人支付债款，"以便净化毒化了的政治气氛"。所以，可以认为，法国帝国主义将批准这项债款，因为这和杨格计划有关系，抛开一切而论，这对于从杨格计划中分得极大份额赔款的法国资产阶级来说，也是完全可以接受的。

至于莱茵地区问题，政府和社会民主党利用它作为讹诈的工具。实际上，只有共产党人才主张尽快无条件地撤离莱茵区。

最近，我们党在评价杨格计划和国际银行的作用时犯了一个错误。一些同志把这个计划看成是缓和帝国主义之间矛盾的工具。另外一些同志认为，议会投票反对迅速和无条件批准债款，就是反对金融资本，反对最高财团，似乎金融资本在巴黎和在纽约产生的危险是不一样的。我们党公开纠正了自己的错误，立即在《人道报》上发表了声明。声明指出，杨格计划只能是加剧帝国主义列强之间的矛盾，加紧对群众的压迫，加深阶级矛盾，加剧法国和德国的阶级斗争；声明还指出，金融资本在法国正如在美国一样，都占统治地位，无论是政府或是法国众议院都不反对金融资本，而且都执行它的政策。

我们法国的资本家最近几周十分起劲地反对威胁法国工业，特别是威胁制成品出口的关税保护政策，并扬言要对美国进行报复。最大的资本家组织，即各商会都向华盛顿政府提出抗议。听说，有17个欧洲国家的政府也都提出了类似抗议反对实行这种关税率。我国帝国主义的这一立场，对美国通过的决议所提抗议，所有这一切都是在专家委员会会议以后的第二天作出来的，这些证明，资本主义矛盾是巨大的，与杨格计划相反，而且正是由于这个计划，矛盾在加剧，并将进一步加剧，而不是缓和。

因此，我们有权肯定，自第六次世界代表大会以来，法国的各种矛盾只是加剧。我们看到，合理化是怎样地在加紧进行，企业主和政府的压榨是怎样地在不断加重，它们不断迫害工人、迫害那些反抗法国帝国主义政策的革命组织。

我们看到，随着市场争夺的加剧，大国之间的矛盾也加剧起来。

十分明显，资本主义世界和苏联这两大体系之间的矛盾是基本矛盾，而这个矛盾随着资本主义稳定的动摇和苏维埃制度在社会主义建设过程中的巩固而日益增长。

必须指出，资产阶级在评价苏联社会主义建设前景时，常常要比社会民主党人和托洛茨基分子明智一些。重工业委员会机关报《每日新闻》对五年计划作了详细的研究。它指出了这个计划的严肃性，以及这个计划对发展苏联经济的巨大意义。最后这份机关报承认，五年计划的实现将保证苏联在工业大国中的地位。重工业委员会声称，要认真对待这个计划，并且说，尽管这个计划会遇到巨大困难，但它基本上有很大的把握获得成功。

我国帝国主义很重视苏联社会主义建设计划。它正在争夺俄国市场。这是帝国主义准备进攻苏联而贪婪地把手伸向新市场的主要原因之一；因此继续拼凑反苏阵线，加紧进行战争准备，我国帝国主义在准备战争方面起着主要的作用。这里已经表明了它在这一勾当中起的作用，同它的盟国——英国的作用是一样的。

我国帝国主义的意图在以下方面暴露最明显：最近几年，特别是最近几个月，同波兰和罗马尼亚签订军事协定；由法帝国主义向与苏联接壤的国家提供多种形式的财政和军事援助；不断发运军事物资和派遣法国将军去组织和训练这些国家的军队。我们认为，法国插手了波罗的海联盟的建立，以促成更加紧密的反苏阵线。爱沙尼亚的兰多涅尔将军的声明对此毫不怀疑。这个声明的目的是什么呢？"我们，爱沙尼亚人和拉脱维亚人要不遗余力建立反对苏联的钢铁阵线。"可以认为，这话是法国国务活动家说的。不妨回忆一下德-茹弗内尔在德国企业家杂志上所发表的声明，它旨在对德国施加压力以便使其加入反苏联盟。

这种世界形势和这种战争的威胁迫使政府加紧镇压；尽可以大胆地说，资本主义国家是在走法西斯化的道路，而且一些政府在民主和合法的伪装下，开始加紧采取法西斯方法，正像我们在法国所看到的情况一样。我们可以详细介绍我国使用的几种方法来作为说明：例如大批增加警察，发展民族主义和法西斯主义组织，它们同政府沆瀣一气，采取镇压措施，反对革命组织，加紧镇压，建立无需任何诉讼便先行逮捕的制度（这已经不是什么新鲜事），由于某篇文章或散发传单而判处1年—3年—5年监禁；查封革命报刊，残暴镇压殖民地。目前在印度支那，几百名当地人由于对帝国主义统治作了一点最小的反抗而被判以苦役或监禁，法国社会党人瓦雷恩制定的制度对这些镇压起了很坏的作用。这里还包括一系列臭名昭著的法律。现在提出一个法案，规定对威胁"领土完整"的宣传采取镇压措施。这一法律的矛头是针对共产党人，他们在殖民地以及在阿尔萨斯和洛林进行反对帝国主义斗争。还有一个法律草案规定，对正在执行职务的官员进行攻击者应送感化法庭，而不是陪审法庭审判。

那些在工厂里安插密探并同警察的特务有联系的企业主也采取了措施。所有这些措施十分明显地反映了我国法西斯化的程度。有人说，我们党宣布不受法律约束。我认为，在法国这是一种特殊的形式：把一个党置于法律约束之外的任何决定都是不会有的，但是由于一系列措施，我们党最终将被赶入地下。

不言而喻，社会民主党参与了这一镇压政策。众所周知，这个党投票赞成秘密基金，赞成加强警察和近卫军机动部门；我国社会党的特务们为镇压共产主义公开拍手叫好，他们投票信任巴黎警察局长吉阿普。两位市政府顾问菲昂策特和莱韦连，在我们这里起着小策吉贝尔们的作用，因此，必须痛斥他们。这就是你们看到的社会民主党人政策的一些特点。尽管它有五花八门的形式，但是，所有国家的这一政策，实质上同德国社会民主党的政策一样，都是一路货色。

德国社会民主党上台执政后，在马格德堡代表大会上明显地表露了自己的社会法西斯和社会帝国主义的方针；它公开而不厌其烦地谈论社会民主党人的专政，以维护"资产阶级民主"，也就等于维护资产阶级。泽韦林在国会讲坛再次发出了威胁。法国社会民主党虽然还没有直接上台执政，但是在执行社会法西斯政策方面并不落后于德国社会民主党。法国社会民主党人尚未走上前台，但是它现在给予资产阶级的帮助并不少，即使他们登上内阁宝座也不见得有这么多。邦库和列诺得尔无疑是拥护赫尔曼·弥勒和泽韦林的。法国社会民主党正在帮助准备帝国主义战争，现在它甚至可能比德国社会民主党更危险。

我国的社会民主党积极同资产阶级合作搞资本主义合理化。这个党执行第六次世界代表大会纲领和提纲中阐述过的"工业和平"政策；它在政府机关中同资产阶级紧密合作。即使它没有执政，它也参加国民经济委员会和最高国防委员会。这两个机构分别研究资本主义合理化和应付未来战争的一切军事措施。它的险恶作用鲜明地表现在对法国北部纺织工人罢工的背叛，它公开号召工人坚持工作。在提纲中，应该更多强调的不是社会民主党一般的作用，也不是它的头头的作用，而是整个社会民主党从下到上所起的作用：无论是基层领导干部，还是那些形成改良主义工人贵族以及像社会党领袖一样公开背叛工人阶级的无产阶级分子的作用。

这一点由于我们的统一战线策略有了变化而应该重视：问题在于，在我们的队伍中还存在右倾残余——有些同志一解释统一战线问题，就以为是共产党组织和社会党组织之间的谈判，说成是联合工会和改良主义工会之间的谈判。社会民主党的作用也十分明显地反映在宣传"工业和平"和等同于取消罢工权利的强制仲裁方面。劳工总联合会的卡波奇始终维护以所谓"强化治安"法为基础的强制仲裁草案。这个法案众议院刚刚通过。这是劳工总联合会同政府合作的结果。

要充分了解"强化治安"法的危害性，就必须考虑到各国工会运动分裂的特殊局面。我记得，法律规定对于企业主组织的罚款是16—1000法郎，而对于事先没有进行谈判就立即宣布罢工的工人组织的罚款则是16—10000法郎。为什么要颁布这个法律呢？为了摧毁工人的斗志，阻止罢工运动，实行"工业和平"，没有这种和平，资本主义合理化是不可思议的。

社会民主党在执行同资产阶级合作政策的同时，还执行一条消灭共产主义的策略。直到最近，社会民主党还在玩弄相当奸诈的伎俩，指责我们搞"分裂"，说什么我们嘲弄工人的要求，只主张街垒战。社会党希望我们在使用"阶级对阶级"的策略时使我们在工人群众中孤立起来，不仅在我们和群众之间，而且还要在我们党的内部制造裂痕。

但是，社会民主党发现，我们的新策略使我们党变得更加强大，更加坚如磐石；于是它便采取全部消灭我党的方针：它不仅只是加害共产党人，而且加害所有同情共产党员的人，以及在工会、红色工会国际等其他同类组织里进行斗争的人。不久前，列诺得尔在社会党的一次宴会上又发出了威胁。他说：

"整个大厅的人都应该一致宣布向共产主义斗争，因为它使无产阶级的良心变坏并使它的灵魂受腐蚀。塞纳联合会即将着手给予布尔什维主义以致命的打击。"

我们相信，这些叛徒将碰得头破血流；做出这个回答的，将不仅是我们，而且是巴黎区和全国的工人阶级。

但是，这一政策反映出社会民主党、资产阶级和政府三者在它们的反共斗争中所追逐的目的是一致的。

在资本主义制度下对权利的欲望——这就是法国社会党所迷恋的东西。在这次社会党人的宴会上，社会民主党的所有头头们——阿尔伯·托马、邦库、列诺得尔、保尔·福尔都发了言。所有发言的人都主张参加政府。勃鲁姆发表了一个长篇政治演说，宣称彭加勒政府可能下台，因为"它已完成了自己的使命，无权再存在下去"，随后指出社会党人参加政府的各种条件。他说：

"在这种情况下，我将继续干下去。我认为，不管在什么情况下，只要有人愿意把权交给社会党，它就不应当报之以拒绝；它应该毫不动摇地把权抓过来，如果这是可能的话，而不管政治形势如何，不管它所依靠的大多数的性质如何，也不管社会党政府有多长寿命的希望。"

社会党议会小组早就主张参加政府，但是基层的积极分子在这个问题上却持否定的立场。现在已经采取了坚决的步骤。

现在"左翼"赞成参加，他们将采取他们过去所采取的煽动手段，以证明他们同意保尔·邦库在国际联盟的代表权是正确的。这就是那些"左翼"分子，他们的使命就是使工人留在社会党内。

有意思的是，指出勃鲁姆对各国社会民主党可能同时上台流露出忧虑的那部分演说词。

勃鲁姆说：

"当我想到这一刻时，即所有欧洲大国的社会党人将要同时上台，而他们又完全无力抖掉身上压着的资本主义制度固有的不合理和不公正的包袱、无力推卸过去所犯错误的责任。我承认，在我期望和愉快的心情中却掺杂着忧虑。在谈判中和在会议上，可能会出现由于事件的必然进程，以及与为世界文明事业效劳的意愿相反，他们终将违背本国敌对者的利益。共产国际各个支部十年来虽然由于民族利益常常发生冲突，但他们都相当幸运地并有足够的勇气去避免这种残酷的情景。让共产国际取得物质上和精神上的进步吧！让国际主义思想的发展保护我们将来也不会发生同样的情景吧！"

勃鲁姆明显地感到，对于社会主义来说，不能靠对群众的许诺来实行自己的政策，比如麦克唐纳在选举运动前的那种许诺。业已证明，社会主义一旦掌权，只能维护资本主义的利益。在欧洲各国社会党人同时上台这一国际性尝试前夕，勃鲁姆清楚地懂得，采取坚定的步骤将加速工人阶级和社会民主党之间关系的破裂，因为这样一来无产阶级将更加认清社会民主党的作用——虽然勃鲁姆事先还采取了一些预防措施。重要的是，要使工人阶级懂得——就像麦克唐纳在拒绝工会监督和禁止工党议会小组开会之后，使人感到这点一样——执政的社会民主党不可能同意工人阶级的监督，因为它执行一条为满足共同利益的资产阶级政策。

在法国，社会民主党人上台，只能预示更加凶狠地反对革命的无产阶级及其组织。很明显，当我国资产阶级所面临的困难日益加重以及当它感到革命战争临近的时候，它必定去找我国的社会民主党调情。

我们的结论如下：既然第十次全会把加强反对社会民主党，特别是反对它的左翼的任务作为重点，就应该确认第六次世界代表大会对当前社会民主党执政的形势所规定的方针。这将使共产国际各支部有可能把广大群众从社会民主党的影响下解脱出来并把他们吸引到革命斗争中来。

现在简单讲几句关于我国经济斗争的发展问题。可以说，在法国，同各个资本主义大国一样，经济斗争在第六次世界代表大会后更加频繁了。工人们已从防御转入反攻，而这一反攻就成为无产阶级进行更为广泛更为残酷斗争的前奏。反对资本主义迫害、反对企业中的特务活动、反对解雇和逮捕工人积极分子，这些抗议罢工使得这一斗争具有了政治性质。当然也有这样的情况，工人为工资而进行斗争，但不懂得这些斗争同政治形势的关系。我认为，最近几个月由于我国帝国主义变本加厉地实施合理化和迫害政策，将使工人们懂得罢工的政治性质。由于整个资产阶级机构和社会民主党的参与，经济冲突具有了政治性质。法国工人的有些行动是同时指向企业主、政府和社会民主党的。利摩日工人抵抗近卫军机动部队的斗争，或者巴黎泥水工占领街道的斗争，都证明我国斗争的尖锐化。士兵和后备军的斗争可能同工人的斗争联合起来，而工人、士兵和水兵这种同时的行动使资产阶级惶恐不安。阿尔萨斯和洛林的工人和农民的斗争同样如此。这场斗争，正如我们一些同志认为的那样，不是主张自治的教权派头头干的事情，而是反对帝国主义的真正的工农群众运动。

在殖民地，我们看到当地群众日益增长的反抗，看到哥伦比亚和印度大规模的罢工运动。在刚果，发生了黑人工人的真正暴动，6个多月来他们坚持斗争反对强迫劳动，反对前所未闻而致使数千人丧身的剥削。在阿尔及利亚，多次发生以当地工人为主的罢工，在摩洛哥，发生了阿特拉斯山区的部族起义，武装反抗法帝国主义的进攻。

在我国，工人斗争不断发展和不断加剧；在殖民地，有些不一定都是我党领导的运动也得到发展。在摩洛哥，我们还没有党，只有几位同我们通信的同志。在马达加斯加，也没有党，可是在当地居民中也出现了不满情绪。在刚果，也没有党。但是在殖民地，我们却亲眼看到了斗争和起义运动日益加强。

上面的概述使我们确信，在第六次世界代表大会后，除各帝国主义之间矛盾加剧以及首先针对苏联的战争准备加紧以外，阶级斗争也在不断加强——这也表现在斗争的数量和尖锐程度上——殖民地群众的反抗日益增长，从而使宗主国群众的斗争和殖民地群众的斗争建立了联系。因此我们可以说，国际性的运动已转入更高更革命的阶段，而我们正面临新的更加广阔的战斗。

最后，我谈一下我国的情况。不可否认，共产国际中的大多数支部对群众的影响有了很大增长，但是同时，这种影响没有在组织上表现出来。这是我们所有各国支部最大弱点之一，因此，我们应竭尽全力来克服这一弱点。党的领导加强了，它变得更加一致和政治上更加强大了。

这种团结不仅是执行更正确的政策和在群众中进行更深入工作的结果，而且也是更加有力地进行反对机会主义、反对右倾分子和调和分子斗争的结果。我们在捷克斯洛伐克党（尽管它遇到困难）和德国党内都看到了这一点；德国党最近一次党代表大会，就是走向整顿党的路线和反对右倾分子和调和分子斗争的决定性阶段。

我们党也是同样的情况，它为整顿党的路线已经斗争一年半多了。

我们代表大会是在为党的正确路线斗争中的一个决定性步骤。在代表大会期间，政治斗争是比较明显的，政治上的分化也是比较清楚的。在代表大会前的最后几个月内，我们党向机会主义展开了坚决的进攻，对党的社会民主党集团给予了有力的反击。我们党内没有有组织的调和分子集团，但确有调和分子存在。

克罗兹所持的观点带有明显的社会民主党性质。但是，如果认为，在他后面没有一大帮在革命工会组织（如果不该在党内）中颇有机会主义才干的同志，那就错了。

多里奥同志长期以来扮演一个调和分子的角色。在他的周围集结了形形色色的、在不同程度上不赞成党的路线的动摇分子和形形色色的机会主义集团。

党迫使他承认自己的右倾错误，党和党的代表大会迫使他投降，并强迫他宣布同意党的政治路线。但是，党预先声明：他的这个决定的诚意须用实际工作来加以证实。

只有当多里奥同志采用党的策略、并且为采用党的策略而斗争的时候，我们也才能对他声明同意党和共产国际路线的诚意做出评价。

代表大会对那些扮演调和分子角色的人，对那些企图使形形色色的不满分子和反对派分子拉帮结派的人，进行了同样的斗争。值得注意的是，恰恰是这个极左分子、原巴黎区书记维拉特企图把所有这些反对党和共产国际路线的反对派分子都网罗在一起。

我们的代表大会加强了党的领导。代表大会不是在领导机构内部对各种不同政治派别采取按比例分配代表名额的办法来加强党的领导，而是在政治基础上并在经过连续几个月的政治斗争以后才建立了这个领导的。工厂的工人进了我们的中央委员会。这样一来，中央委员会也就工人化了。

我还应该说，共产主义青年团起了重要的作用，它参加了为澄清党的一些基本问题的辩论会，并在领导机关——无论是上层还是基层——和在革命的工会运动中同党进行合作。

机会主义危险尚未彻底铲除。机会主义还在我们党内栖身，在举行罢工时，在筹备工会代表大会时，我们都碰到了它。我想就这方面讲几句。在工会，我们遇到的已经不是机会主义错误，而是纯粹的改良主义。在这里，对工人阶级反抗和进攻的前景估计不足，对群众向左转的过程估计不足。因而产生了消极主义、失败主义。罢工期间被我们开除的一些同志，在罢工工人面前进行公开的政治辩论以后，完全同社会民主党的叛卖观点同流合污了。上述思潮——必须指出这一点，因为这里讲的是一个对我们来说非常重要的问题——不仅在基层积极分子中存在，而且在我们的上层组织、在我们工业联合会的上层组织中也存在。比如，从矿工联盟撤回基尔什同志的原因证明，在革命工会运动的领导工作中存在着严重的改良主义的危险。铁路职工联合会（改良主义分子在这里维护社会民主党的立场）最近开展的斗争表明，革命工会组织中改良主义发展的危险是多么大！这种倾向直至统一劳动同盟执行委员会都存在。在估计我们党内状况时，我们没有理由推说缺少一份机会主义纲领，因为它已经由克罗兹同志公开提出来了。

我的发言就要结束了。如果我们希望党顺利地完成所肩负的任务，在阶级斗争加强的情况下，无疑必须从党内清除右倾机会主义分子和那些像德国党内公开赞成右倾分子观点的调和分子。

我们完全同意政治提纲中提出的条件,并认为,这是对调和分子的最后警告。我们要进行反对社会民主党的坚决斗争,就需要对我们队伍中代表同样倾向的那些人,进行同样坚决的斗争;反对右倾分子和调和分子的斗争只能使我们的党和共产国际得到加强。

瓦尔加(苏联):

我的任务是讲赔款问题。但是,在谈这个正题之前,请允许我就这里针对我的批评讲几点意见。来这里开会的同志相当一致地反对我提出的对现代工人生活水平的看法。在我必须工作的特殊环境中——因为我不幸已整整十年脱离了直接的群众工作,我不得不只利用一些报刊资料——有些做群众工作的同志亲眼看到工人生活的情况,他们不同意我的意见,无疑这对我有很大的意义。它将促使我再次去考虑这一问题。

我和主要报告人库西宁同志以及在会上发言的同志,都承认工人阶级状况绝对恶化,在这个问题上我们之间没有分歧。我还是认为,在估计实际工资,即统计学指的狭义生活水平时,这里援引的证据,不足以证明做满一个工作周的工人,现在用一周的工资能买到的消费品数量要比一两年前买到的少。我还要更加详细地研究这个问题。我认为我是对的。如果情况不是这样,我将有勇气承认自己的错误。

我想强调,我从来没说过生活水平提高了,这是某些反对我的人想强加于我的。这一点我从没说过。当然,也确有一些无产者阶层,他们的实际工资在失败后的这几年中急剧下降了,比如英国的矿工。工人阶级的实际工资、生活水平和生活状况的问题是一个十分复杂的问题;我们应当十分细心地对它加以研究。

雷梅尔同志说,德国的消费量与战前相比降低了三分之一。我敢肯定,雷梅尔同志错了:如果他更好地研究一下数字,他就会发现自己错误的根源。

雷梅尔同志在这里把情况说成是似乎存在着两条路线：库西宁同志的路线和我的路线。这是错误的。我认为，库西宁同志所说的和我所说的这二者之间不存在任何根本的分歧，库西宁同志讲述了总的发展情况。他谈到了技术、合理化，以及各类资本主义思想家对资本主义状况的评价等等。而我的发言只限于代表大会以后的最近一个时期的情况。而我说了些什么呢？我指出，虽然最近一年来一些最主要的资本主义国家发展的形势是上升的，但是眼下已经有了无疑是新的经济危机的征兆；我指出，我们正在经历新的农业危机，我们还碰到国际信贷危机，交易所的投机活动达到了骇人听闻的程度，不久就会引起破产。我指出了像失业这样有重大意义的事实，并预言，在最近几年里，工人运动还将出现新高潮，斗争还要扩大。我甚至还具体指出过，在这场斗争中，英国将是主要地方之一。因此，我不明白，我的路线和库西宁同志的路线之间的分歧究竟在哪里？

对我的论战，同经常发生的情况一样，在这里已经步步升级，乃至问题竟弄到了指责我为修正主义的地步。开始是库恩·贝拉委婉的暗示；尔后是希塔罗夫确认已经存在倾向，而柯拉罗夫同志慷慨陈词的发言则使指责达到登峰造极的地步。我应说明如下：曼努伊尔斯基同志在报告中列举了许多种机会主义的表现。他认为第四种机会主义分子是这样一些人，他们根据自己对形势的观察和研究得出某种看法，但是他们因为怕把自己谴责为机会主义，所以对共产国际隐瞒这种看法。我从来没有陷入过这种机会主义，而且将来也不会陷入。（希塔罗夫："这并不意味着，您与其他种类的机会主义一刀两断。"）假如我认为，在国际形势中，在世界经济中，以及在工人运动中出现某种新东西，而且它超出了共产国际迄今一直认为是正确对待形势的一般认识范围，那么，我一定向共产国际宣布这一点，即使可能又会听到什么"瓦尔加又在搞机会主义的卑鄙勾当"之类的话。最大的机会主义是害怕同占统治地位的路线不一致而隐瞒自己的观点。这才是最危险的。这才是与共产党人不相称的机会主义的变种。(诺伊曼:"不是同占统治地位的路线不一致,而是同布尔什维克的观点不一致。")我今后的行动就是这样,何况在共产国际历史上不止一次有这样情况:我提出的某个论点,一开始常常被许多人定成机会主义,尔后又成了共产国际的路线。请允许我向你们追述一下在代表大会以前的一次全会,当时我提出了一个论点,认为英国正处在大规模合理化的前夕。英国同志在会上发言并声明,说这是不可能的。许多人发言说,认为英国资本主义还有足够的力量实行合理化,这个提法本身就是机会主义。现在你们在这里听到坎贝尔同志的发言,他承认这种合理化是现实存在的,甚至对英国同志原来的立场做了一些批评。

你们或许记得第六次代表大会上发生的另一件事。在第六次代表大会上,布哈林同志宣布我是机会主义分子,理由是,我曾建议把局部要求列入共产国际纲领。想必你们也记得,过了几天以后,布哈林同志被迫以俄国代表团的名义撤回他关于我是机会主义的谴责。我想引证的第三件事更能说明问题,因为这个事件证明,谴责我是机会主义的那些人们,本身就不是够格的革命者。这是发生在1921年代表大会上的事,当时我第一次指出,资本主义总危机绝不意味着它不间断地处于危机阶段,在资本主义总危机的背景上也可能出现对形势有利的阶段。当时,有一批同志给我打上了一个机会主义分子的印记。这批人的头头是弗里斯兰特、塔尔海默、弗勒利希、佩珀和库恩·贝拉。过了几个月,弗里斯兰特当上了《前进报》的编辑。塔尔海默和弗勒利希走到社会民主党的路上去了,佩珀当时到了被开除出共产国际的边缘。在我们当中,我们还能有事见到的唯一的一个人,是我的朋友库恩·贝拉。(库恩·贝拉:"但是,你那时同托洛茨基一鼻孔出气。")

——然而，列宁在这个问题上也是赞成我的。

这就是说，常常有些人口头上高喊左的激进口号，指责别人搞机会主义，而自己却在维护机会主义的观点。我要说，柯拉罗夫同志在这里的发言，是共产国际会议上历来最机会主义的发言，我应该说，我替他感到羞愧，占着共产国际主席团的交椅，竟然能拿激进漂亮的空话作掩饰，在这里大放机会主义的厥词。柯拉罗夫究竟说了什么呢？我引证他的一句话：

"如果现代资本主义……能够提高工人阶级的生活水平，那么革命时期就可能因此而取消。"

这是什么意思呢？地地道道的取消主义。而这也正是1921年塔尔海默、弗里斯兰特、佩珀等人说过的话。他们说，如果能够阻止资本主义急转直下，革命也就此告终。从前说过这种话的同志，由此得出了符合他们逻辑的结论，并投靠了社会民主党。后来柯拉罗夫又说了下面一段话：

"瓦尔加同志谈到了未来不可避免的工业危机。但是，非常奇怪的是，倘若第三时期工人阶级的生活水平都提高了，那这个危机又从何而来呢？这说明什么呢？说明无产阶级消费能力的增长。而无产阶级消费能力的增长，又标志着对产品需求的增加。当然，这就是工业危机原因减少的一种因素。"

其实，这不过是马克思在他的著作中几十次嘲笑过的陈腐庸俗的消费不足论。马克思不止一次地指出，工人的工资和工人阶级的购买力在危机迫近的前夕——经济繁荣时刻——比任何时候都高，但是，这绝不意味着危机不会到来。

如果从政治上来评价，那么，这也是一种社会法西斯主义的理论。我建议，柯拉罗夫读一读塔尔诺夫的《为什么成为穷人》。塔尔诺夫是怎样为资本家出谋划策的呢？给工人们提高工资，尔后你们就不会发生危机了。所谓高工资对资本家本身有利的理论，是一种主张各种阶级利益一致的平民经济思想，是一种社会法西斯主义的理论。柯拉罗夫在他的发言中说的正是这种主张；但他竟敢指责我是修正主义。我请问大家，该怎样从政治上评价柯拉罗夫关于巴尔干国家是半殖民地区的论调呢？还有一次，他在巴尔干国家书记处说，罗马尼亚决不是帝国主义国家，虽然有百万马札尔人、比萨拉比亚人及其他居民被武力吞并。如果罗马尼亚是半殖民地，在这种情况下，它自然更不是一个帝国主义国家。由此产生出明确的政治结论：如果罗马尼亚可以算做半殖民地，在这种情况下，就应该像对待半殖民地国家的资产阶级一样，来对待罗马尼亚的资产阶级，也就是说，在这种情况下，资产阶级和无产阶级在反对帝国主义斗争方面有着某种共同的目标；这是一个根本错误的观点，这完全是一个机会主义的政治观点。我想以此说明，有时候，娓娓动听地指责别人搞修正主义，常常掩饰着最凶恶的政治上和经济上的机会主义。

现在我来谈谈赔款问题。提纲对这个问题的论述是正确的，但是不够具体和详尽。我认为，提纲需要作出更详尽的分析。如果允许，在论述之前，我宣读一下提纲中我想表述的这一点。

"杨格计划代替道威斯计划，绝对不等于赔款问题得到解决：这是暂时的无原则的矛盾妥协。帝国主义矛盾在加剧，而任何一个帝国主义大国都还不认为现在是应当通过战争解决矛盾的时候，这就迫使它们想方设法在赔款问题上暂时回避某些方面的矛盾。因此，英法资产阶级的用心是使德国更快地转到反苏阵线这边来，使德国脱离美国的轨道，并把它拉入欧洲债务国的反美统一阵线中来。德国资产阶级则打算利用这个机会，把束缚其帝国主义发展的根据扔掉，但这个企图被协约国的资产阶级粉碎了。杨格计划的执行，必然使美国资本的国际地位通过赔款银行而得到加强，造成国际汇兑困难和引起德国资本的进一步非国有化。虽然减少了赔款支付，但由于国际汇兑没有保障，这仍然迫使德国资产阶级加紧对工人阶级的压榨。在帝国主义矛盾进一步激化过程中，赔款问题再次变得尖锐起来。"

我认为，这个表述包括了所有实质性的东西。（喊声："这根本不是提纲中的那段表述！"）

这个表述比我在主席团会议上提出的那个表述更为详细。

现在谈谈赔款问题本身。首先应当强调指出，从道威斯计划改成杨格计划，不是道威斯计划的尖锐危机造成的：所谓尖锐危机是指德国无法按道威斯计划规定的数额继续支付赔款，虽然很可能在不久的将来出现汇兑困难。但是同志们知道，道威斯计划规定，通过德国本身积累可以支付的赔款额达500万马克。修改计划是出于对外政策的考虑。你们记得，德国要求从莱茵区撤军，而法国回答说：满足我们的要求，让我们马上把钱拿到手，那个时候，我们再谈莱茵区的撤军问题。所以1928年9月出现了一句有名的话："承认必须完全和彻底地调整赔款问题"。

究竟是什么样的外交原因促使修改道威斯计划呢？你们知道，现在国际形势的特点是有三类众所周知的矛盾：苏联和资本主义世界之间的矛盾；英国和美国之间的矛盾；殖民地世界和资本主义世界之间的矛盾。拉品斯基同志在起草委员会上曾非常正确地强调指出，靠武力解决矛盾的时刻越是临近，所有局部的帝国主义矛盾在主要矛盾中占据从属地位的程度就越大。正如提纲对此强调指出的，主要矛盾是资本主义世界与苏联之间的矛盾，除此之外，是欧洲与美国之间的矛盾。德国一直是反苏联盟中最薄弱的一个环节。为什么？因为德国被打败了，被掠夺了，被迫支付赔款。简单地说，比较强大的帝国主义国家都像强盗一样对待它。在目前形势下，它企图玩弄手腕并且多少要依靠一下苏联。这一点在签订赔款条约时表现得最为突出。但是，随着资本主义和由此导致的帝国主义在德国强大起来以后，德国资产阶级在对外政策方面也就同苏联逐渐疏远，而同反苏阵线亲热起来了。但是，直到现在它也未能完全加入反苏阵线。对英法资产阶级来说，从道威斯计划转为杨格计划的主要目的之一，就是把德国紧紧地拖入反苏阵线。你们应该记住，一旦同苏联打仗，或是首先同它的近邻打仗，德国作为武器供应国，作为过境国，都具有重大的意义。一般来说，把波兰拖进反苏战争非常困难，因为不能保障它的后方。德国参战，或者至少对我们表示敌意，而对我们的敌人表示善意的中立，即德国改头换面地参加反苏战争，会具有多大的意义，那是很清楚的。

第二，在另一条战线，即在欧洲债务国与美国分庭抗礼的英美战线，德国在这条战线上也是最不牢固的一环。库西宁同志指出，在所有这些国家中，德国比谁都更要依赖美国资本的进口。重新调整赔款问题的另一个目的，就是把德国拉进欧洲债务国反美统一战线。请允许我列举有关这方面的几段有趣的引文。3年以前，即1926年3月26日丘吉尔称：

"我认为，如果德国60%的赔款通过所有这些分支渠道被挤压出来，并从这些被战争毁灭和破坏的欧洲国家越过大洋源源不断地流入富有、昌盛的共和国，这种局面是很不寻常的。"

紧接着杨格计划出笼以后，斯特来斯曼在他6月24日的发言中宣称：

"德国的纳粹党人说，杨格计划可能把德国变为英国和法国的殖民地。而实际上，对整个欧洲造成威胁的，却是可能把在战争中遭受牺牲最少的人变成殖民地。"

美国报刊对斯特来斯曼的发言反应强烈。由此可见，欧洲债务国反美统一战线在某种程度上已经形成。而且你们也看到，英国无疑想硬行把德国拉入反苏阵线；《科隆日报》的一篇著名文章十分明确地指出过这一点；大家都知道，这是一家半官方的报纸，你们在这家报纸上找不到一点未经外交部同意的东西。在1928年9月19日那天的《科隆日报》上说：

"张伯伦想利用莱茵撤军把德国强行推入反苏阵线或者用继续占领来惩治它，如果它不顺从的话。"

有意义的是，《科隆日报》这篇文章，虽然也反对英国施加的压力，但又提出了一个问题：英国对此究竟打算向我们提出什么呢？很明显，对于德国资产阶级来说，全部问题就在于，英国打算用什么样的代价来换取它的反苏政策。这就是以简化方式的外交时机，即迫使重新提出赔款问题和强迫接受杨格计划。杨格计划当然是一种妥协。事情只能是这样。当帝国主义强盗们在一张桌子跟前坐下来讨论某个问题的时候，这个会议就只能是以妥协告终。假使没有达成妥协，他们就只好相互打仗，从这个意义上说，杨格计划就是一种暂时调和矛盾的措施。但是，能不能认为矛盾已经消除了呢？难道在杨格计划范围内斗争就不再进行了吗？斗争一定会继续下去，但暂时可以算做言归于好，因为现在不会打起来，什么是妥协呢？怎样才不是暂时调和矛盾呢？我认为，在这点上无论如何也不能编造出倾向来，我不明白，为什么希塔罗夫同志认为这点有些不正确呢？这很简单，用不着对此进行争论。（诺伊曼：这太简单了。）我们在研究杨格计划时看到，它的每个部分都是妥协。我们这里有个法文正本。我可以向你们证明，它的每个部分都包含某种妥协，每个部分都含有对尖锐矛盾的暂时调和。（诺伊曼："59年，这是暂时？"）

德国从这个妥协中得到什么好处呢？第一，硬性规定它的债款；到现在为止还根本不清楚，它必须支付多少。

第二，减少这一债款；第三，取消福利指数，根据这个指数，按照道威斯计划，赔款支付，应随着德国经济状况的好转而自动增加，尤其最重要的——这也是我对诺伊曼同志即席喊话的回答——是急剧减少头十年的支付。随便怎么说都行，但是不能说，德国本应支付 20.5 亿，可是加上福利指数的附加额仅仅支付了 17 亿，不是对德国的某种让步。

为什么我强调头十年呢？因为不论是我们大家，甚至连德国资本家都相信，杨格计划有效期不是 59 年，也不是 19 年，可能也不是 10 年。德国人接受这个计划时就估计到，帝国主义矛盾不断加剧，乃至最终要同苏联打仗或者英美之间要打仗，到那时候，他们便有利可图给自己讨价还价，并得以减轻赔款负担或者彻底一笔勾销。对德国资产阶级来说，最重要的莫过于这头十年，但是，德国本来也应该接受这个计划中的严重不利的条件——取消对汇拨的保护，强迫动用每年有 6.6 亿加算利息的部分债务，而这是一个严重的现实。当德国还欠敌对政府债务的时候，它会利用对自己比较有利的形势通过新的谈判，可能再次使债务得到减少，而如果它把这些债务出售给私人，在这种情况下，不支付就等于使国家破产。这是一个很重的负担。（诺伊曼："如果这是个负担，那么怎样克服？"）我已经说过，杨格计划对德国有些什么好处和坏处，而且这是一种调和办法或者至少是一种调和的尝试。情况今后将如何发展，让我们拭目以待。（库西宁："您对杨格计划缺乏认真阅读，您在这个计划中看到的只是克服。"）这是一种克服的尝试，这是无庸置疑的。法国能得到好处，因为偿还同盟国欠债有计划地转移到德国身上，除此以外，由于动用德国债款，法国还能立即得到一大笔钱。因此，法国不得不对自己最初的赔款要求做出很多让步。

同盟国制订杨格计划实现了这样的目的，即德国以后的支付要根据英国、法国、意大利对美国的支付而定。如果美国缩减它的要求，那么，向德国提出的要求，也要减少到这个减少部分的三分之二。这样一来，德国，同样英法两国都感觉到德国减少三分之二是有利的，而英法两国则减少同盟国债款的三分之一。这样就建立起一条有组织的债务国反美统一路线。毋庸置疑，应该把这点看成是英国在同美国抗衡中取得的外交胜利。德国想乘机摆脱身上的枷锁，却遭到了同盟国和美国共同一致的严厉的回击。你们记得，谈判因此中断，德国或沙赫特提出了要求，希望能对德国做出政治让步。

因此，在这次谈判危机期间和以后发生了以下情况：汇拨代理行继续汇拨；也就是说尽管德国货币已经贬值到平价以下，但德国的支付仍以外币汇兑。

同志们知道，今年的头几个月内，德国发行银行失去了大约10亿黄金和外汇，同时，赔款代理行继续汇拨。它想向德国表明，道威斯计划中规定的保护汇拨，也不能真正保障德国货币不遭受沉重的打击。德国资产阶级对此反应怎样呢？它对此作出的反应，主要是制造柏林的五一流血事件。这次事件，除了这里已经说过的其他内部政治原因外，德国资产阶级还想以此向巴黎的对手表明，德国还存在着无产阶级革命的危险，因此不应该搞得过火——对它提出过分的要求。

5月2日沙赫特再次前往巴黎。三天后宣布达成妥协。

美国从中得了什么好处呢？美国丝毫无损，给自己制造了一个工具——赔款银行，并通过它加强自己的影响，巩固自己在国际资本市场的实力地位。

接受还是拒绝杨格计划的谈判，还在继续。这次谈判，是同批准法美之间关于债务问题的协议紧密地联系在一起。你们看到，美国政府已经把刀架在法国的脖子上，美国政府不愿延期批准债务协议，并要求，如果法国在8月1日前不批准这一协议，它就要立即偿还4亿美元的

"商业债款"（支付对美国留在法国的军用物资）。美国就是这样对法国施加压力的，这同样也促进了欧洲债务国反美阵线的形成。

接受杨格计划会产生怎样的外交后果呢？第一，进一步加速德国跑向反苏战线；第二，从债务国反美统一战线的角度来看，使德国接近英法联盟。

库西宁同志说过，虽然存在这些势力，但是他认为，德国近期的政策可能更大程度是面向美国，而不是面向英法联盟。作为主要依据，他指出，德国大部分是利用美国资本，美国是它的主要债主，而德国则要依赖美国。无疑，他的推论许多是正确的。无疑，这个因素使德国的外交形势变得十分复杂。但是，同志们，还应该考虑到一点，那就是最近一个时期（而在某种程度上就是现在），法国资本的短期出口越来越多地代替美国资本向德国的短期出口。最近几个月，德国一些大银行不用美国提出的短期资本，而开始使用法国的贷款。（台尔曼："这是夸大。"）

无论是我或是台尔曼同志，都不曾有机会看一眼德国银行的账簿。根据法国和德国的报刊判断，情况就是如此——两家都这么说。我提请你们注意，有些经济因素，如国际钢铁卡特尔、化学协议等很容易使德国和法国亲近。在德国，主张亲近最有代表性的，是主张同法国结盟，联合反苏的那一派，它最狂热的拥护者是赖希贝格。当然，法德之间的尖锐矛盾今后将存在；当然，亲近的因素并不决定整个发展方向。

我想把德国的外交形势这样综述如下：**德国今后仍将在美国、英法联盟与苏联之间施展手腕。然而它将加速倒向反苏联盟。**

杨格计划的经济后果，总的来说，将和道威斯计划一样。因此，首先是加紧对德国工人阶级的进攻。《经济公报》编辑库尔特·辛格尔在这个刊物的第 24 期上载文论述这一问题。他说：

"如果杨格计划所要求的对德国经济改造得以成功的话，要使工人阶级今后仍然得到他们迄今以直接的和掩蔽的形式（包括所谓社会负担）得到的工资原数，是值得怀疑的；毋庸置疑，不久的将来要提高工资是不可思议的。不管工业在组织上和技术上取得什么样的成就，所有这一切都将丝毫不剩地用来支付赔款，并开始形成资本（？）。"

德国资产阶级思想家就是这样说的。他说得十分明确：今后不会增加任何工资、工资必须降低。（诺伊曼："在这种情况下生活水平不会提高。"）杨格计划与道威斯计划相反，它的强制汇拨更加迫使德国资产阶级极力降低工资份额。为什么呢？德国只能在出口商品——工业产品的条件下才能支付。目前世界市场工业品总容量大约为400亿马克。德国国际收支逆差为37亿马克。为了能够支付，德国应增加约50亿马克的工业品的出口。为什么是50亿，而不是37亿呢？因为德国要增加出口就得增加原料的进口。为了出口工业品它必须进口铜、金属、铁矿、纺织原料。

这样，它每年就得增加50亿马克工业品的出口，这大约是世界市场容量的八分之一。为此，德国就得把自己的竞争者从他们供应的八分之一的世界市场上排挤出去。这种可能性显然是没有的。诚然，最近几年，由德国出口的制成品不断地增加，大约每年为5亿马克。但是还应当估计到这一点：最近几年来美国特别强调工业品的出口。美国1928年把它的出口量增加了10亿马克——而这是在市场行情看涨的背景下得到的。你们可以想象，在即将到来的危机阶段，美国工业在世界市场上将发展得多么有力！英国广泛实行合理化，最近几年英国的工业开始大力从世界市场上排挤德国的工业。由此，你们可以看到，英国的合理化（由于预言这个合理化，同志们也曾骂我是机会主义分子）确实成了加剧世界局势的因素；它无疑也成了加剧整个世界资本主义危机的因素。在这样一种复杂的局势下，德国资产阶级不得不把力量用在出口上。它该怎么办呢？它要继续实行合理化。它要努力加大劳动强度，加强对劳动力的剥削：它打算延长工时，完全取消社会保险。现在的社会法西斯政府的任务之一，就是为了资产阶级的利益而实现上述这一切措施。同样，英国麦克唐纳政府的任务，就是使工人阶级消除对合理化的抵制。英国资产阶级期望从麦克唐纳政府得到这个。

强制汇兑是什么意思呢？强制汇兑就是必须用外汇支付，而不管德国马克的牌价如何。因此，发行银行为了维持本行的黄金储备量，被迫规定较高的贴现率。这就是说，德国工业界不得不把它从工人那里榨取的剩余价值的份额偿还给借贷资本，而且要比它在世界市场上的竞争者偿还的多得多。目前在法国，产业主借贷时支付4%—5%的贴现率，而德国资本家则要支付10%、12%乃至15%的贴现率。

为什么德国资产阶级还是接受了呢？因为正如我向你们叙述过的那样，它希望，它指望杨格计划不会长期有效，指望最近几年帝国主义矛盾不断加剧，以致德国也能修改杨格计划，或者干脆能取消赔款。

我综合一下：我认为，在我宣读的草案中包括了赔款问题中所有重要的关键问题；最后，我想再次强调一下我上面已经说过的东西：在我和库西宁同志之间在总路线上不存在任何分歧。这决不存在两条不同的路线；这是对某些国际局势问题存在一些（台尔曼：“偏差？”）不同的看法。我不认为，在这个大厅在座的人当中，有某一位能够把当今非常复杂的国际形势加以描绘，加以阐述，使所有其余的同志都毫无例外地同意他的观点（笑声）；这只有当他局限于做最一般的介绍时才有可能。而在具体分析时，由于问题复杂，往往会有这样或那样的不同看法。但这决没有理由说是路线分歧，更不是柯拉罗夫在这里慷慨陈词的修正主义。

莫伊罗娃（苏联）：

瓦尔加同志的发言有一个错误。他的发言没有强调工人群众业已提高的积极性以及他们向左转的趋势,没有强调工人群众应如何对待资产阶级维护腐朽的资本主义稳定,并使之无限延续下去的一切企图。毫无疑问,就我们而言,对于那个杨格计划,应当考虑的,不是它能不能使资本家们摆脱他们陷入的困境,而是它将在多大程度上促进群众进一步革命化。德国现在面临直接进行革命的形势。这是毫无疑义的。杨格计划实质上是宣布对德国无产阶级进行国内战争。这不仅因为德国工人阶级不能再为支付各种赔款而作出牺牲,而且因为德国工人阶级清楚地知道,劳动人民完全可以不偿还任何债务。苏联在拒绝偿还债务方面的作用,已为工人群众所普遍了解,而在研究赔款问题时绝不能抹杀这一事实。不仅必须彻底研究各种统计材料和其他材料,而且必须注意工人群众的状况和情绪,以及他们对一切政治事件的态度。无疑,许多国家目前正面临十分重大的革命事件。无论是对五月事件的印象,还是对最近发生的波兰事件的印象,有许多情况令人回忆起我们七月的那些日子,当时在斗争尖锐时刻,共产党必须担当起工人阶级先进部分的责任,这种情况预示革命形势迅速临近。绝不能忽视目前工人群众中正在发生的这一极为重大的进程。

党在思想方面做了巨大的工作,但在组织方面还存在严重的缺点。现在,组织群众的问题,领导群众的问题,党深入群众的问题和生产部门的基层支部的问题,都具有重大的意义。因此,我想从这个角度谈谈女工运动问题。

我认为,女工运动问题已有某些进展。但是,我们各国党在这项工作中一直没有根除掉社会民主党所特有的地地道道的机会主义。为了克服机会主义,要做巨大的工作。在这方面,当整个共产党没有提高这一工作的比重之前,没有把这一工作纳入领导工人群众的经济斗争和政治斗争的共同轨道之前,任何一些单个的女党员,任何妇女部门都不能单独干成任何事情。

谈到妇女劳动的作用时，必须对瓦尔加同志报告中有关工人群众生活水平问题的材料作某些修正。一系列数字说明，妇女劳动在所有工业部门都增加了，而且，这种增加主要不是发生在纺织和缝纫工业这些传统的妇女劳动部门（在这些部门，我们甚至发现妇女劳动有某些减少），而是发生在化学、机器制造以乃至煤炭（英国）等这样一些工业部门。在德国，战后女工增加了300万。即使我们只拿柏林—勃兰登堡来说，也会发现，在化学工业，女工大约占50%，在电机工业，女工大约占40%。在法国的化学工业中，妇女劳动增加8倍，冶金工业增加6倍。法国，现在有350万女工，即比战前增加了100万。在英国、美国，在所有其他国家，妇女劳动到处都在增加，而且应当注意到，女工数量的增加是在总的劳动力数量大体稳定的情况下发生的。你们都知道，妇女劳动的报酬不取决于劳动的熟练程度，它在任何地方都比男劳动力的报酬差不多低一半。这难道不说明工人阶级总的生活水平下降了吗？毫无疑问。（喊："对。"喊声："这是机会主义。"）

1928年的数字明白无误地指出，女工的工资也在明显降低。例如，在德国纺织工业中，女工的工资已经逐月降低。诚然，男工的工资逐月有所提高。但只要把这两种情况综合起来就可以看到：男工人工资的增加额，抵不上女工工资的下降额。瓦尔加同志关于生活水平没有降低的论点是错误的，因为工人生活水平不是由某些工人的状况决定的，而是由整个工人阶级的状况决定的。女工们以斗争回击生活水平的降低，并迅速地走向革命化。

我们看到，在所有的国家，女工们都战斗在前沿阵地。我不想援引女工发动斗争的事实，因为这些事实你们知道的要多得多。你们一定知道女工在柏林五一事件中的作用，一定也知道在巴黎公社社员墙前示威的女工，你们一定也知道保加利亚的制烟女工、希腊卷烟女工、孟买纺织女工、罗兹的女工和波兰的农妇进行的斗争。这些斗争显示了什么？

女工们为什么要去斗争？她们之所以要进行斗争，是因为问题涉及她们生活水平的降低。请听听一个捷克斯洛伐克女工的讲话吧。当有人威胁她，说如果不停止罢工就把她赶出住所时，她回答说："何苦要你们威胁？反正是要死的"。然而，还可能获得整个世界。

女工们对于共产党的态度在群众斗争中表现出来。

在罗兹罢工时，举行了一次由女工自己组织的大规模的女工群众大会，会上，她们赶走了所有的波兰社会革命党人和改良主义分子，只听共产党代表讲话。在这次会上，女工群众自己作了很有意义的发言。应当认真听取她们的发言。女工们对共产党人说："你们讲得很好，你们正确地表达了我们的愿望，我们的要求，但不幸的是，你们共产党人在我们中间做的工作不够。"

我们不仅对女工的作用估计不足，在我们这里，看来还没有根除小资产阶级对妇女劳动的看法。我们从法国党代表大会的总结报告中知道，在"三八"妇女节的时候，里昂有一个共产党员在女工大会上发言时对女工们宣称："你们的位置不是在工厂，而是在家里。"值得注意的是，法国党怎样评价这个共产党员的讲话，这位党员是否受到法国党相应的驳斥，是否已经提醒他，在这个非常重要的问题上，如果坚持这种违背马克思和列宁学说的观点，是不能继续当党员的。对这个问题，伊里奇是怎样说的呢？

"应当教导女工同工人们一起向资本家的专横行为作斗争，争得劳动日和较高工资的工人立法。应当教导女工和农妇同自己的兄弟和男工一起向沙皇制度和资本作斗争，求得自己的完全解放。首先教她们这样做的就是工厂本身，工厂把男女工人们联合成为一个劳动的家庭。"①

———————
① 在《列宁全集》中文版中未找到此段引文的出处。——编者注

这一点，也正是共产国际纲领所谈到的。

列宁还说：

"资产阶级的事业就是发展托拉斯，把儿童和妇女赶进工厂，在那里折磨他们，腐蚀他们，使他们过着极端贫困的生活。我们不'支持'这种发展，不'要求'这种发展，我们反对这种发展。但是怎样反对呢？"①

下面是最重要的一段话：

"我们不愿意倒退到手工业，倒退到……妇女从事家务劳动。要通过托拉斯等等前进，并且要超过它们走向社会主义！"②

伊里奇不止一次地谈到吸收女工参加工业劳动的进步性。如果没有前面提到的发言，那么，在我们这次全体会议上谈论这个问题就是多余的。

女工群众日益增长的积极性，在我们党的妇女工作中没有充分反映出来。如果现在可以说我们领导着一定数量的工人阶级的话，那么，如果对女工就完完全全不能这样说。这里应当强调如下：我们党**在这方面整整有十年的时间，没有像它应作的那样去做工作。这一工作被引向错误的方向。我们失去了许多年时间，在掌握女工群众方面几乎什么也没有做。**

我们共产党内妇女成分有多少？当然，德国的情况比较好。但那里也还不够。就拿拥有大约4000名女党员的柏林来说，也可以看到，在这些女党员中，女工只占23％左右，其余的则是家庭主妇。在西北地区，女工总共只占20％，在鲁尔区只占18％。对鲁尔区来说，这个比

---

① 《列宁全集》中文第2版第28卷第91页。——编者注
② 《列宁全集》中文第2版第28卷第91页。——编者注

例数还比较好理解，因为在鲁尔区，妇女无产者主要来自女矿工，因此情况只能如此。在下莱茵河地区，女工占17%，中莱茵河区占16%。太少了，但在这里，女工毕竟还占有一定的比例。看来，德国的妇女工作已经有所转变，不仅在决议里的理论上，而且在实践中都采取了在女工中开展工作的方针。在这种转变的条件下，上述比例将朝着有利的方面发生变化。

至于法国，女党员的人数，在第六次代表大会之前和之后，以及目前在最近一次法国党代表大会上引用的数字都是比较稳定的，这简直是致命的弱点。在法国共产党内，总计共有1100名女党员，而工人女党员只有180人。你们以为，法国党对这种情况会作出充分的反应吧？没有。在法国党的最近一次代表大会上出现了一种引人注目而奇怪的现象，这种现象可以说明法国共产党人对吸收妇女入党的态度。已经查明，在"三八"节的大规模群众大会上，共产党人在发言结束时号召男人入党，而号召妇女加入妇女反战联盟。

号召妇女加入群众性的组织，这当然是应该的。但群众组织方面的情况并不理想，即使从国际支援革命战士协会这样的群众性组织也可以看到这一点。这个协会按理本应当依靠广大的妇女群众，然而，它总共才有15%的妇女。

但问题不在这里。共产国际执行委员会对"三八"节的公开信指出，在这一天必须采取一系列措施吸收女工入党。看来，这封信在法国党内没有加以讨论，否则，很难令人理解，党员们怎么会在共产国际执行委员会直接作出必须吸收女工入党的指示后，竟居然号召男人加入共产党，而要妇女加入反战联盟。

我不谈论挪威和瑞典这些党的妇女党员的成分，那里以家庭妇女为主。就女党员的社会成分来说，波兰党和芬兰党同各党不同，他们党内主要是女工，尽管妇女占的总比例不大：波兰为7%，芬兰为14%。

至于英国和捷克斯洛伐克，撇开党内女党员的社会成分不提（那里家庭主妇也占大多数），那么，指出以下情况是很重要的：在过去退党的低潮中，我们掌握的材料表明，妇女离党的情况比较平缓。现在英国党内妇女占的比例提高了：1926年为18%，1929年为21.25%，诚然，最近一段时期党内妇女的总人数也略微增加，但比例的增长主要是因为妇女退党的情况不那么严重。在捷克斯洛伐克，妇女退出共产党的情况同样也较平缓。莫洛托夫同志在妇女苏维埃干部讲习班结业会上谈到吸收女工入党的意义时指出，共产党的思想教育和政治教育在这些女工中深深扎根，女工们忠实地追随自己的领袖，追随共产党。正如我们所见，这个论点根据英国和捷克斯洛伐克的经验证明是正确的。

但是，党的妇女党员的情况不能令人满意和妇女党员人数少，这还不是我们妇女工作中的全部缺点。我在这里应当叙述一下掌握女工群众方面的全部困难。第六次代表大会以后，我们实施了一个大规模争取女工的广泛计划。在实际工作中，暴露了一些在着手这一工作之前就必须克服的缺点。在我们党内，妇女工作至今仍受到社会民主党传统的影响。这种传统至今也没有根除掉。这常常不是因为党不根除左倾偏差，而是因为党没有从根本上重视妇女工作。不然的话，该怎样评价波兰党内发生的事情！

波兰存在一种绝对不能允许的东西——独立的特别妇女支部，说这样做的原因，是由于女共产党员非常落后，以至于不能组织在一般党的支部里面。真是绝妙的解释。难道党不应当对最落后的普通党员（而不管他们是男是女）进行培养教育、为他们建立相应的党内教育网吗？难道这是建立特别妇女支部的理由吗？而这些妇女支部是由党的妇女部领导的。这里简直叫人完全无法理解，为什么、又为了什么要成立妇女部。难道妇女部是为了做女党员的工作而成立的吗？妇女部只是作为党组织内的一个专门机关而成立的，目的是吸收非党妇女群众入党，引导妇女阶层跟着党走。然而，我们不仅建立了女党员支部，而且还要召开选举妇女部的女党员代表会议。这里存在第二个党，即我们共产党内的妇女部。这个第二个党讨论的主要不是妇女中间的工作问题，而是关系全党的原则性问题。我们掌握的情况是，妇女代表会议可以讨论某个非妇女部的女党员的政治面貌，而且还向中央委员会提出把她开除出党的问题。这是对妇女部整个工作方针的歪曲，必须结束这种情况。挪威的情况更坏。在那里，公然在党内成立了一个把所有女党员联合在一起的妇女党团。如果说一些党是利用党内妇女党团来开展工作的话，那么，另外一些党（例如法国党）则只想利用党的外围组织来做妇女工作。

不过，这种情况极少。党没有发觉整个工作都具有机会主义内容。在妇女工作中，我们党内的右倾分子扶植并灌输了机会主义。（喊声："对。"）

在德国，我们在改组工作以前发现了一系列右的倾向。

在那里，实际上代表大会没有开下去。在德国头几次代表大会召开时，从这些大会的记录判断可以看出，头几个女代表发言的内容何等深刻，流露出何等的热情。右倾分子对德国这几次代表大会做了些什么呢？他们阉割了代表大会的精神，他们极力给代表大会塞进一些使女工对会议失去兴趣的内容。在展开大规模经济斗争时刻，把女工们带进植物园，给她们讲家务劳动的电气化，而不提工资问题。我可以举出几十个例子来说明，在妇女工作中所采取的方针是脱离了工人阶级的斗争。

而这种做法并非是无缘无故的。当我们用事实来说明机会主义，思想上自觉的机会主义时，有人对我们说，"用不着扣帽子，这是一般性的错误"，但是现在，我们的文件上说，这不是错误，这是政治见解。不久前，一个调和分子就过去自己在妇女部的工作问题写了以下一段话："因为我从来没有把自己从事的妇女工作看做是不问政治的、本位主义的工作，恰恰相反，我把自己的政治立场看做是自己全部理论工作，确切地说也是我的实际工作的基础，所以，这项工作肯定会表现出我的那些虚构的'机会主义'倾向或'调和主义'倾向。"无疑，这些倾向已经表现出来了。我们现在看到，德国党必须要克服这些老的机会主义错误。

例如，就拿把做家庭妇女的工作改为做女工工作这一转变来说，我们发现，**这个女工工作的方针**遭到右倾分子的强烈反对。整整一年，我们为每个党分别作出关于改变工作方针的决议，每次我们都听到了各种各样的意见。例如，在讨论女工工作做得较好的芬兰的问题时，就听到这样的意见："你们以女工为基础的代表大会可能会包办代替工会，因此应当注意其他阶层。"不去拥护正确路线本身，而是建议注意其他阶层。当我们指出其他国家应当重视女工的时候，有人就提示我们："你们究竟要干什么，要知道家庭主妇比较多，女工们既落后又疲劳不堪。"这就使无产阶级在一切劳动群众斗争中的领导权问题受到了怀疑。这就是提出这个问题的主要实质所在。整个今年这一年，我们都不得不为克服这些机会主义错误和腐朽的机会主义观点而工作。在这方面，特别是在反对右倾分子的斗争中，党帮助了我们。在德国，我们现在建立了更加巩固的妇女部。在捷克斯洛伐克，我们确立了妇女工作的正确思想路线。在一系列国家，正在吸收女工参加领导工作。在捷克斯洛伐克，当更换了工会领导之后，我们党第一次有可能把妇女提拔为纺织工会中央委员会的主席。在奥地利，我们也发现了同样的情况。那里曾发生过极右的错误。那里的同志们"为了联系群众"，同社会民主党人的头头一起，成立了一个什么保护母亲和婴儿联盟，尽管共产国际执行委员会已经指出这种作法是错误的。这种"联系群众的方式"，除了破坏我们的工作威信外，什么也干不出来。不过，这个联盟至今还存在。奥地利的妇女部已经不怀疑应当在女工群众中进行工作（在瓦尔哈列夫的工厂里有一个支部，有90个女党员），可是，中央委员会妇女部的领导人却问，应当怎样在女工中开展工作。弄清楚应当采取女工工作方针后，却又不知道怎样对待女工。在罢工时，暴露了他们在领导女工方面完全无能为力。他们提出的口号，同社会民主党的口号没有丝毫区别。他们要求"更多的"工资、"必要的"改善，却根本不了解女工的实际需要。因此，他们没有能够取得罢工中的领导权，在罢工中是女工们发挥了主要作用。怎样在女工中开展工作？怎样在女工中树立共产党的威信？我们对这些问题作过一系列的指示。但这个问题的解决，要根据党在工人群众中的整个工作状况而定。应当说，为了在女工中顺利地开展工作，必须使党在企业中扎下根来，只有这样我们才能加强在女工中的工作。如果我们不在企业中建立支部，女工工作问题也就只能悬而不决。

我们问及企业的支部中是否有女工组织工作者时，没有一个人、没有一个党对我们作出回答。我们发现，不仅在基层组织，而且在女工群众主要集中的大工业区，领导权都落了空，但同时，党给予女工群众的微不足道的帮助则产生了很有意义和很有成效的结果。我们在德国就有这样的例子。无论在鲁尔区，或是在其他一些地方，只要中央委员会向战斗的地方派去专门工作人员，例如，当波兰党在罗兹战斗时向罗兹派去了专门的指导员之后，效果都是很好的。但通常不仅不派指导员去，不仅不提供机会散发传单，而且拒绝召开代表会议，拒绝举行大会，或者推说没有时间，没有经费。召集一下邻近各工厂的女工要得了多少经费呢？或者该怎样看待所谓没有时间的借口呢？如果没有时间去领导工人群众，那么，共产党究竟应当把时间用在什么上面呢？应当把最大量的时间用来领导工人群众，而其他时间，则用来干杂事。对妇女部要求与女工群众建立联系的愿望，应当加以支持，而不应敷衍了事。

还有一个问题。伊里奇曾号召更大胆地把女工提拔到领导岗位上来。我们长期在物色谁能当妇女部主任？为什么在我们这里，在党内没有女工人？难道你们找不到一个女工教会她做领导工作？才干不会从天上掉下来。有些党不愿意让妇女进入党委会。要不然她们该上哪儿去学习呢？党应当义不容辞地吸收她们进入党委会，吸收她们进学校，必须让新提拔的女党员参加讨论有关群众斗争和发动方面的一切问题。应当处处都吸收女党员参加，因为她们需要进行群众工作，因为没有任何其他的人能同妇女群众打成一片。在主要地区，即使在罗兹，我们在妇女中没有领取报酬的女工作人员，因为经费不足。对这项工作经费不足，对所有其他工作经费就够了吗？只有捷克斯洛伐克给一个女工占优势的主要地区派了一名领取报酬的女工作人员。我们欢迎捷克斯洛伐克党的这一创举。捷克党在实际领导和争取女工方面迈出了第一步。

妇女报刊的情况怎样？除德国党和捷克斯洛伐克党外，我们在什么地方给女工们好好提供过一份报刊呢？各国党总是诉苦，说他们没有钱出版这些杂志。更糟糕的是，我们停办了一些杂志。与此同时，社会民主党人，甚至所有仇视工人阶级的政党，却出版了数十万份专门的妇女杂志。在英国选举前，即在提出争取500万新的妇女选票问题的时候，党却停办了共产党唯一的一份妇女杂志。

怎样来说这件事呢？这真有点深奥莫测。怎么能这样做呢？难道是这方面的经费不够？怎么能偏偏提出经费问题而不设法克服这一困难？例如，还有一个法国党，她从第六次代表大会以来就答应出版一份妇女杂志。第一份杂志似乎因为杂志的思想倾向不正确而停办了，但杂志已发行了5000—6000份。不去改变思想倾向，而是采取停办了事的作法。这样，整整一年不给劳动妇女群众受教育的主要工具，即不给报刊。诚然，现在法国同志说，7月15日前就出版杂志，但是过去有许多诺言没履行，所以最近这个诺言是否一定会兑现，没有把握。

我就要讲完了。我认为，现在在我们各国党内进行的反对右倾分子、进行改组、使党布尔什维克化的过程中，也必须提出改组和支持妇女工作的问题。请看看联共党是怎样在妇女中开展工作的吧。这就是最近发出的关于妇女工作的任务的通告。如果你们没有读过关于联共党当前主要任务的任何材料，那么，读了这个通告之后，你们就能了解事情的整个始末。

在当前的妇女工作中，不仅应当善于把工作移到女工方面来，而且应当在工作中加进共产主义的内容，也要做到使妇女阶层了解共产党人的任务。应当用通俗易懂的语言，切忌简单化的措词。这在当前是完全必要的，因为我们正进入大规模群众斗争时期，进入新的帝国主义战争时期。在战争时期，劳动妇女群众要承担新的义务，妇女要制造子弹，成为后方的战士。因此，我们要使这些群众懂得，共产党人想要干什么，另一方面，要把她们的要求提高到整个工人阶级要求的高度。台尔曼同志在德国共产党代表大会上谈到妇女工作时说过："企业中的社会改造，各类工资之间的巨大差别，吸收几百万没有组织的女工和青年投入生产过程，简言之，即使工资收入最低的人投入战斗，这可以使这些战斗具有更加强大的生命力。有750万女工吸收参加了生产过程。党应该坚决转向做产业女工的工作。党应当弥补这方面的重大疏忽。在妇女无产者人数很多的地区，我们组织的成分，同生产过程中女工所占的比例根本不相适应。以开姆尼茨这样的区为例，那里大约有25—30万纺织女工。这些女工常常是比男工人更加革命的因素。柏林卷烟厂5月1日后的罢工证明了这一点。因此，我们极其庄严地要求代表大会比过去更坚决地遵循党的号召，集中做好动员女工的工作，因为我们过去的妇女工作方针主要是面向家庭雇佣女工。"

这个发言对组织德国妇女工作起着巨大的作用。

必须坚决采取开展女工工作的方针，为此，无论如何必须着手筹建女工代表大会。这恰恰是我们用以争取最广大劳动妇女的形式。我们从各个企业把女工代表召集起来参加代表大会，代表大会以后代表们重新分散到各个企业去。通过代表大会，我们可以建立通往各个企业的联络网。许多国家举行的代表会议,都应当成为妇女工作中的一种生动活泼的形式。在这些代表会议的基础上,应当召开代表大会,而代表大会则应当成为我们妇女工作的基础。必须使妇女工作来一个急剧的转变。必须删除老的机会主义传统和社会民主主义传统。

莱昂(青年共产国际):

我主要谈共产主义青年团如何贯彻青年共产国际第五次代表大会的路线问题。希塔罗夫同志已经谈了维托夫事件中德国青年团中央委员会的立场。当时的动摇仅仅有利于调和分子(台尔曼:"也有利于右倾分子。")和取消派分子,以及那些利用他们的人。这个错误产生的结果,导致在全德代表会议上共青团中央委员会的人事变动。但在这次代表会议之后,也并非一切顺利。尽管德国共青团内也进行了反对取消派和调和分子的残酷斗争,尽管这似乎使德国共青团的力量百分之百地在共产国际路线上团结起来了,但是,后来又发生了动摇和怀疑。这可以举德国共青团柏林区委会的例子来说明。它的动摇表现在哪里呢?表现在对于革命发展的速度和德国社会民主党中工人反对派力量增长的程度估计不足。例如,柏林的书记谈了估计过高的危险性,其实倒是存在估计不足的危险。其次,这种动摇表现为对整个形势的错误估计和领导同志的悲观主义情绪。第三,表现为怀疑党的工会路线,因而贯彻不力。第四,表现为不加批评地对待柏林青年组织及其领导机关内的状况。

只有同这些动摇、怀疑和错误作坚决的斗争,才能阻止它们向调和主义发展,才能防止严重的机会主义错误,才能帮助彻底摆脱这些错误。但是,中央委员会起初没有作出决定开展这样的坚决斗争,也没有更迅速地开展这一斗争。不过在党和执行委员会的代表以及中央委员会某个方面的压力下,消除了这种动摇。毫无疑问,由于坚决要求承认错误,加快了改正错误的过程。但这个过程现在也未完全结束,还要继续一段时间。对于在党的路线问题上不理解和动摇的各种表现，必须进行坚决的斗争。

只要进行这样的斗争，我们就一定会获得进一步的成就，如同柏林共青团组织在五一战斗期间所做的工作一样。我决不是想，以此为德国共青团五月间所犯的组织上和政治上的错误作开脱。德国共青团的这些错误证明了他们的软弱无力，也部分地证明了他们在动员青年工人群众方面缺乏能力。

在德共中央最近一次全体会议和第十二次党代表大会之后，德国共青团中央委员会一致认为，不仅在柏林，而且在各个地方，德国共青团都应当在同伪装的机会主义斗争中进一步提高警惕性，并同形形色色的机会主义作坚决的斗争。

由于上述情况，由于机会主义危险的存在，因此，青年共产国际第五次代表大会的决议也就贯彻得不够。青年共产国际第五次代表大会决议的中心问题，是转变群众工作——转变群众组织、企业和工会的工作。问题在于，必须实现青年工作的策略转变，结束以往没有群众性青年团体时的状况。没有群众性的青年团体，曾经是共青团广泛实施新策略的主要障碍。

没有群众性青年团体的这种情况，也使共青团丢失了许多大好的革命发展机会。共产党的发展速度虽然也降低了，但共青团的这种损失更大，这在德国反映特别明显。德国共青团的状况很不令人满意。在我们最重要的任务当中，首先应当是反对战争。在这方面，德国共青团表现得不够积极，而且正是在资产阶级采取严厉措施以实现军国主义化、训练青年准备帝国主义战争的时刻。另一项工作，是深入企业。在这方面，共青团同样也没有取得重大成就。我们采取了一些个别正确的措施，例如：建立了工厂指导员骨干队伍，在经济斗争时陆续建立了青年斗争委员会，多次召开了青年工人代表大会，并吸收了大量没有组织的青年参加了大会。在党建立企业成年工人革命代表团的同时，我们也着重建立企业青年代表团。但是，这些个别措施不具有决定意义。具有决定意义的，是建立群众性的青年团体，而建立组织的先决条件，是改变青年团在它各个方面的全套工作方法，重新安排工作，从团的工作方法改为布尔什维主义的群众工作方法。

这种改变有哪些内容呢？首先，必须使共青团的每个成员积极行动起来。现在的工作方法不利于调动每个团员的积极性。目前，我们的情况是，只有少数积极的团干部在工作，而且工作负担过重，大多数人则只一味听从，成了附属品，不做任何有益于共青团的日常工作。第二点是实行自我批评，并使之成为揭露我们工作中一切缺点的常用方法，这对于任何一个同志都是适用的。对这种自我批评的必要性，我们估计得很不够。第三点是改组组织结构。青年团实质上是按照联盟形式建立的，而不是按照以生产原则为基础的布尔什维克组织形式建立的。在德国，对按生产原则进行改组的破坏行为出现了容忍态度。应当坚决反对这种态度。这种改组，同时要求改变现有的按居住范围建立组织的结构。我们必须保留街道支部，但应当把它改造为进行群众工作的布尔什维主义的战斗单位。第四点是改变领导方法和实质。需要一个精干的领导班子。这样的领导现在还没有。第五点是更新专职干部。应当对现有干部进行再教育。然后，必须吸收广大群众中涌现出来的、证明能理解新策略并懂得究竟什么是真正的布尔什维克工作的分子，以充实专职干部队伍。最后，必须坚决整顿专职干部队伍。不能容忍怠工者和对转变不理解的同志。

在实现转变的道路上有哪些主要困难呢？

一些同志口头上承认必须转变，必须改变工作方式，实际上却消极对抗。但也存在着对必要的转变进行积极对抗的危险，就像我们在捷克斯洛伐克所看到的那样。应当迅速而彻底地击败这种对抗，直到组织上开除。另一种危险，是对转变束手无策的情况采取容忍态度，最后还有一种危险，就是转变停留在抽象的议论上面，虽然，真正的转变只能通过经济斗争和政治斗争才能实现。

对共青团面临的这个重大问题，党的任务是什么呢？首先和主要的，是确保正确的政治领导，确保坚定和统一的领导。恰恰在德国，更明显必须这样做。第二，党员要深入研究共青团的问题，具体研究争取青年的条件。否则，我们就只会说一些必须做青年工作的空话，而不能有效地实现最重要的任务和真正面向新的无产者阶层——青年无产者。第三，应当改变党和共青团之间的合作形式。德国党已经朝前走了一步，并根据苏联的经验创造了一些新的形式。我指的是党内召开专门会议，研究共青团的工作问题和青年工人的斗争问题。不是召集共青团员来开会讨论，而主要应当由各州党的工作者来认真研究共青团的问题。此外，这里还包括由党举行的青年周。有关的建议也应由党提出来。

最后，我想把两个党比较一下，其中一个党完成了自己的任务，另一个党没有完成任务。捷克党没有认识到转变的必要性，因此还没有完成转变工作。可以把它同德国党的工作对照一下：德国党以自己正确的政治立场，帮助德国共青团中央委员会透彻地了解这个转变，假如德国党在这个问题上不采取如此严肃的态度，站在青年共产国际代表团一边，谁知道我们现在会在什么地方，会失去多少时间？我绝不想以此来说明，德国党在青年问题方面已经完成了它的全部任务。

新的革命高潮不仅要求建立群众性的青年组织，而且这个形势还严肃地要求解决这个问题。党肩负的责任是弥补共青团在革命发展过程中失去的时间。党应当坚决支持转变群众工作，并促进这种转变，使青年团在政治斗争和经济斗争中成长为一个为共产主义的利益而争取青年工人的群众性的组织。

（闭会）

第十次会议

(1929年7月8日晚)

继续讨论库西宁和曼努伊尔斯基的报告

乌布利希（德国）：

拟定的决议实质上回答了在分析共产国际的状况和最近任务时应该予以关注的一切问题。但是我认为，提纲必须对下列问题作出更明确的说明：

第一，社会法西斯主义问题，目的是对社会法西斯主义的实质作出完整的说明。

第二，对统一战线策略应采取的形式，特别是对代表会议、战斗领导机关的进攻等作出更明确的论述。

第三，在论述五月战斗的那个章节里，必须要具体地阐明五月战斗的政治内容，并强调指出群众性政治罢工的意义。

第四，至于同调和分子斗争的问题，在这里只要求他们放弃派别活动并同取消派进行斗争，这是不够的。他们必须放弃自己的政治观点，并公开承认自己的政治错误。

在贯彻执行第六次世界代表大会的决议时，共产国际大多数支部执行这个决议表现得很动摇，有相当多的党员干部由于反对机会主义倾向而被开除出共产国际的支部。共产国际的很多支部清除了明显的取消派分子，但机会主义的危险仍然很大。这在经济斗争，特别是在五月战斗的时候都表现出来了。

我们的政策发生变化，主要是由以下因素决定的：

第一，**由于改良主义发展为社会法西斯主义，改良主义的作用起了变化。**

第二，**取消了工会**和其他群众性工人组织中的**民主**，因此，若不打破旧的规章和改良主义者的支配地位，我们的革命政策就不可能争取工会群众。

第三，**工人群众向左转**，同时，大多数没有参加组织的工人群众所起的积极的、强有力的作用具有特别重大的意义。

第四，**共产党在群众中的影响的增长**。这表现为在经济斗争和政治斗争时建立了群众性的无产者斗争机关（战斗领导机关、代表会议、自卫机关等）。

不同于我们第二时期的策略，现时我们策略的实质，在于从一开始就**独立自主地**组织无产阶级的战斗，在于争取有组织的工人和没有组织的工人，以便独立地进行斗争。**由共产党独立自主地吸收工人阶级参加战斗，是当前时期起决定作用的特点**。在群众组织中进行工作，目的是争取工人阶级，以便由我们独立自主地开展斗争。

在这种形势下，主要危险是合法主义，特别是工会的合法主义。在工会和其他群众组织的决议和章程中规定，必须尊重资本主义国家的法律和社会民主党的党规，使共产党的政策服从于这些社会民主党的法规，这一切乃是当前形势下的主要危险。**资产阶级利用工会作为御用工具，借助于它不仅控制工会会员，而且控制没有组织的工人，以实现自己的统治。我们应当切断这条传送带，即孤立改良主义分子。**

在这种条件下，实行统一战线策略，首先在于通过建立独立的战斗机关，以及在无产阶级民主的基础上召开代表会议的方法，把最广大的工人群众团结在共产党的领导之下。具有巨大意义的是，要使共产党能够率领工人阶级的起决定作用的部分进行独立的斗争。**由于这种无产阶级战斗阵线的建立，就向同情改良主义分子的工人提出一个明显的问题：是拥护还是反对无产阶级的阶级阵线？** 只有通过这种独立自主的政策，我们才能孤立社会民主党。

调和分子特别顽固地反对这个策略。特别是在鲁尔区的斗争中，他们反对党在特定的时期内，在企业单独地把没有组织的工人联合起来，以便利用他们的积极性向工会群众施加压力，并通过明确建立战斗阵线的方法，使同情社会民主党的工人认真思考打算加入哪个阵线进行斗争的问题。

在实现我们策略的这一转变中，在独立自主地组织工人战斗时，我们更加清楚地看到，共产国际各支部中的机会主义还是何等根深蒂固。**共产国际瑞典支部**无疑更加忽视了同机会主义倾向的斗争。在几个月以前，瑞典的同志们还未能认清瑞典党内存在的机会主义危险。然而，我们从口头报告和正式文件中得知，正是在这个党内，似乎早已经不可能找到机会主义了，实际上机会主义已经深深扎了根。在瑞典中央委员会一次包括研究其他问题的会议上，曾讨论过在工会工作中实行统一战线策略的问题。中央委员会的同志们坚持，必须取消瑞典—俄国矿工委员会的行动纲领，以利于在形式上保留这个委员会。这些建议的意义何在呢？这实际上意味着：可以很好地利用俄国工人从财政上支援瑞典的工人的斗争，但是，瑞典不需要俄国矿工所坚持的、同红色工会国际的政策一致的阶级斗争政策。另一个问题是反对改良主义分子的分裂政策的斗争。由于瑞典阶级斗争加剧，反对改良主义分子的排外政策的方法问题，具有更重大的意义。而瑞典同志坚持的是什么观点呢？有些同志在中央委员会的会议上声称，举行公开的群众集会来反对分裂是不正确的，因为参加这些大会的有"居民和没有加入组织的工人"。可见没有加入组织的工人还不如居民。我觉得，瑞典中央委员会的某些成员是一些比参加集会的没有加入组织的工人更不如的居民。这种观点的实质是什么呢？这些同志不懂得，问题涉及到改良主义分子对共产党的正面攻击，他们想孤立共产党，破坏共产党的威信，以便实现工业界的改良主义政策。

一部分同志设想，靠鸵鸟政策可以摆脱困难。实际上这只会使共产党孤立；因为工人完全可以公正地发问："共产党"的工会反对派和改良主义分子之间有什么区别，假如他们在一切场合都对改良主义分子的要求让步的话。

在**瑞士**选举期间，我们看到了对我们统一战线策略所采取的典型的机会主义态度。请你们看一看在安贝尔-德罗同志阴庇下实行的瑞士统一战线策略吧。顺便说说，我们在共产党论述州的选举策略问题的传单中读到以下的话：

"两个无产阶级的党都应当赞成由共产党人或社会民主党人来取代州议会中的一些大资产阶级的成员，然而无论哪个党都不知道它们中间谁将从联合名单中得到更多的利益。"

在同一个文件中我们还读到：

"对于限制最重要的政策和策略问题的相互论战，大概谁也不会感到遗憾。"

于是，放弃了同社会民主党的斗争！下面继续写道：

"但无产阶级的联盟也可以这样建立起来：除了联合提出名单外，两党也可以**在共产主义政策方面按照共同的行动纲领采取一致行动**。"

最后提出如下中心口号：

"这个号召书号召全体工人为今天能够得到的东西而斗争。"

这就是共产党同社会民主党的结盟。只是要问：在这种政策之下，用什么来证明共产党实际上是单独存在的呢？

为什么我要举这个例子呢？因为在第六次世界代表大会上，瑞士共产党的代表们对一小撮调和分子给予特别殷勤的支持，这些人力图用机会主义主张改造共产国际政策。还因为一直到最近，唯有瑞士党的中央委员会仍然同安贝尔-德罗同志的政策一唱一和。

我们兄弟的英国党的策略问题，具有特殊的意义。英国的同志们曾设法解释，为什么选举结果与英国同志本身的愿望不相符合。我认为，这主要是对工党的策略动摇造成的。我遇到这样一个情况，有一部分同志，据我所知，甚至是政治局的大多数同志，在选举前不久还认为，凡是依据现行法律由于财政原因无力提出自己候选人的地方，工人应当投票赞成工党的候选人。我们曾经在这里，在政治书记处讨论过这个问题。而且埃韦特同志当时声称，**政治书记处的决定——不对工党作任何统一投票的规定**——等于修改第九次全体会议的决议。应当说，这个调和主义的方针是埃韦特同志在政治书记处提出来的，它在我们兄弟的英国党内找到了相当适宜的土壤。（台尔曼："还在选举之前，这个观点在英国同志中已占统治地位！"）很明显，由于对工党采取这种态度，在选举的宣传鼓动中就不能对社会民主党展开原则斗争。而如果对工党不进行原则斗争，就提出一个具体问题：共产党的政策和工党的政策有什么区别？同时，就掩盖了工党的政策和自由党的政策非常一致的地方。我认为，这种动摇对英国党包含巨大的危险性。由于对工党政策的这种错误的评价，由于对工党采取这样的态度，因而也就易于对麦克唐纳政府采取体现在下面一些口号中的策略："强迫麦克唐纳政府！""强迫工会官僚！"我觉得这在当时是非常危险的。

这种危险也具体表现在我们兄弟的英国党的一系列文件中。大约两星期以前，举行了南威尔士矿工联盟代表会议。在这次会上，共产党的代表作出一个决议，要求"采取一切必要措施，使采矿工业和附属工业部门无偿地实现国有化并建立工人监督"。这就产生一种错觉，似乎可以通过不同于无产阶级武装发动和建立苏维埃政权的途径，实现工人监督。这种似乎有利于揭露的策略，使那些相信麦克唐纳政府能够实现国有化的工人更加抱有幻想。我要问，这种做法和马克斯顿的政策有什么差别？我认为没有任何差别。如果我们的同志能散布这样的观点，共产党就不能把南威尔士的矿工争取到自己方面来。许多同志曾不断提出一个问题：为什么许多工人在矿工罢工的时候曾经和我们一起战斗，而现在却离开了我们的队伍，而且他们中的一部分人不投我们的票？我认为主要原因是，我们兄弟的英国党没有进行反对工党和马克斯顿分子的原则斗争。

兄弟的英国党的这种动摇，当然也影响它的党内方针。一些同志在这里极力想说服我们，政治局的人事变动完全是某种无关紧要的事情，没有政治意义。坎贝尔同志宣称，那些不同意对政治局人事作这样变动的同志，可以说是对政治局的大多数同志的侮辱，而且把右倾错误妄加在政治局头上。这种夸大其词的说法没有丝毫意义。我们绝不认为英国政治局的同志们是右倾分子，但我们认为不仅必须纠正党的政治方针，而且有必要对它的党内方针作若干修正。要纠正这种方针，就要同掩盖英国党内的机会主义危险、同压制批评机会主义倾向的一切企图作无情的斗争。假如同志们坚持把两名比较一贯拥护共产国际策略的领导人员开除出政治局，这就证明整个党内方针存在一定的错误根源。我认为，为了彻底实现我们兄弟的英国党的政策的转变，为了同工党政府和独立工党进行斗争，应当比以往更多地把工人中新涌现的积极分子吸收到领导岗位上来，同样也应当对政治局的人事安排作一些变动，为此，不仅必须让上述两个同志回到政治局，而且必须把其他一些革命工人吸收进政治局。对这些革命工人可以满怀信心地说，他们将坚定不渝地执行共产国际的路线。（喊声："哪两个同志？"）加拉赫和墨菲。我认为，我们需要在这次全体会议上非常坦率地和同志式地指出一些支部确实犯了一些错误，与此同时，应当通过集体的工作，摸索出一条途经，以确保共产国际各支部有效地执行全会的决议。

我在开头对**我们瑞典党的情况**提了一些意见。我想对五一节采取的策略讲几句话。在瑞典委员会里，同志们提出了很多问题。我应当说，在同志们的发言和中央委员会的提纲中反映的情况，要比实际中的情况复杂得多。因此，我想提出一些简单的问题，一些应当引起全会关心的问题。

第一，斯德哥尔摩组织的领导干部同社会民主党人就放弃五一示威游行的问题而进行讨价还价，这是真的吗？

第二，尽管上街游行的示威群众有800—1000人，但因为根据同社会民主党人达成的协议，示威是不应当举行的，因此拒绝派出演讲人，这是真的吗？

第三，中央委员会书记处至今还未对这个问题表明自己的态度，这是真的吗？

第四，斯德哥尔摩组织的书记还在自己的岗位上，这是真的吗？

在这里，我想把问题表述得很简洁，因为这样表述问题也许能集中而鲜明地阐明机会主义危险的整个深度。

下面我要谈谈我对这四个问题的解释：

第一，向社会民主党建议放弃示威游行，这意味着我们的同志把瑞典社会民主党人看作是兄弟党，看作是可与之商量是否取消示威游行的老大哥。由此可见，在这些同志看来，具有决定意义的不是共产国际的指示，而是社会民主党人的意见。

第二，当柏林和华沙的工人同社会法西斯主义展开巷战的时候，斯德哥尔摩的共产党人和社会民主党人却在彼此调情。

第三，有一些同志至今还没有勇气在瑞典党的面前公开宣布，这种机会主义政策造成的危害对党是非常严重的。在这个讲台上，我想问一问，那些不顾同社会民主党人达成的协议而走上街头示威游行的800—1000名工人，他们认为斯德哥尔摩领导的这种政策是符合瑞典和国际无产阶级的阶级利益，还是符合社会民主党人的利益？

关于贯彻第六次世界代表大会的决议和采用相应的党内方法的问题，在共产国际领导机关同样引起了分歧。

在第六次代表大会后，**布哈林、安贝尔-德罗和埃韦特集团**继续他们在第六次世界代表大会上开始的做法，企图用机会主义来改变共产国际的路线。

在第六次世界代表大会上，同调和分子的分歧有如下一些主要问题：

第一，一些同志认为，我们以下看法是错误的，即**第三时期**孕育着尖锐的资本主义矛盾，这些矛盾不可避免地导致资本主义的稳定发生动荡。（诺伊曼："有人曾认为是极左！"）

第二，同志们对德国"**左翼**"社会民主党有一些不同的评价。我认为，现实生活，特别是德国社会民主党马格德堡代表大会的决议，证实了现时我们对德国"左翼"社会民主党的评价是百分之百的正确。

第三，**对苏联社会主义建设的成就**和意义的评价上存在分歧。大家知道，在布哈林同志的提纲草案中，这个对世界革命具有普遍极其重大意义的问题，只作了十分肤浅阐述。俄国代表团不得不对这个问题作大量补充。

第四，**在工会政策**问题上暴露了一些分歧。在第六次世界代表大会上，不仅有明显的调和分子，而且还有俄国工会的某些领导同志，企图在委员会里把体现在"强迫工会官僚"这个口号中的错误策略,确定为共产国际的策略。应该说,很遗憾,对于这种改变共产国际在工会问题上的路线的机会主义行径,我们总是不能给予必要的回击。

第五,聚集在布哈林周围的同志们认为,"调和分子"或"容忍右倾危险"的术语是不恰当的。因此,在布哈林同志原先的提纲草案中没有这些提法。

第六,非常值得注意的是,关于在该情况下**党的纪律**的意义,没有提到重要位置。

在俄国代表团对布哈林同志的草案作出修改和补充之后,第六次世界代表大会上的这些分歧部分得到克服,并在某种程度上恢复了团结,这在代表团代表会议上由俄国代表团所作的声明中得到了反映。

在第六次世界代表大会之后,聚集在布哈林、安贝尔-德罗、埃韦特和塞拉周围的同志们,力图贯彻被世界代表大会所摒弃的调和主义观点:在共产国际主席团中,我们在所有重大问题方面都同持调和主义观点的代表进行了争论。布哈林、安贝尔-德罗、塞拉同志反对公开信,支持调和分子埃韦特、格哈德之流,反对开除取消派分子布兰德勒和塔尔海默等人。在鲁尔区斗争时期,调和分子反对单独动员没有参加组织的工人,表示反对建立这种独立的战斗机关来组织政治和经济斗争。当选举工厂委员会时,反对普遍提出独立的候选人名单,坚持必须争取把候选人列入工会名单。在工会问题上的方针,则是以"强迫工会官僚"的口号形式表现出来。俄国工会机关的某些同志同样采取了这种立场,并极力支持共产国际各支部中的这种调和主义观点。

我们德国支部拥护联共(布)为制止这种机会主义观点的扩散而对工会机关作出的必要变动。

由于第六次世界代表大会以后,调和分子采取了帮派政策,因此,不能只限于在提纲中向调和分子提出三个条件。必须着重写一段文字对调和分子提出要求，要他们放弃自己的政治立场。为什么必须这样做呢？我们已经听到很多声明，表示决心贯彻党的决议，尔后我们却看到，在能给党造成极端困难的形势中，这个集团便利用派别斗争反对党的路线。所以我认为，必须要求调和分子放弃他们的机会主义立场。

请允许我对柏林五一战斗再说几点意见。

我们认为，五一战斗的特点，是工人多年来第一次转向直接反对资本主义国家政权的政治斗争。群众开始采用大规模政治罢工的武器，开始不顾禁令组织街头游行示威，构筑街垒。

对于这次群众性的政治罢工，有些同志作了过于悲观的评价。有些同志则说：这是什么样的群众性政治罢工呢？要知道举行罢工的工人总共才75000人，柏林的电车工人并没有直接参加斗争！这种观点是不正确的。这些同志不懂得，举行这种局部的政治罢工，是更广大的群众在将来的战斗中采用政治罢工这个武器的前提条件。我之所以要把这个问题提到首位，也因为在共产国际的其他支部，政治斗争的发展将不会从各个大企业——工人阶级的大多数的罢工开始。应当懂得，凡是条件成熟的地方都必须举行罢工，因为只有经验才能教育群众，并使他们能够在更广泛的基础上运用这个策略。当工人转向直接政治斗争的情况下，运动往往带有不平衡性，这是非常自然的。当一部分工人举行罢工的时候，无产阶级的其他阶层起初只是对罢工者表示同情。最大的危险在于，我们的同志迁就最落后的情绪，迁就处在托拉斯资本和改良主义势力强大压力下的那些阶层。

第二个问题，是关于**举行示威游行**的问题。在这方面，重要的是关于组织无产阶级自卫的问题。恕我直言，在当前情况下成立自卫机关是一件困难的事情，因为我们的党组织在企业扎根不深。而自卫组织又恰恰需要通过企业来建立。在政治恐怖加剧时期，举行游行示威通常只能以企业作为出发点。因此，组织自卫问题取决于我们生产部门党支部的工作。自卫机关应当成为真正的统一战线的机关。我们在什么时候可以成立自卫机关呢？在罢工中，当阶级敌人庇护工贼的时候，当改良主义分子及其别动队保护工贼、企图破坏罢工的时候，当法西斯匪帮驱散工厂集会的时候，以及准备游行示威的时候，我们就具有在最广泛的基础上组织自卫的最有利时机。

其次，必须使广大无产阶级群众认识到，他们违反禁令组织起来的游行示威是能够顺利举行的，但为此应当创造一些前提条件，使工人能够反抗警察的恐怖手段。警察局在关于维也纳战斗的报告中，总结了他们在镇压游行示威中取得的经验。我认为，我们应当在工人群众中普遍介绍警察局的这份报告材料。报告证实，工人们即使在没有武器的条件下，也采取了很多方式顺利地同警察进行斗争。工人们把一些离群的警察拥挤到一边并解除他们的武器。根据警察局的报告，工人们从工地找来螺母、卡钳、螺钉，还有一部分铁栅栏，用这些东西当武器同警察斗争。奋起的人群抓起沙土抛在警察脸上，使警察看不见东西，无法行动。

另一个报告谈到，食盐和辣椒也当作了同警察斗争的工具。接着我们读到下一句话：

"奋起的人群从街头加油站夺来汽油放火。"

这几个例子明显地证实了在同警察斗争时候使用了哪些手段。在韦丁和诺伊科隆的工人更前进了一步，他们构筑街垒作为反抗警察恐怖镇压的斗争手段。我们声明，构筑街垒是从这一斗争地区同警察作斗争的具体条件出发的，这是在同警察的恐怖手段作斗争中使用的还击和自卫手段，目的是牵制住警察的机动能力，瓦解敌人营垒，加强工人的自觉性，使群众认识到警察是不难制胜的。尽管武装起义的形势还没有成熟，然而，在当前形势下，我们应当提醒工人群众，警察在华沙、柏林等地采用的恐怖措施，在目前形势下乃是一种常规，因此，工人也应当照着常规的样子采取相应的自卫措施。究竟应当采取哪几种斗争手段，这要取决于群众运动的性质和力量，取决于对形势的估计。

《前进报》极力想使工人迷失方向，它曾断言，不存在尖锐的革命形势，所以共产国际的政策便失去一切意义。它利用一些工人的错误观点进行投机，这些工人似乎在等待决定性搏斗的伟大日子的到来，而在这一时刻到来之前，宁愿玩玩纸牌。与此相反，我们则要公开声明，街头斗争，组织无产阶级自卫组织以防范警察的恐怖手段，运用政治罢工的武器，这是促进尖锐革命形势到来的必要前提。

无疑，警察采取的政策是挑拨离间的政策。我认为，应当直截了当地说明，只要敌人掌握着政权，就会处心积虑一再对工人进行挑拨离间，并亲自竭力选择斗争时机，以便孤立我们，削弱无产阶级有组织的力量，阻挡共产党和工人阶级前进。我们采取的策略应当做到，不是让敌人孤立我们，而是我们去孤立敌人。我们已经做到了这点。警察实施恐怖手段以后，社会民主党在一定程度上显得孤立了。这是我们党的巨大胜利。警察遭到了失败。为什么？工人不顾警察的恐怖手段而确立了自己走上街头的权利。警察不得不让步，因为工人采取了果断的措施，使警察不能继续前进。工人们砸碎了路灯，使城里的整个街道变成一片漆黑，并筑起了街垒。工人们在韦丁和诺伊科隆所采用的这种战斗手段，提高了工人对自己力量的信心，促使他们懂得，尽管有装甲车，警察也不是不能制服的。我们也应当像进行五一街头斗争那样，进行反对破坏无产阶级组织和反对取缔红色战士联盟的斗争。如果党不提出红色战士联盟必须继续存在下去的口号，以此对抗当局的禁令，这就等于是对阶级敌人的纵容，因为取缔红色战士联盟就是准备禁止共产党。而我们反对禁止红色战士联盟的斗争，同时也就是反对禁止德国共产党的斗争。由于有这个先例，即使在德国共产党被禁止的情况下，群众也会认识到，我们在继续进行斗争，我们即使在这样困难的条件下，也在继续组织和引导群众的斗争。

在这个问题上暴露了哪些主要错误呢？

第一，我们的一部分同志对阶级斗争有些估计不足。这表现在某些幻想上，例如，曾设想五一示威游行可能不会流血，或不会同警察发生激烈的冲突。

第二，在政治任务与完成政治任务所必需的组织前提之间，存在某种不相适应的情况。很清楚，在我们应当独立自主地组织战斗的情况下，组织问题具有比从前更加重大得多的意义。就这一点而言，五月一日的战斗暴露了我们组织机构的某种弱点。

我要讲完了。最近几个月内，无论是经济斗争，还是政治斗争的经验都教导我们，经济斗争具有越来越大的政治意义，而且同时，工人们逐步转为采取在共产党领导下直接进行反对资本主义国家政权的政治斗争。一切局部的经济斗争和政治斗争都使我们看到，无产阶级积累了多么大的仇恨和愤怒。这正说明，我们不仅应当坚持准备进行长期不渝的坚决斗争（像我们在五月一日所做的那样）的方针，而且，共产国际也应当坚持应付突然爆发的重大政治和经济斗争的方针。共产国际各支部应当准备组织和应付个别企业突然爆发的局部战斗。我们应当扩大这种战斗的规模和力量，因为这是进行群众革命斗争的前提条件。柏林的经验表明，将来应当把日常斗争中的具体问题，同政治斗争、同争取最终目标、推翻资产阶级、建立无产阶级专政的斗争更好地和更紧密地结合起来。在我们的宣传工作中，应当给予这些口号比现在更重要的位置。（喊声："对！"）由此出发，共产国际的领导必须扩大自己的机构和组织，使之比过去，例如比在鲁尔区斗争时期和柏林五一战斗时期，能更快对事件作出反应。

争取在无产阶级中发挥领导作用的问题，独立自主地进行斗争问题，关于反对社会法西斯主义和采用政治斗争最高形式的问题，关于运用政治罢工这一武器有组织地同警察恐怖手段进行斗争的问题，等等，这些就是共产国际执行委员会第十次全体会议需要进行讨论和解决的问题。这些问题，在这次全体会议的总结报告中应给予高度重视。

埃尔科利（意大利）：

我不打算详细谈论，我党代表团同提交全体会议的政治提纲的总路线相一致的地方，我党代表团同这个提纲在分析当前资本主义世界客观形势和力量对比方面以及在共产国际及其各支部面临的任务方面的详细内容相一致的地方。

在第六次世界代表大会以后，我们成了各个党内一系列争论的见证人。这些争论有时激烈而又吵闹不休，在争论过程中，共产国际的一些支部经历了困难的时刻，尖锐斗争的时刻，例如德国共产党、法国共产党和美国共产党就发生过这种情况；在其他支部，争论实际上还没有展开；英国党，特别是我们党的情况就是这样。这些争论的大多数出发点，都是在分析客观的国际形势，以及确定各种因素在形成今天这种国际形势中所占比重。

这些争论由什么原因引起来的，又教会我们一些什么呢？

首先，这些争论表明，在第六次代表大会提出的某些说法中有几点需要修改，为的是避免一切可能产生的模棱两可和错误解释。但是，争论主要表明，在发生重大变动的时候，也就是当发展"速度"渐渐加快，有时几乎到了急剧变化程度时，当形势中各种因素的作用在数量上的增长、包括客观内在矛盾的增长具有由量变到质变的转化规模，即形势的整个性质发生变化的时候，在这种关头，对形势的各个组成部分及其相对意义的估计发生极小的错误，都必然要带来非常严重的后果；任何这类错误都将不可避免地导致对我们所处的时期的整个性质的不理解和歪曲。

因此，尽管某些争论的出发点表面看来无关紧要，但在第六次世界代表大会之后，这些争论却合乎逻辑地开展起来，也就不可避免地出现两条不同的政治路线。

这是第六次世界代表大会以后，共产国际内部展开的党内斗争的极其重要的时刻。

这场党内斗争教会我们从小事物中辨别大问题。它教会我们在解释某一事实或一系列事实的细微差别时识别政治分歧的根源，而这种分歧在事件展开过程中是注定不可克服的，因为这种分歧就是正确的共产主义政策和机会主义之间的分歧，因为这种分歧标志着公开地或隐蔽地转向敌人的立场，或者转向反对我们的阶级敌人的立场。

这种从小事物中辨别大问题的能力，是布尔什维主义的基本特点之一。在俄国党的发展过程中，这种能力起过巨大的作用。回想一下，列宁同司徒卢威的理论论战是值得的，当时列宁成功地揭示了使司徒卢威走向公开反动立场的那个过程的根源。回想一下，布尔什维克和孟什维克之间分歧的出发点就足够了；看来似乎是次要的组织问题，其实其中包含着分歧，这种分歧在后来更尖锐的斗争关头，使布尔什维克和孟什维克站在同一营垒的不同方面。

在第六次世界代表大会以后，共产国际的主要支部在走向布尔什维克化的道路上前进了一大步。因此，我们现在能够远为明确地阐明目前时期特有的基本路线。

我们斗争意义之所在，不仅要同公开的机会主义分子进行斗争，而且也要同调和分子进行斗争，也就是同这样一些人进行斗争，他们装模作样只谈细节而竭力掩盖极其严重的政治分歧，他们采取口头同意和假意保留的办法而竭力掩盖同我们在政治路线上的根本分歧。认清那些不仅是公开的机会主义立场、而且是中间立场所包藏的危险性，明白克服这种危险的必要性，我认为，这些就是决定我们队伍取得政治斗争胜利和使我们在第六次世界代表大会以后总的状况得到好转的主要原因。

同公开的机会主义分子和调和分子争论的出发点是什么呢？公开的机会主义分子和调和分子一开始就表明，他们无法摆脱资本主义相对稳定"积极"因素的魔力。一些工业部门技术基础的扩大，另一些工业部门产量的增长，资本主义合理化的结果，货币和商品交换的最尖锐危机现象的逐渐消除，所有这些事实以及与此相类似的一些事实，使机会主义分子和调和分子看不清战后资本主义危机在当前阶段的基本性质：他们否认资本主义稳定的局部性和暂时性，给资本主义"相对稳定"的术语加进与我们根本不同的意思。在机会主义分子和调和分子看来，资本主义稳定是确定不移的事实，是某种牢固确立起来的东西，在此基础上将出现资本主义高涨和向前发展的新时期。

塞拉在我们中央委员会颇为彻底地、也比其他许多机会主义分子和调和分子更彻底地发挥了这个论点。他断言，资本主义稳定在国内是一种牢固的东西，资本主义制度的矛盾现在只是在国际范围内得到发展，然后才反映到国内发展上来。在此基础上，塞拉同志在我们中央委员会论述意大利的经济状况时，对当前时期的资本主义危机提出了一种颇为奇怪的理论。他断言，由于在每个国家范围内都有了所谓更加巩固的稳定，资本主义制度的危机将带有类似战前那些危机所具有的性质：这将是导致平衡破坏、而后又在比以前状况更高程度上使平衡得到恢复的那种危机。在这里，我们用不着强调指出，这一论点的反马克思主义的性质。假如每个国家的内部状况不发生困难，因而不必通过更残酷的斗争在国际舞台上寻找出路的话，那么，什么东西会引起外部矛盾复杂化呢？然而，我不仅想强调指出，这一理论的反马克思主义的性质，或者更正确地说是荒谬的性质，而且想强调指出这样一个情况，当我们从同机会主义分子和调和分子的争论中明白过来的时候，这场争论已经不是策略问题的争论，而是纲领问题的争论了。在这里，问题涉及我们纲领中的一个基本论点。假如资本主义稳定是一种牢固的东西，假如当前的资本主义危机类似战前的危机，换句话说，假如资本主义危机在某种程度上起着"进步"的作用，那么，在这种情况下，当前时期的整个性质就会发生变化，在这种情况下，我们就不是生活在战争引起危机增长和尖锐化时期，而是生活在完全不同的另一个时代。到那个时候，第六次代表大会在强调资本主义制度矛盾尖锐化时所说的第三时期，就会得到截然不同的评价，就等于修改我们纲领中的一个重要论点。出发点无关重要，而结论却很重要。在围绕其他许多论点展开的争论中，同样可以看到从策略问题转为纲领问题的论战趋向。

这就是第六次世界代表大会以后产生争论的深刻意义；这就是我们反对机会主义分子和调和分子斗争的意义。但是，除了机会主义分子和调和分子以外，甚至在宣称自己拥护，大概是拥护我们纲领基本论点的同志中间，也有一种趋向，即提出实质上类似机会主义分子和调和分子的那种论点。这些同志往往把自己的注意力放在某种孤立的、甚至没有很好检验过的事实上，并在此基础上提出同当前时期的基本特征相矛盾的规律。我不想多谈这一点。许多同志在反驳瓦尔加同志提出的一系列论点时已经谈到了这一点。

鉴于所有这一切，需要各国党在第六次代表大会后认真分析各个国家的客观情况。

为了对这一工作作出自己的贡献，我想谈谈，我们党对意大利的客观形势所作的认真分析。假如机会主义分子和调和分子的理论是正确的，假如某些生产部门的扩大真正意味着资本主义稳定已经不是暂时而应看作是某种牢固的东西，那么，就应该把意大利列入资本主义稳定更加牢固的国家之列。的确，在对稳定的虚假的"积极"因素进行分析时，我们在意大利看到颇为令人惊奇的进步。

在1924—1927年间，几乎所有工业部门都处于上升时期；耗资100多亿里拉改组生产结构；在主要生产部门，投资和产量都有很大的增长。对电力工业的投资，1924年为5.55亿，1926年为62.6亿，1928年为100亿。1921年的发电量为30亿千瓦，1927年为90亿千瓦。1927年组装了250万千瓦的新电站，而仅仅在1928年的头10个月内，就组装了310万千瓦的新电站。意大利电力工业的发展速度在最近几年超过了美国电力工业的发展速度。在原料产量方面，同样有很明显的进步。市场对铝的需要量有1/3是靠本国产品供应的。意大利的化学工业居世界产量的第5位。合成氮的产量接近国内的消费量。生铁的产量1913年为42.6万吨，而1925年已为48.1万吨，1926年为52.9万吨。钢产量1913年为84.6万吨，而1922年已达98.2万吨和1926年为161.6万吨。商船队已发展到占居世界前列。商船队的总吨位数1913年为192.1942万吨，1927年为338.3362万吨。股份公司的资本，1914年为56.83亿金里拉，1920年为111.86亿金里拉，1927年为140.06亿金里拉。

假如使这些数字具有机会主义分子和调和分子所赋予的那种意义，那就必须承认，意大利资本主义制度是一个不断稳定的过程；但是，既然如此，该怎样解释这个国家所发生的一切事情？怎样解释使国家分裂长达三年之久的国内战争，以及国内战争之后公开的残酷的专政、存在已达三年之久的非常法、镇压、判处20年和30年监禁和判处死刑等制度呢？这种自相矛盾的论调的关键何在呢？问题的实质在于，机会主义分子和调和分子根据所谓稳定的积极因素而用以确定稳定性质的方法，是一种错误的方法。与此相反，应当把注意力集中于这些臆想的"积极"因素的发展过程本身所存在的和日益加深的矛盾。而对我们国家来说，其中最大的矛盾是生产能力和市场容量之间的矛盾，这个矛盾使贸易差额经常出现赤字，一年达70多亿里拉，并有继续增长的趋势。

收支差额也有很大的赤字。过去借以掩盖贸易差额赤字的"无形"收入，实际上在不断减少。最近几年的侨汇收入也减少了4亿。旅游收入，同意大利船队为其他国家的贸易需要提供服务的运费收入一样也减少了。这是意大利遭受经济危机最深刻的征兆之一。但是，也还有其他一些十分重要的征兆；其中我要指出的是，许多生产部门——汽车工业、纺织工业——经常不断发生尖锐的危机，破产企业的数量不断增加，等等。

我所指出的主要矛盾，是同其他一系列矛盾同时发生的。其中最主要的矛盾是：

1. 由于国外市场的不断缩小，国内市场所具有的作用和低工资政策之间的矛盾。

2. 预算的不断增长同国民收入的发展不成比例。

3. 积累的缓慢速度同意大利国民经济对资本需求量之间的矛盾。由所有这些矛盾造成的经济形势，其特点是，国民经济各个部门之间——工业和财政之间，工业和农业之间等等——的剪刀差口。意大利的形势同国际形势以及同美国、法国、德国和英国等几个大国的形势密切相关，具有很不稳定的、几乎是急剧动荡的性质，变化极快。1928年底，曾有过形势好转的征兆，但很快就消失了；现在由于国际形势变得复杂了，形势恶化了，这在信贷制度上有所反映，并将对货币的稳定，对国民经济各个部门产生非常严重的后果。因此，总的前景是一个矛盾尖锐化和客观形势复杂化的前景。

在分析工人的状况时，我认为，没有任何一个论据可为瓦尔加同志所提出的论点辩护；因为实际工资一直在减少。从1922年到1928年，实际工资减少了30%—40%。一个中等工人的实际月工资是335里拉，但也有的工资为每月160—170里拉。工资一边下降，物价一边飞涨，因此使意大利的广大工人群众生活水平绝对降低。意大利经济状况的特点之一,是用压低工资的办法来缓和工业危机和降低生产成本。

在意大利的局势中,还有其他一些非常引人注目的因素。其中最重要的因素是国家对经济生活的干预。我想谈谈这个问题,目的是消除一种错误观点,似乎国家对经济生活的干预具有实现经济计划的性质。要是听信墨索里尼和法西斯头子们的话,可能以为真是那么回事。但只要仔细考察考察经济的实际情况,你就会相信,意大利没有采取任何措施对国民经济实行计划调节。国家的经济政策是一天**一天地**加强对国家经济生活的干预,而不为将来打算,只图克服越来越尖锐的矛盾,以及标志内部关系极度紧张的形势所产生的种种困难。

赤裸裸的、野蛮残酷的资产阶级专政的政治制度,就是建立在这个经济基础之上的。法西斯国家只有通过庞大臃肿、开支浩大的机构,才能加强对全体劳动群众的压迫,才能防止矛盾急剧爆发,以及1919—1920年那种公开的阶级斗争的迅速展开。

很多同志都谈到了意大利法西斯专政的性质;我们代表团的一位同志将在这里阐明,我们在法西斯主义和社会法西斯主义问题上的观点。

但是,我想对这些同志提出一个问题,即他们论述过法西斯主义、并极力把意大利的法西斯主义同其他国家的法西斯主义相提并论。你们谈的是什么样的意大利法西斯主义?难道意大利的法西斯主义是某种统一的东西吗?意大利有几种法西斯主义,不能像谈论某种共同的东西那样,来谈论意大利的法西斯主义,因为意大利的法西斯主义已经发展并改头换面了。通过分析1919年、1924年和1929年的法西斯主义,我发现,在它的不同时期,有三种体制,虽说它们在历史发展过程中都是衣钵相传,但却具有非常不同的性质。1919年的法西斯主义,实质上是一种反动的运动,它的社会基础是小资产阶级和流氓无产阶级;它的作用是受大资产阶级的指使以便瓦解和破坏工人组织,以便建立公开的资本主义专政制度。在1924年,法西斯主义逐渐演变成党派联合体制,它的基本核心同国内最反动的阶层结合在一起,它的支柱是一个活跃的政治组织——法西斯党,它力图彻底摧毁工人群众的政治组织和经济组织,乃至资产阶级的政治组织。在目前,法西斯不仅已经确立了一党专政,而且法西斯主义的核心正在发生非常引人注目的过程,因此,整个体制具有一种新的形式。

我谈谈法西斯国家政治组织的重大变化情况,以及这一制度的社会基础及其在狭义上的政策的重大变化。看来,最重要的因素是,这一制度的政治基础的变化,而主要是法西斯党的变化。法西斯党在 1924 年是推行政府政策的**积极工具**;现在,它开始失去这种性质。最大的法西斯同盟,特别是大工业城市的同盟,被彻底解散;党内民主被彻底取消,实现了彻底官僚化。

我举米兰为例。这个地方最近一年来发生了一些值得注意的现象。米兰法西斯同盟已由法西斯党首批征集入党的黑衫党人——法西斯党的创始者之一所操纵,他们竭力想发展米兰法西斯同盟,为这个同盟建立"群众"基础——建立工厂的法西斯基层组织,成立区分部,并吸收工人和普通劳动者加入这些组织。这个企图遭到了彻底的破产。政府为停止这种试验只得进行干预,因此,这方面所做的一切都成了画饼。同盟的头子和干部已全部更新。大批法西斯党党员遭到严厉的清洗。整个米兰组织已彻底改组。所有大工业中心都发生了类似的情况。这样一来,法西斯党不再是这一制度的政治上的**积极基础**。它已经不是制定和贯彻某一政治路线的积极工具,而只是使资产阶级和小资产阶级群众服从严酷纪律的机构。当然,这一过程使法西斯党的干部发生了变化。现在,干部已不是 3—4 年以前的那些干部。小资产阶级分子已从领导岗位上撤换下来;党主要由企业家、地主、教会中有权势的上层分子等控制,当然,这个过程也引起一系列有时是性质非常尖锐的矛盾和阶级分化。例如,在博洛尼亚法西斯组织代表大会上,富人、地主、企业家联合为一方，穷人单独联合为另一方。法西斯党的官僚化，导致工会机构的官僚化和工会机构的彻底国家化。最近几天已作出一项决定，确认法西斯工会的职员为国家官员。法西斯机构的这种变化，带来了国家机构的变化。非常法变成国家的正常法律；这些法律的内容则成为正规立法不可分割的部分。议会制度取消得一干二净，拥有实际权力的是由资本主义社会占支配地位的力量——大实业家、银行家、金融界头面人物、大地主联合组成的秘密机构"贵族会议"。

与此同时，正在发生一个可以称之为"寻找新的社会基础"的过程。由于法西斯主义变成一种反动透顶的制度，变成赤裸裸的资产阶级专政制度，因而使一部分从"最早"就追随它的小资产阶级分子日渐远离法西斯主义。为了用其他分子来取代这些小资产阶级分子，法西斯主义根据自己整个政治发展的需要，谋求同国内一切反动势力，同所有它反对过和破坏过的意大利资产阶级政党的残余势力的联合。所以，工会的官僚们开始在这个制度中起着越来越大的作用，而享有自由和联合着几十万农民的天主教组织，在同梵蒂冈达成协议后逐渐成为这一制度的基础。最后，同改良主义分子达成了协议。老的社会民主党的一部分（里戈拉集团），已经同法西斯主义积极合作。它有了出版刊物和发布政纲的相对自由；但是最近期间，法西斯主义也直接找到了侨居国外的改良主义分子，改良主义分子原则上不拒绝达成协议，但保留了商讨条件的权利。

一部分意大利社会民主党人出逃侨居国外时冲破的链条，看来准备重新联结起来，而在这一发展过程中，意大利法西斯制度出现了形成如下形态的动向，即法西斯制度同拥有相当广泛群众基础的社会民主党所在国家的反动制度越来越亲近。

当然，这个过程摆脱不了矛盾。法西斯制度竭力想依赖的那部分群众，在经济状况的逼迫下逐渐走上反对这个制度的道路。这个基本矛盾的增长和加深，必然导致意大利整个反动制度的崩溃。

但是，有些同志问：法西斯主义究竟什么时候崩溃？这个问题令人感兴趣的，不是作出预言，而是进行政治分析：即使我们不能够说明"法西斯主义什么时候崩溃"，我们也应当而且能够确定法西斯主义将"怎样"崩溃。意大利法西斯制度同资本主义制度合二为一的过程推进得越远，对意大利局势表面变化（与我们不久前在许多巴尔干国家所见到的那种变化一样）的期待就越是成为空想和荒谬，我们的前途就变得更加确定不移。为此，应当考虑以下三点。

1. 在意大利，一切群众运动都应引导群众同国家机器和同整个制度的基础发生冲突。

2. 如果不提出劳动群众反对这个制度的武装斗争和普遍起义的问题，开展广泛的群众运动就没有成功的任何把握。

3. 下述论点越来越得到证实：意大利已经存在无产阶级革命所必需的一切历史、政治、经济和社会前提。中间派销声匿迹，一去不复返。无产阶级推翻资本主义制度的历史任务成为当前的主要任务。

改良主义分子、民主党人一边观望意大利形势的发展，一边非难我们发展无产阶级革命的前景是一种空想，站在我们的对立面，说我们要把意大利拉回到中世纪去。这就是社会法西斯主义分子企图用以解释意大利今天发生的事情的愚蠢说法。在我们中央委员会最近召开的一次会议上，塞拉同志在发言中，对这一愚蠢说法产生了共鸣；我们要公开揭露他发言的这种性质。上述这种说法是荒谬的，而且无论从历史角度还是从政治角度来看都证明，根本不了解意大利所处的时期和法西斯主义性质本身。在意大利，无产阶级革命已提上议事日程，因为意大利的资本主义已陷入帝国主义阶段的矛盾之中。意大利无产阶级把自己推到法西斯主义后继者的候选人地位，因为意大利社会所面临的历史抉择，不是先进的资本主义或倒退到中世纪的资本主义的抉择，而是资本专政或无产阶级专政的抉择。不应当指责我们的前途是一种空想,而应当说:对于目前的意大利来说,马克思1848年关于德意志的论述是正确的。马克思说,社会革命绝不是乌托邦幻想;使资产阶级一个派别得到解放并获得一般统治的局部革命,才是乌托邦幻想;使结构框架原封不动的单纯政治革命,才是乌托邦幻想。我坚持这一论点,因为在我们党内同机会主义的斗争,必然带有同一切残余的社会民主党观点进行斗争的性质。这些残余思想,甚至可能使意大利的工人群众由于遭受的压力和某些劳动阶层消极情绪的影响而受到污染。

其他同志已经指出,我们在意大利见到的这种矛盾深化过程,在其他国家里,在国际范围内,以及在形势的主观和客观因素方面是怎样在不断发展;这一过程是怎样通过工人阶级向左转反映出来的;这一过程又是怎样伴随着群众向政治色彩越来越鲜明的进攻性斗争形式转化的。而柏林"五一"事件可能成为这种斗争的榜样。所有这些事实说明了新形势的特点,它向我们各国党提出了新的任务。

我从总的政治方向,即从同机会主义斗争的必要性角度,以及从实际工作的角度来分析一下这些任务。

首先谈谈同机会主义的斗争问题。这场斗争在我们党内是怎样形成和发展起来的呢?有个同志在同我谈话时指出,意大利党有一个特点:党内偏离政治路线的倾向总是具有"极纯粹的"形式。就如同我们过去必须同博尔迪加分子的彻头彻尾的极左立场作斗争一样,现在,即在最近几个月内,我们则必须对付塞拉的彻头彻尾的极右纲领。

我听到有人称塞拉为调和分子。我们断定他的倾向不是这样。我们说,塞拉以调和分子的立场为出发点;他在共产国际主席团表决致德国共产党的公开信时维护了调和分子的立场;但是,他在鲜明指出这实质上是"极纯粹的"机会主义之后,却又合乎逻辑地阐明了调和分子观点的本质。所以,塞拉同志在他的纲领中,不仅企图按照他的一系列论点来修正我们为站在工人群众前列而应当坚持的策略和政策，而且企图修正共产国际的纲领。

我已经分析了客观形势。至于主观形势，那么塞拉同志否认工人群众中存在向左转的过程，而这种否定所采取的形式始终是要把我们从策略上转到纲领上来。我们所见到的工人阶级的向左转，不是形势的一个因素，而是当前时期的基本特点。否认这一点，就意味着不理解当前形势的整个特点。

塞拉同志在策略方面的全部错误是：拒绝红色工会国际第四次代表大会和共产国际第六次世界代表大会所制定的工会策略；他对经济斗争和现时社会民主党的作用作出错误的评价；他否认右倾危险，否认战争危险的迫切性和重要性，所有这些错误，综合在一起，决定了一条根本不同于我们的政治路线；这是我上面指出的在"纲领性"观点方面发生分歧的结果。

但是，我们同塞拉同志的具有纲领性质的争论，最明显地反映在俄国问题上。我认为，在讨论共产国际的主要指示时，把国际问题的争论同关于联共（布）党的政策问题的争论紧密结合起来，是有益处的。

塞拉同志在对我们的讲话中，把这两个方面直接联系在一起。塞拉同志忽略了在资本主义世界里，矛盾在不断产生，国家在进行反动的改组，反革命势力在进行反动的集结，但在同时，如同马克思所说，"反动引起革命"，资产阶级的抵抗，同工人阶级的抵抗，同工人阶级的战斗能力、日益加强的进攻能力是一起增长的。其结果是，阶级矛盾迅速加剧，紧张形势日趋迫近。

我们在苏联看到的情形怎样呢？情况相类似，但表现的结果相反。一方面社会主义建设取得巨大成就，另一方面矛盾也在发展。在这里，不是反动引起革命，而是革命引起反动，即在无产阶级专政制度下，仍然存在资本主义阶级的强烈反抗。

塞拉同志忽略了这种形势的基本性质，忽略了开展社会主义建设的过程和这一过程中产生的矛盾以及矛盾在一定情况下深化的可能性之间的辩证联系。因此，他在提出苏联社会主义建设问题时把一切混淆在一起：他已经不是右倾分子，不是调和分子——他转到完全可以称之为自由主义分子的立场上去了，因为这种立场同马克思主义毫无共同之处，这是用冒牌的社会主义的语言说出那些不仅不理解而且敌视苏联社会主义发展、并竭力反对这种发展的社会阶级中一些阶层的意向。曼努伊尔斯基同志已经指出，塞拉同志是用什么标准来分析俄国农民经济问题的。我指的是无条件地把苏联农业发展水平同其他国家农业发展水平进行对比。根据这个出发点，结论必定会像塞拉那样，认为要解决俄国农业问题，除了使整个农村富裕起来，别无他途。列宁主义在农民问题上的独创性，列宁主义关于划分农村阶级和在划分阶级的基础上制定政策的办法，所有这些特点都被完全抹杀了，与此同时，将来的阶级斗争也就消失了。

同时，塞拉没有认识到，阶级的概念是一个相对的概念，例如，富农和贫农的概念，是一个同当事国整个国民经济相联系的概念。他不懂得，俄国的富农尽管不如西西里的中农富裕，然而它在苏联是资本主义发展的基础。他也不了解，这种经济的发展，如果只有个体农民经济数量上的增长，那就永远也不可能超越资本主义和社会主义之间的界限。要超越这个界限，数量应当转化为质量。这一转化取决于无产阶级国家发挥自觉的因素，即实施工人阶级在农村的政策、以及加强集体农庄建设和从个体经济过渡到集体经济的计划。如果没有这种因素，就谈不上农村中的社会主义发展；这将是"工人阶级监督下"的资本主义发展。

然而，假如塞拉同志关于发展俄国农业的远景计划是工人阶级监督下的资本主义发展的远景计划，那么请问：塞拉同志发展工业的远景计划是什么样的呢？一模一样。他说：意大利纺织工业取得了巨大成就，尽管它在国外购买了纺织机器，或者正因为它是在国外购买了纺织机器的缘故。俄国为什么不能也这么做呢？再有，假如在国外购置一台机器要你花 100 卢布，而购置一台俄国机器要花费 200 卢布，那么，还是到国外购置一台机器为好，可以利用剩余的 100 卢布来扩大流动资本。同前例一样，判断的标准纯粹是资产阶级的，纯粹是自由主义的。假如采用这种标准，俄国的发展前景将不是社会主义经济的发展前景，而只是一方面由工人，另一方面由国际资本主义监督的经济发展前景。

无须证明就很清楚，这本身就已使我们超出了"策略"性倾向的论战范围而展开了纲领性的争论。在这里，争论的对象已经不是俄国政策的局部问题，而是涉及无产阶级革命的基本性质、要求和无产阶级专政下经济政策实质的问题。塞拉同志的观点，合乎逻辑地导致对无产阶级革命具有同我们的纲领根本不同的理解。他所想象的无产阶级革命的结果，不是在新技术生产的基础上和农业集体化的基础上为发展社会主义经济创造条件，而是在假想的无产阶级的监督下发展**资本主义**经济。不妨争论一下，假如不靠我们自己造成的力量去摧毁整个结构，能在多大程度上实现这种监督。但是，这个问题大家都很清楚。把这种内容塞进无产阶级革命，就意味着无产阶级革命在社会主义建设方面必然遭到失败。

当认清了塞拉同志在俄国问题上的观点所得出的必然结论之后，便可对他在夺取政权问题上的下述言论引出相同的结论，这些言论是：他的过渡口号论，他对工农政府策略口号的理解，以及塞拉同志加进工人监督口号的内容，即他把工人监督看作是"社会主义"革命的经济本质，不是对工业实行国有化，而只是对仍然是资本主义性质的工业建立各种不同形式的"监督"。把塞拉同志的这些观点同他 1920 年夺取工厂时原来的政治观点作一比较，是令人感兴趣的，那时，当提出夺取政权问题时，他建议要求国家把所夺取的工厂组成大型的工人合作社。这个建议包含下述思想的萌芽，即认为可以通过在无产阶级监督下发展资本主义经济的办法来代替夺取政权的道路。

大家看到，这是一种极端错误的逻辑，这种逻辑导致对共产国际纲领的修正——甚至导致对我们马克思主义思想方法的修正，导致用无冲突辩证法来取代我们的辩证思维——按照这种"辩证法"的逻辑，富农不过是在致富过程中毫无痛苦地逐步变成社会主义农民，按照这个"辩证法"，过渡时期的政权则从资产阶级手中悄悄地转到无产阶级手中，等等。然而，这就是对我们整个认识历史发展和社会发展的基本原理本身的修正。

曼努伊尔斯基同志在他的报告里对我们提出了一个问题：你们认为宣传像塞拉这样的观点符合共产党的身份吗？这是一个纯粹修辞性的问话。他很了解，我们不认为宣传塞拉的观点符合共产党的身份。曼努伊尔斯基同志十分清楚，当另一个比塞拉更有威信的同志，即格拉齐亚代伊同志公开宣传修正马克思主义的时候，我们毫不动摇地把他开除了，我们没有公开争论就把他驱逐出党了。曼努伊尔斯基同志很清楚，在问题涉及我们的思想基础的地方，我们决不玩弄民主的游戏。但是，曼努伊尔斯基同志是想从我们这里知道另外的事情，他实际上是想问：为什么你们至今还不对塞拉同志采取纪律措施？我对这个问题的答复是：（1）因为我们要强迫塞拉同志接受更严厉的纪律，而他接受了我们迫使他接受的意见——他保证无论在党内，还是在中央委员会一定不宣传自己的思想；（2）因为我们认为，反对塞拉的斗争不仅必须在我们政治局和我们中央委员会内进行，而且必须在我们党的基层组织内进行；必须使这一斗争在也许是产生这种思想根源的党的基层组织中更加尖锐地开展起来。我们至今还没有能够在党的基层组织中展开这场斗争，因此，我们把塞拉留在中央委员会内，通过党的刊物和会议开展反对他的斗争。在进一步开展这一斗争运动过程中，我们将对塞拉采取一切必要的措施。

有人可能反驳我们，说所有这一切都应当是事先预料得到的，因为我们对塞拉同志很了解，我们中的一些同志对他早就有了解，我们过去就同他作过坚决的斗争。但在1927年，即我们党失去很多领导人之后，我们就试图同塞拉同志合作，以便阻止他在党内提倡他的右倾主张，并扩大我们政治局的基础。最后，我们把塞拉同志留在莫斯科作为我们在共产国际执行委员会的代表，因为在第六次世界代表大会上他坚持意大利党代表团的立场——同第六次世界代表大会的路线无条件地保持一致。

经验表明，我们错了。正如斯大林同志所说，在急转弯时通常有人从车上掉下来摔在地上。我们不抱怨这种经验；我们将进行必要的坚决斗争来反对一切机会义的表现，反对修正我们纲领的任何企图。

讲一讲我发言的最后部分。同机会主义和调和分子的斗争，是第六次世界代表大会和我们这次全体会议之间这段时间内共产国际发展的最积极的因素，这一斗争给我们带来了非常明显的成果；例如仔细看一看法国党，我们就可以觉察到，法国党在共产国际领导下摆脱了机会主义分子之后，同4年以前相比已经焕然一新了。对德国共产党也可以这么说。我们认为，目前德国共产党的状况已根本不同于它在第六次世界代表大会前夕的状况；这种状况非常令人满意，德国共产党已经前进了一大步。我们希望，这次全体会议也将有助于其他党，例如英国党取得同样的成就。我们懂得，必须进行雷梅尔同志在发言中所说的严肃斗争；我们懂得，不进行这种严肃的斗争，既不可能有革命的政策，也不可能争取群众。但我们认为，这次全体会议最有意义的方面，也许不是我们大家意见一致的那些东西。最有意义的方面在于，每个人都努力克服一切与下述策略相抵触的东西：这种策略符合我们在评价我们形势时所根据的前提条件。这是最有意义的东西，因为这是我们日后工作的出发点。

各国党的日常生活和日常工作问题就是从这里提出来的。在谈这个问题时，请允许我讲一下我们党的生活。

第六次代表大会之后，我们党内发生了一些非常重大的事情。我们"重建了"我们的党，在第六次代表大会时，我们党因受反动派的打击而几乎彻底遭到破坏。经过十个月的顽强工作，我们成功地恢复了我们在所有大工业中心、少数民族地区和农村地区的组织。而现在我们正着手恢复中部和南部农村地区的组织。

我们将在各委员会上拿出更详细的材料来。我们认为，这是巨大的成果；这已经不仅仅是工作的基础，我们进行认真工作已经有好几个月了。

在全民投票选举期间，我们对意大利主要中心的工人和农民进行了局部动员。我们成功地在广大的无产阶级和农民阶层中普遍宣传了我们提出的"请投反对票"的口号，虽然另外一些人曾主张过"请弃权"的口号。我们把意大利无产阶级中所有的积极分子和坚定分子都团结在自己的周围。

党现在提出的开展争取增加工资运动的口号，得到广大无产阶级阶层的响应。我们把这个具有明显进攻性的口号同党领导的以下运动结合在一起，这个运动有着更广泛的政治口号：维护工人阶级的政治权利，反对战争，争取用革命方式推翻法西斯主义，以及争取建立工农政府。

为了取得上述结果，我们在好几个月内不得不把我们的注意力集中在组织工作和技术性工作上。我们中间的很多人，甚至可以说是所有的领导成员，最近十个月以来都不得不去进行组织工作和技术性工作。也许，这就是党中央的政治工作有某些削弱的原因。我们不否认这一事实。但是，我们的组织工作经验，目前可以供整个共产国际参考利用。

我们谈论战争已经临近，我们说，战争已经逼近了，战争问题就是明天和今天的问题。我们谈论日益加剧的矛盾、进攻性的斗争,也谈到已经临近的革命日程。面对这样一个总的政治形势,我们各国党的工作前景会怎样呢?这无疑是转入地下的前景。所以,应当注意和讨论这种前景。这不那么简单。我们意识到,对各国党来说,进入秘密状态就等于干部队伍遭到破坏、党员减少和危机加深。我们党也不例外。我们在整整一年的时间里进行了顽强的抵抗,但后来我们也经受了这种严重危机;我们仅仅在摆脱危机。我以为,许多同志打算把秘密状态当作一种休息:因为党暂时处于秘密状态,没有群众大会,没有集会,可以搞研究,可以当马克思主义教授。应当同这种态度作斗争,秘密状态决不是一种休息。在现在条件下,秘密状态就是转入更残酷斗争的时期,就是转入为摧毁压迫我们的机器以及砸碎用以竭力阻碍我们实现我们的任务——争取工人阶级大多数转向革命——的枷锁而斗争的时期。这一斗争只有在秘密状态下仍然同群众保持联系的条件下才能进行。请告诉我,在共产国际中当前有哪个党能满怀信心地说:我对自己的未来充满信心。

我要对法国党的同志们讲一讲:如果你们将来被迫转入地下状态,如果你们将来没有《人道报》,如果联合工会由于实施强制仲裁法而不受法律保护,那时候你们同群众的联系将是怎样的呢?在这种情况下,你们将怎么办?我之所以向法国共产党提出这个问题,是因为法国工人阶级的组织传统看来最弱,党在那里同群众的组织联系最少。但我肯定,这是一个普遍性的问题,皮亚特尼茨基同志提出的所有组织方面的问题都值得加以深入分析,因为只有解决他所提出的任务之后。我们才能去做形势要求我们做的事情:不仅要进行合法的宣传,而且要为摧毁资本主义社会而斗争;不仅要号召群众上街,而且要使作为能给起义群众指出明确方向的领导力量不断出现在工厂和街头。

从第六次世界代表大会以来,已经过去整整一年。在此期间,时局发展很快。不仅客观形势起了变化，而且党内形势也起了变化，我们自身也有很多变化。当然，这种变化不可避免地伴随有种种冲突和担心。我们的这些担心，雷梅尔同志在德国共产党1928年9月26日召开会议的时候提到过。也有这样一些担心，它们在相当大程度上决定了我党行动的某些方面。这些担心与共产国际的政治路线无关，对共产国际的政治路线的正确性，我们始终坚信不移；但我们曾担心（千万别成为事实），在共产国际最大的一个党（仅次于俄国党）的领导者当中，没有这样的领导骨干：他们能够及时发现危险并及时对危险作出反应，预见并及时指导斗争而又不忘记最终目标。还曾担心，在转折时期会有某个人因不理解我们的政策而摔下去，被抛在路上。对我们来说，重要的不是个别一些人，而是我们队伍的坚强团结和我们敏锐的眼光；我们在行动时的决心；将来在暴风雨来临时所需要的政治勇气和洞察力，目的是要走在群众的前头，因为他们寻求我们作为保证胜利的革命领导力量。

洛佐夫斯基（红色工会国际共产党党团）：

第一个问题是关于印度。我认为，在这里出席会议的每一个人都看得很清楚，在印度，革命事变和冲突正在迅速迫近。我们眼看着那里的革命不断逼近。印度当前的特点是，在那里内部阶级力量迅速分化，而且这种迅速分化正在无产阶级的主要中心发生；由于印度是一个由许多社会经济结构不同的地区组成的大国，因此这种分化没有波及整个全国，而主要发生在经济关系最进步的那些地区和省份。

在印度，最近一年是在反共的旗号下度过的。在反共问题上，那里土生土长的改良主义分子和民族资产阶级的各种派别之间形成了一条统一战线。现在，反对共产主义的斗争已经超出了简单的文学讨论和争论的范围；这一斗争已经转向群众，这种情况特别明显地反映在最近召开的职工联合会代表大会上。在会上，反对共产党提出的主席候选人，而抬出了著名的民族主义者之一——尼赫鲁,并有少数人投了票。同样,这种情况在孟买罢工中也得到了反映。改良主义分子和民族主义分子的全部日常实际活动,都是在反对共产党人的口号下进行的。例如,只要指出以下一些情况就够了:目前,在日内瓦以乔希为首的代表团(出席国际劳工大会)同西特林和查辛巴赫就加入阿姆斯特丹国际进行了会谈。在会谈时,代表团请求西特林对英国工党政府施加影响,释放 2 名被捕(从印度 31 个被捕的人当中)的著名的**非共产党人士**。至于其余 29 人,看来代表团不但没有要求释放他们,反而提出了完全相反的要求。我们也看到另一些更为严重的情况。我们发现印度改良主义目前在集结力量,一是为了反对红色工会国际,二是为了取得同欧洲改良主义的联系并建立反对共产国际和红色工会国际的统一战线。印度工会联合会代表大会这一方向性的转变,是印度国内阶级斗争激化,尤其是左翼之间在最近的经济运动期间争夺斗争领导权的斗争加剧所引起的。经过这番斗争,领导权已经掌握在左翼手中,改良主义分子从那里被赶了出来。例如,在孟买罢工过程中产生的左翼纺织工人同盟拥有 65000 人,而改良主义分子那边总共只有 8000—10000 人。

  印度改良主义同欧洲改良主义结成的这条统一战线,一方面同阿姆斯特丹工会国际有关,另一方面同建立以邦吉·苏祖基这个日本的龚帕斯为首的泛亚细亚主义"工人"国际的主张有关。这个主张得到国际劳工局及其头头阿尔贝·托马的支持,托马为建立这条统一战线卖了很大的力气。但是,在建立这条反共、反共产国际和红色工会国际的统一战线的同时,我们看到印度本身的阶级斗争大大加剧。因此,印度的民族资产阶级,现在直截了当地提出反对共产主义的问题。在这方面,我只援引 1929 年 5 月 29 日《孟买纪事报》上印度资产阶级领导机构的一段话:

"最后,当前绝对必须承认的是,共产主义在印度工人运动中的影响已经传播得十分广泛,因此,只有舆论拒绝支持共产主义活动,才能顺利地同这种邪恶进行斗争。共产主义是一种以保证公平合理地分配财富为目的的学说,在一个由本国政府(不论这个政府的性质怎样)管理的国家里,它可能占有一定的地位。但是,在由一个外国政权和外国资本统治的国家里,没有共产主义立足之地。在印度,共产主义不具有反帝的性质,而具有反民族性质。每一个承认我国经济独立和政治独立价值的印度人的义务,就是拒绝以任何方式和手段去帮助工人运动和政治运动中的共产主义分子。我国的所谓共产主义领导人和共产主义工人,在自觉或不自觉地为帝国主义的目的效劳。因此,需要同他们作斗争。在民族运动和印度资本之间不存在对抗性矛盾。而民族主义和共产主义之间则是势不两立的。"

印度资产阶级的领导机构就是这样说的,而且这不仅仅是"著书立说",也不仅仅是一篇议论文章,而且还是印度资产阶级的行动,印度资产阶级把这一切正在付诸实践,这既表现在反工人立法方面,也表现在加强镇压方面,既表现在建立帝国主义分子和民族资产阶级之间的统一战线(以便扼杀工人运动)上,也表现在**抛弃印度独立的口号**而代之以自治领地的口号上。在对内对外政策方面,我们看到印度民族资产阶级转向反对工人阶级,转向反对工人革命运动。最近的罢工加剧了这些过程,因而对在这里出席会议的每一个人提出一个问题:如果这样快地发生分化,以致印度资产阶级的思想家们拿起国民党的腔调来讲话,如果这样快地发生分化,那么,共产国际第六次代表大会对印度资产阶级提出的方针是不是正确?

在一年前召开的共产国际第六次代表大会上,我们的出发点是:印度资产阶级还没有采取这种极端敌对的立场,它对工人阶级还没有暴露出极端仇视的态度,它还没有以如此露骨的反革命面目出现,就像现在这样。当时通过决定,允许在一定的情况下,在一定的、具体的策略问题上达成协议。

第六次代表大会提出的问题原则上是完全正确的。但是,对印度来说,现在我们需要的不仅仅是从一般的观点出发来解决问题,而是需要说明,能不能设想现在在印度采取这样一种原则,即共产党可以支持民族主义分子和自治运动派,具体地说,可以支持印度目前存在的那个自治运动派。这就是共产国际现在需要回答的问题。而我觉得,那个总的、无疑是正确的原则方针,现在对印度是不适用的。之所以不适用,是因为印度资产阶级已公开地转向反革命阵营,扼杀工人运动,同英国帝国主义妥协,无论在报刊上、在立法会议上,也无论在日常政治生活中明目张胆地对革命运动宣战。所以我觉得,对于印度来说,由于那里政治上的迅速分化,由于矛盾的加剧,由于明显激烈的革命动荡的临近,由于大规模战斗的迫近,那里特别需要强调提出的问题,不是能不能达成协议,也不需要达成**任何协议,而是要对印度资产阶级展开残酷的斗争**,因为只有这样,现在才能教育和团结我们还比较弱小的印度共产党。

我认为,还有一件事对印度来说极为重要,这就是,共产国际第六次代表大会决议宣布,它反对成立工农党。我们当时这样提法的出发点是,工农党就其实质而言,是我们社会革命党的某种萌芽,党内有共产党人的一翼。在像印度、中国等等这样一些农业国家中,民粹主义思想的发展是不可避免的。工农党的存在会磨掉共产主义组织的棱角,会使共产党淹没在这个工农党里面。因此,第六次代表大会的决议是完全正确的,但这个决议还没有贯彻下去。最近一年来,我们在确定印度共产主义运动的意识形态和组织方面前进了一大步,但这一大步仅仅是同一年前的情况相比而言。而同现在面对许多重大事件所提出的要求相比,同整个资产阶级反对工人阶级的急速转变相比,同印度工人阶级现在面临的新任务相比,做得还不够。而我们,共产国际、红色工会国际以及各国党很少共同去帮助发展印度共产党。(喊声："对!")

　　当然,印度共产主义运动在发展过程中遇到的障碍之一,在于很长时间内印度共产党人同共产国际的唯一联系人是罗易,现在他在宣扬货真价实的孟什维主义。孟什维克在1905年说了些什么?他们说,由于是资产阶级民主革命,因此,革命的领导权应当掌握在资产阶级手里。而布尔什维克又是怎么说的呢?布尔什维克说:虽然是资产阶级民主革命,但是,只有在无产阶级领导和无产阶级带领之下,革命才能进行到底。我们看到,罗易在发言中,在论述印度革命面临的任务时所持有的纯粹的孟什维主义观点。因此,我觉得,我们这次共产国际执行委员会全体会议,应当比以往更加百倍地重视帮助印度工人运动,帮助印度共产党,更加重视清除印度党内一切公开的和隐蔽的孟什维克分子,使这个暂时还弱小的党在群众斗争过程中,真正变成能站在印度工人运动前头的群众性的党。

　　我想提请全体会议注意的第二个问题,是关于社会法西斯主义的问题。库恩·贝拉同志在发言中给我们提供了一系列很有意义的消息,并作了某些预测。但是,我觉得,我们在讨论社会法西斯主义问题时不能只以库恩·贝拉同志所说的情况为根据,因为库恩·贝拉同志是把社会民主党作为某种整体来说的。出现了法西斯化。不过,社会民主党内还有工人,还有数以百万计的工人跟着这些党,社会法西斯化的计划不可能那么简单地就被接受。我们应当弄清楚,社会法西斯化会发展到**什么程度**,它会触及到**什么范围**,**它在社会民主党内部**以及在某些同情这个党的工人阶层内部将**引起什么结果**,随着社会民主党的法西斯化,这些工人阶层将会采取什么立场。首先十分明显的是,社会法西斯化不可能只涉及仅仅是一批上层干部。总之,我认为,在共产党人中间存在着某种非常普遍的偏见,以为只有最上层是反动的,社会民主党的下层干部并不那么反动。我觉得,只要看一看各个社会民主党内正在发生的情况,我们就会看到,这些党内相当大一批反动骨干,他们既包括上层,也包括一批中层骨干和下层工作人员,他们拉扯着相当一部分蜕化变质和被收买的工人。从一个方面来说,社会民主党即社会法西斯主义将沿着**所有阶层**法西斯化的方向发展下去。但有,少数人会分道扬镳,社会民主党会**分裂**,即同时发生向右和向左的分裂。两年前,当右翼社会民主党分道扬镳的时候,萨克森地区发生了什么情况?我们在那里看到公开的法西斯组织。这是从右的方面向法西斯主义方向发展。这使社会民主主义运动加速走向法西斯主义。随着社会民主党的上层和下层干部、以及某些被收买的工人阶层为社会法西斯主义所控制,许多阶层将脱离社会民主党,因此,社会民主党将很快转为小资产阶级的,甚至资产阶级的新的社会基础。库恩·贝拉同志没有看到这种前景,因此,我要谈谈他对社会法西斯主义问题的很有意思的研究,这种研究在某种程度上是抽象的,缺乏工厂里实际发生的阶级斗争的具体内容,而这种阶级斗争,一方面使一部分跟着社会民主党跑的工人转向我们,另一方面则促使某些被法西斯主义和社会民主党收买的工人阶层转向社会法西斯主义。

关于社会法西斯主义和法西斯主义,还有一个问题。我们大家都知道,法西斯主义是一股反动势力,但你们也知道,不是一切反动派都是法西斯主义。我们知道,法西斯主义实行集中化,但不是任何集中化都是法西斯主义。因此,在一般的提法中就只采用这两个特征:即反动势力,加上集中化。这个提法没有详尽阐明法西斯主义所有的特点,而法西斯主义最突出的特征却从中忽略过去了。法西斯主义最突出的特征是什么呢?法西斯主义最突出的特征是,它企图**通过社会煽动性的鼓动手段,利用一部分工人和工人出身的人,以及工人阶级中某些被收买的阶层和被帝国主义制度彻底腐蚀了的社会民主党**。要知道,墨索里尼不是靠纯粹法西斯主义起家的,而是从社会法西斯主义起家的。他提出的纲领，甚至连整个德国社会民主党的纲领与之相比都望尘莫及。他提出了没收银行等一类的要求。墨索里尼是怎样网罗他的干部的呢？他从社会党、无政府主义分子、无政府工团主义者那里网罗干部。他网罗那些经历过一定工人运动训练的骨干，法西斯主义的突出特点就在于此。我们看到两种类型的法西斯国家：一是意大利类型，我们知道那里有一个统一的法西斯党，它现在正在纠集某些党徒，更确切地说，它在启用各个政党原来的党员。我们看到的第二种类型的法西斯主义国家是西班牙。墨索里尼的法西斯主义是非军事法西斯主义，这是一种类型。另一种类型是军事法西斯主义，其标本是西班牙的普里莫·德里韦拉的法西斯主义。在西班牙，改良主义的政党和联盟一开始就被吸收进了法西斯国家机构。波兰的法西斯制度将按哪一种类型发展呢？波兰的同志在这个问题上比我更有发言权，但现在的波兰社会党是法西斯制度的基础之一，这是丝毫不用怀疑的。因此，我们在谈到法西斯主义的时候，无论如何不能忽视法西斯制度的这个特征，即它的集中化和反动性，它的行动是**利用社会煽动性宣传**，利用某些工人职员阶层和过去的工人政党，以达到镇压和破坏、收买和腐蚀工人运动的目的。这就是许多国家法西斯主义所表现出来的特点。难道，我们在匈牙利没有发现霍尔蒂制度向社会民主党和法西斯同盟靠近吗？难道，我们在像意大利这样的国家里也没有看到社会性的恶意煽动、残酷镇压和集中化等的特殊结合吗？所以我觉得，问题的这一方面，在给法西斯主义下定义时必须反映出来，从另一方面来说，在分析社会民主党法西斯化的前景时应当注意到，社会法西斯化将在社会民主党本身以及追随社会民主党的工人群众内部发生的一系列危机的基础上进行。

我谈谈英国工党政府和英国共产党发展前途的问题。我认为，我们都会在这样一个问题上取得一致看法，即对英国共产党来说，现在正在形成最有利的形势，以便于使它变成一个群众性的党。麦克唐纳政府在施展策略。法国《时报》在评论国王最近的正式演说和麦克唐纳的声明时说，这个演说在对内政策方面十分节制有度，在对外政策方面十分谨慎小心。该报接着说，任何一届英国政府，除了麦克唐纳说过的以外，任何其他的话都不可能说。这样我们发现，群众幻想他们执掌政权的那种局面会很快消失。我们已经发现企图要降低50万纺织工人的工资。最近，我们遇到了巨大压力，既有生产合理化方面，也有由此而产生后果方面，即应该期待着英国无产阶级迅速觉醒、对工党政府的幻想迅速消除。

但是，英国无产阶级不会自动消除这种幻想。当然，客观形势是对此有利的，但为了使这一过程加快一些，主观因素——共产党的干预也是必要的。我想，在这里参加全体会议的每个成员都必然担心，我们的英国共产党能不能利用这一有利的形势？这种担心是完全有道理的。最近两年我们英国党的发展证明，我们党的内部组织有很大弱点，思想上也有很大弱点。事实上，我们英国党在最近两年已经失去了三分之二的党员。要知道这是在英国，在党合法存在的条件下发生的。如果这个党受到墨索里尼制度的猛烈进攻，如果这个党受到像中国党、保加利亚党和其他一些党所受到的那种打击，情况又会如何呢？很难说——那里的党员是否还能留下十分之一。

英国共产党的发展前途是远大的。现在客观形势之好，对英国共产党来说是从未有过的。这已经是麦克唐纳政府的第二次尝试了。这是一次新的尝试。麦克唐纳政府现在比过去更加老谋深算，它比最初上台执政时更加卑鄙阴险。因此，群众中存在的幻想将消除得比较快。谁来利用这种形势？党的机关集中的意志在哪里？而善于把现在已经在几十万英国无产者头脑中思索的东西加以选择和组织的群众性组织在哪里？共产国际及其这次全体会议的任务是要下定一切决心明确地——同志式地，但又是最坚决地——对英国同志们讲明：是该结束动摇的时候了，否则他们会断送这个党。英国党在十年的时间里未曾经历过党内政治斗争。有些人认为，这才是最理想的状况，英国党一直是在没有内部争吵、没有政治分化和没有内部分裂等情况下正常地发展着。某些人认为，这是一种理想境界。（贝尔："这是错误的。"）

但是，这表面上似乎平安无事的情况能说明什么呢？它说明，没有把政治问题充分提交给全党。在那里，右的倾向问题没有为每个共产党员所了解。在那里，表示了要反对德国、苏联以及所有国家的右的倾向。但是，右的倾向，不仅德国有，不仅苏联有，不仅其他国家有，英国本身也有。而要教育党，使党团结一致，要使党从思想上集中起来，使党变得更加强大，这一切过去和将来都只能在同自己人中间的右倾进行严酷斗争的情况下才可能做到。右倾，无论在自己国内还是在自己党内都是敌人！而英国的同志们忘记了这一点。反对英国党内的右倾分子、右倾倾向的问题，不仅不能从现在的议事日程上取消，而且恰恰在当前应该特别突出，因为英国工人运动和英国共产党拥有极好的客观条件，这些条件使英国共产党能够变成一个群众性的党，变成一个包括几万、几十万人的组织，并能领导几百万英国无产阶级。

最后，谈谈最后一个问题。如果我们的分析是正确的，也就是说，社会民主党已经变成社会法西斯组织，社会民主主义正在迅速地发展为社会法西斯主义——这是绝对正确的——那么，提到我们所有合法政党议事日程上来的问题，就是如何把合法的党变成非法的党。

在捷克斯洛伐克、法国、德国，正面临着在最近期间内可能企图把党打入地下、把革命工会打入地下的问题。我认为，我应该表示一下这里与会者的共同意见，请问：我们各国党准备好了没有？德国党准备得比所有的党都好，但它也不是100%地准备好了。

法国党准备好了没有？就连50%都没有准备好。捷克斯洛伐克党准备好了没有？25%也没有准备好。因此，我认为，这是个极其严重的问题。

当然，应当展开最猛烈的斗争，应当集中一切力量，以便**不使自己被赶入地下**，但力量对比可能使我们在一定时期要被赶入地下。应当对此有所准备，我敢断言，我们各国党还没有作好准备。我对自己整个发言得出的结论是：应当以急迫而又最高的速度对此作好准备，应当做好把我们赶入地下的准备，如果我们不及早作好准备，我们可能会措手不及。（鼓掌）

卢哈尼（印度）：

请允许我声明如下：

1. 我承认，我对印度工业化问题所采取的立场是错误的。我完全同意第六次代表大会关于殖民地问题的提纲，帝国主义的基本意图是阻碍殖民地、特别是印度的生产力的自由发展。印度没有工业化的固定政策；充其量也只是交替实行工业化和非工业化的政策。现在，英帝国主义的政策，如同殖民地问题提纲所说，是"压制和阻碍印度的经济发展"。

2. 英国帝国主义——不管它在伦敦的代表是保守党或是工党——不可能对印度作出任何让步。伦敦新的"工党"政府负责对印度执行的任务如下：（1）继续并加强在印度的镇压；（2）保护印度，使之成为一个能充分满足英国资本主义合理化利益的殖民地；（3）在印度集中力量准备反苏战争。印度的"非殖民化"只能是"强烈反抗帝国主义政策"（殖民地问题提纲）的结果，即只能是无产阶级领导下的被剥削群众通过革命行动进行反抗的结果。

3. 罗易不久前在德国布兰德勒分子的机关报上发表的观点，是对日益发展的印度革命的利益以及对德国本身战斗着的无产阶级利益的公然背叛。他经常采取政治上的骑墙态度来欺骗共产国际。剖析罗易的机会主义观点，可以揭穿他巧妙装作马克思主义者和革命者、而实为印度民族资产阶级改良派代理人的真面目。他就是一个具有丰富的欧洲经验的小尼赫鲁，因此能以更强的表达能力、用表面激进的词藻掩盖印度资产阶级反革命派的纲领。

我们可以预料，社会民主党的伙伴——布兰德勒之流将成为麦克唐纳之流社会帝国主义者的走狗。

4. 印度无产阶级，作为反帝民族革命斗争的实际领袖现在正在行动起来。我在第六次代表大会声明中所指出的正是这一点。当时我还说过，印度民族资产阶级正在迅速变成反革命派。我要强调指出，尽管我对经济状况的估计是错误的，但我的政治结论是正确的。

5. 目前，应当无条件要求，作为反帝斗争领导者的印度无产阶级要从组织上发挥独立作用。被客观历史因素推上革命浪尖的印度无产阶级，应当拥有自己的共产党，这个党将在未来的冲突过程中培训无产阶级，以便直接从帝国主义手中夺取政权，建立印度的苏维埃共和国。

（闭会）

第十一次会议

(1929年7月9日上午)

继续讨论库西宁和曼努伊尔斯基的报告

贝尔(英国):

从第六次代表大会以来过去的这个时期,你们亲眼看见,在主要的政治决议中所表述的总路线的正确性得到了鲜明的证实,特别是对现时期即第三时期的论述得到了证实。

第六次代表大会根据合理化的特点,说明了第三时期的性质,并预见到在这次全体会议讨论中占有那么重要位置的社会法西斯主义的某些形式和方面。在第六次代表大会的决议中谈到了关于技术迅速发展、卡特尔和托拉斯加速增长的时期,并指出在此发展过程中可能出现向国家资本主义方向发展的趋势。

至于对合理化和社会法西斯主义的论述,第六次代表大会的决议值得进一步研究和讨论。

让我们回过头来谈谈第七次全体会议,谈谈我们关于合理化问题的第一次讨论。在这次全体会议上,很多同志十分疑惑、不知道应当采取什么方针来对待刚刚开始在德国出台的合理化。至于我自己,对合理化的看法非常狭隘,把它看作是对工业的科学管理。当然,科学管理和合理化彼此之间是相互联系的。但是，合理化比科学管理本身要广泛得多。它不仅力求取消用手摸着干活和力求减少工人做工的多余动作，而且旨在把工厂改造成从原料到成品的封闭体系。

合理化是资本主义工业从自由竞争到集中和垄断这个发展规律的产物。此外，合理化的范围还包括，由企业主建立分配资本主义工业产品的庞大的销售机构。

科学管理在北美合众国产生不是偶然的。美国是一个年轻的资本主义国家，没有我们在英国看到的那些历史传统。当科学管理最初在美国出现的时候，美国可以说还是一个处在扩张状态的资本主义国家，它有高工资的工人贵族，拥有极其丰富的原料和粮食来源，拥有从中欧各国流入美国的大批廉价劳动力。但是，随着战争的降临，形势发生了变化。世界大战的结果，使法国北部地区以及中欧其他地区成了战场，变为废墟。这些国家大大变穷了。而在恢复这些沦为废墟的地区时，已经采用了比较先进的技术方法。可以说，这个时期完成了相当于资本主义正常发展整整几十年的飞跃。

英国在世界大战时期，在合理化方面也采取了一些重大步骤，但这些步骤绝不足以使英国重新提高到战前水平。此外，由于英国是一个岛国，它避免了很多中欧国家所遭受的那种战争破坏。战后，英国的国民经济部门在某种程度上又重新采用自己的传统管理方法，乃至现在在很多重要的基础工业部门几乎刚刚开始采用科学管理方法和合理化。由于英国合理化的落后，由于资产阶级的犹豫不决以及世界"合理化"竞争者的压力，这种情况对英国很多基础生产部门的工人影响极坏，而且这种影响危及工人的社会生活。

我们亲眼看见，在一些工业部门，几十万工人被解雇，在另外一些工业区，特别是矿区，整个整个乡村变得荒无人烟。采煤工业、冶金和纺织工业几十万工人被解雇，这种情况是由失业问题引起的。从1920

年起,我国有 50 万人的固定失业大军。随着人员的裁减,残酷无情的剥削,骇人听闻的强化劳动接踵而来,同样重要的是,工人们为之奋斗过、并一直影响着他们生活水平的世代创造的实际技能被废除了。此外,现时期英国合理化的特点还包括降低工资和延长工作日。

至于工人阶级的生活水平和一般状况的划分问题,我也认为应当划出一定的界线。我认为,库西宁同志提醒我们注意马克思主义的某些基本原理(特别是关于生活水平问题)是对的。问题在于,如果我们不认真了解生活水平问题同生活费用、同攫取相对超额利润和绝对超额利润之间的联系,我们可能就会由于误信那些脱离实际的抽象统计数字而犯错误和上当受骗。马克思本人很明确地向我们提出了这个问题,他把工资分成几类,即名义工资、实际工资和相对工资,因此,我认为,只有注意到所有这三种工资的形式,我们才能根据工资同进一步提高劳动强度和工人受剥削之间的关系,来阐明争取提高工资的问题。

是否还应当对你们说,工人阶级不能单靠面包度日,也就是说,工人运动不只是围绕工资的运动。除了工资以外,还有各种迫使工人焦虑的社会问题,如住房问题、教育问题以及与无产阶级阶级斗争有关的各种社会要求。在讨论工人生活水平同合理化的关系、以及生活水平对强化劳动和剥削工人的影响这个问题时,应当弄清楚上述所有各种特殊因素之间的相互关系。我们现在所看到的这种类型的资本主义合理化,不仅意味着极度强化的劳动过程,详细规定数以百万计的劳动程序,而且还意味着劳动力本身的浪费,职业病的大量增加,不幸事故的频繁发生,等等。此外,工人由于高度紧张的劳动而精疲力尽,掌握新的劳动程序中遇到的种种困难,使工人空闲时间缩短,因而成了无产阶级要攻克的目标。

库西宁同志是对的,他说,我们不反对合理化本身。库西宁同志是对的,他说,在苏联,合理化是加速建设过程和建设社会主义的手段。

在苏联，合理化的全部优越性正造福于成为国家统治阶级的无产阶级本身。但是，在资本主义国家，我们应当抵消合理化的作用，动员工人投入这方面的斗争，使资本家不能加重对群众的剥削。英国的合理化过程，在总罢工遭到破坏和大批矿工被解雇之后，开始更猛烈地发展起来。在鲍德温政府时期，由于形形色色的工人贵族（不仅包括所谓的右派分子，而且还有所谓的左派分子）的协助，合理化的速度无疑是大大加快了。所有的工人贵族都倒向了"工业界"，站在维护议会民主的一边。英国的局势在工党政府掌权后的特点是什么？在英国的资产阶级阵营中，工党政府被认为是敌人，即使它是一个像1924年那样温和的敌人。然而，资产阶级并不害怕工党政府本身，而是害怕工人群众。因此，我们经常听到自由党和保守党的政治领导人说，工党政府只要实行他们所拟定的方针，就能保住政权。除此之外，他们不断告诫麦克唐纳和工党政府，应当监视极左分子。

至于社会法西斯主义的特点，在第六次代表大会的提纲中，有一节对于不同国家法西斯主义的特点列举了一系列说明，而这些特点有可能最好不过地恰恰适用于英国工党。我提请大家回顾一下，1924年的工党政府，麦克唐纳最初采取的行动之一，就是对印度民族主义者下了一道最后通牒，指出他们别指望从工党政府那里得到什么。我提请大家注意，他们是怎样对待埃及的扎格卢勒帕夏的，他们建造新的巡洋舰，在运输工人罢工时威胁工人要实施非常权利法。

无须再谈论那些骇人听闻的叛卖勾当，即工党官僚们在总罢工中以及在暗中破坏矿工斗争时所干下的。在这段时间，我们亲眼看见针对工会运动中和工党中的工人积极分子、特别是针对共产党人所采取的恐怖行动。我们还亲眼看到从工党中清除共产党人的情况，这种清除的目的是要在工党和工会运动中建立一个完整的统治集团，即由那些曾为保住工党政权而狼狈为奸的官员组成的。开除积极分子的过程同时也就是取消工党内部民主的过程,并为实现工党彻底法西斯化做好准备。在同一期间,我们还观察到了工党官僚们对中国革命所采取的敌视态度、以及在反对工会法和其他针对工人阶级的叛卖性法律斗争中的装腔作势的态度。

由于奇怪的巧合,在印度革命运动高涨的时刻,麦克唐纳第二次上台执政。他再一次地装聋作哑,不理睬英国工人和印度工人关于要求释放因组织印度工会运动和工人运动而被关进监狱的同志的呼声。

现在,我们在英国面临的严重问题,是印度的形势问题。印度当前运动的最突出的特点,是印度工人的团结一致,是他们在创建工会运动和工人阶级政党的斗争中对一切挑拨离间所采取的不屑一顾的态度。英国帝国主义者所施的惯伎已经不能使工人迷惑。于是,英国帝国主义者抛弃一切所谓民主的手段,动起了武力和拳头。同时,麦克唐纳根据继承性原则,继续实行鲍德温的政策。

自英国总罢工遭到破坏以来一直延续下来的有利于"工业和平"的运动,现在转入一个新的阶段,一个企业主、工党官僚和国家之间结成一个整体联盟的阶段。工党官僚和下级官员的一切谈话内容莫过如下:"别让政府为难","别作任何可能妨碍政府工作的事"——而更有代表性的是——"不要对政府指望过多"。他们已经预见到有困难,并开始让工人做好准备,接受已经如此迅速迫近的绝望的局面。大概可以说,对于那些对政府表示某种明显的反抗和试图把政府置于困境的工人,官僚们要不客气了。工会运动和工党内的所有工党官僚,正在起来保卫他们的工党政府。

库恩·贝拉同志谈到了社会民主党演变为资产阶级的问题。在英国,这种演变确实存在,我想提请你们注意到这一点。韩德逊,过去曾经是个铸工,克莱因斯以及工党政府中的其他许多部长和负责官员,过去曾经是工人或低层知识分子,他们不仅在思想意识上,而且在他们的社会生活的性质上，都已变成了小资产阶级。自从工党存在之日起，这个演变过程就在工人运动队伍中出现了，但从工党政府上台执政时起，这个过程便空前加快了。工党政府刚刚在英国掌上权，工党中的所有的小官吏们就把眼睛盯着政府：他们全都想在殖民地和政府机构中捞到一官半职。工党和官僚工会出现了分化过程，这个过程同样证明工党正在向社会法西斯组织演变。如果说以前工党是一个社会改良主义的党，那么，现在它已经放弃了任何反对资本主义的要求。工党不仅不再同资本主义作斗争，而且相反，它已经成了资本主义最狂热的卫道士。但在一系列局部罢工中，工人表现出相当大的不满情绪。麦克唐纳应当理会到，英国工人阶级不希罕现在由社会民主党来实现工人阶级能够实现的要求。在这种情况下，我们可以预料到，工党政府将把国家的全部力量用来对付工人。因此，我们党的斗争就是要争取工人阶级站到共产党一边来，争取使他们摆脱工党的影响，因为工党正通过实行它的社会法西斯主义政策来维护资本主义。

现在，我谈谈共产党的问题。在全体会议上发言的同志们一谈起来，好像英国共产党从来不外就是工党的一个左翼而已。然而，提出这种观点，意味着不了解英国共产党的历史。

波立特同志在同拉斯特同志辩论时十分正确地指出，1927年以前我们党的路线是正确的：这条路线是列宁所赞同的共产国际的路线。

在1927年年中和年底，我们必须判明已经出现的动向，而且比我们实际能够做到的还要更快一些，当然这是正确的。从提出这种说法以来，谁也没有对此提出过异议。当我们同党原先的策略彻底决裂时，共产国际执行委员会在第九次全体会议上支持了我们，这也是正确的。还有一点也是正确的，完成从老的策略到新的策略的转变不是没有动摇的。然而，任何一个党，不仅是英国党，无不在完成这么激烈的变动时发生相当大的起伏、严重的动摇和犯一系列错误。而当这个问题出现在我们的法国同志们面前时,他们在克服传统的障碍而转向新的共产国际路线之前,对这个问题进行了很久的争论,表现得十分犹豫。不能指望像英国这样一个为列宁和整个共产国际认可的具有8年传统的党,不能指望这样的党能够来一个一百八十度的转弯,对工党采取与一、两个月前截然不同的方针。在我们的工会工作中,甚至在我们对待工党的立场中,还残留着原来路线的痕迹。洛佐夫斯基说,英国党的特点是在于它没有发生过危机,始终过着安逸的田园生活。应当请他记住,英国党在1923年发生过的危机。那时,党和政治书记处一起经历了这场危机。我们整个政治局的成员来到这里讨论党的状况,制定了组织措施,以便对党进行改组并从根本上改变党的工作性质。我不否认党的缺点,也不想掩盖这些缺点。缺点当然是有的,但正如我们在这里听到的那样,断言党内有反对派,而且现领导想极力扼杀它,这就根本歪曲了事实。党内没有现领导想要扼杀或想要阻碍其发表意见的反对派。

  一些同志就党员人数减少问题谈了很多。当然,如果党不能使争取到的群众留下来,如果他们再次离开党,这是不好的。但是,我认为这不仅是英国党所固有的。即使在俄国党中也曾有过工人参加了党,然后又退出党的情况。其他各国党也面临这个问题。全部问题在于党员人数减少的程度。你们会说:为什么党不能把这些新党员吸引住,为什么不能使他们在自己的队伍里扎下根来?诚然,这是党的弱点,我们应当消除这个弱点。但是,在党员群众的政治水平不是最高的地方,这个任务是一项难以完成的任务。这个问题已引起党的政治局的重视,其重视程度也和我们全体会议一样。我们刚一发现有党员离党(而我们认为,党员离党,除我们组织工作薄弱外,其原因是工人受到迫害,等等),我们就开始讨论如何使他们稳定的问题。那时我们已经发现,弱点的根源在区一级组织。于是中央委员会派了政治局的成员到区里去,目的是调动党员群众的积极性,提高区一级组织的组织工作水平并以此使党员不再离党。

有两名政治局委员没有被列入改组后的政治局委员名单,名单是由我们提议的,围绕这件事喧嚣了一阵。在这个问题上提出了两条不同的理由:一条来自拉斯特同志,一条来自乌布利希同志。拉斯特同志抱怨他和阿诺特同志在最近一次党代表大会之后没有被列入中央委员会委员名单。我再说一次,实际情况就是这样。在很长一段时间里,中央委员会对于中央机关过于臃肿和必须更新中央委员会成员的问题反复进行了讨论。我们本来用不着等共产国际给党代表大会发来公开信,就能懂得中央委员会需要更新。

在最近的党代表大会之前,中央委员会考虑到上述必要性,建议不把拉斯特和阿诺特同志列为中央委员会的成员。中央委员会提出这个建议(顺便说一下,我并不同意这个建议),是为了让一些新的成分,即让一些同地方和工会工人运动有更直接联系的同志进入中央委员会。当然,中央委员会绝非由于上述这两位同志采取批评立场而有意排挤他们。说这种话的人完全歪曲了实际情况,因为政治局和中央委员会听取了这两位同志提出的批评意见,而这两位同志也没有理由在共产国际支持下采取同中央委员会背道而驰的路线。如果问题真像人们所说的那样,那么,为什么我们不把对中央委员会的批评比拉斯特和阿诺特更激烈的墨菲驱除出去呢?

最近期间,出现了一个复杂的情况,原因是中央委员会提出一条建议:为了加强地方和区一级组织的工作,减轻政治局的负担,把政治局委员的人数由9人减少到5人,目的是建立一个小而精干的政治局,剩下的政治局委员则派到区里工作,以加强党在省一级的组织和政治机关。这个策略可以说明现在的情况,由于贯彻这个策略,政治局的两名委员没有进入政治局。没有任何理由认为,党内存在一个受到某某人压制的、有组织的左翼反对派。当然,我已经说过,对于党的策略改变曾有过不坚定的分子,有过老的路线的残余等等,这表现在同志之间的某些分野上。我认为,党之所以能够摆脱这种局面,而没有陷入惊慌失措,没有造成危机,仅仅因为我们许多年间不曾出现过这种危机。借助危机不能形成党内一致,只能分化党的领导,对党的领导不信任和完全取消党的集体领导。应该特别重视皮亚特尼茨基同志的声明,因为他的发言对英国党以及对共产国际其他支部极有价值。皮亚特尼茨基同志十分正确地指出,党应当根除自己队伍中的一切社会民主党痕迹,特别是不仅为英国党,而且为共产国际其他党所固有的立宪主义的残余。

还应当提请大家注意(我认为,这是我们的弱点之一,尽管英国党内无产者的比例大于共产国际其他任何党),我们的工作过去集中于工会,现在应集中于建立工厂支部,虽然与此同时也不能忽视工会方面在我们面前展现的前景,不能忽视开展反对工会组织中的工党官僚的斗争。我认为,我们可以和皮亚特尼茨基同志一起承认,我们过多地把注意力放在官僚主义的方法上去了。

我个人认为,工作中派人联络比通过书信和指示更重要,书信和指示应当是辅助手段。我们应当使党的领导机关,从上到下都成为生气勃勃的机关,而不要搞得呆呆板板。

在英国,现在开展群众工作的可能性是很大的,我们看得很清楚,党过去一直处在极端危急的情况之下。政治书记处和全体会议将帮助党,以消除我们党内老的右倾和调和主义路线的一切残余。全体会议和政治书记处将结合共产国际共同的国际经验进行这一工作。他们将帮助与领导党和建设党,重新激发党的勇气,团结党的队伍,使党能够执行共产国际的正确政策,摆脱我们正在经历的困难时期。

莫洛托夫(苏联):

非常抱歉,我没有机会关心执行委员会全体会议讨论的全过程。因此，我几乎不会涉及各位发言人的发言。我将谈几个主要问题。我先从这个问题谈起，即第六次代表大会以后共产国际发展的**主要特点**是什么？

我们知道，第六次代表大会以后，在共产国际的队伍中立即围绕代表大会的几个主要决议开始了一场斗争。在德国、捷克斯洛伐克、美国、苏联等许多支部中，为贯彻第六次代表大会基本路线的斗争变得特别尖锐。第六次代表大会关于当前时期的"主要倾向是偏离正确的政治立场向右转"的指示得到了完全证实。同攻击第六次代表大会决议原则的右倾分子和调和分子进行斗争，这是过去一段时期共产国际注意的中心。这一斗争不只是个别一些党具有的特点。反对右倾分子和调和分子的斗争具有**国际性**。根据这一斗争的尖锐程度，根据进行这一斗争的坚决和严肃程度，我们就能在相当大的程度上对各国共产党的发展水平和它们取得的成就作出判断。最近时期共产党发展的事实表明，凡是在这一斗争具有鲜明性、深刻性和彻底性的地方，我们就能在那里遇到最布尔什维克化的成熟的党，我们就能在那里看到共产党真正成熟的标志，这些事实反复证明，只有通过同右倾机会主义分子进行不调和的斗争，共产党才能真正站在革命无产阶级的先进立场上，才能积极地、自觉地和有组织地准备迎接行将到来的新的革命事件。所以，**反对右倾分子和调和分子的斗争**是这一时期共产国际发展的主要特点。

大家知道，第六次代表大会总结了国际范围内反对托洛茨基主义的斗争。在联共（布）党内的托洛茨基反对派被粉碎之后，国外的托派组织彻底变成了社会民主党的尾巴。托洛茨基通过帝国主义资产阶级的重要机关报（《每日电讯报》）出来反对苏联和共产国际，只不过更加说明托洛茨基主义的变节蜕化过程业已完成。第六次代表大会以后，个别共产党内可能还留下个别一些托派分子，但是现在把他们驱逐出共产党，甚至不会引起特别的注意（例如加拿大的斯佩克特）。因此，共产国际反对公开和隐蔽的右倾机会主义分子的斗争具有了巨大的意义。这场斗争以非常快的速度开展起来了，这样快的速度在第六次代表大会时是难以预料到的。但是，由于各国共产党内的右倾分子和调和分子在第六次代表大会后迫不及待所采取的立场，使上述情况已经完全不可避免。

右倾分子和调和分子攻击第六次代表大会决议中的基本论点。他们不同意共产国际对现阶段资本主义稳定的评价，不同意对世界帝国主义大战后资本主义总危机发展的所谓"第三时期"的评价。这里用不着谈论类似布兰德勒和塔尔海默之流的"右倾分子"，因为他们已变成了公开的叛徒，已经不在共产国际的队伍之列了。他们对资本主义状况的评价，基本上同为资本主义制度"康复"唱赞歌的社会民主党的评价不谋而合。这一评价基本上反映了各国共产党内右倾分子的立场。不过，调和分子实质上也是沿着同一道路滑下去的。调和分子不但不承认，现时期"由于资本主义稳定中矛盾的进一步发展，不可避免地导致资本主义稳定的进一步动摇，导致资本主义总危机的急剧尖锐化"（第六次代表大会），反而在实际上同那个社会民主党的资本主义"康复"论同流合污。这个根本问题上的分歧说明存在两条对立的路线：共产国际的路线和右倾机会主义路线。由于这两条对立的路线，得出了对当代工人运动的发展和对社会民主党的作用的两种对立的评价，因此，也就得出对共产党的基本任务的两种对立的评价。这两条对立的路线不可避免地导致两种对立的策略。因此，反对共产国际的右倾分子和调和分子的斗争，是当前时期的中心问题。在这个问题上反映了同当前条件下对工人阶级危害最深的资产阶级影响的斗争，反映了同共产党内的社会民主党残余的斗争。

从几个例子就可以知道，共产国际中顽固的右倾分子和调和分子对我所指出的第六次代表大会的基本原则的攻击到了何种地步。因此，我来谈谈安贝尔-德罗、塞拉同志和德国一伙调和分子（迈耶尔、埃韦特等）的政治立场。

最有代表性的是安贝尔-德罗同志去年 11 月底在共产国际执行委员会政治书记处会上的发言。安贝尔-德罗同志宣称：

"第六次世界代表大会实际上指责了对稳定所作的笼统的含糊不清的表述，什么腐朽的啦、动摇的啦，等等，因为这种表述实际上对稳定没有说出什么确定无疑的东西。同志们，请看一下第六次世界代表大会的提纲吧。你们在提纲中找不到一句刚才我提到过的那些话。"

安贝尔-德罗同志在共产国际第六次代表大会之后的第二天就是这样来描述问题的。然而，安贝尔-德罗同志的这个声明显然不符合事实。甚至可以认为，他没有看过第六次代表大会的提纲，因为他在这些决议中不可能不读到这句话，即当前时期意味着"资本主义稳定的进一步动摇"。不过，尽管安贝尔-德罗同志无疑看过第六次代表大会的提纲，但对代表大会的上述指示，他却当作耳旁风，毫不在意。岂止如此！安贝尔-德罗同志借口捍卫第六次代表大会的路线，还宣扬了同这条路线完全对立的观点。这也可以从下面一段话中看出。安贝尔-德罗同志在谈到资本主义各国中蓬勃开展的经济斗争时断言说：

"这些大规模的战斗不是在资产阶级经济瓦解的情况下开展起来的，也不是在资本的国家政权崩溃时期开展起来的，恰恰相反，它们是**在资产阶级的经济和国家政权巩固时期**开展起来的（此处黑体是我标示的——维·莫洛托夫）。"

由此可见，在安贝尔-德罗看来，不但不是资本主义稳定发生动摇，反而似乎是出现了"资产阶级的经济和国家政权的巩固"。就问题的实质来说，这种高论同社会民主党关于资本主义"康复"的说教究竟有什么区别呢？总之，安贝尔-德罗同志的立场同第六次代表大会的路线之间有着十分明显的根本区别。

塞拉同志则更加露骨地把自己同共产国际对立起来。他在1929年3月1日所作的意大利共产党中央委员会的报告中，对德国资本主义经济的稳定作了如下评价：

"如果像德国同志所做的那样，说德国资产阶级的稳定具有腐朽性，这实际上是把自己置身于事态进程之外。"

塞拉猛烈地攻击了德国同志。只是很遗憾，他竟没有发现，当他高谈阔论的时候是怎样把他自己置身于革命无产阶级的队伍之外的。他糊里糊涂地没有发现，他对巩固资本主义的深刻信念，彻底暴露了他自由资产阶级的幻想，只能说明他转向了社会改良主义者的阵营。塞拉所作的意大利共产党中央委员会的整个报告证明，报告人已经不是人们不久前所认为的那个调和分子，而是一个观点上同共产国际彻底分道扬镳的彻头彻尾的双料右倾分子。

德国共产党内一伙调和分子的立场具有特殊意义。这一伙人不断地变换招式，重复安贝尔-德罗和塞拉的论调。在德国共产党中央委员会11月全会上，埃韦特同志建议删去全会决议中关于资本主义稳定变得越来越腐朽和动荡这样一句话。也是11月，迈耶尔同志在共产国际执行委员会政治书记处说：

"台尔曼同志怎么能说1928年的稳定比1926年更腐朽和更动荡呢？**这明明是针对第六次代表大会关于第三时期问题决议的论战。**"

显然，这又是针对资本主义稳定的陈词滥调。调和分子几乎老说着同一句话，说什么把现在的稳定描绘成腐朽和动荡是不能容许的，他们把这一句话重复得多么无聊！我还要引用德国调和分子集体声明中的一段话，在这个声明中，他们步安贝尔-德罗的后尘，鼓吹加强资产阶级的经济地位和政权。请看下面刊登在1928年12月德国《国际》上的埃韦特、埃贝莱因、迪特里希、贝克尔、施勒特尔、舒曼和库尔特等同志的行动纲领中的一段话：

"中央委员会的多数派承认中国在打仗，承认在进行反苏战争和准备，以及无产阶级向左转等事实，但对于过程的另一方面，即造成矛盾尖锐化的方面是'经济的迅速发展'，**也就是经济上加强了目前相对稳定的基础，因而也就是加强了资产阶级政权这一点，他们不愿意看到**……"

由此可见，所谓的"调和分子"显然在跟着社会民主党唱一个调子。他们的目的在于，是想承认似乎资本主义正在"康复"，但又羞羞答答难于启齿。有时候人们把这叫做资本主义的"改造"，似乎可以把已进入危机越来越加剧阶段的经济制度说成是得到了改造。而所有这一切，恰如其分地都被共产国际第六次代表大会掩盖了！

上面引证的例子足以清楚地说明，对第六次代表大会路线的猛烈指责是从什么角度出发的。我们从这些例子可以看到，右倾机会主义分子在过去一个时期打着维护第六次代表大会决议的幌子，顽固地反对第六次代表大会的路线。现在，所谓的"调和分子"的这种立场被彻底揭穿了。捍卫第六次代表大会政治路线的斗争，就是坚决反对右倾分子以及跟在他们后面蹒跚而行的调和分子的斗争。

现在很清楚，为何第六次代表大会的决议特别重要。这些决议对日益增长的资本主义危机的目前阶段作了正确的科学分析，同时指出了国际革命运动发展的光明前景。而这正是确定各国共产党和整个共产国际具体任务的基础。只有根据第六次代表大会对世界经济和政治发展所作的评价，共产党才能正确地确定已经开展起来的工人阶级的经济斗争的性质，揭露社会民主党及其"左翼"的嘴脸，确定自己在新形势下的策略任务，并展开斗争清除共产国际队伍中机会主义的污泥浊水。

但是，应当注意到，右的机会主义倾向不仅仅表现在所谓"公认的"右倾分子和调和分子的发言当中。这种倾向也正通过其他途径传播。这可以用瓦尔加同志的例子来说明。

他的发言和出面修正意见在全体会议上已经遭到尖锐的回击。我只谈谈他的两点主要修正意见：（1）关于赔款问题；（2）关于工人阶级的生活水平问题。

关于杨格计划中的赔款问题，瓦尔加同志作了修正，其中就说了以下一些话：

"由于帝国主义矛盾在加剧（而任何一个帝国主义大国都还不认为现在应当通过战争解决这些矛盾），迫使它们想方设法在赔款问题上暂时调和这些矛盾。"

这个修正意见最后还说：

"随着帝国主义矛盾的进一步激化，赔款问题也将以更尖锐的形式出现。"

作为这次全体会议的一个参加者，在赔款问题上竟能得出如此明显的机会主义结论，只能令人惊讶。

第一，瓦尔加同志得出结论说，"任何一个帝国主义大国都还不认为现在应当通过战争解决"尖锐化了的帝国主义矛盾。瓦尔加同志始终坚持这种观点，尽管事实与他断言的恰恰相反。众所周知，新的帝国主义战争危险一天比一天扩大。瓦尔加同志也不可能不了解这一点，但他在"修正意见"中却得出相反的结论。

第二，瓦尔加同志谈到，杨格计划意味着"暂时调和这些（帝国主义的）矛盾"。然而，假如杨格计划哪怕能暂时调和一下帝国主义的矛盾，那么，在评价帝国主义的问题上，真理就不在共产主义一边，而在社会改良主义一边。瓦尔加同志在这件事情上跟着社会民主党人学舌，否认正是由于实施杨格赔款计划，才不可避免地使国内矛盾（首先是德国本身)以及资本主义国家之间的矛盾(美国和英国;英法同盟国和德国)进一步尖锐化。

第三,瓦尔加同志得出结论说,赔款问题也仅仅是"随着帝国主义矛盾的进一步激化"才会以更尖锐的形式出现。这已经完全是改良主义分子的论调:帝国主义矛盾看来暂时可以得到调和,只有在无法确定的将来某个时候这些矛盾尖锐化了,也只有在这个时候赔款问题才会尖锐化起来。瓦尔加同志把赔款问题的尖锐化推到遥远的未来,表示唯独相信杨格计划,特别相信杨格老爷们的能力,这种观点和改良主义者的幻想一脉相通,而与共产国际的立场毫无共同之处。瓦尔加同志想用自己的修正意见来"修正"共产国际的观点,但从上述情况可以看出,如果瓦尔加同志不对他本身作出"修正",他必将彻底脱离共产国际的立场。

他对关于工人阶级生活水平问题所提出的修正意见,同样带有彻头彻尾的机会主义性质。

瓦尔加同志建议把"资本主义稳定使它(工人阶级)的生活水平下降"这句话改为"降低了工人在自己的产品中所占的份额"。瓦尔加同志拿来说明问题的这种经济统计学的推论,至少是不严谨的。实质上,他企图证明,工人阶级一般状况的恶化并没有降低它的生活水平。然而这种论证完全不能使人信服,而且有明显的矛盾。他在这次全体会议上作第二次发言时声明,他不肯定工人阶级的生活水平得到了提高,这恰恰暴露了他在这个问题上的混乱。同时在这里的报告和辩论中,已经列举了充分的论据和事实,而这些论据和事实,是瓦尔加同志用以否认资本主义合理化条件下工人阶级生活水平降低这一事实的任何诡辩都无法驳倒的。而这种否认客观上就意味着粉饰资本主义,对社会改良主义阵营中的资本主义辩护士随声附和。

对瓦尔加同志还有一个意见。瓦尔加同志顽固地坚持自己的立场,他在这次全体会议上两次起来为自己的修正意见辩护。

然而，瓦尔加同志不仅仅是实质上不正确而已。他企图使全体会议倒退到共产国际已经分析和明确了的问题上去，他在这里起着可以说是反动作用。但全体会议面前摆着一大堆新问题。我觉得，只要今后减少不必要的学究式的发言，把注意力集中在共产国际面临的新的革命任务上，我们就会做得好得多。

这次全体会议的主要目的是确定这些新任务。但在这项工作中我们不能学瓦尔加同志，而要从工人运动本身的经验出发，从工人反对资本主义及其改良主义阵营中的走狗的革命斗争实践出发。有人想拉我们后退，但我们应当勇敢地前进，去迎接共产国际新的革命任务。

现在我们要提出的一个主要问题是，在共产国际第六次代表大会以后有些什么新情况？共产国际对这个问题的回答，应当是规定共产国际最近时期的基本任务。

提交全体会议审议的决议草案对这个问题作了回答。草案论述如下：

"自第六次世界代表大会以来出现的新情况是，国际工人阶级的明显向左转和革命工人运动新高潮的增长。"

决议草案的这一段话应当同第六次代表大会决议中的有关部分的论述一致。第六次代表大会谈到，在资本主义稳定越来越动摇和资本主义总危机越来越尖锐的条件下，"欧洲各国工人阶级向左转的总过程继续向前发展"。在我引用的这一段决议草案中，已经谈到这件大事情。这里面谈到：第一，国际工人阶级已经**明显地**向左转；第二，"革命工人运动**新高潮**的增长"。如果说第一点确定了国际工人运动总的发展背景，那么，第二点就十分明确地说明了目前发展中涌现的新的、而且是基本的因素。主要问题显然在于，共产国际现在能够而且应当谈到**新的革命**

高潮的增长。

在论述标志革命新高潮的事实之前,我谈谈同新高潮问题有关的所谓"第三时期"。

在我们队伍里,至今在说起第三时期时,总是书呆子气十足。

大家知道,第三时期在经济方面的特点是,资本主义超过了战前水平,生产技术和合理化在一系列部门和国家迅速发展,卡特尔和托拉斯日益加强,并出现国家资本主义的趋势。与此同时,资本主义的基本矛盾、资本主义国家的内部矛盾和帝国主义国家之间的矛盾、帝国主义国家和殖民地国家之间的矛盾以及最后,帝国主义阵营和正在建设社会主义国家之间的矛盾,都越来越尖锐起来。而这也就意味着资本主义总危机的加剧。但是,资本主义危机的加剧和资本主义稳定的越来越动荡可能意味着什么呢?这只能意味着一点,即资本主义内部破坏资本主义稳定的力量越来越增长。谈论第三时期时的书呆子气习就在于,总想把战后资本主义危机发展的这一时期,同资本主义稳定的破坏时期,同国际无产阶级革命新高潮时期绝然分开。而实际上,我们认为,正如战后资本主义发展的前两个时期不曾也不可能绝然分开一样,"第三时期"本身也不能同直接进行革命的形势分开。第六次代表大会论述第三时期是有根据的,尽管最大的资本主义国家英国现在甚至还没有达到战前水平,然而资本主义经济超过了战前水平却是这一时期的特征之一。同样,我们也不能不看到资本主义危机的发展有相当大的差别,因此,各个国家新的革命高潮增长情况也有差别。但我们能够而且应当说,第六次代表大会以后国际局势发展的基本情况十分明确地说明,存在革命工人运动的新高潮,而且这个高潮越来越增长,只有无法理解社会发展的革命辩证法的书呆子,才会去寻找严格的界限把一个发展时期同另一个发展时期割裂开来,才会特意去寻找准确界限把所谓"第三时期"同直接进行革命形势时期割裂开来。事实上,在第三时期条件下,新的革命高潮不断增长，以致到了一定的关头，不可避免地就要发展为直接进行革命的形势，而从表面来看，这个高潮却好像是突然发生的。正因为如此，共产国际对发展新的革命高潮的指示，应当成为共产党注意的中心。

现在谈谈标志新高潮的**诸多事实**。这样的事实很多。我只列举一些最重要的方面：鲁尔地区的大冲突（同盟歇业——罢工），罗兹总罢工，法国北部几万纺织工人战斗罢工，捷克斯洛伐克农业工人罕见的顽强罢工，孟买纺织工人总罢工。不同国家工人阶级的这些重大行动，不是孤立的，而是在所有这些国家和其他许多国家工人阶级不断开展经济斗争的情况下发生的。只要指出下述情况就够了：法国在今年头几个月内每月发生100多次罢工。由于企业主组织、改良主义工会和资产阶级政权机关结成反对工人阶级的统一战线，使得这种经济斗争具有越来越明显的政治性质。这样一些被认为是同各个国家战斗示威和罢工有联系的事件，像柏林五月街垒战、帕比亚尼采工人对警察的武装反抗，证明工人群众的经济斗争有发展为革命斗争最高形式的趋势。

正如孟买总罢工是印度革命高潮日益增长的标志一样，柏林工人街头的五月街垒战意味着欧洲、首先是德国革命高潮的增长。在这方面，需要分析共产党在德国工厂委员会不久前的改造中所取得的巨大成就。还应当注意到，在许多国家，如波兰、巴尔干，农民群众中的革命不满情绪也在明显增长。

我不妨提一下，在波兰各地的五一示威游行中，有将近7万农民参加，同时还提出了革命的口号。

在列举了标志革命新高潮的事实之后，我们应当提出一个问题，这一革命高潮产生的基础是什么？

与此相联系，应当说明这一时期革命工人运动新高潮的特点。

这个高潮的基础只能是，资本主义总危机的增长和资本主义制度基本矛盾的尖锐化。与此相联系的是，无产阶级的状况不可避免地恶化，资本对乡村劳动群众压迫的加强，帝国主义对殖民地压迫的加强。广大工人阶级状况的恶化，不能不把他们推向反对资本主义的革命斗争。当前的特点是，资本主义基本矛盾的尖锐化以及由此引起的广大群众状况的恶化，是发生在苏联经济空前增长和社会主义改造时期，而后者的这种变化具有极其重大的世界意义。苏联转入改造时期，意味着当代基本矛盾——根本对立和不可调和的两种制度之间，即腐朽的资本主义制度和正在建设的社会主义制度之间的矛盾——进一步尖锐化。毫无疑义，在资本主义各国革命工人运动日益高涨中，苏联经济的增长和社会主义的改造发挥着巨大的革命因素的作用。我认为，全体会议的讨论对这方面的因素还不够重视。因此，下面我要详细谈谈这个问题。不过，我现在就要指出下面勿容置疑的事实：苏联出现的社会主义建设强大高潮，在相当大程度上给国际工人运动的新高潮打上了特殊的烙印。因此，应当研究目前群众的革命情绪转变为群众革命高潮的过程。

现在的高潮具有**国际性**。

尽管这个高潮在各个国家有程度上的不同和性质上的差别，但一些最大的资本主义国家发生工人运动的事实，为认识这种高潮的国际性提供了充分的根据。

有人可能会问，这个高潮是**什么时候**开始的？认真分析这个问题，当然具有重大意义。但是，对高潮开始的具体日月进行幼稚的计算是完全徒劳无益的。这就是对所提问题的简单解答。我们可以断言，共产国际执行委员会第九次全体会议（1928年2月）已经考虑到，欧洲最大的党（英国、法国）在策略上必须从承认欧洲工人运动日益向左转这个事实出发实行转变。去年年初，红色工会国际第四次代表大会就是从这个角度出发，通过了几项主要决议。

最后，共产国际第六次代表大会已经指出，"异常的尖锐性"成了资本和劳动之间一切经济冲突的特殊因素,"每次罢工都具有政治性即全阶级性","工人阶级正从上一个时期遭受的**严重失败中恢复过来,他们的反抗——以各种不同形式——日益增长**"(此处黑体是我标示的——维·莫洛托夫)。但第六次代表大会还没有谈到新的革命高潮。

只有共产国际执行委员会本次全体会议,在考虑最近时期大量事实的基础上,才能够而且绝对应当以毫不动摇的信心提出日益增长的新的革命高潮问题。

无可争辩,这个高潮在不同的国家有不同的表现。但是,这个高潮在这样一些欧洲国家表现得最为明显,像德国、波兰和法国。其中还应当加上印度,那里的革命运动高潮越来越发展为革命的形势。在讨论中正确地表明,对上述欧洲国家和印度革命高潮的分析,理应得到共产国际的特别重视。但这绝不意味,可以把关于英国、美国和其他国家工人运动高潮的问题搁置到次要位置。我们不应忘记,新的革命高潮具有国际性。

现在应当谈谈,我们中间对革命高潮的事实的争论问题。右倾调和分子想方设法要挑起这场争论。同时,他们还经常不断地引用这样一条理由:既然在三年前,也就是在英国总罢工时期、在中国革命高潮时期,我们没有提出新的革命高潮,现在,在1929年怎么能提新的革命高潮?这样提出问题,显然是不正确的。否认英国总罢工和1926—1927年中国革命这样的事实,或者甚至否认著名的维也纳起义这样的事实对整个工人运动的革命意义,这是非常错误的。何况,没有这些革命斗争,我们现在也就看不到那些迅速展开的标志新高潮的种种事件,无论英国总罢工,或是中国革命,都对动摇资本主义稳定具有重大意义。它们是强大的舰首冲角,冲击了资本主义的稳定。但在当时形势下,这些事件只对个别国家(英国、中国)具有直接的重要意义。

当时,这些事件没有得到其他国家的直接响应。现在则是另一种情况。

现在的情况是，欧洲各主要资本主义国家都发生标志革命高潮日益高涨的事件，这种高潮不是某个个别国家所特有，至少也是欧洲许多起决定作用的国家所特有，而且不只是欧洲。

现在，谈论中国革命新高潮还为时过早。但即使在中国，也绝不会是一潭死水。相反，这里的革命风潮始终没有停止过。在这里，无论是工人阶级的革命力量，还是农村的革命力量，都在明显地增长。如果说谈论中国革命的新高潮还为时过早，那么，另一方面，否认中国阶级矛盾的增长，否认革命新高潮前提日益增长的事实，则只能是可悲的自由派的短浅目光。现在印度发生的事情具有特别的现实意义，那里的革命运动在越来越广泛的工人群众中间，还有一部分农民群众中间开展起来。

要知道印度革命运动的高潮对整个东方，尤其是对中国革命的新高潮具有极其伟大的革命意义。

目前，对于国际工人运动而言，还没有像英国总罢工那么大的事件。但同时总体而言，总罢工一直还是一个孤立的事件，它即使在英国也没有直接变成新的革命高潮。而现在德国、波兰、法国、捷克斯洛伐克和其他欧洲国家以及美洲和亚洲的工人阶级中存在着的不断展开的经济斗争和政治发动，这说明了存在国际革命高潮的事实。因此，只有我们队伍中的调和分子的市侩们，才会否认我们应当迅速前进去迎接新的、比1926年英国总罢工还要更伟大的事件。只有愚蠢的机会主义分子，只有可悲的自由主义分子，才会眼巴巴地盯着世界工人运动、而看不到我们的双脚已跨进了具有国际意义的重大革命事件时期。

从上述得出结论，共产党最重要的职责，是准备迎接极其重大的革命事件，准备迎接新的大规模的革命战斗。我们党的队伍应当大大提高觉悟，对工人阶级担负起动员革命力量、迎接新的阶级大搏斗的伟大责任。

把现在的经济斗争变为夺取政权、为争取无产阶级专政胜利的革命斗争事业，在很多方面都取决于作为无产阶级有组织的先锋队的共产党。

在这方面，柏林五月事件具有特殊的意义。**柏林五月的日子**是德国阶级斗争的转折时刻，它本身也是加快德国工人运动革命发展速度的新的推动力。正如我们的决议所说，它"证明了无产者群众的经济运动向革命斗争最高形式发展的趋势"。这些事件不仅对德国工人，而且对整个国际无产阶级提出了发展革命形势的根本问题，即革命斗争的最高形式问题。这个问题现在作为当前时期无产阶级运动的迫切问题提了出来。

谁否认这一点，谁就不是革命者（喊声："对。"）……谁就不是共产党人，谁就是一个迂腐的、极其可恶的改良主义分子。（鼓掌）

现在很清楚，我们应当从哪方面来研究我们的**实际任务**。

当前时期一个基本事实，即新高潮日益增长的事实，也应当确定共产国际的基本实际任务。这次全体会议也正是要讨论这些新任务。

库西宁同志和曼努伊尔斯基同志的报告充分肯定了我们新任务的性质。在这次全体会议上，特别提出了红色国际日这个工人阶级的反对新的帝国主义战争、保卫苏联的国际示威日的问题。自然，全体会议也应当十分重视专门讨论经济斗争和共产党任务的那项议事日程。这后一个问题，对于确定当前时期我们的实际任务是具有特别重大的意义。

共产党的主要任务是**争取**工人阶级的**大多数**。在当前条件下，即在新的革命高潮日益增长的形势下，对这个任务应当特别予以重视。我们应当坚定地强调指出，争取无产阶级的大多数只有在共产党取得工人运动领导权的基础上才有可能实现。只有在这种场合，即在工人的每次发动中，在每次罢工中，在每次游行示威中，在工厂委员会的每次改选运动中，共产党能真正参加到无产者先锋队的队伍里面去，能把工人群众团结在自己周围，只有在这种情况下，才能保证他们对工人运动的领导权。只有为争取在工人群众一切斗争中的领导权而进行顽强的斗争，才能保证使共产党获得工人阶级的牢固支持。这就是我们的中心任务。

因此，这次全体会议讨论关于共产党人在经济斗争中的新策略问题，具有巨大的意义。这个策略基本上已由红色工会国际第四次代表大会制定好了。在这次代表大会以后的一年内，我们已经取得了执行这一策略的丰富经验。现在执行委员会在总结这一经验时，应当特别注意罢工策略问题、罢工领导问题，特别是在尚未加入工会组织的工人中间进行工作的问题。在这里，还包括反对改良主义工会开除共产党人的斗争问题，在具备一定前提条件下建立革命工会的问题，在企业建立由群众选出的革命代表机构的问题，以及工厂委员会的工作问题。最后，这里也包括实现无产阶级统一战线策略新形式的一般问题，以及现在越来越具有重大意义的、关于把工人的经济斗争同无产阶级整个阶级的根本任务结合起来的问题。

在实现这些新任务中，我们已取得巨大的成绩。在这方面，德国工人以及法国和波兰的工人，也就是现在处于革命高潮前沿阵地的那些国家的工人，他们的经验具有最大的意义。在这些国家，新策略已经受了实践的检验，涌现了不少新型的工人阶级组织的榜样。这个经验需要加以检验，并加以推广和深化，使之成为整个国际无产阶级的财富。我们现在无论如何也不能用所谓"经过试验的"方法来限制自己的实际任务，而忘记了新的形势要求有**新的方法、新的斗争形式、新的组织**，对工人群众采取**新的态度**。

忘记这一点，就意味忘记了，在争取工人阶级大多数站到共产主义方面来这一工作中的基本东西。

我不打算，谈论以上列举的与我们组织工人阶级经济斗争具体任务有关的所有问题。我只限于就统一战线策略的新形式及其在以下如何正确贯彻方面，强调一下它的特殊重要意义。现在，实行同改良主义分子达成协议的策略，以及革命组织同改良主义组织联合的策略，比过去任何时候都更加不能容忍和更加有害。应当更有力地强调指出，为争取共产党在无产阶级群众运动中的领导权而斗争的全部重要性。只有作为先进工人的共产党人积极参加无产阶级的每一次群众性行动，只有积极支持工人阶级的每一次群众性行动，同时对社会改良主义分子，特别是"左"翼社会改良主义分子进行不调和的斗争，只有这样才能为争取工人阶级大多数站到共产主义方面来创造条件。只有采取这样的策略，并利用组织工人阶级的各种新的方法和形式，共产党才能把工人阶级的大多数争取到自己方面来，才能真正领导工人阶级进行夺取政权、夺取无产阶级专政胜利的斗争。

下面必须特别谈谈当前时期群众性政治罢工的作用问题。

最近一个时期，资本对工人阶级的进攻越来越经常地引起无产阶级强有力的反抗。工人的经济斗争在许多场合已经不单是对资本进攻的防御，而且具有反攻的性质，有时甚至具有直接进攻的性质。同资产阶级政权机关沆瀣一气的企业主组织和改良主义工会实际已结成同盟，这促使工人群众采取新的斗争形式，使经济斗争向政治斗争发展。但这些反对资本的斗争以及反对为资本效劳的改良主义的行动，仍然具有不协调和分散的特点。所以，我们的任务是，为工人群众迸发出来的积极性指出总的方向，并把这种积极性引导到无产阶级整个阶级斗争的轨道上来。在当前条件下，革命工人运动日益高涨的这种轨道，也许首先是**群众性的政治罢工**。

群众性的政治罢工问题，成为共产党在最近整个时期的主要问题。这就是这一时期共产党策略任务中心中**新的、基本的和最突出**的东西。这就是说，我们已经发展到马上要采取阶级斗争新的最高形式的时候了。

现在，还不能说我们处在无产阶级起义的前夜。然而，如果我们忘记了革命高潮不能同直接革命形势绝然分开这个道理的话，那就是一种完全不能宽恕的目光短浅的表现。我们不会算命，算不出我们将在什么地方、什么时候，亦即在哪一个国家，哪一个确定时刻接近直接进行革命的形势。共产党人在这种场合也不适合做出预言。但假使我们不懂得，日益增长的革命高潮在一定阶段——而且是在不远将来的某个时候——可能爆发成革命，可能发展为起义，那我们就不成其为共产党人。

现在，这种情况也尖锐地对我们提出一个关于无产阶级革命斗争的口号问题，这个口号要能最大限度地把工人群众互相不协调的斗争行动联合成为统一的无产阶级整个阶级的革命斗争行动。这就使我们在现阶段提出群众性政治罢工的口号。

如果我们不是处在高潮时期，我们就不能提出群众性政治罢工的口号。

而在当前条件下，正是这个口号说明了我们全部主要的具体任务，鲜明地说明了我们在这一时期的整个策略。

列宁始终认为工人的罢工运动具有特殊的意义。无论在1905年革命时期，或是在后来，即1912—1914年革命高潮时期，他都特别坚定地强调指出了罢工运动的作用。列宁不仅不止一次地阐明经济性罢工和政治性罢工互相结合与交错进行的意义，而且特别阐明了（以1905年革命为例）"革命斗争的两种最有力的方式——群众性政治罢工和武装起义——相结合"[①]的意义。

现在，各国共产党人特别应当了解并认真研究列宁论述群众性政治

[①] 《列宁全集》中文第2版第39卷第367—368页。——编者注

罢工意义时对俄国布尔什维克说的这些话。

我们把群众性政治罢工的口号提到首位，向着工人阶级革命斗争的最高形式前进。这个口号取得的实际成效，将意味着革命高潮可以发展为革命斗争的最高形式。我们要用群众性政治罢工的口号去迎接决定性的革命搏斗，迎接无产阶级革命，迎接直接夺取政权的斗争。（鼓掌）

在当前时期，加强同社会民主党的斗争问题具有特殊的意义。同社会民主党的斗争，首先是同在工人阶级中最巧妙地执行叛卖任务的社会民主党"左翼"的斗争，不能不是共产党注意的中心。如果不同社会改良主义作不调和的和彻底的斗争，就不可能把工人阶级争取到共产主义方面来。当前时期，反对社会民主党的斗争、特别是反对社会民主党"左翼"的斗争之所以具有特殊的意义，是因为社会民主党日益蜕变为社会法西斯主义。

应当特别谈谈最后这个问题。

我觉得，在这次全体会议上，有一些发言对**法西斯主义**，尤其是对**社会法西斯主义**问题的讨论是某种纯理论性的讨论。当然，深入研究法西斯主义的历史、本质和特点以及现代法西斯主义发展的几个阶段，特别是认真研究社会民主党变种为社会法西斯主义的过程，对共产国际具有重大的意义。但不能由此得出结论，认为在分析研究法西斯主义问题时，执行委员会全体会议就应当变成一种类似纯理论性的会议。对这个问题的主要方面，共产国际作了分析和说明（例如在第六次代表大会的决议中以及在共产国际纲领本身中）。在当前新的革命高潮条件下，主要的任务是，确定共产党同法西斯主义、同法西斯主义变种社会民主党进行斗争的方法。我认为，应当把这次全体会议的注意力集中放在这方面。

最近时期，工人群众在实际生活中越来越经常遇到由社会民主党人出手采取的法西斯手段。社会民主党这种反工人的、公开的反革命行径，就像柏林5月1日那天策吉贝尔的社会党警察的行径一样，彻底暴露了社会法西斯主义的本质。在柏林五月的那些日子里，社会民主党的警察勾结所有社会改良主义组织，并在这些组织的直接支持下进行血腥镇压，这种教训对于广大的无产阶级群众来说，不可能成为过眼烟云。社会民主党首领们现在提出的口号，特别清楚地说明这种社会法西斯主义的行径。大家知道，社会民主党头子韦尔斯在最近的党代表大会上，公然提出了一个反对革命无产阶级、实行法西斯专政的口号。我们看到，社会民主党越来越露骨地改变立场，越来越蜕变为公开的社会法西斯主义。社会法西斯主义的作用在于，通过社会民主党的各级组织和改良主义工会，为法西斯主义反对工人阶级，反对无产阶级革命打下一定的群众基础。资产阶级企图利用社会法西斯主义，使无产阶级反对法西斯主义的群众性斗争处于瘫痪，使工人反对资产阶级专政的斗争处于瘫痪。这就是说，在革命高潮条件下，同社会法西斯主义的斗争，特别是同最卑鄙、最善于欺骗工人的社会法西斯主义"左翼"的斗争，具有头等重要的意义。

但是，社会民主党蜕变成法西斯主义的途径，远非到处都一样。通过德国社会民主党和英国工党两个实例，很容易使人确信这一点。我们知道，麦克唐纳政府还未来得及在工人群众面前暴露自己。它的社会法西斯主义面目，只有当它接连不断地反对工人、反对无产阶级革命、准备新的帝国主义战争和对苏联发动新的进攻时，才会逐步暴露出来。在革命高潮条件下，麦克唐纳政府真正的阶级面目将暴露得比平时要快。在这种条件下，"工党政府"旨在实行资本主义合理化、进而竭力加强对工人阶级施行压榨的政策，将加速暴露他彻头彻尾的资产阶级本质和彻头彻尾的帝国主义的本质。在议会中不占多数的麦克唐纳政府，现在执掌政权是靠资产阶级政党的施舍。这个政府已经表明，它是如何千方百计地不仅在寻找自由党人的支持，而且在寻找保守党人的支持。帝国主义资产阶级之所以给予这种支持,是因为"工党政府"实际上是英国帝国主义意志的忠实执行者。如果麦克唐纳政府在议会中有自己的多数做靠山,那么,这个政府自我暴露的还要快。因此,我们也就只能遗憾"工党"在议会中不拥有这个多数。

我还想就英国"工党政府"问题发表一个意见。

工党之所以能在议会选举中获胜,英国共产党的错误起了一定促进作用。在这里,一些发言的同志正确地指出,工党在选举中曾相当大地利用了英国共产党上次代表大会通过的关于支持麦克唐纳党的错误决议。由于同英国无产阶级群众中沿袭已久的改良主义传统进行斗争遇到的巨大困难,曾不止一次地使我们党对英国社会改良主义采取了不坚决、不彻底的策略。由于我们队伍中的这种动摇,在很大程度上使麦克唐纳、克莱因斯、韩德逊和斯诺登之流赢得了胜利。看来,这种动摇至今尚未在英国共产党内消除。因此,我们应当更坚决地强调,只有在"阶级对阶级"的口号下彻底执行新的策略,才能提高(即使不能立即提高,但也能大大提高)英国共产党在英国工人运动中的作用。我们实行这个策略越坚决,麦克唐纳的政府将暴露得越迅速和越充分,同时,如果在实行这个策略时对社会法西斯主义采取应有的坚决和不调和态度,那么,这种策略的正确性将很快得到证实。

上述第二国际执政的各党的情况,说明了这一时期社会民主党所起的实际作用。这种作用就是充当帝国主义奴仆的作用,充当法西斯主义工具的作用。事实上,社会民主党越来越变成社会法西斯主义。在革命高潮时期,社会民主党最终将成为资产阶级反革命集团的组成部分。

现在我谈谈第六次代表大会后**共产党**发展中的主要问题。

我在开头已经说过,这一时期共产国际发展的基本特点是反对右倾分子和调和分子的斗争。这一斗争具有极大的尖锐性和明显的国际性,这当然不是偶然的。在革命高潮日益增长的条件下,这是无产阶级顺利进行斗争的根本前提之一。在这个关头，共产党组织的弱点和极不健全的地方便会十分尖锐地暴露出来。当然，不能认为在过去这一段时期我们已经暴露和揭露了共产主义运动中一切极不健全的东西和一切机会主义的东西。但共产国际清除机会主义渣滓的过程在这一时期已经大大向前进了。

在这方面，我列举几个事实。

我先从执行委员会本身的成员说起。在共产国际发展的同时，还经常不断地清除共产主义者队伍中匆匆而过的同路人和不可救药的机会主义分子。在第六次代表大会以后，这个过程加速了。连一年还不到，就有好些执行委员会的成员不仅被开除出执行委员会，而且甚至被开除出共产国际。他们当中不仅有托洛茨基叛徒斯佩克特（加拿大），而且有像洛夫斯通（美国）和伊莱克（捷克斯洛伐克）这些人。开除这些和另一些（布兰德勒、塔尔海默）不可救药的机会主义分子，是共产国际发展中不容置疑的有利条件。如果在德国共产党的队伍里有布兰德勒和塔尔海默，它就不能在新高潮条件下完成自己的革命任务。如果让公开的共产主义叛徒走在同一个行列里，就不能把工人群众动员起来去夺取无产阶级专政的胜利。如果在自己的领导机关中，有像海斯、诺伊拉特和伊莱克这样一些人，捷克斯洛伐克共产党就不能成为革命无产阶级的先锋队。这些人公开倒向社会民主党，他们不可能进行革命斗争。

从共产国际队伍中清除这些蜕化分子和公开的叛徒，是共产国际进一步成长、发展和巩固的前提。只有撤换这些领导人，代之以新的、特别是经过阶级斗争实际考验的工人领袖，才能使我们党成为真正的工人阶级的领导者。

然而，我们还有一些同志不理解这一点。联共（布）党一些负责同志的发言，就是这种不理解的鲜明例证，是右倾机会主义死灰复燃的明显表现。这里包括布哈林同志在1929年1月30日的声明。在这个声

明中,他完全是用机会主义的观点来论述反对右倾分子和调和分子的斗争。布哈林同志写道:

> "第六次代表大会也谈到**集中力量**。这一集中表现在哪里?在这种喊叫加迫代替说服和教育的实际领导路线之下,能做到集中吗?难道列宁曾经是这样领导共产国际的吗?这也就说明为什么按照执行委员会的路线,不但取消了'路灯'和'热情',而且反过来还实行自己的'缩减秋播作物面积'的政策:分裂、排挤、小集团——丝毫集中力量的**痕迹**也没有。"

这基本上是联共(布)中央政治局三名成员——布哈林同志、李可夫同志和托姆斯基同志有关声明的老调重弹。这一声明已经表明,这些同志违背自己的口头发言,实际是反对共产国际清除右倾机会主义分子(借口是,这似乎违反第六次代表大会关于在共产党内"集中力量"的路线)。实际上,他们在反对共产国际内有害的"排挤和分裂"的借口下,包庇右倾分子,掩护调和分子。这些同志把共产国际和个别一些共产党清除布兰德勒分子和塔尔海默分子、海斯分子和诺伊拉特分子、伊莱克分子和洛夫斯通分子说成是分裂共产国际。在袒护共产主义的背叛者方面究竟还能走多远?!

在下面谈到一些共产党的状况时,我首先要讲一讲美国共产党和捷克斯洛伐克共产党,因为这两个党的领导在第六次代表大会以后发生了根本的变化。

共产国际对**美国**共产党的状况给予了特别的关注。

共产国际执行委员会曾派一个专门代表团出席了该党最近召开的代表大会。随后,共产国际执行委员会主席团的一个委员会在莫斯科进行了几个星期的工作,详细了解了美国共产党的状况。这个委员会在工作期间,已经彻底查明,以洛夫斯通为首的党的领导不能实行共产国际的路线。这个领导借口美国情况例外而拒绝共产国际的路线。洛夫斯通之流企图用这种美国例外论来掩盖其对美国帝国主义采取的卑鄙辩护的政策。洛夫斯通在美国委员会中的全部行为清楚地表明，这个洛夫斯通把他那个无原则的派别利益放在第一位，表明这个人不是共产党的领袖，而是我们队伍中一个善于对共产国际玩弄各种政客手腕和公开欺骗手法的异己分子。共产国际执行委员会对美国共产党的领导班子进行了彻底改组，为美国党的真正布尔什维克式的成长，为加强它在工人群众中的威信创造了前提。这个例子表明，在资本主义稳定时期，把钻进我们队伍又窃居领导岗位的这些分子从共产国际驱逐出去，把群众中涌现出来的新的领导者提拔上来以取代这些人的位置，不能不是在健全党的工作中取得的重大胜利。对那种似乎共产国际的队伍行将"分裂"的叫喊，此后该怎么说呢？

捷克斯洛伐克共产党的领导同样也发生了根本变化。

在捷克，多年来一直隐瞒了自己面目的半改良主义分子（海斯、伊莱克、诺伊拉特）已经公开反对党和共产国际。党的几个领袖同一伙议会代表一起开始公开破坏党的纪律，无耻地破坏工人的经济斗争，勾结警察对付工人群众以便控制工会机关。不论捷克斯洛伐克共产党在目前的发展阶段上有怎样的困难，但在这里也只有使党摆脱把持领导权的半改良主义分子，才能加强党和提高党在群众中的威信。关于共产国际"分裂"和"排挤"的歇斯底里的叫嚣，究竟说明什么呢？在此之后，将会是很清楚的。

在**波兰**共产党内出现了一种特殊状况。还在不久以前，在这里，党内有时搞些无原则的斗争。而且，两派都犯有机会主义错误。最近期间，所谓在"多数派"领袖的改良主义倾向特别增强了，这首先表现在对波兰极为重要的对待波兰社会党的态度问题上。波兰共产党中央委员会最近一次全体会议做了一个绝对正确的结论，在波兰共产党的领导中，对机会主义趋向表现明显的同志（科斯切娃等人）作了调动，解除了他们在领导核心的职务。可以相信,波兰共产党现在在它的布尔什维克化的发展方面、以及在加强它对工人群众的影响方面,必将做出**很大的和牢靠的成绩**。

现在应当谈谈**意大利**共产党的状况。

在这里,有关反对右倾分子和调和分子的问题提得不够明确,这一点很容易得到证实。意大利共产党中央委员会这一次表现出明显的优柔寡断,而我觉得是某种意志薄弱的表现。这从中央委员会对待塞拉同志的态度上可以看到。

3月间,中央委员会坚决谴责了对抗第六次代表大会路线的塞拉路线。关于这一点,现在意大利同志一谈到这一点就说,中央委员会**已经**在3月份谴责了塞拉的立场。但是,自然也完全有权可以说,可惜中央委员会**只是**在3月份才谴责了塞拉的路线。无论如何,不管做出这个决定多么晚,但这个决定还是完全必要的。尽管塞拉已经表现出自己是一个十足的机会主义分子和彻头彻尾的右倾分子,但是,中央委员会甚至在3月份还仍然非常不识时务地讨好他。(喊声:"对!")在中央委员会三月全会上,塞拉同志宣布退出政治局。中央委员会不仅没有事先拿出自己的决议以预防这一招,反而作出了要把他留在政治局的决定。既然已经坚决谴责了塞拉的政治路线,还作出这一不合逻辑的决定,真使人大吃一惊。从意大利代表团在全体会议上散发的书面文件中可以看出,中央委员会在作出这个决定时遵循的是什么方针。意大利代表团提出三条理由:第一,中央委员会一般认为不能实行辞职政策;第二,塞拉保证不宣传自己的观点;第三,中央委员会希望以党的纪律和监督更严厉地约束塞拉。所有这些理由在当时情况下都十分明显站不住脚的。对于一个与共产国际路线公然为敌的塞拉,中央委员会作出这样一个决定,当然是一个严重的错误。对意大利共产党中央委员会现在的立场只能抱欢迎态度,因为从埃尔科利同志的发言中可以看出,意共承认必须坚决纠正这个错误，并力求彻底搞清楚这个问题。不能不承认，意大利共产党在第六次代表大会上提名塞拉作为它在共产国际执行委员会的代表这件事，是一个错误。无论如何，根据共产国际通过的、意大利共产党中央委员会也拥护的反对右倾的路线，必须同塞拉这样的右倾分子作**最坚决**的斗争。

  关于**英国**共产党的状况，我只说两句话。关于同右倾分子和调和分子的斗争，我们在这里还没有把是非搞得十分明确。这也反映在党的领导机关（中央委员会政治局）的人员组成上。根据共产国际的政治路线，无论如何也不能解释以下事实：为什么英国党内最坚决拥护共产国际路线的人被排除在领导核心之外。何况，正是根据这一条坚决反对右倾分子和调和分子的路线，才必须首先加强这一领导核心。因此，对于目前条件下的英国共产党来说主要的问题是，需要有政治路线上的**坚定性、决心和彻底性**。

  关于法国共产党，我只讲一个总的意见。尽管这个党在历史上曾处于共产主义运动的前列，但不能说在反对党内的右倾分子和调和分子的问题上已经完全明确。显然这里的任务在于，把反对右倾分子和调和分子的斗争切实提到应有的原则高度。只有在这一斗争中保持**原则上**的明确性和彻底性，才能确保党的进一步发展和克服机会主义的错误。

  关于其他国家共产党的情况，我就不谈了。然而，只要提一下瑞典共产党及其借口天气不好而企图推迟五一示威和在议会中采取明显的机会主义路线，就能了解反对右倾机会主义路线的斗争在一些共产党内还没有真正展开。所以，现在的政治形势是，只要在这个问题上采取不正确的或即使是不明确的路线，就意味着在日益发展着的重大革命事件的前夜，使无产阶级先锋队**解除武装**。

  在这种时机，我们应当特别坚决地揭露我们政治上的弱点和组织上的缺陷。皮亚特尼茨基同志在他的发言中列举了不少事实，以说明共产党在组织方面的严重缺点。皮亚特尼茨基提供的关于党的发展、工厂基层组织的工作、宣传鼓动工作等材料，需要引起极其认真的注意。在准备迎接重大革命事件时期，共产党的任务是全力巩固和加强组织阵地。共产国际的政治路线已形成为一条真正列宁主义的世界工人运动的路线。在日益逼近的革命考验关头，不仅将对我们的政治路线、而且也将对我们取得的组织成就进行一次大检验。再者，柏林五月事件已经表明，即使在党的正确路线和策略指导之下，组织方面的缺点也会尖锐地暴露出来。这对各国党来说，应当是一种教训。

全体会议在总结反对右倾机会主义分子的斗争时，应当特别重视在这种条件下**调和分子扮演的角色**。大家知道，像布兰德勒、塔尔海默这样一些不久前还混在共产国际队伍里的右倾分子，现在已经脱离共产主义运动。另一方面，所谓的"调和分子"在共产主义运动各个基本问题上也已经滑到右派立场上去了。把右倾取消主义分子开除以后，调和分子成了吸引机会主义分子的中心，他们实际上扮演着右倾分子的角色。由此得出结论，决议提出来的把调和分子留在党内的条件，是绝对必要的和最起码的条件。谁不同右倾分子划清界限，谁不同右倾分子进行真正坚决的斗争，谁不积极执行共产国际的决定，在共产国际里就不容许有他存在的余地。我们在对待调和分子方面就应当遵循这一原则。对于他们在我们队伍里挂起机会主义招牌的任何企图，共产国际都将给以坚决的回击。我们的口号是，彻底击败右倾分子，彻底粉碎机会主义。

现在我来谈一谈苏联的情况。研究苏联的问题，也应当同国际革命高潮的形势最紧密地联系起来。

世界革命高潮的不断高涨同苏联社会主义经济改造的空前发展和展开巧合在一起，绝不是偶然的。苏联在国际工人运动中发挥的革命作用是众所周知的。从苏联转入改造时期以来，特别是从苏联开始实行"伟大工程"的五年计划以来,苏联作为国际革命因素的作用大大提高了。苏联社会主义建设的发展对全世界革命力量的增长产生强有力的影响。同样,苏联本身也依靠国际革命力量的增长,并在这种增长的基础上越来越巩固。社会主义建设五年计划不仅是苏联的基础,而且是世界无产阶级革命的支柱。

就五年计划本身谈一谈。

我们已经着手实行五年计划。大家知道,现在这个经济年度是五年计划的第一年。现在,甚至连缺少信心的人也深信,这个计划不是一纸空文。实现五年计划,意味着工业产量要比战前增加3倍。这决不是执政的共产党人的一种理想,而完全是进行社会主义经济改造的现实计划。而且,现在已很清楚,这不过是最近五年社会主义建设的最初步的计划。

自从党和苏维埃政权最高机关批准五年计划以后,已经过去几个星期了。在这个期间,通过具体研究,这个计划的某些部分又向前推进了。因此完全有理由肯定,我们在许多最重要的部门将大大提高我们的计划任务指标。我要援引最高国民经济委员会提供的一些有代表性的数字。

我先从重工业谈起。在采矿工业,五年计划原提出产量**增长数**要达到**战前**的3.5倍,现在计划增加到战前的4.6倍;冶金工业的产量增长数计划从3.1倍增加到3.3倍,其中有色金属工业产量,计划从3.4倍增加到4.4倍;农业机器制造业——计划从4倍增加到4.7倍;电机工业的产量计划从4.9倍增加到5.7倍;化工产品——计划从4.6倍增加到5.1倍;纤维初加工的增长数规定计划从2.9倍增加到3.4倍。

至于轻工业,以下各部门的主要增长数暂定为:造纸工业增长数计划从2.5倍提高到3.3倍;印刷工业计划从2倍提高到2.5倍;化学工业计划从2.5倍提高到2.9倍;橡胶工业计划从2.4倍提高到3.5倍。

已经查明，在许多为工业提供原料的部门，所制定的五年计划，特别不能满足需要。因此，最近联共（布）中央和有关苏维埃机关对于像植棉业、林业和渔业这样一些经济部门给予了特别重视。规定这些部门的指标要大大向上提高，要使其中一些部门的五年计划增长数提高到**五年计划中原先规定的**已很可观的增长数的 2 倍。所以，五年计划不仅是现实的计划，而且现在已经越来越清楚，它显然是一个最低指标的计划。这也就是说，苏联作为国际无产阶级革命的基地，它的社会主义建设高潮，正一日千里地向前发展。

然而，这并不意味苏联在这一时期没有遇到过巨大的困难。恰恰相反，现在苏联已进入社会主义建设最困难的时期，即进入对小私有者的农民经济进行社会主义改造的时期。因此，也就可以明白，为什么联共（布）党内反对右倾机会主义分子的斗争问题也这么尖锐。在贯彻执行对资本主义分子实行坚决进攻，对最落后、最困难的经济部门——农业，进行社会主义改造这一总路线的时候，联共（布）党内现在也出现了严重的动摇。同时，党的列宁主义路线遇到联共（布）党内右倾分子和调和分子的自由主义—机会主义路线的对抗。公开表达联共（布）党内这条右倾机会主义路线的，还是那个塞拉。

现在，我必须谈谈塞拉取消主义的高论，因为塞拉说出了联共（布）党内右倾分子想说而往往没有完全说出来的话。

塞拉同志在他向意大利共产党中央委员会提出的报告里，也分析到联共（布）党的政策问题。他的观点中的右倾取消主义实质在这里表现得特别露骨。塞拉的直言不讳，同他那显然多半是从联共（布）党内右倾分子那里贩来的煞有介事的顾虑大相径庭。塞拉写道，更确切地说，从我们党内的某个右倾分子那里抄袭道，苏联农业有"退化的危险"。不同于联共（布）党第十五次代表大会，它仿佛"抓住了幻想，好像彻底改变农业政策的时机已经到来"，塞拉宣称，"第十五次代表大会过早地从第十四次代表大会的立场上退下来了"。接着他又说:"应当联系这种错误的估计来评价第十五次代表大会关于发展集体农庄问题的决议。"总之,苏联农村广大贫农和中农群众现在已经渐渐理解的东西,塞拉同志却认为不过是有害的"幻想"。很清楚,塞拉的结论和资产阶级自由派一脉相承。他的纲领是"促进**整个农村的繁荣**"(重点是塞拉强调的)。结果是,主张"整个农村繁荣"的人,亦即主张使富农繁荣的人,竟敢还自称是共产党人。结果是,在我们中间直到最近还有这样的人,正如塞拉随后所写的那样,他们认为必须"**使富农的最低收入成为大多数农民群众的平均收入**"(黑体为塞拉所加)。这就是塞拉的富农理想,它暴露了联共(布)党内右倾的实质。塞拉实质上只是随声附和地唱着资产阶级自由派的老调,因为右倾机会主义分子的思想体系实际上就是资产阶级自由派的思想体系。

联共(布)党的路线同塞拉的路线是不能调和的。塞拉的路线同一切右倾机会主义分子的路线一样,是向富农投降的路线。我们党的路线,是向富农阶级坚决进攻的路线。向资本主义分子投降的政策和加紧进攻的政策,在这两条路线之间,不能有任何缓冲的余地。这是两条不能调和的和对立的路线。

塞拉的眼光,是小资产阶级的鼠目寸光。尽管他在苏联度过了好几个月,但他那短浅的目光对我国与日俱增的事实竟然熟视无睹。我指的事实是,日益开展的农村社会主义改造。我国农业中的社会主义成分以如此快的速度增长,甚至党在一年半之前,即使在第十五次党代表大会上也是未能预料得到的。我们谁也不会想到,在过去一年中集体农庄的数量会增加一倍。然而在这一年中,我们看到集体农庄发展的速度确实很快。在一年半以前,我们谁也没有想到,大型国营农场的建设会有现在这样的速度,然而现在,即使是去年的宏伟计划,也都成为很不完全的计划而被抛开不用了。从这些计划已经开始实行的实际情况来看,它们不仅超过了去年的计划，而且已经完全超过了不久前通过的五年计划，开辟了世界上任何地方都未曾见过的大规模农业生产建设的前景。例如，五年计划规定今年所有国营农场的播种面积是160万公顷，实际上这个播种面积将达到180万公顷。五年计划已经规定明年的播种面积是233.5万公顷。而现在已经查明，明年的播种面积将超过310万公顷。全部社会主义经济成分的播种面积，今年比去年增加1倍多。

除了发展国营农场和集体农庄以外，我们现在已着手一项新的巨大工作——建立所谓机器拖拉机站。用最好的农业机器和拖拉机装备起来的机器拖拉机站，应当根据同农民签订的合同，为农民的大田进行耕作和收获。在这里，国家组织的大机器生产渗入农民经济，而不用立即对农民经济进行普遍的改造。根据同各个农民小组和同整个村子自愿签订的协议，拖拉机站为农民整地，用机器进行收获。同时，由于大农业生产的好处（单位面积产量高，单产稳定性较大，等等）明显展现在农民群众面前，所以机器拖拉机站很快在农民群众中赢得巨大的威信，并对建立以机器拖拉机站为中心的完整的集体农庄网的工作起了推动作用。通过这种方法为农民经济走上真正**群众性**集体化道路准备了基础，同时实际上也就把苏维埃政权机关同农民的合作社组织最有利地结合在一起。到最近为止，我们还只建立了不多几个机器拖拉机站。现在已通过了一个计划，要在一年内建立大约100个机器拖拉机站，它们的工作范围包括大约150万公顷的播种面积。由此可见，机器拖拉机站的成立是农村社会主义改造事业向前发展极为重大的步骤。

此外，目前农村苏维埃为发展农业正在推行新的工作方法。实质上，村苏维埃只是在现在才真正开始执行经济和生产任务。特别迅速地推行采购预购合同方法在这里起了巨大的作用。关于预购合同在目前条件下的意义已经谈得很充分了。我不打算谈这个问题。我只强调发展农业的其他一些新方法。

党为提高单位面积产量开展的工作，具有巨大的意义。在这方面这样一些组织形式起了重大作用，像通过召开成千上万次农民集会以贯彻所谓农艺基本知识的决定。为了监督贯彻执行农艺基本知识的决定，从农民中挑选了25万多个农业代表。这些例子只能说明党、苏维埃和合作社目前在农村所采取的大量的和各种各样措施的一般情况。这些最新措施，虽然大部分直接目的是为了发展个体农民经济，但与此同时，也为农村群众性集体化运动打下了基础。集体化运动成功的基础，是目前农村在党的领导下进行的全部工作的总和。

目前，我们在加强发展农业的工作方面已经取得某些实际成果。事实驳斥了右倾分子所谓农业退化的胡言乱语。在苏联中央执行委员会秋季会议上，通过了把今年的播种面积提高7%的任务。这个决定是11月份作出的，当时已无法采取任何措施来防止由于霜冻而减少的3%的秋播作物面积。尽管秋播作物的面积减少了，但这一年的播种面积的总增长数仍达到了6%。这就是说，我们把播种面积扩大了600万公顷。而且，社会主义经济成分的播种面积的增长数占扩大的播种面积的一半。这就是塞拉喊叫的农业"退化"。

还有一种看法。仅仅几个星期以前，我们党内的右倾分子和调和分子预言，我们如果不大量进口粮食，就不能摆脱粮食上的困难。他们提出从苏联工业化和国防费总额中抽出几亿金卢布。他们提出要进一步减少对我们工业中心的粮食配给定量。他们大喊大叫农村正在对苏维埃政权造成威胁。所有这一切都是毫无根据的胡言乱语。党没有减少保证进口工业设备和确保国防的黄金储备量。减少工人粮食定量的企图遭到了拒绝。党加紧动员广大贫农和中农回击富农的反抗，并向富农展开了进攻。现在已很清楚，通过采取一系列措施，首先是加强粮食采购运动并在对富农施加强大压力的情况下，我们没有进口粮食，却还保证了对工人的正常供应。

在解决粮食问题方面，我们无疑前进了一大步。必须以更加广泛得多的规模来利用发展农业方面的新经验，以便彻底改善对工业中心的食品供应工作。组织供应问题仅仅在现在才充分提到我们面前。

谈到苏联，面对正在开展的社会主义竞赛这样的事实，不能无动于衷。这是苏联涌现出来的最重要的新因素之一。仅仅3—4个月以前，竞赛问题才作为社会主义建设最迫切的问题提出来。现在，社会主义竞赛已在最广泛的工人群众中展开了。你们到工厂去走走，就会相信这一点。当然，并不是每个工厂都把这项工作提到应有的高度。还有很多缺点和很多障碍没有克服，但竞赛已成为加强劳动纪律、降低成本和提高工业产值的极其重要的手段。

现在这个经济年度的前半年，在降低工业产品成本这项主要工作方面取得的成绩还不能令人满意。但值得注意的是，从开始展开社会主义竞赛以来，亦即从四月以来，这方面的工作已有了明显的转变。这表现在工业计划的完成情况已大大好转。按照头两个月——4月、5月——的竞赛速度，我们可以相信，今年工业计划中的主要任务一定会完成，甚至会略有超过。这就是社会主义竞赛第一个极其重要的实际成果。

社会主义竞赛越来越由突击运动逐渐变为我们的日常工作。而社会主义竞赛实际成就的保证就在于此。社会主义竞赛越来越扩展到各种工人小组、车间、企业和整个工人区。竞赛的方法也开始传到农村。竞赛的方法在集体农庄和国营农场得到运用。苏维埃和合作社之间在发展农业方面正开展竞赛。竞赛在这里作为一种使社会主义因素深入到农村去的方法，将具有巨大意义。竞赛的方法应当同我们的一切经济手段密切联系起来。这是社会主义建设中的共产主义方法。这是我们的方法，这是苏联的方法，是联共（布）党的方法。

社会主义建设的新任务迫切要求我们，彻底改变我们的一切实际工作的方法，改变我们经济组织、合作社组织、工会组织和党的组织的领导方法。现在,我们主要的具体任务就是改变我们的工作方法。与此紧密相关的任务,是真正广泛地和积极地为社会主义建设的各个部门培养新的干部。干部问题作为最尖锐和刻不容缓的问题受到重视。

要顺利地进行社会主义建设,就需要根本改进我们各级机关的实际工作方法。这方面遇到的最主要的障碍,是在我们机关中仍然存在的大量官僚主义因素,停滞不前和腐朽的因素。如果不最坚决和更彻底地克服我们经济机关、工会机关以及党的机关本身工作中的官僚主义,我们就不能顺利实现我们面临的任务。现在,党所做的一切工作,其目的都是为了进一步克服官僚主义,最大限度地发挥群众的主动性,把工人阶级的积极性引导到有组织地和自觉地克服社会主义建设中的困难上来。在实现国家社会主义工业化的基础上,在大力发展农业中的社会主义成分的基础上,苏联无产阶级在联共(布)党的领导下,不断战胜敌对阶级分子变本加厉的反抗,在社会主义建设事业中顺利前进。因此,苏联作为国际工人运动的革命因素,作为现在促成国际无产阶级新的革命高潮不断增长的因素,它的作用在不断提高。

最后,我简要地谈谈我们党内的情况。

联共(布)党发展的基本特点,也和整个共产国际一样,是大力进行反对右倾分子和调和分子的斗争。对于一个站在国际最前列的党,事情只能是这样。我们始终把反对右倾机会主义分子的斗争看作是社会主义建设必胜的极为重要条件,看作是顺利实现社会主义最必要的前提。对于任何动摇,例如在迅速实现工业化、开展农村社会主义建设、向富农以及普遍向城乡资本主义分子发动进攻等这样一些问题上的一切动摇,党都一贯地予以坚决回击。

你们知道,我们也曾不得不回击中央委员会自身出现的这种动摇。众所周知的布哈林同志集团,是我们中央委员会里面的右倾机会主义动摇的代表。这个集团实质上已经是一个右倾集团,现在每个人都已看到，它遭到了全党的回击。

但是，这个集团即使现在也没有停止动摇。布哈林同志最近发表的文章就是证明。我所特别指的，是他最近在《真理报》上发表的关于《论有组织的经营不善》的那篇文章。很遗憾，事前中央委员会不知道该文的发表。布哈林同志在这篇文章中继续隐蔽地反对党及其中央委员会的路线。

在最近的中央全会上，布哈林同志用另一条路线，实际上就是用右倾路线来同党的政策全面对抗。联共（布）党内的右倾，如果不是鼓吹放宽新经济政策和自由商品流转，归根到底，亦即鼓吹解除对我国资本主义发展因素的束缚，那又能是什么别的呢？所以，布哈林同志集团在最近中央全会上发表的全部高论的含意就在于此。布哈林同志在他那篇《论有组织的经营不善》的文章中，以隐蔽的方式维护上述立场。布哈林同志假借分析资产阶级经济学家本特的观点和批判资本主义国家日益官僚化的经济机构之名，以攻击我国社会主义经济。在布哈林同志那里，对国家机关中官僚主义分子的批评，变成了鼓吹与党的路线相对立的观点。"再冷静一些对待经济国有化吧！"——这就是布哈林同志文章的用意。难道不明白，这种口号是同向资本主义分子进攻的政策、是同党领导下大力开展的社会主义建设根本对立的吗？我不再谈这篇文章中的其他错误（例如，关于掩盖资本主义经济的内部矛盾）。只谈下面一点就足够了：布哈林同志打着批评国家机关中官僚主义分子的旗号，继续宣扬一种有害的观点，这种观点使我们的阶级敌人抱有幻想，以为我们的社会主义进攻会偃旗息鼓，从而促使他们加紧抵抗这种进攻。

从上述例子可以看出，布哈林同志集团的路线，实质上是一条同右倾不谋而合的路线。因此，联共（布）应当继续更加坚决地和彻底地进行反对右倾机会主义分子的斗争。

我们决不要忘记，我国仍然存在着右倾机会主义情绪滋生的深刻根源。我们生活在一个小资产阶级群众占居民多数的国家。资本主义分子和整个小资产阶级自发势力的压力，通过成千上万条渠道对共产党人中的某些阶层不断产生影响。在阶级斗争尖锐化时期，敌对社会阶层的这种压力不断加强，表现得更明显。反映在党内，这就是右倾。反对右倾的斗争不可避免地成为当前时期党所注意的中心。通过这一斗争，党在思想上将得到加强并向着社会主义建设的更高目标不断前进。

同托洛茨基主义的斗争，对于我们党具有重大的意义。在这场斗争中，党加强了，思想提高了。在第十五次代表大会上，托洛茨基反对派不仅思想上被揭露，而且道义上也被击溃。从那时起，我们经历了这个反对派彻底瓦解的过程。由于托洛茨基在资产阶级报刊上公开反对苏联和共产国际，他变成了帝国主义资产阶级的直接代理人。他不久以前的政治上的拥护者已经同他公开决裂。托洛茨基反对派不断分化的新鲜事实证明，托洛茨基集团正在快速地崩溃。

为此，我应当向你们介绍一份文件。我指的是拉狄克前几天向中央委员会和中央监察委员会提交的声明。这份声明是拉狄克同中央委员会和中央监察委员会的成员多次谈话后拟定的。声明开始就宣布，赞同党的总路线并同反对派决裂。有理由预料，在这份文件上签字的不仅会有拉狄克，而且也会有斯米尔加和普莱昂布拉任斯基。因此，这份文件也就不是代表拉狄克一人，而是代表三个人。请看下面这个声明的主要结论部分：

"我们从党中央委员会的政策中得出的一个最重要的结论是，党的这个政策在一个特定阶段不可避免地要导致从无产阶级专政和列宁主义道路滑向热月政变，导致把十月革命的胜利成果不动干戈地交出去。我们对党的领导提出的最重要的责难是，虽然这个领导并非出于本意，但却在促进滑向热月政变，它不同党内的政变分子和右倾分子作斗争，在经济危机最尖锐关头，它将通过实行右倾政策、通过对富农让步、放弃对外贸易垄断和向世界资本主义投降等途径来寻找出路。

我们对于联共中央及其政策所持的这种观点是错误的，因此，成立独立的派别组织和从事党史上前所未闻的尖锐派别活动（建立秘密印刷所、11月7日示威等等）也是错误的。

派别斗争的逻辑，使我们夸大了我们同中央委员会之间的分歧，它们是在从恢复时期向改造时期过渡之时源自于工业化速度、同富农的斗争和在共产国际等问题，同时我们忽略了中央委员会执行的政策，过去和现在始终都是列宁主义的政策。因此，党的第十五次代表大会鉴于我们所持的这种观点而谴责了我们的行动纲领，这是正确的。

根据上述情况，我们现在撤销在派别文件上的签名，宣布完全拥护党的总路线，请求重新接受我们加入党的队伍。"①

虽然晚了很多，但拉狄克毕竟承认了他在路线上的错误。他写道："我们忽略了中央委员会的政策过去和现在都始终是列宁主义的政策。"我们有权认为，这种"忽略"是极端重要的。但我们应当欢迎这个明确的声明，欢迎拉狄克承认党的第十五次代表大会关于谴责反对派的错误纲领的决议是正确的。

拉狄克的声明文件对党反对托洛茨基分子的斗争作了最后的总结。这个声明发表之后，以及随后许多其他最有名的托洛茨基信徒同托洛茨基决裂之后，在苏联，甚至为数不多的一批老共产党员也不再跟着托洛茨基跑了。托洛茨基反对派已经彻底瓦解。现在，托洛茨基只能同反革命分子结成联盟。

托洛茨基集团的彻底瓦解，应当特别明显地说明那条否认我国社会

---

① 这里引用的不是《真理报》（7月13日）刊载的声明的定稿，而是7月6日拉狄克提交给中央委员会的文本。

主义建设胜利可能性的政治路线的用意。大家都看到了用"左"的词句掩盖起来的机会主义的可耻下场。这也就是从托洛茨基反对派那里得到的最能引以为鉴的历史教训之一。

现在,党的主要任务是克服动摇,公开地把露骨的机会主义分子从自己队伍里清除出去。右倾路线实际导致否认阶级斗争,从而导致放弃列宁主义、转向资产阶级自由主义的立场。能否怀疑一个站在无产阶级前头、顺利展开社会主义建设的党,会像过去反对托洛茨基反对派时所做的那样,给予右倾—调和分子同样毁灭性的打击呢?对此当然不能有任何怀疑。如果我们党内某些阶层屈服于异己阶级力量的压力,受到小资产阶级自发势力的影响,那么,全党将无比坚决地向资本主义分子展开进攻,胜利地把这些分子从它们占据的阵地清除出去,在自己的道路上摧毁不堪一击的自由派幻想。党决不否认阶级斗争,决不否认这个时期阶级斗争将不可避免地尖锐化,党要通过加紧对资本主义分子的进攻,担负起真正列宁主义先锋队的使命,领导社会主义建设的胜利事业。这必将使联共(布)锻炼成共产国际中一支先进的队伍。

国际工人运动的高潮和苏联的社会主义改造,这是两个相互交错、两个彼此密切相关的现象。两者相互促进,一起保证促成强大革命高潮的增长。无论哪一个事实,即无论是国际革命高潮或苏联正在顺利进行的社会主义改造,都意味着资本主义的稳定越来越动摇。因此,上述两个因素中的每一个因素,都使帝国主义体系中一个最尖锐的矛盾更加激化。这就是说,新的世界帝国主义战争危险和新的反苏干涉的危险,现在变得更加尖锐起来。第六次代表大会已强调工人阶级要特别注意新的帝国主义战争的危险性问题。现在,这个问题具有越来越现实的意义。在新的革命高潮条件下,我们的任务是,加紧动员工人阶级的力量,同日益增长的新的帝国主义战争危险、同新的帝国主义反苏干涉的危险作斗争。

因此，应当研究一下8月1日的问题。我们打算在这一天举行工人阶级反对新的帝国主义战争、保卫苏联的国际行动。这次行动将是对我们战斗力的检验，将标志着我们对行将到来的新的革命战斗的准备程度。特别有意义的是，共产国际安排这次国际行动，正好赶上进行**反对帝国主义战争和保卫苏联的斗争**的时候。这反映了这样一个事实，在当前时期，帝国主义战争和帝国主义反苏干涉的危险是世界发展中最迫切的问题。值得注意的也正是，共产国际已经转向组织无产阶级的国际行动。反对帝国主义的斗争已经进入这样的阶段，即在个别资本主义国家举行分散行动显然已经不够。使工人阶级的斗争国际化，是一项十分紧迫的任务。最后，值得注意的是，组织国际红色日的事实本身。在这当中不能不注意来自国际范围内的工人阶级的某些**反攻**因素。很清楚，红色日现在已经不仅为我们各国的朋友们所瞩目了。围绕国际红色日，正在动员国际无产阶级的战斗力，但我们的阶级敌人也正在加紧准备如何对付8月1日这一天。这说明国际红色日具有巨大的革命意义。8月1日这天的行动不是一般的示威行动。这次行动应当同工人阶级的一切经济斗争和政治斗争紧密协调起来，同工人阶级反对资本、反对法西斯主义以及反对蜕变为法西斯主义的社会民主党的所有战斗行动紧密协调起来。对共产党来说，这是一次巨大的考验。对国际无产阶级来说，这是动员自己战斗力的手段，是对无产阶级反对帝国主义的革命行动实行国际联合的途径。8月1日是集中我们的力量、准备我们的力量迎接未来决定性革命战斗的最重要的步骤之一。

革命高潮在日益增长，它的特征是，无产阶级不断展开经济斗争，工人阶级接连不断地举行示威活动。工人阶级的经济斗争和政治斗争越来越顽强和富有战斗性，席卷越来越多劳动人民阶层。在这些战斗中，群众得到了战斗的教育，在这些战斗中，我们的党受到了锻炼，党的领袖经受了考验。今后，工人群众参加这些战斗越是广泛，这些斗争对整个劳动群众的革命影响越是深入，共产党在工人阶级的一切战斗行动中占据工人阶级真正革命先锋队的地位就越有把握，我们各国党的领导人和领袖在这些革命斗争中经受的锻炼越大，那么，国际无产阶级革命取得新胜利的保证就越大，我们从革命高潮走向胜利而展开的无产阶级革命新阶段的步伐就越快。

（闭会）

第十二次会议

（1929年7月9日晚）

继续讨论库西宁和曼努伊尔斯基的报告

田中（日本）：

在日本的条件下也出现第三时期的基本特点。资本主义稳定发生动摇，阶级斗争尖锐化，革命运动出现新的高潮——这里都存在。这一切证实共产国际第六次代表大会的论断完全正确。当前，日本资本主义的特点是，资本和生产的集中化、托拉斯化、卡特尔化，国家资本主义趋势加强，靠损害工人的利益实行生产合理化。一方面，由于加紧对工人的剥削，生产能力有所增加，但是因为缺少相应的销售市场和原料资源，这种生产能力得不到利用，从而也就延缓了日本资本主义经济进一步发展的速度。另一方面，日本对外贸易逆差很大。比如，从1929年1—5月，入超额为2亿多日元，这自然使日元在外国市场上大大下跌。

资本家们借了4.5亿的外债，企图用引进外资的办法来摆脱目前的处境，他们把这些外资都用在日本帝国主义势力范围控制之下的满洲和其他地区的企业（美国投资修筑南满铁路，并和外国人联合向满洲重工业投资等）。当然，与此同时，日本资本家在国内则实行生产合理化；通过延长工时、降低工资和大批解雇工人等办法，加紧对工人的剥削，因此，失业人数不断增加，工人生活条件恶化。此外，在农业方面，政府正在制订一项法律草案，以便对所有农业方面的财政组织和经济组织实施监督。具体说，农业合作组织、银行等等将完全处于农业省的严格监督之下。这意味着进一步加重对贫农阶层和小佃户的剥削。这种状况当然不能使国内市场扩大，相反，更加缩小了国内市场的范围。因此，当前日本资本主义正处在一个困难时期。

日本资产阶级不断侵略自己的殖民地，公然对群众实行残酷的剥削和镇压。增加在中国的投资，在满洲地区建设新的企业和铁路，向蒙古渗透等等……所有这一切都说明，日本积极推行掠夺中国的政策。很明显，这一政策不能不加剧帝国主义列强之间——英国、日本和美国之间的冲突。而当前日本最大的对手是美国，日本正在与美国展开角逐，以便争取签订建设广播电台和空军等的租让合同。为了同美国抗衡，日本同英国签订了一个秘密条约，尽管他们之间也有矛盾。在这个条约中，日本同意英帝国主义在新加坡建立一个军港，以便英国在必要的时候"保卫"加罗林群岛、马绍尔群岛以及太平洋上属于日本的其他诸岛；英国方面承认日本帝国主义在满洲的"特殊利益"，以换取日本不干涉英国在中国南方的行动。不言而喻，这一纸条约是解决不了英日之间在华争夺势力范围的矛盾。

至于日本帝国主义侵占山东，它有两个目的：第一，转移对内部矛盾的注意力，第二，用武力直接占领这个地区。

因此，日本、英国和美国三国之间重新瓜分中国的斗争愈演愈烈，日美战争的危险迫在眉睫，无疑，这场战争将是新的帝国主义世界大战的一部分。

在准备战争方面，日本帝国主义者决不落后于其他帝国主义列强一步。一方面，它在国内搞试验性的全面动员（这是今年6月底到7月初进行的），给经济机关提出军事装备以及战争必需品的试验订货数，详细核算各生产部门企业的生产能力；另一方面，增加驻满洲部队的数量，把驻防军的终点站从铁岭挪到长春，制订乘战争之机抢占华北和蒙古的计划，等等——所有这一切都是在直接为即将到来的战争作直接准备，也就是为帝国主义战争，而首先是为反苏战争作直接准备。无论是海军舰队在日本海上的大规模军事演习，还是陆军部队在北方的军事演习，都是针对未来战争中的主要敌人——苏联。此外，加强在朝鲜边界和华北地界的兵力，也是在直接准备反苏战争。

资本主义矛盾加深通过反动政策反映出来。自1928年3月15日开始大规模逮捕共产党人以来直到现在，白色恐怖一直很猖獗。1928年冬天天皇加冕时，逮捕了数千名革命工人和农民，其中五人被折磨致死。

在帝国议会举行第五十六次会议期间，当议会通过惩治共产党人的死刑法案的那一天，政府实行的恐怖政策使唯一的革命议员山本同志惨遭杀害。搜查革命组织所在地，大批逮捕积极分子已成为日本司空见惯的现象；比如，从1929年3月到现在为止，左派工农组织所在地已几次遭到警察的搜查；据共产党机关报报道，在今年4月16日大逮捕中，大约抓了2000名革命工人和农民，其中有260人至今仍在狱中受折磨。因共产主义案被逮捕的总人数大约有900人。对待被捕的同志，包括妇女和青年，施用极其残忍的、无以言喻的拷打。目前，日本不允许革命工人和农民举行任何一种集会。革命报刊遭到无情的迫害。

不管政府采取的恐怖措施有多么凶残，然而，资本主义生产合理化所造成的工人阶级生活条件的恶化，使工人阶级不断向左转。工人们开始进行大规模的经济斗争（东京、大阪等其他城市10000多名纺织工人的罢工，东京、横滨和神户电车工人的罢工和冲突，拥有15000多名工人的最大电力企业"东京电力"的冲突）。可见，对工人阶级经济上的压榨和政治上的镇压，迫使他们用斗争的方式来保护自己的生存，而斗争使工人阶级更加革命化了。

另一方面，小农和小佃户继续贫困化。地主的半封建剥削和垄断帝国主义的剥削，促使农民和佃户奋起为土地而斗争。近一个时期，这一斗争已具有暴动的性质。用赎买被租佃的土地的办法"挽救"小佃户的措施，明显地暴露了政府这一资产阶级和地主利益保护人的阶级面目。土地冲突越来越加剧。政府极力安抚农民，但毫无效果。此外，在国内搞"调节人口过剩"，即通过移民的办法使失业的群众远离城市和乡村，这种做法现在也不能用以往那样的规模进行了，因为"人口过剩"得太快了。过去大多数日本人移居的北美和南美，现在几乎不让从日本移民或严厉限制移民。因此，日本资产阶级又搞了一条新的政策，那就是把朝鲜人从朝鲜赶出去，而把日本人移居到朝鲜人原来居住的地方去。这种景象，我们在福摩萨（台湾）岛也看到过。这一政策有双重目的：第一，准备战争；第二，加紧对殖民地的剥削，镇压殖民地的革命运动。最近一个时期，我们看到朝鲜和福摩萨（台湾）的工会运动和农民冲突有了很大的发展，如元山装卸工人的罢工，朝鲜北部的农民风潮，福摩萨（台湾）农民中不满情绪的发展，等等，这些国家的共产党人也在加强对这些斗争的领导和在这些事件中所起的作用。在推翻日本帝国主义的斗争中，我们已具备一些十分重要的因素。所以政府慑于工农运动的发展，专门成立了镇压工农运动和加紧剥削的殖民省。

在这样的条件下，日本共产党始终坚持进行自己的工作。尽管有凶残的恐怖和死亡的威胁，但党的政治影响无疑仍然在增长。比如，1928年12月天皇加冕时，在我党的领导下，很多地方组织了街头示威游行。在"打倒天皇"、"工农革命政府万岁"等口号下发动的这些示威游行，在反对君主制的斗争中具有很大的意义。我党破天荒第一次开始了反对君主制的斗争并继续在进行这一斗争。谈到这里，必须提到当时日本共产党总书记、日本共产党创始人之一、领导了反天皇运动的渡边同志被害一事。在为渡边和山本同志送葬的那一天，日本许多城市都举行了工农群众的送葬游行。这次行动是在"保卫共产党"、"立即释放政治犯"等口号下进行的。在一些地方（比如在长野县）警察筑起了堡垒以保卫警察驻地，防止那些要求释放同志的游行示威者冲入驻地。

今年五一示威游行提出的口号是："日本共产党万岁，不怕威胁、逮捕和拷打！"在许多地方，游行示威者同警察发生了流血冲突。对这一事实，所有的资产阶级报纸都避而不谈。

至于谈到合法的"无产阶级"政党问题，可以说，我们党已经取消了关于无产阶级政党问题的这种错误的提法。需要有一个共产党的这种主张，现在不仅符合少数较有觉悟的工人们的心意，而且已经渗入到广大群众之中。

今年4月4日召开了法官会议，会上讨论了镇压共产党人活动的方法问题。而且，最高法院总检察长完山在会上宣称：

"……当前，我们发现共产党已恢复活动。虽然我们去年逮捕并监禁了600多名共产党人，但共产党的活动至今不但没有停止，而且更加扩大了。因此在审理工人运动时，必须把我们的注意力首先集中在共产党的活动上……"

所以，日本共产党已经成为日本政治生活中一支有影响的力量。现在在评价政治运动时，已经不能不考虑共产党的存在了。总检察长完山的讲话证明，我们党正在开展自己的工作，它同企业的群众有着最紧密的联系。

在工会工作方面取得一些成就，例如召开工厂代表会议等等。与此同时，也存在许多缺点：不太善于把分散的经济斗争协调起来，对这一斗争的准备工作做得不够。

党在国际主义教育方面向前迈进了一大步。从3月份开始，党一直在宣传8月1日国际红色日的意义，宣传用游行和罢工的方法或其他群众性的活动方式参加这一运动的必要性；党还开展了积极参加太平洋工会秘书处会议和反帝联盟第二次大会的运动。

现在，我想就日本社会民主党的作用说几句话。现在日本社会民主党已成为资产阶级的公开的附属品。它现在丝毫也不掩饰自己对待共产党的敌视态度。如果说右翼社会民主党公开宣布决心保卫"天皇陛下"，那么，每当共产党积极领导消灭君主制斗争的时候，"左翼"社会民主党人则总是掩盖君主制的实质。目前右翼社会民主党人在经济斗争中已公开出卖工人，而"左翼"社会民主党人虽然满口革命词句，但实际上起着右翼同样的作用。因此社会民主党的"左翼"就成为危害更大的反革命派了。例如1929年5月他们在他们的《劳农》杂志上公开宣称，共产党独自在政治斗争的舞台上活动是一个最大的错误。他们说，"这种错误的策略和我们毫无共同之处。"

由此可见，所有社会民主党人，从右翼到"左翼"维护的不是工人的利益，而是资产阶级的利益，他们和资产阶级串通一气反对共产党和共产国际。因此，同他们进行坚决的斗争，是我们党一项极为重要的任务。

我们党的主要缺点是：第一，由于残酷的白色恐怖和地下工作经验不足，对群众的政治影响在组织方面扎根不深；第二，我们还没有一个土地问题和农民问题的坚定不移的纲领；第三，对经济斗争领导不够而且准备不足。

日本共产党面临的主要任务如下：从组织上巩固政治影响，特别是在大企业里建立和加强工厂支部，开展并领导企业的经济斗争，经常地有计划地准备这方面的斗争，立即制订土地纲领，领导农民反对地主的战争，培养新干部，反对一切改良主义分子，特别是反对"左翼"社会民主党人，加强国际联系［特别是同中国、印度、印度尼西亚、福摩萨（台湾）和朝鲜等国和地区的共产党建立密切的联系］。

所有这些任务都应该同反对帝国主义战争和制止反苏战争的斗争，同推翻日本资产阶级地主政权的斗争紧密地结合起来。

如果我们能在共产党的领导下完成所有这些任务，那么，我们必将在推翻日本帝国主义的阶级搏斗中取得胜利。

洛特英[①]（中国共青团）：

我认为，许多殖民地国家的农业危机，特别是中国的严重饥荒，必须引起大家的注意。殖民地国家的饥荒不是罕见的现象。那里年年都闹饥荒。可是今年饥荒空前严重。其原因我们大家都清楚：在帝国主义的统治下，殖民地农民毫无出路的处境，必然招致各种连续不断的农业危机。在中国，遭受饥荒的地区逐年扩大，而且无法加以限制和减少。可是这种危机的后果会是怎样的呢？一方面，它迫使农民们背井离乡，出外逃荒，另一方面，高利贷资本发展起来，而无产阶级的大量后备军使得殖民地无产阶级的生活更加恶化，当地资产阶级试图利用这支后备军以发展资本主义的任何企图，都将轻易地被帝国主义分子所打消。只有帝国主义分子利用这支后备军来争夺当地的工业。帝国主义分子在殖民地国家造成农业危机，然后好利用这个危机。我们应当指出这一点，为的是反对我们队伍中那种非殖民化理论的残余，为的是说明帝国主义在第三时期的破坏性作用。

我来谈谈英国问题。英国问题有着很大的意义，特别是工党执政以后。工党政府具有世界意义。从英国例子中，我们可以清楚地看到，工人阶级的左倾化需要一个好的党的领导。普遍选举清楚地证明，党在进行选举活动时是十分软弱无力的。在讨论中，英国同志想掩饰自己的软弱，说什么普遍选举时共产党选票所以这样少，不是因为党没有执行共

---

① 音译。根据现在资料考证，大体可以确定此人为陆定一。——编者注

产国际路线，而是由于某些次要原因，例如没有一份日报。但是所有英国同志只字未提党的错误：不及时执行共产国际路线，甚至在选举运动中表现动摇。因此，我们可以说，英国同志仍然缺乏勇气和自我批评精神。

关于各国反对社会民主党左派分子、关于反对我们最大的敌人、英国的库克和马克斯顿，我们已说了很久。普选以后，工党执政以后来自库克和马克斯顿的危险更为严重。英国党是怎样反对他们的呢？英国党在普选时出版的书报，我能收到的书报，只字不提反对库克和马克斯顿，而坎贝尔同志在其发言中列举大不列颠共产党在普选以后的多项任务时，却根本不提共产党应非常认真地反对独立工人党。贝尔同志说，英国共产党的政治路线是正确的，只是有一些缺陷。我应该说，我所举的例子，以及坎贝尔的发言——他说英国党的主要危险仍然是左倾危险——都证明，在英国党的活动中有着比一般缺陷更为严重的东西。

我想告诉英国同志，我们热情期望看到在英国有一个强大的共产党，如果英国没有一个强大的共产党，则中国革命、印度革命以及全世界革命运动将会遇到更大的困难。

我再谈谈印度问题。革命发展的自发性是目前印度革命的特点。这与1925年的中国革命十分相似。例如说在孟买，罢工前只有几百名工会会员，但罢工以后，会员增加到好几万人。不过有一点，印度的情况不同于中国以前的情况，那就是本国的资产阶级已经成为反革命了。在印度革命中，建立强有力的无产阶级领导是绝对必要的。因此我认为，在全会决议中必须详细提出某些策略问题以及我们印度同志面临的任务。我认为，中国党的经验，目前对我们印度党来说，应有所借鉴。我想指出中国革命的一些重要情况，它的经验对今日的印度会大有用处的。

第一，必须建立坚强的基层组织，如工厂党支部和工厂的工会组织，以便建立一个强有力的党，组织坚定的革命工会运动。要保证无产阶级的领导权，以此加强印度的革命运动。这也会大大加强运动对反对势力的抵抗力。

第二，我想谈谈统一战线问题。为要实行统一战线策略，我们应当为统一战线建立鲜明的阶级基础，而且工作应当自下而上进行。不要像中国过去做的那样去做。中国在统一战线策略上的最大错误，就是在实际工作中常常忘记了上述原则。

我们看到，在印度采取调停办法来取消罢工。有时罢工刚一宣布，政府或改良主义分子就出来提议调停。这会给我们的运动带来很大害处，这会削弱无产阶级的战斗精神，削弱我们的领导。在中国，我们犯过一个很大的错误，当时在广州和武汉，我们不仅没有斗争，而且还去促成调停。在印度必须最坚决地反对任何形式的调停，无论是政府出面的调停，抑或改良主义分子进行的调停。

中国革命的经验表明，共青团在革命中的作用很大。印度共青团的组织十分弱小。因此，向我们印度党提出建立强大的群众性的共青团组织这一任务，是绝对必要的。

我就中国问题说几句话来结束我的发言。我们党已经摆脱了困境，逐步稳定下来并且恢复了对工人群众的领导。对于党来说，最危险的是今年3月的形势，当时上海党委进行了反对中央的派别斗争。这种派别斗争对一个不合法的政党来说，当然是极端危险的。幸运的是，党中央能够迅速而恰当地结束了这场斗争，而且共青团中央委员会在这一工作中起了很大的作用。

反革命事件以后，我们党认真地进行了反对悲观主义者、反对动摇分子的斗争。我们将继续清除我们党内一切动摇分子，特别是现在，正当中国革命如此迅速恢复元气的时候。在这一年，许多工人，数以万计的工人参加了罢工，参加了许多大城市在五一节这一天广泛举行的游行示威，特别是在上海"五卅"周年纪念日这一天。工人们以及大学生捣毁了国民党机关报和另一家反动日报的处所。这就是革命运动发展的标志。党虽然增强了，但仍然落后于工人向左转的过程。原因是我们党内还有许多动摇分子，特别是右倾的危险还没有清除，同时我们在群众工作方面还缺少新的工作方法和形式。但最重要的原因是工会运动软弱无力，在这方面，正如皮亚特尼茨基同志已正确指出的那样，我们还没有具体、有效的策略。我希望我们在议事日程第二项中能讨论这个问题，并圆满地加以解决。共产国际及其各个支部应当更加重视中国革命，它不仅没有像托洛茨基所希望的那样被消灭，而且迅速地重新强大起来，并将成为国际无产阶级革命在不久将来取得胜利的巨大动力之一。

迪·维托里奥（农民国际共产党党团）：

在当前形势下，除了资本主义制度传统的矛盾——农业和工业发展不平衡——之外，在农业方面出现另一个非常重要的矛盾。农业机械化、技术进步仅仅在农业资本主义成分中推广。这导致贫农和中农进一步贫困化。这个矛盾加快了农村的阶级分化速度，加剧了阶级的冲突。

另一方面，农业中资本主义成分工业化，使金融资本在农业中的作用不断加强。农业金融资本促成工业资产阶级和农业资产阶级确立起共同的利益。并有利于形成一个在金融资本控制下的整个资产阶级的政治联盟。在这个时期，资产阶级政府及资产阶级所采取的税收政策、土地政策、关税政策、信贷政策以及价格政策，始终都是为了缓和工业资产阶级和农业资产阶级之间的利益冲突，并靠损害工人阶级和劳动农民的利益，加强整个资产阶级利益的一致性。

农业危机尖锐化，不仅仅是由于美国和欧洲资本主义经济的相对生产过剩引起的，而且是由于几乎所有国家劳动群众的消费受到限制所引起的。因此，我们得出结论：资本主义的相对稳定以及工业化的飞速发展，不会使贫农和中农的状况有所改善，而只能使他们的境况更加恶化。因此，一切想通过资本主义道路解决矛盾的尝试只会加剧这些矛盾，使劳动农民更加贫困，使阶级分化过程更加迅速。劳动农民反对农业资产阶级以及整个资本主义制度的运动和起义此起彼伏，更加频繁。贫农反对苛捐杂税，反对资本主义对他们的剥夺。就看看下面的事实吧：希腊农民起义反对现行税收，意大利各地农民不断起义反对官吏，反对饥饿和恐怖的法西斯制度；受波兰法西斯压迫的乌克兰西部发生了农民运动，大批波兰农民参加五一节庆祝活动，法国、美国和一系列其他国家的革命农民运动不断发展；墨西哥农民群众进行了英勇的斗争，在斗争中牺牲的农民，是真正的革命者，罗德里格斯就是一个榜样。

所有这些事实证明：资本主义在相对稳定时期，不仅使工人阶级而且也使贫农和中农成为它加紧剥削、不断掠夺和进行政治压迫的对象。结果随着世界范围内工人阶级进一步向左转，劳动农民也进一步向左转变。但是这绝不意味，劳动农民开始自动地跟随工人阶级及其革命先锋队前进。

各派农业资产阶级对蛊惑和欺骗农民都很有经验，他们竭力用新的工作方法和新的组织形式去影响农民，以便利用这种影响为他们的利益服务，而且狡诈地利用城乡之间的矛盾来挑起农民对工人阶级的不满。这就意味着，共产党应该有计划地进行争取劳动农民的工作，把他们吸收到无产阶级和农民革命的联盟中来。例如在法国，当绝望的劳动农民掉转头来反对数十年一直欺骗和剥削他们的老党的时候，资产阶级挂起蛊惑人心的"民主"招牌成立一个新的农民党，企图把原已离开他们的农民阶层再拉回来置于资产阶级和资本家的影响之下。

在德国，民族主义政党和法西斯政党拥有对农民几乎是绝对的影响，虽然农民也准备反对苛捐杂税以及帝国主义战胜国对他们的掠夺。

第六次代表大会以后，我们看到在农民问题上有了一些转变，但是这种转变还不够。例如，我们共产党还没有注意到意大利和波兰法西斯主义在农村的做法，也没有仿效这些做法在农村进行宣传和鼓动，去反对千方百计在各地农民中为自己建立牢固社会基础的法西斯主义。在一系列国家，法西斯已经把相当大一部分农民群众组织起来了，并唆使他们反对工人阶级，也就是反对共产主义和无产阶级革命。

法西斯在意大利和波兰的行径，给我们共产党提供了一份为在农村反对法西斯主义的极好材料。同志们，我感到遗憾的是，全会没有根据柏林国际反法西斯大会的材料讨论如何加强反法西斯主义的问题。

我认为，全会应该对这次反法西斯大会，对个别一些国家的党所做的反法西斯工作进行批评，并指示他们，把群众为争取当前局部要求的斗争同反对战争、保卫苏联的斗争结合起来，同反法西斯主义的斗争结合起来。

同志们，下面我想谈谈另外一个问题，即反对我们党内的右倾危险的问题。关于为什么右倾危险在农民中特别盛行的问题，在这里毋庸赘言。我们认为，正是因为这一点。共产党在反对右倾危险时应特别重视农民，使共产党和共产党党团影响下的农民运动具有一条正确的、革命的布尔什维克路线，并且及时采取措施，以防止右倾分子控制各国的革命农民运动，防止把我们的农民组织变为投机的对象、变为右倾分子反对共产党和共产国际路线的据点。

我想提出一个特别典型的事例。在捷克共产党的一次区的会议上，在有一名政治局委员出席的情况下，讨论了如何在农民中开展工作的问题，并提出了以下的要求：

1. 无偿地剥夺土地并把它分给农民（这句话本身是对的，但提法需要更确切一些）。

2. 改变当前进行土地改革的办法，这就是说，在过渡时期内，土地应贱价卖给农民,并向农民提供为期30年的贷款;提到对贫农免征无论什么税收的问题时,全都一言不发。

至于农业工人,区的会议只提了一句话:提高各部门的工资。

在这个区的捷克共产党的基层组织成员中,富裕农民和中农占大多数。例如在伊扎乡,市政当局召集农民摊派捐税,结果代表共产党一方的富农和中农是这样进行摊派的,即富裕农民和中农缴多少税款,贫农就缴多少税款,甚至农业工人也要缴纳一定的税款。这证明,我们党内的右倾危险多么严重,特别在我们的农民工作方面;为了改善我们党的社会成分,特别是农村党组织中的社会成分,需要同机会主义、同右倾分子进行多么无情的斗争。

同志们,最后我要强调指出,客观形势有利于各国革命农民运动的发展。农民国际的经验鲜明地证实了这一点。只要举下面一个例子就足够了:我们在法国有一个革命组织,这个组织许多年来一直生活在一个狭窄封闭的圈子里。只干了四个月紧张和连续不断的工作,就把过去处于资产阶级和社会民主党领导下的几百个分散的农民组织争取到我们这边来了。在这项工作中也发生过错误,这是很自然的。但是随着我们工作的开展,随着我们一些小的组织变为真正的群众性组织,随着广大贫农同农业资产阶级和资本主义制度的斗争日益活跃,我们必定能克服自己的错误和缺点。

霍纳(英国):

一些人对共产党中央委员会的活动作了这样的解释:中央委员会组织上作出某些变动的原因,是想惩罚某些政治局成员,把过去执行政治路线的责任都归咎于他们。我们坚决反对给已调离工作的同志所作的评价。英国共产党不同意这样的看法,似乎墨菲同志和加拉赫同志是英国共产党内维护共产国际路线的人。由于失败而对重新提出总罢工口号抵制最凶的是加拉赫同志,而英国共产党内右倾危险以及取消派倾向的右倾危险表现最严重的是墨菲同志。

我们所采取的步骤,事先都根据我们在最近的普遍选举中得出的经验,全面进行了讨论,而且只是在研究了我们党所面临的客观形势之后才实行的。在普选期间,我们发现,与我们党的要求相比,我们总部不够灵活,我们党的区和地方组织十分软弱无力。我们发现,我们的党实际上良莠不齐,它在上面能够制定必要的政治指示,但同时它却缺乏一种内在的力量,以便能自上而下地把这些指示贯彻到地方机构和英国工人阶级群众中去。普选结果造成了一股推力,它迫使中央委员会正确地评价我们可能面临的严重困难,如果我们继续按照老的路线和我们总部过去使用的老方法工作的话。

中央委员会内部曾有过一种想法,要反驳那种认为合理化是行不通的和英国合理化的良好前景是言过其实的说法。那些断言英国资本主义可以进行合理化的同志,原来就正是那样一些同志,即他们同时断言英国工业合理化将使英国资本主义的矛盾加强,并使英国资本主义的地位变得更不牢靠。

我们想象会出现广大失业群众被赶上街头的那种局势,但我们任何时候也不会同意,这些失业群众会是孤立无援的。我们常常发现,企业主借助官僚化职工会以便利用这些失业群众来降低在业工人的工资水平。这样一种想法是十分荒唐的,即认为由于实行合理化而失业的人在任何一个国家都会得到社会救济,因为,如果资本主义不得不采用向失业者提供社会救济的形式,用工业合理化所得的成果和节余来支付全部补偿费,那么,对于资本主义来说,实现工业合理化就没有任何好处。

我们预见到会出现工党政府同企业主公开合作的形势。在庞大的工会机构的支持下,工党政府将靠牺牲失业者的利益,而首先是靠利用失业者来对付在业者的办法,公开实行英国工业合理化。工党政府将降低英国工人的各种劳动条件和生存条件。英国最近几天发生的事实证实和揭露了这一点。麦克唐纳政府提议调查炼铁和炼钢工业,为的是确定这个工业部门实现合理化的方法,并作为在考虑工人提出的任何要求之前的先决条件。棉纺织工业和毛纺织工业情况也是如此,而在煤炭工业,工党自己提出了一条作为缩短工时的先决条件,那就是在煤炭工业采取强化劳动的措施,以便使缩短工作日成为对资本主义工业来说是可能的、而且实际上是能接受的条件。因此,我们应做好准备,以便应对许多地方降低工资、对我国各大工业部门在全国范围内一系列降低工资的做法。我们懂得,在这些斗争中,我们党不仅应当在口头上,而且应当在行动上站稳自己的脚跟。在各地的冲突中,例如在达乌顿,麦克唐纳政府首先采取的一个步骤,就是派一名矿山管理处的代表去找矿工,促使他们同意接受企业主提出来的、十五周来一直遭到矿工反对的条件。

  我们党预见到一系列长期的战斗,这些战斗在进行过程中必然会变成反对工党政府和反对社会民主党的战斗。而且我们预料会出现一种可能:许多地方工会组织、而且不只是、并且主要不是没有组织的工人,恰恰是各种改良主义工会的地方分会和区的组织,将被迫起来反对中央的改良主义机构,反对工会官僚,反对工党政府。我们认为,我们面临的最主要任务,不仅是并且首先不是在工会分会,而是在各类工厂和矿山进一步开展工作。然而,我们党还没有学会在工会组织以外的企业内部的广大工人群众当中开展斗争。由于对形势的这种认识,对我们缺点和困难所做的这种评价,可能迫使我们党中央委员会在我们党内采取坚决的组织措施。多年来,我们英国党内一直在谈论吸收新的成员到我们党的中央来工作,但是从党成立以来的过去整个时间里,因让位于新同志而离开中央委员会的同志的人数是极少的。最早担任中央委员的大多数工作人员,从我党创建开始就在中央,直至如今。纵令有个别几个新的工作人员吸收进中央机构,这样做也不是由于某个工作人员解职,而不过就是加入而已。而每当新成员补充到中央来时,他们都保持不偏不倚。中央委员会决定把党的总部成员减少50%,并决定鉴于面临新的困难,利用其他50%最成熟的政治领导人到地方去建立领导班子。通过这种途径,而不光靠给党员发通知的办法,来切实贯彻新的路线。我希望政治书记处认真研究这个问题,即这次变动涉及哪些同志的个人去留问题,问题经过这样研究之后,还要认为或者声称左倾造成了损失或维护共产国际路线的人被撤换等,就非常困难了。我们中央委员会的突出特点就是表决自相矛盾:中央委员们今天投票赞成左派,明天投票赞成中间派,后天又投票赞成右派。这是中央委员会的普遍现象,因此,那些已离开中央委员会的同志在这方面是没有更多过错的。

我们党的总部中,一些领导同志有这样一种看法,认为如果这个同志以前在中央工作过,现在到地方去工作就是降职使用。我们应当消除这种看法。我们认为,这种观点已经使一些领导同志完全孤立了。

我们应该正视这些困难和危险,因此,我只希望一点,就是应当让全会了解,这个问题有两个方面,我们中央不是出于委屈或抱怨情绪,但中央已下定决心揭露我们弱点产生的原因并克服它。我们中央已经采取了它在这方面必须采取的一系列措施,为的是在我们党内创造一种局面,使党积极向上,促进党的建设,正确地解决我们所面临的巨大任务。

别韦尔(共产国际执行委员会):

如果不在我们党内开展最广泛、最无情的自我批评,就不能解决我们各国党目前所面临的巨大困难。关于这一点,不得不反复强调,因为除少数个别者外,自我批评还没有适当地开展起来。现在,在自我批评方面我们发现有两种"偏向"。一种偏向的是胆小怕事。有十分之九的党犯了这种毛病。还有另一种偏向,这就是自我批评过火了。例如,我在听青年共产国际同志们检查的时候，我就觉得他们的自我批评过火了。这是彻底的、真正无情的自我批评。我说这点丝毫也没有夸大。但是，这种无情的自我批评至今还很少产生实际效果。中国同志们也是这样批评自己，这会直接破坏自己进一步工作的基础。自我批评不应当是为自我批评而自我批评。自我批评一定要有十分具体的目的。在每一个具体场合，每提一项批评都应随之提出具体的建议；怎样消除现有的缺点，怎样检查这些缺点，缺点是不是克服了，在该场合提出的措施是否正确，今后应该怎样行动。我认为，干部的自我批评问题是目前自我批评中的关键问题。各国共产党对待这个问题在很大程度上都是自发的。第六次代表大会以后，我们发现，在共产国际许多较大的党内，从中央一直到地方。都存在程度不同的领导危机，德国共产党本来应该对自己的中央委员会提出十分严厉的批评，而结果是，还在代表大会之前，由于维托夫事件，德国党就不得不把某些负责人开除出中央委员会，甚至开除出党。（喊声："这不是自我批评。"）

这是干部的自我批评。德国共产党中央委员会使党转向第六次代表大会的路线时深信，如果中央委员会委员不进行严肃的自我批评，不清除中央的机会主义分子（因为同他们一起不能完成第六次代表大会的决议），这种转变是不可思议的。在大多数情况下，各国党的领导干部都是在最近召开的各国党的代表大会开会期间作自我批评的。

几乎在所有代表大会上都曾规定和进行：第一，必须彻底审查中央委员会的成员；第二，必须把机会主义分子从中央委员会中清洗出去。这一点在捷克斯洛伐克做得最为彻底。大家知道，在捷克斯洛伐克的党代表大会上，代表原中央委员会多数派路线的前中央委员，只留下扎波托茨基同志一人，其余的全部被清除。

在法国，也如同在德国一样，还在党代表大会以前，就大量地更新了政治局和书记处的成员。代表大会完全赞成这些变动：凡是在代表大会上没有进行这种自我批评，或是没有举行代表大会的地方，那里现在就比较突出地存在着改变中央委员会领导机构的问题。例如，波兰党没有召开代表大会，但最近一次中央全会做出决议必须更换政治局成员，把两位有右倾和机会主义倾向的同志从原政治局开除出去。在比利时，党代表大会没有更换中央委员会成员，也没有改组政治局和书记处。结果，现在的比利时共产党中央委员会在工作上就软弱无力。现在，共产国际不得不提出改组比利时共产党政治局和书记处的问题。英国党代表大会也没有对中央委员会委员多少认真做一些更新，书记处和政治局基本上还是由原班人马组成，而现在在这次全会上各方面都发表意见，认为必须提出更换领导人员的问题。

从捷克党的例子中可以看到，凡是改组领导机关的工作做得拖拖拉拉的地方，整个党就会瘫痪，整个党的工作就会严重混乱。捷克斯洛伐克共产党的例子是很典型的，各国党和共产国际执行委员会应当认真考虑，从中吸取教训，如何对待直到最近尚未重新审查领导机构成员的共产党。当党采取具体措施直接领导群众运动时，这个问题尤为突出。最近时期在德国、捷克斯洛伐克、法国和其他国家的经济斗争中，我们到处都看到同样的情况。一些直接负责群众组织工作以及企业工作的主要领导干部，在某些场合常常成为执行和贯彻共产国际第六次代表大会决议的最严重的障碍和主要的阻力。十分明显，假设我们的区委常委会中有这样一些人（鲁尔区的某些地区就有这样的人），他们抵制第六次代表大会的路线，进行派别斗争，乃至走到做出决议来反对散发党的机关报的地步，即不能贯彻第六次代表大会关于新的策略路线的决议。假如领导工厂支部的书记不但不执行党关于建立斗争委员会的命令，而且在工人大会上反对党关于建立这种委员会的建议（在鲁尔同盟歇业期间在达姆施塔特就有这样的情况），那就不能贯彻第六次代表大会关于新路线的决议。显然，撤掉这些领导人并由其他同志代替他们，是具体贯彻第六次代表大会决议的大前提。在捷克斯洛伐克纺织工人罢工期间，革命工会的领导同志以及地方党组织中的许多领导同志和改良主义分子们串通一起，以赤裸裸的工贼面貌出现——把工人赶回企业并用其他手段破坏罢工。在法国矿工罢工期间，我们也看到类似的现象。例如在圣艾蒂安区，有些党的领导人也扮演了工贼的角色。圣艾蒂安地方党组织全体大会做出决议：由于他们的工贼活动而把他们从党内和革命工会内开除出去。这项措施得到圣艾蒂安区非党群众的热烈欢迎。结果，党组织在很短时间内得到了几十名新党员，而矿工统一联盟的地方组织，则吸收了好几百个新成员。这个例子清楚地表明，更新共产党领导干部的问题的确是一个非常重要的问题，或者，像列宁常常爱说的，是执行第六次代表大会规定的新策略路线的问题的关键。如果不认真地提出加强和更新领导干部问题，如果各国党不把这个问题当做我们目前面临的中心任务来抓，就不能朝这条路线做出应有的转变。

　　关于对目前一些党的干部的估计问题，关于对这些干部的考查问题，即对他们培养得怎样，究竟能否执行新的路线，或者反过来说，他们在多大程度上不向后退，在多大程度上不会成为任何机会主义的社会民主党传统的传播者，等等——这些都是当前应该尖锐提出的问题。共产国际执行委员会应该向各国共产党中央委员会提出这个问题。现在还有许多这样的党，它们没有从培养中央委员执行新路线这个角度来检验中央委员会的成员。而更多的共产党则在最近一个时期内，没有把最近在经济斗争和政治斗争实践中取得经验的新的基层工作人员吸收到领导工作中来。这决不是说，应该做出一个带普遍性决议：规定必须和刻不容缓地更换中央的组成人员，把那些贯彻第六次代表大会路线时没有表现出党的领导人才能的同志开除出政治局，但是毫无疑义，这意味着，现在就应该提出这样的问题，把那些业已证明善于做企业工作、组织罢工、组织政治示威等基层党的积极分子中新涌现的工作人员吸收参加领导工作，开始不妨担任指导员、中央委员会各部部长、各部委员。今后应当把握这条方针，不断地把这些积极分子提拔到共产党中央委员会的重要的领导工作岗位上来，在直接领导工厂支部和企业工作的各级党委会中选拔领导干部，是这方面工作的主要环节。但是，在某些场合，关于从基层党的积极分子中提拔指导员和部长的提法，可能不尽完善，例如，在捷克斯洛伐克和一些其他共产党成立新的中央委员会时就发生过这种情况。

从哪里抽调新的工作人员呢？各方面都提出这个问题。这个问题的答案很简单。新的干部应该从在斗争过程中，在最近一个时期的经济斗争和政治斗争中涌现出来的无产阶级分子中间抽调出来。人们会说，这些工作人员政治上不够成熟，他们一般来说缺乏应有的经验。我觉得应该这样来看这个问题。是一个有意识地破坏自己中央委员会的决议，认为自己可以在非党工人集会上反对党的指示并利用自己的组织经验和政治经验去破坏党的路线——是这样的领导人好呢？还是一个入党不太久，但组织过一两次成功的罢工，组织过一两次出色的游行示威的工人好呢？我想，选择应该是十分自然而简单的，那就是赞成这位经验较少、政治上不太成熟的工人，而反对原先那位经验多、政治上成熟的老的工作人员。当然，同时也应该千方百计地实现皮亚特尼茨基同志关于加强新干部的培养教育工作的建议。

现在，我想就准备和举行政治罢工方面的实际任务讲几句。这个问题在一些国家应该认真地提出来。比如，就拿法国来说吧。根据法国共产党的材料得知，最近一个时期该国不断爆发自发的同情性罢工。因为一名从事革命工作的工人被开除，自发地爆发了一次罢工，要求把这个被开除的工人接回来。在个别场合，这样的罢工能扩大到好几千人，能非常顽强地一直延续许多天，在个别情况下，甚至延续好几个星期。这是一种最原始的政治罢工形式。党必须对这种罢工的意义做最广泛的解释工作，把发展和扩大举行这种罢工的地区，作为一个最重要的策略任务提出来。应该向各级地方党组织发出有关指示。

除了组织这种同情性罢工之外，还必须提出关于组织抗议政府和企业主的某些政治行动的罢工问题。塞马尔同志讲述了最近在法国发生的、直接针对官僚化改良主义分子背叛行为的一些很有意义的罢工情况。这也是政治性罢工的一种形式。应该向各国党具体提出所有这些问题，而且每当提出组织这种政治性罢工时，还应当提出：这些罢工不能孤立进行，要使每一次这样的罢工都能设法引起相邻企业或同一工业部门企业的罢工，每次都要把有关企业的工人撤离工作岗位，到这些企业去示威游行，到可能参加镇压罢工的武装部队的营房去示威游行。青年在这一工作中担负着特殊的使命：建立青年工人倡导小组（在共青团领导下），以便最大限度地发挥主动精神，开展革命行动，反对共产党内以及参加这些运动的工会和群众组织中的合法主义传统。

最后，简单地谈谈意大利党的问题。皮亚特尼茨基同志责备意大利党，说最近一个时期以来，从意大利党方面得不到有关意大利党内生活，特别是党在法西斯主义工会内进行工作的任何情况报告。埃尔科利同志则说，这实际上是不确切的，因为共产国际执行委员会机关掌握有意大利党内部生活的大量情况材料。

我很细心地看过了这些材料，应该说，在这些文件中，没有具体材料说明党在法西斯工会中开展工作的情况。关于经济状况和政治状况，关于党的状况和党的任务等方面的各种材料都有，但是，关于在法西斯工会内进行工作的材料一点也没有。我从所有这些内容广泛的材料中，找到了在法西斯工会工作方面的以下几句话："同志们（党员）至今对法西斯工会的工作还没有给予足够的重视。同志们至今对中央在这个问题上的路线还不清楚。"显然，如果党员都还不知道中央委员会的路线，那就不管这条路线有多么正确，都不可能进行丝毫认真的工作。可见，关于在法西斯工会开展工作的问题，显然只是一个已经提出来而远远没有解决的问题。关于如何帮助意大利党进行这项工作的问题，是一项巨大而十分困难的任务，当然，在这方面不要给自己制造任何幻想，以为在短短几天或几个月里就可以搬掉几座大山。

我认为，鉴于莫洛托夫同志对意大利党在完成所面临的任务中缺乏毅力、坚定性和果敢性的批评，共产国际执行委员会必须认真地讨论一下意大利共产党的状况。我现在要援引意大利共产党中央委员会最近一次全会关于消除战争危险问题决议中的几段话。这个决议有许多值得注意的提法；我并不说，这个决议根本不正确，但是，它确有一系列值得注意的提法，我认为让全会了解有关观点，这是有好处的。第一，今年2月底写好的这个决议对消除帝国主义战争危险问题的提法是这样的："除共产国际执行委员会的文件之外，意大利共产党中央委员会1927年6月的决议应成为共产党工作的依据。"那么，人们不禁要问，难道在1927年6月与1929年2月之间，世界上，包括意大利共产党在内就没有发生一点儿变化？（埃尔科利："这是关于分析意大利帝国主义的决议。"）

是呀，但毕竟自1927年起，世界形势已经发生了变化，因此很显然，反对战争的实际任务应该结合这个已经变化了的世界形势提出来。只能如此。然而在意大利共产党中央委员会1928年2月的决议中，却把1927年的决议作为组织反对帝国主义战争危险的依据。我不认为，对问题的这种提法在政治上是正确的。但是，这是问题的一个方面，而这里还有问题的另一方面。也是在这个决议中，实际问题是这样提出的。对于党应给自己提出哪些实际任务的问题，决议的回答是：第一，鼓动和宣传——出版一系列小册子。其次，决议在详细阐述应当怎样在军队中进行工作的同时，是这样提出这个问题的："考虑到这项工作的困难，只能在有限的范围内开展这项工作"。我们习惯于在我们布尔什维克党内完全按另一种方式提出问题：由于这个任务对克服存在的巨大困难具有最迫切的意义，因此必须最大限度地加强工作，以便彻底消灭所有这些困难。而意共的决议则提出另一种观点：任务是最迫切的，但是考虑到有困难，就应该在有限的范围内开展工作。这样对吗？我认为，这无疑是错误的。（埃尔科利："只应当提出那些可能解决的任务。"）

每次都应该提出可能解决的任务。可是决议说的是另外一回事。决议只根据工作中的困难条件提出任务。这完全是另外一回事。这样的提法看来决不是偶然的，因为在同一个决议中还写道："除了开展我们各项组织工作外，还可以再讨论组织士兵小组的问题。"

决议是把这个任务作为全面加强我们党的整个组织工作的附带任务提出来。不能这样提出问题。我还可以从这个决议中摘引几处与这方面有关的类似的段落。我得到这样一种印象，由于要预防组织遭受警察的袭击，因而在意大利共产党内产生了一种危险，即对整个党的工作有一种错误提法。党组织变成为目的的本身，政治任务服从于保护组织的利益。我担心，由于这样提出问题，结果可能会削弱党的政治积极性，使党的路线受到机会主义的歪曲。例如，意大利共产党代表关于该党 8 月 1 日筹备工作的报告，就可以证实这一点。

弗利格（瑞典）：

在这里展开的讨论中，瑞典党成了众矢之的。我们党是一个具有鲜明的无产阶级性质和巨大积极性的党，它犯了错误，这些错误应该受到批评并应予以修正。但是在谈论这些错误以前，我想就我们党现有的人数及其影响的问题讲几句。

目前党员人数超过 18000 人。如果记得的话，1924 年同霍格伦斗争以后，我们大约还剩 7000 名党员，也就是说，在 5 年内我们已吸收了11000名新党员。无可争辩，这个增长速度很快，自然，这些数字会引起一个想法：这些新党员是怎样争取来的呢？我们敢断定，我们吸收的党员是经过顽强的实际工作和不断增强的反对社会民主党的斗争考验的。同霍格伦的斗争结束之后，我们当机立断，组织了以征集党员为目的运动，同时使这项运动具有明确的政治内容。这项征集运动进行了许多次，而且常常是同专门的发动结合在一起的。比如，反对瑞典社会党舰队计划的斗争就是同征集党员的运动结合起来进行的，同样，遍及全国的反对强制法的宣传、我们保卫萨柯和万泽蒂的运动、工会冲突等，全都同征集党员运动结合在一起。其次，我们不应忘记，在瑞典也出现了工人群众向左转过程的发展。从前对党怀有敌意和冷漠态度的工人，现在也能听取我们的口号并越来越明确地理解我们的方向。去年的选举运动证明了这点。在这次选举运动期间——党所经历过的所有选举运动中最困难的一次，党获得了15.1万多张票。这与1924年相比，选民人数增加了138.3%。右派集团，直至社会民主党纠结一起反对我们。它们发动全部报刊，动员他们的报告人和全套班子反对共产党人。所有选民大量得到的都是"共产党人是坏蛋"的宣传。尽管如此，我们仍然获得了15.1万名选民的支持。我们可以满意地指出，增加的选票数量主要是来自城市和工业地区，因为在这些地方，我们的组织工作干得很出色。

选举运动帮助我们发现了党的一些严重缺点，顺便也发现我们在农村群众中的影响太小，比如在努尔布格。这里居住着大批无产阶级农村居民，他们在选举中跟在右倾分子和社会民主党人后面跑。这些人就其社会地位来说本来应该属于我们，但是未能同他们建立起组织联系，没有为他们提出行动纲领。这种失误应该消除。

此外还有一些工业地区，我们在那里还没有站稳脚根，影响也很小。我们的主要任务之一，是在这些地区建立起能发挥作用的组织。如果考虑到，拥有 10 万多会员的工会赞成党的口号，如果考虑到去年选举中站在我们方面的有 15.1 万名选民，那么，我们应该得出结论，我们党员的人数（18000）同接受我们影响的群众的人数之间的比例，无疑悬殊太大，很不协调。曼努伊尔斯基同志在他写的《共产国际第六次代表大会后的一年》的小册子中提出了一个口号："到企业去！让每个企业都成为共产主义的堡垒！"这个口号对我们瑞典来说也是有意义的。

但是，同样清楚的是，如果我们党这样迅速发展，如果我们如此不断强调进一步发展的愿望，那么，我们就应该把加强我们党员的思想修养和造就干部队伍的任务提到首位。共产国际执行委员会 5 月 2 日在给我们党的信中说，我们党最薄弱的方面就在于缺乏思想的明确性。这是完全正确的，因此我们应该竭尽全力消除这个严重缺点。但是如果把我们党看成一团漆黑，那么，就会对党得出错误的看法。当然，我们的同志至少具有和瑞典同一类性质国家的同志们所具有的同样高的水平。我们党的工作者尚未经历过公开的革命斗争这种严峻而有益的锻炼，如果缺乏这种锻炼，党未必能成为一个布尔什维克的党。但是从 1924 年起，我们在思想方面有了进步，虽然我们还不像我党面临的任务所要求的那样强大。

有些同志说：对于党来说，危险来自新吸收的党员；另一些同志说：危险来自我们党过去保存下来的党员。这两种说法都是错误的。我们党拥有无产阶级党员，只要我们在某些党员当中不另搞一条背离共产国际的非共产党路线，对党来说就不可能存在任何危险。决不会。危险在于，党中央没有认识到数量增加的重要意义，没有认识到，数量的增加同质量的提高是同样重要的，而且是相辅相成的。**争取群众**是共产国际所有其他支部和我们党最必要的任务，不仅党员数量多的党，而且党员数量既多质量又高的党都要达到这一点。

现在就我们的错误讲几句。曼努伊尔斯基同志在这里提到了我们在议会中关于裁军问题的发言。我来谈谈我们提出建议所依据的形势。社会民主党议会小组提出关于重新"调查国家防御状况"的建议，以便弄清"瑞典军事主义的合理性及其有效性"的程度。右派和自由派要求拒绝这个建议。与此同时，小资产阶级和平主义组织领导的和平主义宣传在全国广泛展开。我们议会小组考虑到，左翼社会民主党及和平主义者可能利用这种形势发表裁军问题的演说，并以此欺骗广大居民群众。因此，我们小组决定提出上面提到的关于裁军的建议，目的是想以此向工人揭穿"左翼"社会民主党宣言的虚伪性。其次，我们的同志应该在发言中阐明我们对裁军的原则立场。我们在报刊上进行的一切宣传，都应该是用来揭露社会民主党骗子行为的一种策略。这大体上就是我们提出建议时的形势和我们议会小组所遵循的思想。虽然如此，但对这样做是不是一个错误的问题，我们没有任何分歧。我们大家都同意，提出建议的做法是错误的。但是，中央委员会大多数不愿承认这是和平主义和机会主义的错误。议会小组成员不是和平主义者，在采取这次行动之前的几天内，我们小组十分明确地反对社会民主党要求对和平主义的和平组织给予补助的建议。假如我们小组有和平主义或机会主义倾向，那么，这种倾向在讨论这个问题时就应该暴露出来了。

其次，我们在报刊上发表言论没有按照原来的规定去做，这是错误的。提出建议时，没有按照小组原来的意图说明理由，而且没有强调指出这一策略的性质。

还有一个错误，曼努伊尔斯基同志也提到了，那就是推迟了斯德哥尔摩的五一游行。曼努伊尔斯基同志认为这个错误是合乎常规的，而乌布利希同志却认为已铸成滔天大罪。在谈这个问题前，我想讲一讲当时的情况。当时全国各地气候十分恶劣，雨雪交加，若干外地来电话要求我们取消游行，因为他们估计游行人数不会很多。我们的回答是，风雨无阻，游行应照常进行。斯德哥尔摩也是同样的气候，过去集会的广场及其相连的街道几乎空旷无人。工人们一个接一个来到斯德哥尔摩党组织所在地，建议把游行推迟到5月5日星期天。斯德哥尔摩党组织书记开始时有些犹豫不决，但是，当大家都强烈要求延期的时候，他让步了，并且打电话问社会民主党人，他们是否举行游行。后来他解释说，如果社会民主党人出发游行，那么，共产党人也不能放弃行动。

由此可见，说斯德哥尔摩组织的"领导人员"跑去找社会民主党人并就不举行游行一事同他们讨价还价的说法是不确切的。的确，谁也没有在集会上发表演说。我们斯德哥尔摩组织的书记解释说，他曾几次设法找一个演讲人，但都拒绝了，据说这样做没有意义。集会的人得到通知，游行推迟到5月5日举行。没有同社会民主党人就这个问题进行协商。

党的书记处没有讨论过这个问题。书记处收到了斯德哥尔摩公社管理委员会（党组织）关于这个问题的决定，而且对于没有在集会地点发表演讲一事，同志们表示了不满。其次，负责这件事的工作人员，我们党的优秀工作者之一继续留任，这样做是对的。

后来，乌布利希同志从我的报告中发现，正是他认为的那些工人，他们应该使我们注意到中央是如何认识这个问题的，正是这些工人提出动议并要求停止游行。为什么呢？**因为他们想举行大规模的游行。** 因为他们看到，我们有一败涂地的危险。如果我说，这些工人同负责干部一样都是出自好意，而且即便取消游行是机会主义的错误，那么，在当时的情况下，犯这样的错误也是出于良好的动机，是想以声势浩大的游行代替一百人的小规模游行，我想我是对的。

5月5日星期日，有25000多名工人在我们的旗帜下举行了示威游行。当时我们利用这个机会向工人们讲述了策吉贝尔在柏林组织的大屠杀，并通过了一项群众抗议的决议。

中央的同志们认为，举行公开的群众大会来反对分裂工会的做法是错误的。乌布利希同志对此也表示气愤。乌布利希同志在谈这个问题时说:"我觉得,可以把瑞典党中央委员会里的某些人叫做小市民,而且这些人可能是一些比参加游行的工人还要地道的市民。"乌布利希同志!这种说法太严重了,尤其是出自你这样一位有声望的共产国际成员之口,但是,当时的情况是这样的,提出乌布利希同志讲的这些意见的人不是中央委员会的成员,而是邀请来的两个同志:一个是工人,一个是工会干部。他们的观点直接遭到了林德罗特同志和萨穆埃尔松同志严厉地驳斥,也没有一个中央委员支持他们这些意见。但是,我很了解这两位同志,并反对把他们叫做小市民。乌布利希同志,这是骂人的话,而且这类骂人的话是不应该在共产国际全会的争论中使用的。

第三个批评我们党的人是希塔罗夫同志。他说,我们在市政府中同社会民主党人搞联合党团,以此证明我们党落后。如果希塔罗夫同志以前要我们解释这个问题,那我们可以告诉他,我们早就在中央委员会中指示解散这些党团。这是发生在努尔布格的情况,在那里,由于我们党有强大的影响而处于一种特殊的地位。鉴于我们党中央最近一次会议就市政府问题做出了一项决议,因此,我们应该认为这个党团已成历史的过去。

希塔罗夫同志想从中得出右倾的结论,他认为我们党中央大多数人还没有认识到瑞典的帝国主义性质。说我们在这个问题上没有完全弄明白,我们心悦诚服。在瑞典,英美两个帝国主义之间正在竭尽全力进行疯狂的竞争。现在我不清楚,这两个大国中,哪一个大国对瑞典的经济和政治影响更大。显然,瑞典右派党内以及现政府内大多数有影响的人与英帝国主义的往来甚密。但是,我认为,当我们没有正确地研究这个问题之前,应该等一等再确定瑞典资本主义向帝国主义发展的程度。所以,我今天反对在这方面把党同一种先入为主的和无益的提法联系起来。其次,很清楚,瑞典资本主义为了自身的利益正在执行一条十分强硬的扩张主义政策，而且它十分热衷于进行反苏的战争准备。因此，谁也不会认为，这种战争准备会由于强大的英国和美国帝国主义对瑞典资本主义的影响而稍有放松。我们完全意识到，瑞典工人阶级直接面临着战争危险，因此，我们想采用一切手段，在8月1日把这一点向尽可能广泛的瑞典工人群众解释清楚。

我们党和共产国际其他支部一样，面临尖锐的战斗。威胁要把我们的同志开除出工会，在资产阶级和社会民主党的报刊上公开讨论如何采取专门的措施来反对我们的议会小组，通过报刊就8月1日的行动对我党进行诽谤——所有这一切都表明，瑞典资产阶级准备向我党发动进攻。我们在工会和政治方面取得的胜利，使资产阶级和社会民主党人拼凑在一起共同对付我们。在这种情况下，我们应该对当前的形势做出正确的分析。我完全同意库西宁同志在纲领草案中对形势所作的估计。我们必须结合瑞典的形势使纲领具体化。其次，我们应当消除我们所犯的一切错误，不管是个人或是小组。凡是在我们党中央能够断定的已经开始出现的派别活动都应当停止。曼努伊尔斯基同志在上面提到的关于派别活动的小册子中所说的情况，也适合我们支部的情况："带有一般派别行为的某些小组对自己派别的错误遮遮掩掩，而对别的小组的每一个错误则言辞激烈。只有对我们自己的错误进行真诚的、布尔什维克的自我批评，各国共产党才能发展壮大。"我们党中央有两个小组，其中任何一个组都不能说自己比另一个小组掌握更多的共产主义思想和更明确的思想。我们的义务是和共产国际一起，并且在它的帮助下，借助其他支部的经验，在瑞典建立一个强大的共产党。

诺伊曼（德国）：

现阶段国际阶级斗争中起决定性作用的问题之一，无疑是关于稳定的问题。我们和改良主义之间在世界范围内展开的争论，从实质上来说，就是维持还是打破资本主义稳定这二者之间的斗争。因此，不言而喻，稳定问题是这次全会争论的关注中心。稳定问题，它包括我们策略方面的各种局部问题和我们政治路线中的某些问题，是我们全会在反对右倾分子和调和分子斗争中的主要争论点之一。我想强调指出，资本主义稳定问题不是一个抽象的问题，它同我们党的策略，同现阶段阶级斗争的性质有着最紧密的联系。我们和调和分子之间的矛盾在第六次代表大会上就已存在。如果埃尔科利同志认为，在意大利党内，塞拉的倾向开始形成得十分缓慢——从"小问题"的斗争发展到纲领问题的斗争，这样说是不对的。请读读塞拉的备忘录，再问问自己，这是一般的调和分子的观点吗？塞拉写的关于苏联、关于俄国农业发展的东西，远远超出我们德国调和分子所说的范围，而且在这个问题上甚至比布兰德勒分子走得还要远。意大利同志对曼努伊尔斯基问及塞拉情况的答复，是完全不能令人满意的。仅仅声明要进行反对调和分子的思想斗争，是不够的。应该说，塞拉早已越出了我们共产党和社会民主党的分界线。

现在我讲一讲另一个问题，讲一讲俄国反对派对稳定的估计问题。布哈林同志最近几周来在《真理报》上发表了一系列引人注目的理论观点。布哈林首先论述**垄断资本和资本主义竞争之间的关系**问题。布哈林同志在他文章的一个最重要的地方写道：

"从竞争观点来看，什么是国家资本主义呢？国家资本主义意味着**资本主义国家的国内竞争停止**和资本主义国家之间的竞争极端尖锐化。但是，由这些'资本主义'的垄断形式产生出各种斗争方法，这些方法就是暴力镇压方法，而归根到底，就是战争方法。"

这个论点，即资本主义各国内部竞争停止而同时资本主义各国之间竞争尖锐化的论点，使我们感到有些惊奇。我们从列宁的理论中认识到，毫无疑问，在帝国主义时代，垄断达到一定程度就代替自由竞争而成为资本主义经济中占统治地位的因素。但是，列宁对这个问题的阐述还更详细。列宁说，垄断资本主义并不意味着竞争的消除，而是竞争的加剧，资本主义国家**内部**和**它们之间**的**各种**矛盾的加剧。列宁从理论方面考察过这个问题，但是，也可以用具体的事实来说明它。拉品斯基同志告诉了我美国经济中几个很有意思的事实。正在美国经济中发生非常引人注目的过程，这个资本主义国家内部崭新的竞争形式在发展。各生产部门之间争夺消费者预算的残酷竞争不断加剧。

如果我们不仅从生产消费品的工业角度考察问题，而且也考虑到生产生产工具的工业部门，那么，这里的相互争夺、内部斗争、资本主义竞争等变得更为激烈。例如美国人造丝生产和纺织工业之间的斗争，或者拿德国的例子来说：德国化学工业和鲁尔区采矿工业之间（在银行参加下）的激烈斗争以及围绕煤的液化进行的斗争。在这里，我们看到化学工业极力想不依赖供应，独立地开发自己需要的原料，并试图取消煤炭辛迪加。这是真正的竞争斗争，而且是两大银行集团和议会中几个资产阶级政党之间利害攸关的斗争。最后是垄断内部的斗争，一种不仅具有国际性质争取限额的斗争。比如德国重工业中的托拉斯和留在托拉斯之外的同行业企业之间的斗争，克虏伯反对德国鲁尔钢铁集团的斗争，它也就是福特汽车公司反对大洋彼岸美国大汽车康采恩的斗争。

所有这一切都表明，无论在理论上或是实践上，布哈林同志的观点都是错误的。但是这个问题不仅有普遍的经济学意义，而且对于资本主义国家内部阶级斗争的发展也具有很大的意义。布哈林同志没有看到一些民族国家社会结构形态内部和一些国家**内部**资本主义矛盾的尖锐化，而只看到各个国家**之间**的矛盾。他认为这些矛盾只是资本主义大国间的矛盾。我认为，这种观点是错误的，它会造成一种片面的理解，按照这种理解，革命只能在战争的情况下、而不能采用加剧资本主义国家内部阶级斗争的办法直接取胜。

布哈林文章论述的第二个问题是**技术进步问题**，这个问题在全会上同瓦尔加同志争论中也曾起过一些作用。布哈林同志在这个问题上的见解确实不同凡俗。他批评桑巴特教授写的一本新书，因为桑巴特在这本书里对资本主义条件下能否进一步加速技术进步表示怀疑。布哈林这位革命马克思主义者责备资产阶级教授桑巴特对技术进步估计不足。他在同桑巴特论战时写道：

"预言技术发展速度必然降低的理由在哪里呢？"

就这样，布哈林以似乎我们没有任何理由认为技术进步的速度可能停滞不前的论断，来反驳桑巴特提出的技术发展速度可能降低的观点。我认为，这和马克思关于整个资本主义发展，特别是列宁关于帝国主义发展的所有论述都是背道而驰的。（喊声："对！"）库西宁同志说资本主义竞争阻碍技术发展是对的。如果布哈林同志问，技术进步所以不能无限快地向前发展的根据在哪里，那么我们对此可以回答说：资本主义经济发展的内部趋势、停滞的趋势、资本主义发展的寄生趋势，全都会遏制和妨碍技术进步。布哈林同志所说的那些话，正是美国党中央委员会右派领导人曾经说过的。我联想起了洛夫斯通和佩珀在他们的提纲中的说法，他们在提纲中说："美国技术合理化得到空前的发展，这个发展意味着第二次技术革命，并且有可能发展成第二次工业革命。"我们是否有权谈论第二次工业革命呢？大家知道，历史上第一次工业革命导致了封建统治的崩溃和资产阶级社会的诞生。我们能否在现在，在垂死的资本主义时代，在垄断资本主义时代，等待会有这样一次"革命"将导致在资本主义社会范围内发生技术变革呢？我们应当给予否定的回答。这种能使技术进步不受阻碍地得到发展的工业革命，在一个具有资本主义经济体系的资本主义国家是不可思议的，而只有在社会主义发展的国家才有可能。在社会主义国家，这种技术进步不仅是可能的，而且是必然的。然而，布哈林恰恰拒绝关于在当前技术进步发展方面唯一正确的观点，甚至反对这种观点。正是在这个关键性问题上，布哈林抛弃了马克思主义观点，而对资产阶级改良主义关于"第二次工业革命"和技术无限发展等观点，对遭到马克思（顺便说一下在他的《政治经济学批判》序言中）特别严厉批判和驳斥的那种"工艺"观点，却是习惯于接受。

第三个问题是对世界经济的评价问题。布哈林同志关于市场问题写道：

"虽然追逐市场仍然是一个迫在眉睫的和实际的问题，但是在某种程度上**市场问题正在消失**。卡特尔垄断价格逐渐成为一种主要的价格形态。"

我们知道，市场关系是资本主义经济的基础。我们知道——而且列宁在分析资本主义时也十分坚定地强调了这一点——垄断资本主义绝不意味着囊括全部市场。不是资本主义"调节"市场的无政府状态，而是市场的无政府状态"调节"，也就是主宰、决定并同时**破坏**资本主义经济。

但是，布哈林的观点还导致产生另一些结论。大家知道，资本主义是商品生产最发达的形式，在这种形式下，劳动力本身也成了商品。在资本主义条件下，劳动市场也是一种市场。劳动市场问题，即出卖劳动力的问题也当随同整个市场问题"在某种程度上消失"。换句话说，布哈林的"有组织的资本主义"理论，按照其逻辑推论的结果，必然导致消灭作为商品的劳动力，因而也就导致废除剩余价值制度，导致取消马克思主义经济学的基本核心。剩下的就是彻头彻尾的修正主义，希法亭的庸俗经济学和"结构社会主义"。布哈林的超垄断理论给我们的实际政策造成最严重的后果。我们说，第三时期是这样的时期，即资本主义世界的各种矛盾极端尖锐化，其中也包括工业生产能力增长与销售市场容量缩小之间这一主要矛盾。但是，这个主要矛盾和"市场问题"有没有关系呢？这个主要矛盾不是"正在消除"，而是更加尖锐化。正是这个无法解决的市场问题，才真正反映出社会生产力和资本主义生产资料私有制之间更加深刻的、具有世界历史性的矛盾，正是这个市场问题才是第三时期制定我们革命政策的基础之一。如果有人说，市场问题正在消失，那他就是在曲解我们列宁主义的阶级斗争的前景。因此，我想指出列宁对布哈林同志第一部著作《过渡时期经济学》所提出的重要意见。列宁同志用过的这本书现在列宁学院，列宁在这本书的页边上提了很有益的批评意见。关于帝国主义，布哈林在他的书中写道：

"金融资本消灭了资本主义大国国内的生产无政府状态。"

列宁勾掉了"消灭了"一词并在页边写了："没有消灭"。① 这个"消灭了"或"没有消灭"的小小争论，这个过去产生的小小争论现在采取了新的形式。布哈林同志说："消灭了"——由此而产生"有组织的"资本主义，由此而得到"牢靠而巩固的稳定"，由此而产生所有共产党的"错误的极左策略"，由此产生"俄国党领导在共产国际进行的分化工作"。

既然布哈林从原则上偏离我们的路线——我们在第六次代表大会前和在第六次代表大会上对他的动摇已经进行了斗争——那么，共产国际应就此发表意见并最坚决地拒绝他的机会主义观点。同时我们发现，公开的机会主义分子和调和分子在有关苏联问题上的观点和他们对资本主义世界发展的评价，这两者之间有着明显的联系。他们在苏联问题上坚持最露骨的悲观主义观点，而与此同时，他们把资本主义的发展看作是技术奇迹和别的奇迹。他们落到如此地步，以致在他们眼里只有克服内

---

① 《苏联大百科全书》俄文版第8卷第280页"布哈林"条。

部矛盾的问题。苏联堕落的理论家们同时又成了维护西欧和美洲稳定的共产党人。（曼努伊尔斯基："对！"）"当然"不能把苏联问题同共产国际的斗争问题割裂开来。布兰德勒和塔尔海默对我们的争论冷嘲热讽，说什么只要俄国党内冒出一个反对派，在德国马上也要挖出一个右倾或左倾——但是，我们只能嘲笑他们，这些孟什维克的小市民对国际上错综复杂的无产阶级阶级斗争的浅薄无知。我们知道，执政的无产阶级党的任何重要思潮，以及这个党内出现的一切动摇和偏差，都会在共产国际其他党内引起类似的现象。在同托洛茨基分子论战时，我们看到了这种联系，而且这种联系今天也有所表现。这不是组织上的联系，而是政治上的联系，这种联系是从共产国际各个党，即从联共（布）党和资本主义国家各党面临的共同的国际斗争条件和提出的政治问题中发展起来的。

现在，我谈谈瓦尔加同志在他的报告中提出的几个论点。瓦尔加同志在这里提出的关于赔款问题的提纲，比他提出的有关稳定、工资和工人人数绝对减少等理论更为有害。

在赔款问题上，瓦尔加同志居然认为，杨格计划，即巴黎赔款会议的结果意味着调和资本主义国家之间矛盾的一种尝试。我不认为，瓦尔加同志指的是不能成功的尝试，显然，他说的是有希望成功的尝试。不要用"尝试"这个字眼来遮遮掩掩。当瓦尔加同志受到抨击后，他干脆说，不仅杨格计划，而且任何妥协都是这种尝试。这个论点使我们感到有些吃惊。例如就拿国际联盟来说吧。能不能靠国际联盟来阻止战争呢？列宁在第二次代表大会的提纲中说，国际联盟是一个帝国主义军事组织，因此我们认为杨格计划意味着决不是调和帝国主义的矛盾，而是空前加剧这些矛盾。国际赔款银行意味着不仅在德国赔款问题上，而且在世界范围内使英美矛盾大大加剧。凡尔赛和约还依然有效。某些同志所持的凡尔赛条约"自动失效"的理论是错误的。凡尔赛和约上的矛盾，就像德国和战胜国之间的矛盾一样仍然存在。在通过杨格计划时，一个在一年前还相当强大的帝国主义联盟——英法同盟——就产生了很大裂痕，这不是偶然的。杨格计划引出埋藏在背后的一系列错综复杂的内部矛盾，使帝国主义列强之间出现新的鸿沟，同时还产生了一个德国怎样承担杨格计划的问题。在这里，瓦尔加同志所断言的与我们党所证实的、与德国无产阶级对新的赔款负担所表现出来的具体反应恰恰相反。瓦尔加同志论证说，杨格计划将减轻赔款负担。他说，我们不知道是否将支付赔款，他甚至说：在这个会场里有没有某位能彻底弄清楚这个问题呢？就是说，瓦尔加同志在用怀疑主义的认识论掩饰自己。但是这个尝试没有成功。很明显，杨格计划意味着使阶级斗争更加尖锐化。这种新的赔款沉重负担对德国革命具有国际意义。

瓦尔加同志说，德国只有在重新争夺到八分之一的世界市场时，才会支付赔款。但是，德国怎样才能夺取八分之一的世界市场呢？市场问题还没有消失。这意味着工厂主对工人阶级的残酷进攻，社会法西斯政府对工人阶级的空前攻击。只要工人们要求提高哪怕一分尼的工资或者寻求缩短工时，工厂主就要减少工资，工人们就要被工厂主赶出工厂。赔款负担是炸药，是引爆物，它将促进德国的革命斗争，在今后发展进程中，它将造成进行直接革命的形势。正因为如此，我们应当承认，杨格计划意味着一种特殊的负重。

重要的差别在于，德国应不应该向外国政府支付自己的赔款，抑或由于动员，德国的赔款落到成千上万的小借贷主的头上。瓦尔加同志本人说过，在这种情况下，只有使国家破产，赔款才可能取消。我们将做一切努力，以造成这种"国家破产"。很清楚，在当时条件下取消赔款的唯一办法只能是，无产阶级不仅要使国家财政破产，而且要使资产阶级国家破产，使国家政权破产。我们针对赔款问题提出这个积极口号的宗旨是："用无产阶级专政的革命手段取消债款"。

有些同志问，为什么要对五一战斗作出这样特别高的评价——何况，这次五一战斗甚至远远不及孟买事件所具有的那种规模和那样的意义，甚至也没有英国总罢工那样的意义。在回答这个问题时，我们应该联系整个德国的形势，把五一战斗看成是赔款枷锁造成的后果，我们应该联系有250万工人参与拼搏的鲁尔区的战斗，联系近一年来经济斗争和整个阶级斗争的发展来看待这次五一战斗。最广大的工人阶级参加政治发动和革命斗争的趋势日益增长，广大工人群众正处在一个摆脱对社会民主党幻想的深刻过程。执政的社会民主党现在执行的政策与1918年社会民主党所执行的政策不同。反对我们观点的机会主义分子们常常说，策吉贝尔制度和诺斯克制度有什么差别呢？策吉贝尔现在枪杀工人，诺斯克也屠杀过工人，甚至有过之而无不及。对此我们的回答是：1919年执政的社会民主党也屠杀工人，但是他们同时至少在表面上为工人们带来了恺撒政权的倒台，八小时工作日，普遍选举权，救济失业者等等。我们知道，给工人带来这些胜利成果的不是社会民主党，而是工人自己的斗争，但是在广大群众的心目中，这些是社会民主党带来的。诺斯克是在这样的条件下屠杀工人，而今天的策吉贝尔和明天的泽韦林将会在完全另一种形势下屠杀工人。他们将屠杀工人，同时宣布废除普选权，废除八小时工作日制度，而代之以十小时、十二小时工作日制度，取消社会、政治方面的胜利成果等等。1918年和现在的差别就在于，现在数百万工人群众清楚地看到事情的真相、并正在摆脱对社会民主党的幻想。他们已经不再相信社会民主党和官僚化的工会争取提高工资的斗争，等等，所以工人阶级转而抛弃了社会民主党。

这里关于法西斯主义和社会法西斯主义已经谈论得很多了。如果说意大利是一个传统的法西斯主义国家，那么，德国就是一个传统的社会法西斯主义国家。世界上没有一个国家，社会法西斯主义得以这样完善和得到这样透彻研究——我们谈论意识形态的研究——就像在德国那样。什么是加强社会法西斯主义趋势的最有力的杠杆之一呢？这就是社会民主党参加政府。德国是社会民主党执政时间较长的一个国家，而且社会民主党参加政府和它们同国家机关的结合，就其形式来说，要比任何其他一个国家都更明显和具体得多，警察局长的职位是由社会民主党人充任，法官的职位是由社会民主党人充任，部长的职位还是社会民主党人充任；数以万计的社会民主党专职官员，同国家机构相结合——所有这一切都意味着社会民主党的机构同国家机构和警察机关融合为一体，从而加速了社会法西斯主义的发展。这个问题对我们英国同志来说，应该是非常重要的。英国就有一个社会民主党的政府。德国的联合政府和英国的麦克唐纳政府之间未必会有明显的区别。英国的社会民主党可能在几个月内就会**掌握**德国社会民主党在许多年当中才积累起来的反革命经验。它要利用这一经验来反对英国无产阶级。毫无疑问，如果英国工党政府长期执政，那么，它对工人的屠杀将不会比德国社会民主党心慈手软一些。有两方面的原因，使英国党也必须认真注视德国社会法西斯主义的发展。英国党面临着严重的考验，因为英国是反苏联盟的头子。因此，我们以极大的注意力和比较关切的心情注视着最近一个时期内英国党领导中发生的一切机会主义性质的动摇。我们坚信，只要英国能形成一个布尔什维克的领导，一个钢铁一般团结一致的领导，只要这个领导不仅对当前的问题，而且对评价不久前的事情，都能无条件地站在共产国际第六次代表大会和这次全会决议的立场上，那么，这些严重的危险都将被战胜。英国党不仅只对自己本国承担责任。它的每一个错误也会影响到我们的中国党和印度党，也会在殖民地反映出来。现在，当英国资产阶级抛出了它最后一张王牌——工党政府的时候，当谁也不可能再帮助它的时候，英国工人群众在支持和开展殖民地革命事业中起着巨大的作用。正是在社会法西斯主义发展的这一时刻，左翼社会民主党起着比过去更大的作用。当社会民主党沉默不语，策吉贝尔下令屠杀工人的时刻，这时左翼社会民主党具有比谈论"和平"论战时更大的作用。当麦克唐纳将要瞄准射击的时候，当麦克唐纳将要绞杀殖民地革命者的时候，那正是库克和英国社会民主党中各类左派将要得势的时候。这时共产党需要一条丝毫也不应偏离共产国际革命策略的非常明确的路线。

柏林五一战斗不仅对德国，而且在国际范围内都具有重大的意义。这里有些同志说得非常对，我们的组织工作绝不能胜任我们的任务，但是，在五一战斗期间党的策略路线是一条正确的路线，这是很清楚的。

这是一个转折，像这样的转折从1923—1924年以来我们不曾有过。在这个重要关头，我们党应该正确作出决定。任何一个方面的每一个错误，在当时那样严重的形势下，都可能成为我党的致命错误。哪怕再向前走远一步——我们就会在德国号召武装起义，号召进行武装巷战。只要一搞武装起义就可能导致无产阶级先锋队的毁灭，导致我党彻底失败。这是一方面。而现在是另一方面。如果我们退缩，如果因为这次游行是被禁止的，我们就采用布兰德勒的策略，也就是放弃游行，那就犯了一个严重的错误。我们不顾禁令，举行了这次游行。

我们在这里听到了瑞典弗利格同志的发言，他说，瑞典同志由于天气不好推迟了游行。我们遇到的不是气候影响问题，而是子弹，反正我们不能后退。我们的胜利，不在于我们没有号召起义，而在于我们一步也没有后退。在这里显示了我们党内进行的艰巨斗争取得的积极成果。正是由于这场斗争，我们才能正确地估计形势。在多年反对机会主义的斗争中，我们懂得了，一个革命党当群众要向前冲杀的时候，他却退缩不前，这就可能铸造大错。正如埃尔科利同志在第六次代表大会上认为的那样，各国党应该从这里吸取经验教训，应当相信，党内斗争不会没有成效，不存在争论有变成无原则派别斗争的危险。这种危险对于布尔什维克党来说是不存在的。

试想想，要是不禁止五一游行，而是允许举行五一游行的话，你们是不是认为，我们可能会犯大错误，我们也许会表现出组织上的软弱无力？当然！五一游行可能会进行得很漂亮，乐队会演奏得美妙动听，游行的人会更多——一切都会组织得很出色，游行会完美无缺。但是，事件的进程在阶级矛盾尖锐化的影响下出现了一个小小的转折。这种转折现在可能出现、明天将会出现在法国党的面前。它可能导致和将要导致我们德国进一步的尖锐化，那时候的问题将是如何使党保持坚定不移。我们将注视所有国家这一革命高潮的出现。我们对这一发展的形式不抱幻想，但是，在那些没有遇到某种特殊模式的地方谈论近期、中期或长期远景计划是可笑的。这既指战争，也指革命。只有当一个接一个的国家都加入某个联盟的时候，只有当帝国主义的战争准备所谓百分之百结束的时候，战争不一定必然到来。由于波兰、中国或某些其他国家白卫军官的进攻，战争也可能提前到来。突如其来的革命斗争、同警方的武装冲突。这是这个时代的表象。

我们各国党面临的任务是，采取这样的政治路线，以便在各种情况下都能自如地应付任何突然的形势变化。革命高潮不会自动到来，党应该驾驭这一高潮，领导这一高潮并加以引导。在这样的条件下，我们就会前进，就会从对日常斗争的一般领导走向群众的政治性罢工，从简单的局部要求转向实现我们崭新的共产主义口号的斗争，从举行被允许的游行走向举行被禁止的游行。我们一定会前进，一定会从防御性的战斗转入反攻和进攻，直到走向翻天覆地的武装斗争，走向为苏维埃政权的斗争。

（闭会）

图书在版编目（CIP）数据

共产国际执行委员会第十次全会文献（1）/陈新明主编.
—北京：中央编译出版社，2012.12（2019.8 重印）
（国际共产主义运动历史文献/王学东主编；49）
ISBN 978 - 7 - 5117 - 1545 - 6

Ⅰ.①共…
Ⅱ.①陈…
Ⅲ.①共产国际 - 扩大会议 - 会议文献
Ⅳ.①D165

中国版本图书馆 CIP 数据核字（2012）第 292656 号

共产国际执行委员会第十次全会文献（1）

出 版 人：刘明清
出版统筹：薛晓源
责任编辑：董　巍
责任印制：尹　珺
出版发行：中央编译出版社
地　　址：北京西城区车公庄大街乙 5 号鸿儒大厦 B 座（100044）
电　　话：(010) 52612345（总编室）　　(010) 52612335（编辑室）
　　　　　(010) 52612316（发行部）　　(010) 52612346（馆配部）
传　　真：(010) 66515838
经　　销：全国新华书店
印　　刷：北京环球画中画印刷有限公司
开　　本：710 毫米×1000 毫米　1/16
字　　数：367 千字
印　　张：28.5
版　　次：2012 年 12 月第 1 版
印　　次：2019 年 8 月第 2 次印刷
定　　价：170.00 元

网　　址：www.cctphome.com　　　邮　箱：cctp@ cctphome.com
新浪微博：@中央编译出版社　　　　微　信：中央编译出版社(ID: cctphome)
淘宝店铺：中央编译出版社直销部(http://shop108367160.taobao.com)
　　　　　(010) 55626985

本社常年法律顾问：北京市吴栾赵阎律师事务所律师　闫军　梁勤
凡有印装质量问题，本社负责调换，电话：(010) 55626985